【新版】

日本史Ⓑ

日本史
重要用語
&
演習

磯村寛治●編

山川出版社

はじめに

　本書は日本史に対する理解を深め，授業に対して積極的な参加を促すために編集したものである。日本史は，暗記科目ではなく，系統だてたものとして学習することが大切である。基本事項や重要事項および用語の正確な理解は不可欠である。しかし，それにかたよってしまうと暗記科目としての枠にとじ込められてしまう。事項や用語は，流れを構成する歯車の１つではあるが，それをしっかり把握するとともに，流れをつかんでもらいたい。「ポイント」欄では，何を理解し，知らなければならない事項を明示した。また，大学受験にも十分配慮している。近年の大学入試問題から出題頻度の高いものを選択し，項目ごとに演習として取り組めるようにした。

　本書による自学自習は，日本史の基礎学力を養い，大学入試に必要な学力の養成を目指している。また，日本史を学習するためには，世界史も理解しておく必要があると考える。ゆえに，新版『世界史重要用語＆演習』も編集している。着実なステップ・アップを図るため，もっとも有効なものと確信する。

★利用方法★

　山川出版社『詳説日本史』などをふまえ，本書は全体で69項目から構成してあり，見開き２頁で１つの項目を取り組めるようになっている。左頁には，項目のポイント，重要用語，補充事項，図表や図解を配して設定項目が確実に理解し，把握できるようになっている。また特に注意しなければならない重要年代，用語，事項などは**ゴチック体**で明示した。これらを踏まえて，右頁では大学入試問題から抜粋した演習問題を実行していく（掲載した各大学の入試問題にはすべて編集上の修正を加えた。問題により前後のテーマにまたがるものもあり，まとめの項目では入試問題を補充した）。

※**ポイント**……何を学習しなければならないか，何を理解しなければならないかをまとめた。また，ポイントの解説を添付しているため，論述問題にも対応できる。

※**重要用語**……基本用語で使用頻度，ならびに大学入試で取り上げられる頻度の高い用語をあげており，説明文とともに理解を深めていく。有効に使用するために用語記入欄を空欄とし，各自が説明文を読んで記入するようにした。また各用語の前に，□1をおいているが，この左側の空欄は理解度を確認するためのチェック欄としてあるので有効に活用して欲しい。

※**補充事項・図表・図解**……設定した項目の理解を深める補強の意味で設置した。これにより項目全体が充実した構成となっている。

※**各時代のまとめ**……近年の大学入試問題の傾向を踏まえ，複合的総合問題・史料問題や図版利用問題を整理し，さらに補充問題を追加した。各項目で培った実力をここで確認する。

　以上の点に留意して取り組めば，当初の目的を達成する。また，それぞれ独創的に利用方法を工夫し，大いに活用してもらえれば幸いである。
　諸君の健闘を祈る。
　　　　2015年１月　　　　　　　　　　　　　　　　　　　　　　　編　者

目次

(タイトルの横の数字は教科書『詳説日本史』の該当ページ)

原始・古代

1. 文化の始まり (p.8～15) ……………… 4
2. 農耕社会の成立 (p.15～22) …………… 6
3. 古墳とヤマト政権 (p.23～33) ………… 8
4. 律令国家の形成①
   飛鳥の朝廷 (p.34～37) ……………… 10
5. 律令国家の形成②
   大化改新と白鳳文化 (p.38～41) …… 12
6. 律令国家の形成③
   律令制度の整備 (p.41～44) ………… 14
7. 平城京の時代 (p.44～54) …………… 16
8. 天平文化 (p.54～60) ………………… 18
9. 平安王朝の形成 (p.60～67) ………… 20
10. 摂関政治 (p.68～72) ………………… 22
11. 国風文化 (p.72～78) ………………… 24
12. 地方政治の展開と武士 (p.78～84) …… 26
13. 原始・古代のまとめ① ……………… 28
14. 原始・古代のまとめ② ……………… 30
15. 原始・古代のまとめ③ ……………… 32
16. 原始・古代のまとめ④ ……………… 34
17. 原始・古代
    補充演習 ……………………………… 38

中世

18. 院政と平氏の台頭 (p.86～95) ……… 42
19. 鎌倉幕府の成立 (p.95～100) ……… 44
20. 武士の社会
    執権政治の展開 (p.100～107) ……… 46
21. 蒙古襲来と幕府の衰退 (p.107～113) … 48
22. 鎌倉文化 (p.113～119) ……………… 50
23. 武家社会の成長①
    建武の新政と南北朝の動乱 (p.120～124) …… 52
24. 武家社会の成長②
    室町幕府の政治 (p.124～131) ……… 54
25. 武家社会の成長③
    幕府の衰退と庶民の台頭 (p.131～139) …… 56
26. 室町文化 (p.139～147) ……………… 58
27. 戦国大名の登場 (p.147～152) ……… 60
28. 中世のまとめ① ……………………… 62
29. 中世のまとめ② ……………………… 64
30. 中世のまとめ③ ……………………… 66
31. 中世のまとめ④ ……………………… 68
32. 中世
    補充演習 ……………………………… 72

近世

33. 織豊政権 (p.156～169) ……………… 74
34. 幕藩体制の成立①
    江戸幕府の成立と幕藩体制 (p.169～177) …… 76
35. 幕藩体制の成立②
    初期外交と鎖国 (p.177～185) ……… 78
36. 幕藩体制の成立③
    幕藩社会の構造 (p.185～195) ……… 80
37. 幕政の安定 (p.198～202) …………… 82
38. 経済の発展 (p.202～212) …………… 84
39. 元禄文化 (p.212～217) ……………… 86
40. 幕政の改革 (p.218～232) …………… 88
41. 幕府の衰退と近代への道 (p.232～243) … 90
42. 化政文化 (p.243～248) ……………… 92
43. 近世のまとめ① ……………………… 94
44. 近世のまとめ② ……………………… 96
45. 近世のまとめ③ ……………………… 98
46. 近世のまとめ④ ……………………… 100
47. 近世
    補充演習 ……………………………… 102

近代・現代

48. 開国と幕末の動乱①
    開国とその影響 (p.250～254) ……… 108
49. 開国と幕末の動乱②
    江戸幕府の滅亡 (p.254～260) ……… 110
50. 明治維新 (p.260～266) ……………… 112
51. 富国強兵と文明開化 (p.267～274) … 114
52. 立憲国家の成立と日清戦争①
    自由民権運動と憲法制定 (p.274～287) …… 116
53. 立憲国家の成立と日清戦争②
    条約改正と日清戦争 (p.287～291) … 118
54. 日露戦争と国際関係 (p.291～299) … 120
55. 近代産業の発展 (p.299～308) ……… 122
56. 近代文化の発達 (p.308～317) ……… 124
57. 第一次世界大戦と日本 (p.318～325) … 126

(58) ワシントン体制（p. 325～338）………………… 128
(59) 恐慌の時代（p. 339～345）……………………… 130
(60) 軍部の台頭（p. 345～352）……………………… 132
(61) 第二次世界大戦
日中戦争から太平洋戦争（p. 352～368）……… 134
(62) 占領と改革（p. 369～385）……………………… 136
(63) 高度成長の時代（p. 386～401）………………… 138
(64) 激動する世界と日本（p. 402～415）…………… 140
(65) 近代・現代のまとめ① ………………………… 142
(66) 近代・現代のまとめ② ………………………… 144
(67) 近代・現代のまとめ③ ………………………… 146
(68) 近代・現代のまとめ④ ………………………… 148
(69) 近代・現代
補充演習 ………………………………………… 150

1 文化の始まり

ポイント
1. 旧石器時代の文化で明らかになっているものは何か。
2. 縄文文化の特徴は何か。
3. 縄文人の生活はどのようなものであったか。

重要用語

1 〔　　　　〕 地質年代でいう約200万年前から約1万年前までの期間。地球上に広く氷河が発達した氷河時代。

2 〔　　　　〕 土器を知らず，石を打ち欠いてつくった**打製石器**を使用し，狩猟・漁労の**採取生活**をしていた時代。

3 〔　　　　〕 **関東ローム層**から石刃が発見され，旧石器時代の文化が日本にも存在したことが確認された群馬県の遺跡。

4 〔　　　　〕 旧石器時代の終わりころに出現した小型の石器。木や骨などでつくった軸の側縁の溝に埋め込んで使用する。

5 〔　　　　〕 石を磨いて仕上げた石器。この石器を製作・使用した時代を**新石器時代**とよび，日本では**縄文時代**にあたる。

6 〔　　　　〕 貝類が層をなして堆積している遺跡。貝以外にも食物遺物や土器・石器の破片が捨てられた遺跡。

7 〔　　　　〕 アメリカ人モースによって日本最初の発掘調査が行なわれた貝塚。モースは，ダーウィンの進化論を日本に紹介した人。

8 〔　　　　〕 動物の骨・角・牙でつくった道具。釣針・銛・鏃などがある。

9 〔　　　　〕 イノシシなどの中小型動物を射止めるために使われた狩猟具。大型動物は，約1万年前の**完新世**に地球の気候が温暖化して絶滅した。

10 〔　　　　〕 縄文人が営み，地面を掘りくぼめ，その上に屋根を葺いた住居。奈良時代まで一般住居として使われた。

11 〔　　　　〕 主として石鏃の材料とされた石。産地が限定されるので，その分布により当時の交易の状況を知ることができる。

12 〔　　　　〕 岩石・樹木などのあらゆる自然物や自然現象に霊魂が存在するとして，それを畏怖し，崇拝する原始宗教。

13 〔　　　　〕 収穫や多産を祈ってつくられたと考えられ，縄文人の呪術的信仰をあらわす土製の人形。女性をかたどったものが多い。

14 〔　　　　〕 犬歯・門歯などを左右対称に抜き取る呪術的風習。通過儀礼の意味を持つと推定される。

15 〔　　　　〕 死者の手足を折り曲げて葬る埋葬形式。死者の霊への恐れからこのような姿勢にしたと考えられる。

● **更新世と完新世**
更新世は氷河時代ともよばれ，現在の日本列島は北と南で大陸と陸続きとなっていた。しかし約1万年前に完新世になり，海面が上昇し，大陸から切り離され日本列島が成立した。

● **旧石器時代の化石人骨**
浜北人(静岡県)，港川人・山下町洞人(沖縄県)など。

● **縄文時代の時期区分**
使用した土器を基準に，草創・早・前・中・後・晩期の6期に区分。

● **石の産地**
黒曜石―和田峠(長野県)，阿蘇山(熊本県)，白滝・十勝岳(北海道)，姫島(大分県)，神津島(伊豆諸島)，腰岳(佐賀県)など。
サヌカイト―五色台(香川県)，二上山(奈良県)など。
ひすい(硬玉)―姫川(新潟県)。

● **旧石器時代の遺跡**
富沢(宮城県)，野尻湖(長野県)，岩宿(群馬県)，浜北(静岡県)，牛川(愛知県)，はさみ山(大阪府)，早水台(大分県)，港川(沖縄県)。

● **縄文時代の貝塚と遺跡**
貝塚―里浜(青森県)，加曽利(千葉県)，大森(東京都)，平坂(神奈川県)，鳥浜(福井県)，朝寝鼻(岡山県)
遺跡―亀ヶ岡・三内丸山(青森県)，寺野東(栃木県)，夏島(神奈川県)，尖石(長野県)，伊勢堂岱(三重県)，牟礼(大阪府)，南溝手(岡山県)，上黒岩(愛媛県)，板付(福岡県)，菜畑(佐賀県)，福井洞穴(長崎県)，上野原(鹿児島県)

重要演習

❶ 次の文章を読み，設問に答えなさい。

　日本列島に人類の活動の痕跡が認められるのは，いまから3万年前頃だといわれている。それは1949年の群馬県　ア　遺跡の発掘調査によって確実視されるにいたった。この遺跡では「赤土」とも呼ばれる火山灰の堆積層である　イ　の中から打製石器が発見された。

　地質年代でいうと，この頃は　ウ　の後半にあたり，氷河期とも呼ばれる寒冷な気候で，人々は狩猟と採集の生活を送っていた。狩猟の対象となったのは(a)ナウマン象やオオツノジカなどの大型動物であり，こうした動物を捕える石槍の先端には，　エ　や尖頭器などの鋭利な刃をもつ打製石器がつけられた。

　なお(b)この時代の終わり頃には，シベリアなどの北方から，小型の石刃を幾つも柄に埋め込んで用いる独特な　オ　をもつ文化も伝わっている。

　今からおよそ　カ　年余り前になると，気候は温暖化し海面の上昇が引き起こされた結果，日本列島は大陸から切り離された。

問1　空欄　ア　として，**正しいもの**を以下から1つ選びなさい。
　1．早水台　　2．大森　　3．岩宿　　4．夏島

問2　空欄　イ　として，**正しいもの**を以下から1つ選びなさい。
　1．シラス層　　2．クロボク層　　3．宝永火山灰層　　4．関東ローム層

問3　空欄　ウ　として，**正しいもの**を以下から1つ選びなさい。
　1．完新世　　2．更新世　　3．沖積世　　4．鮮新世

問4　空欄　エ　として，**正しいもの**を以下から1つ選びなさい。
　1．石鏃　　2．石棒　　3．ナイフ形石器　　4．敲打器

問5　空欄　オ　として，**正しいもの**を以下から1つ選びなさい。
　1．細石器　　2．磨製石器　　3．楔形石器　　4．石匙

問6　空欄　カ　として，**正しいもの**を以下から1つ選びなさい。
　1．8千　　2．1万　　3．2万　　4．2万5千

問7　空欄　ア　の遺跡を発見した人物名として，**正しいもの**を以下から1つ選びなさい。
　1．モース　　2．相沢忠洋　　3．直良信夫　　4．ベルツ

問8　下線(a)に関連して，1948年に湖底からナウマン象の骨が発見されたことをきっかけに発掘調査が行われ，大型動物の狩猟の場であったことが判明した湖として，**正しいもの**を以下から1つ選びなさい。
　1．琵琶湖　　2．諏訪湖　　3．摩周湖　　4．野尻湖

問9　先土器時代ともいわれる下線(b)の時代の名称として，**正しいもの**を以下から1つ選びなさい。
　1．旧石器時代　　2．中石器時代　　3．新石器時代　　4．縄文時代
　　　　　　　　　　　　　　　　　　　　　　　　　　　　　　　　（東海大）

❷ 次の文章を読み，以下の設問に答えなさい。

　日本各地で行われている遺跡発掘調査によって，日本の原始古代に関する新しい知見が相次いで得られている。たとえば縄文時代に関しては，青森県　1　遺跡のように，縄文時代前期から中期にかけての，拠点的な大規模集落の存在が明らかになった。この遺跡から発見された遺構や遺物によって，縄文時代の社会像を考える証拠が増加し，竪穴住居や貯蔵穴以外に6本柱の　2　建物などの存在が明らかになった。また，縄文時代人は単に自給自足の生活をしていたのではなく，　3　を用いて海路による物資移送を行っていたことが分かった。出土品からは，たとえば北海道からは　4　が，新潟県姫川流域からは　5　が運びこまれて，石器や装飾品の素材として使用されていたことが分かった。

問1　文中の　1　〜　5　に入る語句を答えなさい。
　　　　　　　　　　　　　　　　　　　　　　　　　　　　　　　　（首都大学東京）

ポイント解説

❶1949年に更新世の地層から打製石器が確認されて以後，各地で石器が発見され，打製石斧・ナイフ形石器・尖頭器など，用途に応じて分化していたことがわかる。

❷縄文時代は1万年近い期間にわたり，縄文土器・磨製石器・弓矢を使用したことがこの時期の文化を特徴づけている。

❸狩猟・漁労を主とした採取経済で，自然条件に左右される生活を送っていた。埋葬も共同墓地で行なわれ，副葬品がともなわないことから，貧富の差や階級の区別がない社会であった。

2 農耕社会の成立

ポイント
① 弥生文化はどのようにして成立し，その特徴は何か。
② 農耕の開始は社会生活にどのような影響を与えたか。
③ 中国の歴史書に見られる，紀元前後の日本列島の状況はどのようなものか。

重要用語

1〔　　　　〕弥生文化の特徴の1つで，中国大陸では紀元前5000年ころに，朝鮮半島では紀元前8世紀ころに始まり，紀元前5～4世紀前後に伝わった。

2〔　　　　〕弥生文化の特徴の1つで，鉄や青銅(銅と錫の合金)などを用いた道具の総称。中国では紀元前6世紀ころに使用を始めている。

3〔　　　　〕収穫した穀物などを貯蔵するため，床を高くした倉庫。**静岡県登呂遺跡**からハシゴが出土し，存在が確認された。

4〔　　　　〕灌漑施設を必要とする水田。**湿田**に比べ生産性が高い。

5〔　　　　〕防御のため溝で，まわりを囲んだ集落。**佐賀県吉野ヶ里遺跡**は，小国の形成をうかがわせる大規模なもの。

6〔　　　　〕方形の低い墳丘のまわりに溝をめぐらした墓。古い時期のものは近畿や九州北部に，古墳時代まで下るものは関東・東北に多い。

7〔　　　　〕九州北部を中心に分布する青銅製祭器。

8〔　　　　〕近畿地方を中心に分布する青銅製祭器。

9〔　　　　〕前漢の歴史書で「楽浪海中に倭人有り，分れて百余国と為る」という倭(日本)に関する最古の記事が見える。

10〔　　　　〕前漢の武帝が衛氏朝鮮を滅ぼし，前108年に朝鮮半島に設置した郡。大陸文化の東方伝播の中継地。

11〔　　　　〕後漢の歴史書。小国家成立のころにあたる当時の倭からの使いが派遣された記事が見える。

12〔　　　　〕1784年に福岡県**志賀島**で発見された金製の印。「**漢委奴国王**」の5字が刻まれている。

13〔　　　　〕中国の歴史書三国志の一部である『**魏書**』**東夷伝倭人条**の通称。3世紀ころの倭の社会・習俗などを記述。

14〔　　　　〕3世紀の倭の地域国家の1つ。位置は近畿地方の大和に求める説と，九州北部に求める説とにわかれる。

15〔　　　　〕邪馬台国の女王で，宗教的権威を背景に国内に君臨。239年魏に使いを送り，「**親魏倭王**」の称号と銅鏡を贈られた。

● **弥生時代の時期区分**
約600年間におよぶ弥生時代は，弥生土器の様式から前・中・後期に区分される。

● **弥生時代の墓制**
土壙墓・木棺墓・箱式石棺墓・甕棺墓・支石墓・方形周溝墓・墳丘墓・楯築墳丘墓・四隅突出型墳丘墓

● **高地性集落**
弥生時代中・後期，瀬戸内海沿岸や近畿地方の山頂や丘陵上につくられた軍事的性格の強い集落。

● **青銅製祭器の分布**

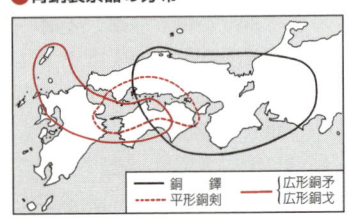

銅鐸
平形銅剣
広形銅矛
広形銅戈

● **倭の奴国王の朝貢**
57年に倭の奴国王の使者が後漢の都洛陽におもむき，光武帝から印綬をうけた。

● **卑弥呼死後の邪馬台国**
男王が立つが国内が混乱し，卑弥呼の宗女壱与が王となることで混乱が収まった。

朝鮮・中国との交渉

	朝鮮	中国	倭(日本)
	(楽浪郡)	後漢	(小国家分立，楽浪郡へ遣使) 57 倭の奴国，後漢に遣使。光武印綬を賜う。 107 倭国王帥升等，生口(奴隷)160人を献ず。
100-			
200-	(三韓) 高句麗	魏 蜀 呉	239 卑弥呼，帯方郡・魏に遣使。魏の皇帝金印紫綬を授く。 266 壱与，晋に遣使。
300-	帯方郡	西晋	
400-	百済 新羅	五胡十六国 東晋 北魏 宋	391 朝鮮出兵，百済・新羅を破る。 404 帯方の境に侵入，高句麗と戦う。 413 倭王，東晋に朝貢。戦う。 421 倭王讃，宋に入貢。

重要演習

❶ 農耕社会の成立に関する次の文章1・2を読み，問1〜問5に答えよ。

1　紀元前5世紀前後と想定される縄文時代の終わりごろ，　A　で水田稲作が開始された。紀元前4世紀初めごろには，西日本に水稲耕作を基礎とする(a)弥生文化が成立し，やがて東日本に広まった。このようにして，　B　と　C　をのぞく日本列島の大部分は，食料採取から食料生産の段階へと入った。この紀元前4世紀ごろから紀元前3世紀の時期を(b)弥生時代とよんでいる。

問1　　A　に入る地域はどこか。次の①〜⑤の中から一つ選べ。
　① 九州北部　② 九州南部　③ 山陰　④ 山陽　⑤ 四国

問2　下線部(a)に関する説明として**誤っているもの**はどれか。次の①〜⑤の中から一つ選べ。
　① 鉄，銅と錫の合金である青銅などを用いた金属器が使用された。
　② 木材を伐採し加工するための石斧類が使用された。
　③ 稲の穂摘み用具である石包丁が使用された。
　④ 壺形土器，甕形土器，高杯形土器などの弥生土器がある。
　⑤ 弥生土器という名称は，東京の本郷弥生町の大森貝塚で発見されたことにちなんでつけられた。

問3　　B　では「続縄文文化」，　C　では「貝塚文化」とよばれる食料採取文化が続いた。それぞれどの地域を指すか。次の①〜⑤の中からそれぞれ一つずつ選べ。
　① 北海道　② 九州南部　③ 北陸　④ 伊豆　⑤ 南西諸島

問4　下線部(b)の生活に関する説明として**誤っているもの**はどれか。次の①〜⑤の中から一つ選べ。
　① 前期は，耕作用の農具は刃先まで木製の鋤や鍬が用いられた。
　② 前期は，地下水位が高く，灌漑施設を必要とし，生産性が低い湿田が多かった。
　③ 後期は，鉄製の刃先をもつ農具が使用されるようになった。
　④ 後期は，乾田の開発が進められた。乾田は，地下水位が低く，灌漑施設を必要とし，灌漑・排水をくり返すことで生産性も高くなった。
　⑤ 地域によっては，ブタの飼育が行われていた。

2　弥生時代の集落には，まわりに濠や土塁をめぐらしたものが少なくない。前期の福岡市の　D　は南北370メートル，東西170メートルの外濠と南北110メートル，東西80メートルの内濠からなる2重の環濠をめぐらし，中期の奈良県田原本町の　E　は集落を径400〜500メートルの濠が囲む。中期から後期には，瀬戸内海に面する海抜352メートルの山頂に位置する香川県詫間町の　F　のように，(c)高地性集落とよばれる集落が出現する。佐賀県の　G　は，内外二重の環濠をめぐらし，外濠で囲まれた範囲は40ヘクタールにおよぶ。また内濠の張り出し部には望楼かと思われる掘立柱の建物跡などがみつかっている。

問5　　D　，　E　，　F　，　G　に入る遺跡名を答えなさい。
（東京農業大）

❷ 次の文章を読んで，空欄に適語を入れなさい。

倭人が朝鮮半島と関係を持っていたことは，『漢書』地理志に記載されている。これによると，前漢が紀元前108年に朝鮮に設置した　1　郡へ，倭人はしばしば使者をおくっていた。

『後漢書』東夷伝には，紀元57年に倭からの使者が洛陽を訪問し，光武帝から印綬を受けたという記述がある。この時にさずかったと思われる金印が，1784年に　2　で発見された。この金印には，「漢委　3　国王」の文字が刻まれている。その後，107年に倭の国王帥升等は生口160人を　4　に献上したことが記録されている。紀元3世紀に編纂された『魏志』倭人伝は，邪馬台国の女王卑弥呼が　5　年に魏の皇帝に使者をおくり，「親魏倭王」の称号と多数の銅鏡などを贈られたことを記している。しかし，倭の女王が266年に使者を　6　におくったのを最後に，約150年ほど中国の歴史書から倭に関する記述は見られなくなる。
（獨協大）

ポイント解説

❶紀元前4世紀ころ，大陸の影響を受けて水稲耕作・金属器（青銅器・鉄器）の使用を特徴とし，弥生土器を用いた弥生文化が九州北部に成立した。

❷余剰生産物の蓄積から貧富の差が生じ，農耕を通じて地域的結合が進み，そのなかから首長が出現し，階級社会が成立した。

❸強力な集落の分立から，連合・統合を経て，小国家へと成長した。これら小国の王たちは中国に朝貢し，中国皇帝の権威によって統治を行なった。

3 古墳とヤマト政権

ポイント
1. 古墳文化の特徴は何か。
2. 倭の五王の時代の国際関係はどのようなものであったか。
3. 大陸文化の伝来はヤマト政権にどのような影響を与えたか。

重要用語

1 〔　　　　〕 円墳に方丘が連接した日本独特の墳墓。古墳時代中期には**大仙陵古墳**のように急速に巨大化した。

2 〔　　　　〕 大和地方に成立した大王家を中心とする豪族との連合政権。

3 〔　　　　〕 古墳の墳丘に並べられた素焼の土製品。円筒，形象などがある。

4 〔　　　　〕 古墳時代の後期に多く現われ，墓室である玄室と墳丘外部との通路である羨道を持った石室。入り口の石を取り除けば，追加して葬れることが竪穴式石室との違い。

5 〔　　　　〕 朝鮮半島南部に成立していた馬韓・弁韓・辰韓という小国家連合のうち，馬韓からおこった国家。

6 〔　　　　〕 高句麗中期の王・好太王の功績をたたえた碑文。391年(辛卯の年)に倭が朝鮮半島へ出兵したことを伝える。

7 〔　　　　〕 『宋書』倭国伝に記されている，中国南朝に遣使・朝貢した倭王，**讃・珍・済・興・武**の総称。

8 〔　　　　〕 6世紀に日本へ伝えられた宗教。百済の聖(明)王が欽明天皇に仏像・経論などを伝えたとされるが，その年代については，552年とする説と538年とする説とがある。

9 〔　　　　〕 5世紀ころに日本へ伝えられた硬質の土器。弥生時代の系統をひくのは，土師器。

10 〔　　　　〕 ヤマト政権の首長の呼称。熊本県**江田船山古墳出土鉄刀銘**などに見られる「ワカタケル大王」が初見。

11 〔　　　　〕 同族集団である氏の組織を基礎として，それを姓によって秩序づけたヤマト政権の政治・社会制度。

12 〔　　　　〕 豪族の家柄や職能に応じて与えられた称号。有力な中央豪族には**臣**，有力な伴造には**連**，有力な地方豪族には**君**が与えられ，ほかに直・造・首などがあった。臣・連の称号を有する豪族の最有力者が**大臣・大連**として国政を担当した。

13 〔　　　　〕 筑紫国造が新羅と結んで527年におこした反乱。物部麁鹿火によって鎮圧された。

● **石上神宮(奈良県)七支刀**
百済王が高句麗に対抗するため，369年，倭王に贈ったもの。61文字の銘文が記されている。

● **4〜5世紀の東アジア**

● **倭王武の上表文**
478年，武が宋の順帝に奉った文書。倭王武は**雄略天皇**にあたると推定される。

● **埼玉県稲荷山古墳出土鉄剣銘**
115文字の銘文の中にある「ワカタケル大王」は，雄略天皇(倭王武)をさすと考えられる。

● **伴造**
軍事の大伴氏，軍事・祭祀の物部氏，祭祀の中臣氏などがその例。

● **品部**
韓鍛冶部，陶作部，錦織部，鞍作部，史部など。

● **五経博士**
6世紀に百済から渡来し，儒教・医・易・暦などの学術を伝えた。

古墳の時期区分

	前期	中期	後期
	3C後半〜4C	4C末〜5C	6C〜7C
築造場所	丘陵突端・台地	平野	平野・山麓斜面
外形	前方後円墳 前方後方墳	巨大な前方後円墳 周濠・陪冢	前方後円墳・円墳・方墳・群集墳・横穴墓
内部	長大な竪穴式石室・粘土槨・割竹形木棺	竪穴式石室・長持形石棺・横穴式石室	横穴式石室・壁画
副葬品	鏡・腕輪形石製品 (呪術的用品)	農工具・甲冑・馬具 (権力的・実力的用品)	金銅製武具・馬具・須恵器・土師器
埴輪	円筒埴輪・器財埴輪	人物埴輪・動物埴輪・円筒埴輪	東国で隆盛，他は衰退

重要演習

❶ 次の文を読んで，空欄 1 ～ 8 に最も適する語句を答えなさい。

　古墳時代前期は，鍵穴形の平面形態をなす前方後円墳が出現した時代である。首長墓としての前方後円墳は，墳頂に設けた石室に，三角縁神獣鏡などの銅鏡や 1 などの玉類といった呪術的な副葬品を多数納めた例が典型的である。 1 は，カシューナッツのような形をした玉であり，すでに縄文時代に存在していた。墳丘に樹立された埴輪には，円筒形のほかに家形，盾形などがある。

　出現期の前方後円墳は西日本に広がりをみせるが，その頃の東海地方から関東地方に至る東日本には主として前方後方墳が広がりをみせている。やがてこれらの地域にも，近畿地方とよく似た構造と副葬品をもつ前方後円墳が築かれるようになり，関東地方もヤマト政権の勢力圏に組み込まれていった。

　古墳時代中期は， 2 世紀を中心とする。この時代には大仙陵古墳（伝仁徳陵古墳）のように，墳丘全長が486mに及ぶ前方後円墳が築かれ，「 3 」の墓と考えられている。「 3 」は7世紀後半に，称号が「天皇」に変わった。埴輪には，人物や馬形などが加わった。副葬品も，鉄鏃や 4 ，甲冑などの鉄製武器や武具の占める割合が高くなり，首長の権力が武力を背景に強大になっていった。

　それは，ヤマト政権の支配力の高まりを反映している。埼玉県稲荷山古墳からは115文字の金象嵌がある 4 が出土した。そこには「辛亥」の年号とともに，獲加多支鹵 3 ，すなわち 5 天皇の文字があった。熊本県 6 古墳の鉄刀の文字も，獲加多支鹵 3 ではないかとされている。それが正しいとすれば， 2 世紀にヤマト政権の支配力が，東は関東地方から西は九州地方にまで及んでいった。

　古墳時代後期になると，古墳の性格も変質をきたした。遺体を葬った石室に， 7 式石室が主流となるのもその一つのあらわれである。竹原古墳は，墓室の岩壁に人物，馬，船，伝説の動物である龍などを描いた壁画で有名である。壁画は，黄泉の世界を表したと解釈されている。 7 式石室であるからこそ，壁画の発達が導かれたといえよう。装飾古墳は 8 地方に集中しており，古墳に地域色が顕著になったことがうかがえる。
(駒澤大)

❷ 次の文章を読んで，以下の問に答えなさい。

　3世紀後半ごろ，近畿地方から瀬戸内海地方の各地に古墳が出現した。その多くが強い共通性をもっており，なかでも大規模な古墳が大和地方にみられることは，大和地方を中心とする政治的な連合体であるヤマト政権が成立していたことを物語る。ヤマト政権は，生産技術の導入や鉄資源の確保などを目的に朝鮮半島に進出しており，奈良県の石上神宮に伝えられている 1 の銘文によれば，4世紀後半には百済との結びつきを強めていたことがわかる。5世紀には，a 倭の五王のもとでヤマト政権は発展し，中央の政治機構を整備する一方，勢力圏を拡大した。ヤマト政権の支配が東国にまでおよんでいたことは， 2 の銘文からうかがい知ることができる。6世紀に朝鮮半島の情勢が変化するなか，朝鮮半島におけるヤマト政権の勢力は後退した。一方，国内では筑紫国造磐井の乱など地方豪族による反乱がおこったが，ヤマト政権は地方豪族の抵抗を排しながら，各地に b 直轄地を設けるなど地方支配を強化していった。

問1　空欄1・2に当てはまる語句の組合せ(1・2の順)として適切なものを一つ選びなさい。
① 人物画像鏡・稲荷山古墳出土鉄剣　② 人物画像鏡・江田船山古墳出土鉄刀
③ 七支刀・稲荷山古墳出土鉄剣　　　④ 七支刀・江田船山古墳出土鉄刀

問2　下線部aに関するア・イの説明について，その正誤の組合せとして適切なものを，以下のうちから一つ選びなさい。
ア　『宋書』倭国伝に讃・珍・済・興・武と記されていた倭の五王は，中国の南朝に朝貢していた。
イ　倭の五王の時代には，高松塚古墳など巨大な前方後円墳が大阪平野を中心に築造された。
① アー正，イー正　② アー正，イー誤　③ アー誤，イー正　④ アー誤，イー誤

問3　下線部bに関連して，この時期のヤマト政権の直轄地を答えなさい。
(明治学院大)

ポイント解説

❶ 前方後円墳に代表される大規模な墳墓が造営され，朝鮮半島や中国との交渉の中で，多くの渡来人によって鉄器や須恵器の生産，機織り・金属工芸・土木などの諸技術や文化が伝えられた。

❷ 鉄資源やすすんだ生産技術を導入するため加耶を拠点に朝鮮半島に進出した倭が，高句麗・百済・新羅に対抗して朝鮮半島における優越的な立場を確保するため，中国南朝に朝貢した。

❸ 大陸のすすんだ技術や学術は渡来人を通じて伝えられ，ヤマト政権は渡来人を技術者集団に組織し，氏姓制度や部民制を整えて権力を強化した。

4 律令国家の形成① ── 飛鳥の朝廷

ポイント
1. ヤマト政権における豪族間の対立がどのように推移したか。
2. 厩戸王(聖徳太子)がその政治でめざしたものは何であったか。
3. 最初の仏教文化である飛鳥文化が持つ国際性とはどのようなものか。

● 重要用語 ●

1 〔　　　　　〕 6世紀の初め，**継体天皇**を擁立し，全盛をほこった大連。加耶西部の地域に**百済**の支配権が確立したことを糾弾され失脚。

2 〔　　　　　〕 589年に南北朝を統一した中国でおこった王朝。618年の唐の成立により消滅。

3 〔　　　　　〕 ?～626　対立した大連**物部守屋**を滅ぼし，大臣として政権を独占。自ら擁立した崇峻天皇を暗殺し，厩戸王(聖徳太子)とともに推古朝の政治改革にあたり，**飛鳥寺(法興寺)** を建立した。

4 〔　　　　　〕 554～626　最初の女帝。厩戸王(聖徳太子)を政務に参加させ，大臣蘇我馬子とともに政治にあたらせた。

5 〔　　　　　〕 603年に制定された氏姓制度から官人制への改革をめざした政策。のちの**位階の制**の起源をなす。

6 〔　　　　　〕 604年に制定された官人への道徳的訓戒。豪族に役人としての心がまえを説いた。

7 〔　　　　　〕 中国に臣属しない外交をめざして派遣された使節。『隋書』倭国伝には，607年の「日出づる処の天子…」の国書が**煬帝**を怒らせた。

8 〔　　　　　〕 607年に遣隋使となり，608年答礼使**裴世清**をともない帰国。同年，**高向玄理・南淵請安・僧旻**らの留学生・学問僧とともに再度隋に渡った。

9 〔　　　　　〕 6世紀末から大王の王宮がつぎつぎに営まれた奈良盆地南部の地。やがて，都としての姿を示すようになった。

10 〔　　　　　〕 7世紀初め，斑鳩に厩戸王(聖徳太子)が建立した寺院。飛鳥時代の建築の特色を残す世界最古の木造建築。

11 〔　　　　　〕 絵の具・紙・墨の製法を伝えた高句麗の僧。

12 〔　　　　　〕 渡来人の子孫で，飛鳥時代を代表する仏師。**法隆寺金堂釈迦三尊像・飛鳥寺釈迦如来像**が代表作である。

● 寺院の伽藍配置

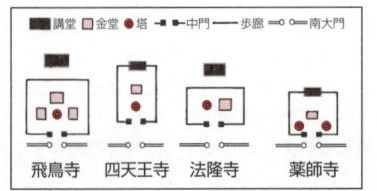

講堂　金堂　塔　中門　歩廊　南大門

飛鳥寺　四天王寺　法隆寺　薬師寺

● **蘇我氏の台頭**
蘇我氏は渡来系氏族と結んで，斎蔵・内蔵・大蔵の三蔵を管理することで政権の財政権を握り，台頭した。

● **歴史書の編纂**
620年，厩戸王(聖徳太子)は蘇我馬子とともに『天皇記』『国記』を編纂した。こうした歴史書の編纂は，百済の僧観勒が暦をもたらしたことで可能となった。

● **答礼使の来日**
隋の煬帝が怒りながらも答礼使を派遣してきたのは，当時隋は高句麗を攻める準備をすすめていたため，日本との友好関係を維持する必要があったからである。

● **法隆寺若草伽藍**
現在の法隆寺は670年の焼失後に再建されたものと考えられ，最初の法隆寺は四天王寺式伽藍配置の寺院で，現在は若草伽藍とよんでいる。

天皇家と蘇我氏の関係系図

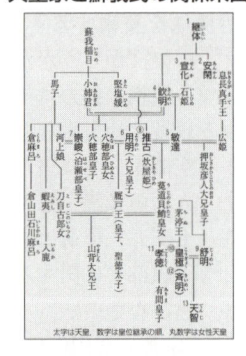

おもな建築・美術作品

建築	法隆寺金堂・五重塔・中門・歩廊(回廊)
彫刻	飛鳥寺釈迦如来像〈金銅像〉 法隆寺金堂釈迦三尊像〈金銅像〉 法隆寺百済観音像〈木像〉 中宮寺半跏思惟像〈木像〉
絵画	法隆寺玉虫厨子須弥座絵・扉絵
工芸	法隆寺玉虫厨子 中宮寺天寿国繡帳(断片)

重要演習

❶ 次の文中の空欄(1)～(18)に適当な語句を，下の語群より選び記号で答えよ。

大和朝廷の支配を受けるようになった各地の豪族は，(1)＿＿＿という同族集団をひきいる(2)＿＿＿として政治に参加し，臣・連・君・直・造などの姓を，尊卑を示す称号として与えられた。有力な中央豪族は大臣・大連となって大和朝廷の政治を動かし，地方の有力な豪族は，国造・(3)＿＿＿となって，それぞれの地方を支配した。(1)＿＿＿の生活を支えるものは，(4)＿＿＿と呼ばれる私有地，(5)＿＿＿と呼ばれる私有民であった。また，朝廷には特殊な技術集団があって，(6)＿＿＿にひきいられて手工業に従事した。以上のような支配体制を(7)＿＿＿と呼ぶが，聖徳太子が政務にあたった推古期は，それまで続いた(7)＿＿＿と，やがて到来した(8)＿＿＿との過渡期であったと見なすことができる。

ところで，(7)＿＿＿の動揺を今日の我々が判断する重要な材料として，6世紀を中心に発生した(9)＿＿＿を取り上げることができよう。(9)＿＿＿とは小型の古墳が一地域に何十・何百と集まったもので，(10)＿＿＿県の岩橋千塚や(11)＿＿＿県の吉見百穴などは有名である。この種の古墳に埋葬された人々は，かつての(12)＿＿＿に埋葬されていた豪族層ではなく，その支配下にいた中層の家長層であったと判断されている。こうした社会構造の変化や527年の(13)＿＿＿の国造磐井氏の反乱などに対して，天皇中心の(14)＿＿＿な支配を目指すものとして聖徳太子の冠位十二階や憲法十七条の制定が位置づけられる。憲法十七条の第十二に「国に二君なく，民に両主なし」とうたわれた両主とは(15)＿＿＿と(16)＿＿＿を指し，(15)＿＿＿の絶対的な支配を主張するものであった。このような内政改革が，当時の外交政策において，平和外交を取っている時期であったことは，外交と内政の連動性を示していると言えよう。

さて，(14)＿＿＿な体制を成立させた最も画期的な事件は大化の改新であった。このクーデターを準備計画したのは，中臣鎌足らであったが，唐から帰国した留学僧の(17)＿＿＿や(18)＿＿＿らの助言が大いに役立っていたことは，よく知られているところである。

イ．氏姓制社会　ロ．出雲　ハ．上円下方墳　ニ．中央集権的　ホ．埼玉　ヘ．屯倉
ト．氏　チ．氏上　リ．旻　ヌ．集合墳　ル．八色の姓　ヲ．群集墳　ワ．田荘
カ．奴隷制社会　ヨ．筑紫　タ．長門　レ．律令制国家　ソ．南淵請安　ツ．氏神
ネ．福井　ナ．豪族　ラ．吉備真備　ム．前方後円墳　ウ．天皇　ヰ．和歌山　ノ．部曲
オ．県主　ク．伴造

（学習院大）

❷ 次の史料を読んで，問に答えなさい。

①<u>大業三年</u>，其の王多利思比孤，使を遣わして朝貢す，②<u>使者曰く</u>，聞くならん，海西の菩薩天子，重ねて仏法を興すと。故に遣わして朝拝せしむ，兼ねて沙門数十人，来りて仏法を学ぶと。其国書に曰く，日出ずる処の天子，日没する処の天子に書を致す，恙なきや，云云と。③<u>帝</u>之を覧て悦ばず，鴻臚卿に謂ひて曰く，蛮夷の書，無礼なる者有り，復た以って聞する勿れと。明年，上，文林郎④<u>裴清</u>を遣わして，倭国に使せしむ，（下略）

［出典『隋書　東夷伝（倭国条）』］（原漢文）

問1　下線①の「大業三年」とは西暦何年か。
問2　下線②の使者は誰か。
問3　下線③の「帝」とは誰か。
問4　下線④の裴清は『日本書紀』ではどのように記されているか。
問5　この時の外交の特色を15字以内で記せ。
問6　この使者派遣の時に行った国内の宗教文化事業を記せ。
問7　この時は多くの留学生や学問僧が派遣されているが，その中で帰国して国博士になった人物を2名記せ。

（明治大）

ポイント解説

❶大連として政治を主導した大伴氏は朝鮮外交の失敗で勢力を失い，かわって大連の物部氏と大臣の蘇我氏が仏教受容をめぐり対立し，蘇我氏が物部氏を滅ぼした。
❷厩戸王は内外の新しい動きに対応して，氏姓制度にかわる天皇を中心とした中央集権国家の確立をめざした。
❸飛鳥文化は，朝鮮半島を通じて伝えられた中国南北朝の文化の影響をうけて成立したが，建築や工芸品に見られる忍冬唐草文様にはペルシア・東ローマの影響も見られる。

5 律令国家の形成②——大化改新と白鳳文化

ポイント
① 大化改新がめざしたものは何であったのか。
② 7世紀の東アジア情勢と国内の動きはどのような関連があったか。
③ 天武・持統天皇による律令国家建設事業はどのようなものであったか。

重要用語

1 〔　　　　　〕 ?～645　父の大臣**蘇我蝦夷**のもとで権力を握り、有力な皇位継承者の**山背大兄王**を自殺に追い込んだ。

2 〔　　　　　〕 645年に中大兄皇子が中心となり、蘇我蝦夷・入鹿を滅ぼした事件。

3 〔　　　　　〕 614～669　乙巳の変で中大兄皇子と協力して、蘇我氏を滅ぼす。新政府では内臣の地位に就く。藤原氏の祖。

4 〔　　　　　〕 646年に出された政治方針。**公地公民制**への移行をめざす政策が示された。

5 〔　　　　　〕 663年、唐・新羅連合軍に滅ぼされた**百済**を救援するため朝鮮半島に渡った日本軍が敗れた戦い。

6 〔　　　　　〕 626～671　**近江大津宮**で即位し、最初の令である**近江令**を制定。称制時は、中大兄皇子を名乗る。

7 〔　　　　　〕 天智天皇の命で670年につくられた、最初の全国的な戸籍。氏姓をただす根本台帳として永久保存された。

8 〔　　　　　〕 天智天皇の死後、**大海人皇子**と**大友皇子**の間で672年におこった皇位継承の内乱。

9 〔　　　　　〕 ?～686　**飛鳥浄御原宮**で即位し、皇族を重用し天皇を中心とした**皇親政治**を行ない、天皇権力を強化した。

10 〔　　　　　〕 684年に制定された天皇中心の身分秩序。皇親を最上位(真人)におき、豪族を新しい身分秩序に再編成した。

11 〔　　　　　〕 645～702　夫の天武天皇の死後に即位し、夫が定めた**飛鳥浄御原令**を施行するなど、律令制の整備につとめた。

12 〔　　　　　〕 690年、飛鳥浄御原令にもとづいてつくられた戸籍。以後、6年ごとに戸籍をつくり、班田を行なう制度が確立。

13 〔　　　　　〕 中国の都城にならって、持統天皇の命で飛鳥の北方に建設された最初の本格的な都城。

14 〔　　　　　〕 飛鳥文化に続く7世紀後半から8世紀初頭にかけての文化。この時代には、貴族により**漢詩文**が盛んにつくられるようになった。

15 〔　　　　　〕 天武天皇の命で創建された寺院。金堂の**薬師三尊像**、**東塔**とよばれる三重塔は白鳳文化を代表する美術作品。

● 改新政府のメンバー
孝徳天皇、皇太子中大兄皇子、左大臣阿倍内麻呂、右大臣蘇我倉山田石川麻呂、内臣中臣(藤原)鎌足、国博士高向玄理・僧旻

● 改新の詔4ヵ条(646年発布)
① 公地公民制
② 中央・地方の行政制度
③ 班田収授法
④ 税制

● 天皇の神格化
「天皇」の称が用いられたのは天武天皇のころからと考えられ、柿本人麻呂は「大君は神にしませば…」という天皇神格化の歌をうたった。

● 法隆寺金堂壁画
高松塚古墳の壁画とならぶ白鳳文化の代表的絵画で、インド・中国の様式を取り入れたスケールの大きい画風を示している。

藤原京の条坊復元図

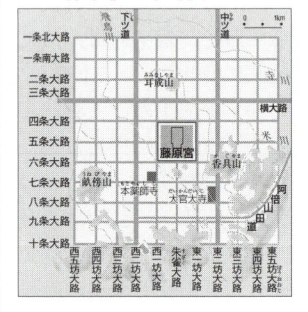

おもな建築・美術作品

建築	薬師寺東塔
彫刻	法隆寺阿弥陀三尊像(橘夫人念持仏)<金銅像> 法隆寺夢違観音像<金銅像> 興福寺仏頭(もと山田寺仏頭)<金銅像> 薬師寺東院堂聖観音像<金銅像> 薬師寺金堂薬師三尊像<金銅像>
絵画	法隆寺金堂壁画(1949年焼損) 高松塚古墳壁画

重要演習

❶ 次の文を読み，下の問い(問1〜10)に答えよ。

7世紀半ばに唐が高句麗に侵攻をはじめると，緊張のなかで周辺諸国は中央集権の確立と国内統一の必要に迫られた。倭では，蘇我　1　が(a)厩戸王(聖徳太子)の子の山背大兄王を滅ぼして権力集中をはかったが，　2　は，(b)蘇我倉山田石川麻呂や(c)中臣鎌足の協力を得て，王族中心の中央集権をめざし，645(大化元)年に蘇我氏の本宗家を滅ぼした(乙巳の変)。そして王族の軽皇子が即位して　3　天皇となり，　2　を皇太子，また阿倍内麻呂・蘇我倉山田石川麻呂を左・右大臣，唐から帰国した旻と　4　を国博士とする新政権が成立し，飛鳥から難波にうつって政治改革を進めた。翌年正月には，(d)「改新の詔」が出されて公地公民制への移行をめざす政策が示された。

この間，朝鮮半島では新羅が勢力を増し，唐と結んで百済と高句麗を滅ぼした。倭は旧百済勢力による百済復興を支援するため大軍を派遣したが，　5　に朝鮮半島南西部の白村江の戦いで唐と新羅の連合軍に大敗した。この敗戦を受けて防衛政策が進められ，　2　は668年に即位して　6　天皇となった。

問1　空欄　1　に入れる人名として最も適当なものはどれか。
　① 馬子　② 入鹿　③ 蝦夷　④ 稲目

問2　空欄　2　に入れる人名として最も適当なものはどれか。
　① 大海人皇子　② 有間皇子　③ 古人大兄王　④ 中大兄皇子

問3　空欄　3　に入れる天皇名として最も適当なものはどれか。
　① 皇極　② 孝徳　③ 斉明　④ 用明

問4　空欄　4　に入れる人名として最も適当なものはどれか。
　① 小野妹子　② 南淵請安　③ 高向玄理　④ 犬上御田鍬

問5　空欄　5　に入れる西暦年として最も適当なものはどれか。
　① 660年　② 663年　③ 664年　④ 667年

問6　空欄　6　に入れる天皇名として最も適当なものはどれか。
　① 天武　② 文武　③ 舒明　④ 天智

問7　下線部(a)についての文として適当でないものはどれか。
　① 法隆寺や四天王寺を創建した。　② 推古天皇の摂政となった。
　③ 八色の姓を定めた。　④ 憲法十七条を定めた。

問8　下線部(b)についての文として誤りを含んでいるものはどれか。
　① 蘇我蝦夷や入鹿と従兄弟である。
　② 氏寺として山田寺を建てた。
　③ 異母弟の蘇我日向の讒言で自殺した。

問9　下線部(c)についての文として誤りを含んでいるものはどれか。
　① その臨終に際して天皇から大織冠と藤原の姓を賜った。
　② 彼の建てた山階寺は藤原氏の氏寺である興福寺の前身である。
　③ 大宝律令の制定に参画し，平城遷都に尽力した藤原不比等は彼の孫である。
　④ 乙巳の変後，内臣に任命されたが，その職掌は不明で令制にもみられない。

問10　下線部(d)の史料として適当でないものはどれか。
　① 昔在の天皇等の立てたまへる子代の民，処々の屯倉，及び，別には臣・連・伴造・国造・村首の所有る部曲の民，処々の田荘を罷めよ。
　② 旧の賦役を罷めて，田の調を行へ。(略)別に戸別の調を収れ。
　③ 初めて戸籍・計帳・班田収授の法を造れ。
　④ 国司・国造，百姓に斂ること勿れ。国に二の君非し。民に両の主無し。

(近畿大)

ポイント解説

❶ 氏姓制度の弊害を打破し，唐の律令制をもとに天皇中心の中央集権国家建設をめざした。

❷ 中国で唐が成立し，朝鮮半島では新羅が唐と協力し百済を滅ぼした。日本は百済救援軍を派遣するが，白村江で敗れ朝鮮半島から退き，唐・新羅連合軍の襲来に備え国防を強化した。

❸ 壬申の乱で有力豪族が没落した中，天武天皇とつぎの持統天皇は令の制定・施行，国史の編纂，新都建設などの改新政治を強力に推進し，天皇の権威を確立した。

6 律令国家の形成③──律令制度の整備

ポイント
1. 律令によって規定された統治機構はどのようなものであったか。
2. 班田収授法の実施の目的は何であったか。
3. 農民はどのような税を負担したか。

重要用語

1 〔　　　　　〕 701年の文武天皇の時，**刑部親王**や**藤原不比等**らの手によって完成した国家の基本法。

2 〔　　　　　〕 大宝律令で定められた役所の組織。中央行政組織は**神祇官**と**太政官**の二官があり，太政官のもとで八省が政務を分担した。

3 〔　　　　　〕 律令制下における全国の行政区画。七道は行政区画であるとともに，幹線道路の名称でもある。

4 〔　　　　　〕 畿内・七道の下に設けられた行政区画。役人としてそれぞれ**国司・郡司・里長**がおかれた。

5 〔　　　　　〕 律令制の地方官司で，「遠の朝廷」ともよばれ，九州の行政や外交・海辺防備を任務とした。

6 〔　　　　　〕 役人が位階に応じた官職に任命される制度。

7 〔　　　　　〕 五位以上の貴族の子は，父祖の位階に応じて一定の位階が与えられ，それに相当する官職に任命される特権。

8 〔　　　　　〕 戸籍にもとづき**6歳以上**の男女に一定額の**口分田**を与え，死後に収公する制度。大化改新の時に採用され，律令制下の土地制度の根本となった。

9 〔　　　　　〕 田地にかかる税。田1段につき**稲2束2把**を納めた。各国の正倉に蓄えられ，地方財政にあてられた。

10 〔　　　　　〕 絹・布・糸など諸国の産物を政府に納める人頭税。正丁・次丁・中男に課せられ，中央政府の財源となった。

11 〔　　　　　〕 正丁・次丁に課せられた人頭税。歳役10日のかわりに布2丈6尺を政府に納めさせた。京・畿内は免除。

12 〔　　　　　〕 国司の命令によって，**年60日**を限度に使役，奉仕する労役。国内の水利土木工事や国衙の雑用を行なった。

13 〔　　　　　〕 国家が貧民救済の目的で稲を貸し付け，秋に利息とともに徴収する制度。しだいに強制的になり，租税化した。

14 〔　　　　　〕 白村江の敗戦を機に九州防衛のためにおかれた兵士。令制下でも踏襲され，全国の兵士から3年の任期で選んだ。

15 〔　　　　　〕 律令に定められた陵戸・官戸・公奴婢・家人・私奴婢に分けられた賤民身分の総称。

● **二官八省一台五衛府**(中央官制)
神祇官(祭祀)
太政官(一般政務)──中務・式部・治部・民部・兵部・刑部・大蔵・宮内省(政務分担)
弾正台(風俗取締り，官吏の監察)
衛門府・左右衛士府・左右兵衛府(宮城などの警備)

● **畿内・七道**
畿内──大和・山背(城)・摂津・河内・和泉
七道──東海道・東山道・北陸道・山陰道・山陽道・南海道・西海道

● **養老律令**
712年に藤原不比等らによってまとめられたもので，大宝律令を大きく変えるものではなかった。

● **計帳**
調・庸を取り立てるための台帳で，毎年作成した。

● **運脚**
調・庸を都まで運搬する人夫のこと。公民の義務で食料も自弁であったため，農民の大きな負担となった。

● **出挙**
春に国家が稲を貸し付け，秋に利息とともに徴収する制度で，その利息は国家の重要な財源となった。

● **司法制度**(刑罰)
五刑──笞・杖・徒・流・死
八虐──天皇に対する謀反や尊属に対する不孝など。

律令の制定

名称	巻数	編者	天皇	年代
近江令	22	藤原鎌足ら	天智	671年施行
飛鳥浄御原令	22	(不明)	天武	689年施行
大宝律	6	刑部親王	文武	701年制定
大宝令	11	藤原不比等	文武	702年施行
養老律	10	藤原不比等ら	元正	718年制定
養老令	10	藤原不比等ら	元正	757年施行

重要演習

❶ 次の文の（ 1 ）～（ 10 ）に入れるのに最も適当な語句，あるいは人物名を漢字で記入しなさい。

701年，（ 1 ）天皇の時，大宝律令が制定され国家の体制が整備された。中央官制では，祭祀をつかさどる神祇官と行政をつかさどる（ 2 ）官の二官があり，（ 2 ）官のもとに財政を担当する民部省や，軍事や武官の人事を担当する（ 3 ）省など八省があった。また，宮城などの警備にあたる五衛府と，風俗の取り締まりや官吏の監察にあたる（ 4 ）がおかれた。

地方官制では諸国を，畿内と東海道，東山道，北陸道，山陰道，山陽道，南海道，（ 5 ）道の七道に分け，国・郡・里（のち郷と改称）がおかれて，国司，郡司，里長が任じられた。国の役所は国府，郡の役所は（ 6 ）と呼ばれた。

司法制度も整備され，刑罰として五刑が定められたが，このうち，1～3年の短期の懲役刑に相当するのが（ 7 ）である。また，天皇の殺害や国家の転覆をはかる謀反，祖父母や父母の殺害をはかる悪逆など，国家や社会の秩序をおかす罪を総称して（ 8 ）と呼び，厳罰に処した。

律令国家では班田収授のために6年ごとに戸籍が，また調や庸を課すために毎年，（ 9 ）がつくられた。農民にはいろいろな負担があったが，政府が春に稲を強制的に貸しつけ，秋の収穫時に利息をつけて徴収する（ 10 ）は，大きな負担であった。

(関西大)

❷ 次の文を読んで，問に答えなさい。

律令国家は，民衆の負担によって成り立っていた。

彼らは，a戸籍や計帳に登録される代わりに，口分田が班給され，各種の負担も課せられた。租は田地から得られた稲の一部を納めたものであった。

調・庸は，主として成人男性に課された税で，各種の布製品や諸国の特産品を国家に納め，さらにそれらを都まで運ばなければならなかった。平城京などの都城からは，調などの荷札として用いられた　A　が数多く出土している。

また，農民に課された労役としては雑徭があり，稲を農民に貸付ける出挙もあった。さらに，兵役も，当時の人々にとって大きな負担であった。成人男性の3～4人に1人程度の割合で割り当てられ，諸国に置かれた　B　で訓練を受け，都に出て宮門の警備などを行うb衛士や，c防人として派遣される者もいた。

〔問〕 1　下線aについて述べたものとして，誤っているものはどれか。
ア　6年ごとに作成された。
イ　30年間保存されることになっていた。
ウ　正倉院に現存する戸籍に下総国のものがある。
エ　天武天皇の時代にはじめて作成された。
オ　班田収授を行う際の基本台帳としての役割を果たした。

2　空欄Aにあてはまる言葉は何か。漢字で記入しなさい。
3　空欄Bにあてはまる言葉は何か。漢字で記入しなさい。
4　下線bが配属された官司は，衛士府のほかにどれか。
ア　近衛府　イ　衛門府　ウ　兵衛府　エ　刑部省　オ　弾正台
5　下線cについて述べたものとして，正しいものはどれか。
ア　主として西国の兵士から選ばれた。　イ　任期は5年であった。
ウ　東北地方も防備した。　エ　『懐風藻』には防人が詠んだ漢詩が収められている。
オ　大宰府に所属した。

(早稲田大)

ポイント解説

❶ 律は刑法，令は行政法・民法にあたり，これを基準に政治を行なった。中央官制は二官・八省・一台・五衛府からなり，全国は畿内・七道にわけられた。

❷ 公地公民制の原則に立って，豪族による土地・農民の支配を防ぎ，それらを国家の支配下におくことによって，徴税の対象を確保することをはかった。

❸ 農民は班田収授法によって最低限の生活を保障されたが，口分田の経営にあたる成年男性は，国家に対して租・調・庸・雑徭・出挙・兵役などの重い税を負担していた。

7 平城京の時代

ポイント
1. 平城京における中央集権体制の整備はどのようなものであったか。
2. 奈良時代の政権はどのように推移したか。
3. 公地公民制が崩壊したのはなぜか。

重要用語

1. 〔　　　〕710年,元明天皇により藤原京から遷された都。この後,山背国の長岡京・平安京に遷都するまでを奈良時代という。

2. 〔　　　〕8世紀から10世紀に中国東北部に存在したツングース系の民族国家。日本と緊密な使節の往来が行なわれた。

3. 〔　　　〕708年に鋳造された銭貨。その流通をはかるため,711年に**蓄銭叙位令**を発したが,あまり流通しなかった。

4. 〔　　　〕659〜720　大宝律令の制定に参画し,**平城**遷都や**養老律令**編纂の中心となった。奈良時代初期の政治を主導。

5. 〔　　　〕701〜749　文武天皇の第一皇子。母は藤原宮子。藤原不比等の娘光明子を皇后にするなど,藤原氏との密接な関係にあった。

6. 〔　　　〕701〜760　不比等の娘で**聖武天皇**の皇后。729年の**長屋王の変**の直後,皇族以外で初めて皇后となった。

7. 〔　　　〕684〜729　皇親勢力の中心として左大臣となるが,藤原氏と対立し,藤原氏4子の策謀で自殺に追い込まれた。

8. 〔　　　〕684〜757　藤原氏4子の病死後右大臣となり,唐から帰国した**玄昉・吉備真備**を重用し,政権を掌握した。

9. 〔　　　〕740年,九州で玄昉・吉備真備の追放を求めておこった反乱。この乱の平定後,聖武天皇は**恭仁京**に遷都。

10. 〔　　　〕741年,聖武天皇が政治不安・疫病の流行などを背景として,国ごとに僧寺・尼寺の建立を命じたもの。

11. 〔　　　〕743年,**紫香楽宮**で聖武天皇が金銅の盧舎那仏の造立を命じたもの。平城遷都後,東大寺において完成。

12. 〔　　　〕706〜764　光明皇太后の支持で権力を握る。淳仁天皇を擁立し,**橘奈良麻呂の変**を鎮圧して全盛を築く。**恵美押勝**の姓名を賜う。

13. 〔　　　〕？〜772　孝謙上皇の寵愛をうけ政界に進出した僧。恵美押勝の乱後,**重祚**した称徳天皇のもとで法王となり権力を握る。

14. 〔　　　〕723年に開墾を奨励するため,**百万町歩開墾計画**の失敗をうけて発布された,一定年限の土地私有を認めた法令。

15. 〔　　　〕743年に発布された,開墾地の永久私有を認めた法令。貴族・大寺院が開墾を行ない,**初期荘園**が発生した。

● **富本銭**
天武朝ころに鋳造された銅銭。

● **本朝十二銭(皇朝十二銭)**
和同開弥から958年村上天皇の時に鋳造された乾元大宝までの,政府が鋳造した12種類の銭貨。

● **藤原氏4子**
不比等の4人の子で,武智麻呂(南家)・房前(北家)・宇合(式家)・麻呂(京家)。

● **聖武天皇**
文武天皇と不比等の娘宮子の皇子。724年元正天皇の後に即位し,天平文化の最盛期を築く。

● **恵美押勝の乱**
藤原仲麻呂が764年,孝謙上皇の寵愛をうけた道鏡を除こうとして挙兵し,敗死。

● **和気清麻呂**
称徳天皇らが宇佐八幡神の神託を利用し,道鏡を皇位につけようとしたのを,藤原百川らとともに阻止。のち平安遷都に貢献。

● **重祚**
天皇を退位した上皇が,再び皇位につくこと。大化改新時の皇極天皇が斉明天皇となり,孝謙天皇が称徳天皇となった2例がある。

● **多賀城**
7世紀後半,出羽・陸奥の政治や蝦夷対策の拠点となる。

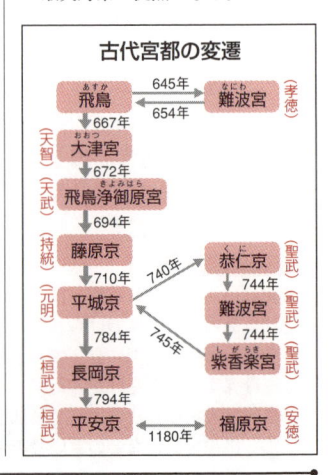

古代宮都の変遷

飛鳥 ─645年→ 難波宮(孝徳)
　↑654年
飛鳥 ─667年→ 大津宮(天智)
　　　　672年↓
飛鳥浄御原宮(天武・持統)
　↓694年
藤原京(持統・元明)
　↓710年
平城京(元明) ─740年→ 恭仁京(聖武)
　　　　　　　　↓744年
　　　　　　　　難波宮(聖武)
　　　　　　　　↓744年
　　　↘745年 紫香楽宮(聖武)
　↓784年
長岡京(桓武)
　↓794年
平安京(桓武) ─1180年→ 福原京(安徳)

重要演習

❶ 次は奈良時代の政治について述べた文章である。〔設問１〕〜〔設問６〕に答え，解答を漢字で記せ。また文中の（ ア ）〜（ カ ）に当てはまる最適な語句を語群から１つ選んで記入せよ。

　元明天皇は，武蔵国から献上された銅にちなんで和銅と改元し，その２年後に都を平城京へ移した。元明天皇は孫にあたるa首皇子(後の聖武天皇)を皇太子に立てるが，皇太子が若年のため，娘に譲位して元正天皇とした。元正天皇の時代には，養老２年(718)に藤原不比等らによって『養老律令』が撰修された。藤原不比等が没すると，[b]が右大臣に任じられ政界の首班となった。またこの天皇の時代には，百万町歩開墾計画や（ ア ）が発せられた。

　[b]は天武天皇の孫で，神亀６年(729)に「私に左道を学びて国家を傾けむ」としているとの密告があり，妻の吉備内親王や子らとともに自殺させられた。この事件は，皇位継承の可能性のある[b]を除くために藤原氏が画策したと考えられ，このあと藤原光明子の立后が実現し，藤原氏が政界に大きく進出した。ところが天平９年(737)に，政界の中心であった不比等の四子，武智麻呂・房前・[c]・麻呂が天然痘によって相次いで没し，藤原氏の政権は崩壊する。

　この事態を収束するのが皇族出身の橘諸兄であり，玄昉や（ イ ）を登用した。これに反感を抱いて，天平12年(740)に藤原式家[c]の長男である広嗣が，筑紫において玄昉と（ イ ）の排除を求める上表を都に送り挙兵した。乱は中央から派遣された大軍との激戦ののちに鎮圧されるが，朝廷における動揺はおさまらず，d聖武天皇は都を転々と移すことになった。

　聖武天皇は天平勝宝元年(749)，娘に譲位して孝謙天皇とした。孝謙天皇の時代は，光明皇太后の権威と結びついて武智麻呂の子e藤原仲麻呂が政界で勢力を伸ばした。これに対し，（ ウ ）は天平勝宝９年(757)，仲麻呂を倒そうとするが失敗し殺されてしまう。仲麻呂は，天平宝字２年(758)自邸である田村第に住まわせるなど親しかった大炊王を擁立して（ エ ）天皇とした。仲麻呂は恵美押勝の名を賜り，それまで生前についた人のなかった則闕の官である太師（太政大臣）となっている。しかし，後ろ盾であった光明皇太后が死去すると，孝謙上皇が道鏡を寵愛するようになり，仲麻呂は孤立していった。そこで天平宝字８年(764)に反乱を起こしたが敗死した。

　孝謙上皇は再び即位して称徳天皇になると，道鏡は太政大臣禅師，さらに法王に任命された。道鏡は続いて神護景雲３年(769)f宇佐八幡神の託宣と称して皇位につこうとしたが失敗した。宝亀元年(770)称徳天皇がなくなると，藤原式家の（ オ ）らによって道鏡は失脚させられ，天智天皇の孫にあたる（ カ ）天皇が即位することになった。

〔設問１〕　下線aの首皇子の父は，元明天皇の子供にあたる天皇であるが，その天皇の名を記せ。
〔設問２〕　文中の[b]に当てはまる人名を記せ。
〔設問３〕　文中の[c]に当てはまる人名を記せ。
〔設問４〕　下線dについて，聖武天皇が移った３つの都のうち最初に遷都した都の名を記せ。
〔設問５〕　下線eについて，仲麻呂が勢力を伸ばしていく拠り所となった，新設された官司の名を記せ。
〔設問６〕　下線fについて，宇佐八幡の託宣は偽託であるとして，道鏡が皇位につくことを阻んだ人物の姓名を記せ。

〔語群〕　1．阿倍仲麻呂　　2．粟田真人　　3．吉備真備　　4．源高明　　5．橘逸勢
　　　　　6．橘奈良麻呂　　7．藤原百川　　8．藤原永手　　9．藤原種継　　10．光孝
　　　　　11．光仁　　12．仁明　　13．淳仁　　14．淳和　　15．孝徳　　16．墾田永年私財法
　　　　　17．三世一身法　　18．蓄銭叙位令

（同志社大）

ポイント解説

❶710年元明天皇の時，平城京が造営され，都と地方を結ぶ道路や駅制の整備，蝦夷地の開発などがすすめられ，中央集権的な国家体制が整った。

❷天武系の天皇のもとで，政権は藤原不比等→長屋王→藤原氏４子→橘諸兄→藤原仲麻呂→道鏡と推移し，称徳天皇の死とともに藤原百川らが道鏡を追放し，天智系の光仁天皇を擁立した。

❸公地公民制は班田収授の確実な実施に支えられたが，農民の過重な負担は浮浪・逃亡による荒廃田の増大をまねき，他方，人口増加によって口分田が不足し，公地公民制は崩壊した。

8 天平文化

ポイント
① 天平文化が持つ国際性は何によったか。
② 国史・地誌の編纂の気運が高まった背景は何か。
③ 奈良時代の仏教が国家仏教といわれるのはなぜか。

●重要用語●

1 〔　　　　〕 8世紀の聖武天皇の時代を中心とした奈良時代の文化の総称。貴族的で仏教的色彩が強い。**東大寺正倉院**に聖武天皇の遺宝などを所蔵する。

2 〔　　　　〕 712年に完成した現存最古の歴史書。天武天皇の命により**稗田阿礼**が暗誦した「帝紀」「旧辞」を**太安万侶**が筆録。

3 〔　　　　〕 **舎人親王**が中心となって編纂し、720年に完成した最古の官撰史書。中国史書にならい漢文・編年体で記述。

4 〔　　　　〕 713年、諸国に地誌・産物・伝説などをまとめて提出させたもの。常陸・出雲・播磨・豊後・肥前の5つが現存。

5 〔　　　　〕 現存最古の漢詩集。大友皇子・大津皇子・長屋王の作品が有名。

6 〔　　　　〕 現存最古の和歌集。漢字の音訓を使って日本語を表す万葉がなを用い、天皇から庶民までの作品を撰んでいる。

7 〔　　　　〕 660〜733　万葉歌人。入唐した学識者であったが、人生・社会を詠じた切実なものが多い。『貧窮問答歌』は有名。

8 〔　　　　〕 官吏養成のために中央におかれた教育機関。地方におかれた教育機関が国学。

9 〔　　　　〕 仏教によって国家の安泰をはかること。**国分寺建立の詔・大仏造立の詔**は、この思想にもとづいて出された。

10 〔　　　　〕 奈良時代に仏教の教理研究がすすみ形成された、**三論・成実・法相・倶舎・華厳・律**の6つの学派の総称。

11 〔　　　　〕 668〜749　僧尼令違反で政府に弾圧されながらも民間布教や社会事業に尽力した。のち政府の要請で大仏造立事業に協力し、大僧正に任じられた。

12 〔　　　　〕 688〜763　聖武天皇の招きに応じ、日本に戒律を伝えた唐僧。東大寺に戒壇を設け、のちに**唐招提寺**を開いた。

13 〔　　　　〕 木を芯にして、その上を粘土でかためた像。

14 〔　　　　〕 粘土や木でおおよその形をつくり、その上に麻布をはり漆でぬりかためた像。

●律令の教育制度
中央に大学、地方に国学がおかれ、貴族や郡司の子弟に儒教の経典を中心とする教育が行なわれた。

●六国史
6世紀から10世紀初めにかけて勅撰された『日本書紀』『続日本紀』『日本後紀』『続日本後紀』『日本文徳天皇実録』『日本三代実録』の6つの官撰史書の総称。

●淡海三船と石上宅嗣
奈良時代を代表する文人で、淡海三船は鑑真の伝記『唐大和上東征伝』を記し、石上宅嗣は最初の公開図書館である芸亭を開いた。

●大伴家持
万葉歌人中、最多数の歌を残し万葉集編者の1人に擬せられる。名門大伴氏をひきい藤原氏に対抗。

●唐招提寺の金堂と講堂
金堂は天平期に建造された金堂の唯一の遺構であり、講堂は平城宮の朝集殿を移築したもので、平城宮唯一の遺構。

おもな建築と美術作品

建築	法隆寺夢殿・伝法堂 東大寺法華堂〔三月堂〕・転害門 正倉院宝庫 唐招提寺金堂・講堂
彫刻	興福寺八部衆像〈乾漆像〉 〃　〃　〈阿修羅像〉 〃　十大弟子像〈乾漆像〉 東大寺法華堂不空羂索観音像〈乾漆像〉 〃　〃　日光・月光菩薩像〈塑像〉 〃　〃　執金剛神像〈塑像〉 〃　戒壇院四天王像〈塑像〉
彫刻	唐招提寺鑑真像〈乾漆像〉 〃　金堂盧舎那仏像〈乾漆像〉 聖林寺十一面観音像〈乾漆像〉 新薬師寺十二神将像〈塑像〉
絵画	正倉院鳥毛立女屏風 薬師寺吉祥天像 過去現在絵因果経
工芸	正倉院螺鈿紫檀五絃琵琶 東大寺大仏殿八角灯籠 金銀鍍龍首水瓶

重要演習

❶ 次の史料を読み，設問に答えよ。

（天平宝字七〈763〉年五月）大和上［ ア ］*物化す。和上は，揚州竜興寺の大徳なり。（中略）留学の僧栄叡・業行ら，和上に白して曰く，「(a)仏法東流して本国に至る。その教ありといへども，人の伝授するなし。幸ひに願はくは，(b)和上，東遊して化を興せ」と。（中略）つひに弟子二十四人と(c)副使大伴宿禰古麻呂の船に寄乗して帰朝し，(d)東大寺において安置供養す。（中略）［ イ ］皇帝，これを師として受戒す。(e)皇太后の**不予におよびて，進めるところの医薬，験あり。（中略）また新田部親王の旧宅を施して，もって戒院となす。今の［ ウ ］これなり。　　　　　　　　　　　（原漢文『続日本紀』）

＊物化…死ぬこと　＊＊不予…病気のこと

設問1　空欄(ア)に適当な僧名を記せ。
設問2　空欄(イ)に適当な天皇名(当時は太上天皇)を記せ。
設問3　空欄(ウ)に適当な寺院名を記せ。
設問4　下線(a)について，「本国」の国名を記せ。
設問5　仏教が「本国」に公に伝わったのは何世紀のことか。
設問6　下線(b)について，［ ア ］が「本国」に伝えた宗派を何というか。
設問7　下線(c)について，かれは，757年に起こった反藤原氏の事件に連座して死んだ。その事件を何というか。
設問8　下線(d)について，東大寺の本尊大仏の名を記せ。
設問9　設問8の大仏開眼供養が行われた時の天皇の名を記せ。
設問10　下線(e)について，「皇太后」は［ イ ］の妻である。彼女の名を記せ。　　　　（東海大）

❷ 次の文について，問1〜問6に答えなさい。

奈良時代には，［ ア ］天皇によって国分寺建立や(a)大仏造立が進められるなど，［ イ ］の思想のもとに仏教は大きく発展した。仏教理論の研究も進み，三論・成実・法相・倶舎・華厳・律の［ ウ ］六宗が形成された。また日本への渡航に何度も失敗しながら，ついに戒律を伝えた(b)鑑真らの活動も，仏教の発展に大きく貢献した。

問1　文中の空欄［ ア ］に入るものを，次の番号から一つ選びなさい。
　① 桓武　② 推古　③ 天智　④ 天武　⑤ 聖武

問2　文中の空欄［ ア ］天皇の遺愛品などを収蔵してきた正倉院宝庫は南倉・中倉・北倉からなる。この南北両倉を代表とする建築様式は何か。次の番号から一つ選びなさい。
　① 数寄屋造　② 書院造　③ 校倉造　④ 寝殿造

問3　文中の下線部(a)大仏造立の勧進の先頭に立ち，民間布教や社会事業に活躍したことで知られる僧は誰か。次の番号から一つ選びなさい。
　① 日親　② 行基　③ 蓮如　④ 空也　⑤ 円仁

問4　文中の空欄［ イ ］に入るものを，次の番号から一つ選びなさい。
　① 鎮護国家　② 民主国家　③ 法治国家　④ 福祉国家

問5　文中の空欄［ ウ ］に入るものを，次の番号から一つ選びなさい。
　① 東密　② 西陣　③ 南都　④ 北山

問6　文中の下線部(b)鑑真は，中国の何時代の僧か。次の番号から一つ選びなさい。
　① 隋　② 唐　③ 宋　④ 元　⑤ 明　⑥ 清　　　　　　　　　　　　　　　　　　（麻布大）

ポイント解説

❶遣唐使の派遣によって，西アジアなどとの交流により発展した唐の最盛期の文化の影響を強くうけ，国際色豊かな性格を持つものとなった。

❷中央集権的な国家体制が整うにつれて，政府がこの国を支配する由来と，国家の形成・発展のありさまを記そうとする気運が高まった。

❸奈良時代の仏教は国家権力と結びつき，鎮護国家のための法会や祈禱を行なうとともに，僧尼令によって統制をうけ，国家の保護・支配の下におかれ発展した。

9 平安王朝の形成

ポイント
1. 桓武・平城・嵯峨の3代の天皇による令制改革はどのようにして行なわれたか。
2. 令外官の設置は律令政治にどのような影響を与えたか。
3. 弘仁・貞観文化の特色は何か。

●重要用語●

1 〔　　　　　〕737〜806　光仁天皇の後に即位し、寺院などの旧勢力の強い平城京から遷都を行ない、律令政治の再建につとめた。

2 〔　　　　　〕長岡京建設が造宮使藤原種継の暗殺などではかどらなかったため、和気清麻呂の提案により794年に遷都した都。

3 〔　　　　　〕758〜811　桓武天皇の時、征夷大将軍となった。蝦夷征討に活躍し、802年に胆沢城を築き鎮守府を多賀城より移した。

4 〔　　　　　〕桓武天皇が新設した官職。国司交代時に後任者が前任者に与える解由状を審査し、不正や争いを防止した。

5 〔　　　　　〕農民の過重な税負担から軍団の質が低下したため、軍団を廃止し、かわって地方の郡司の子弟で編制した軍隊。

6 〔　　　　　〕810年、平城太上天皇の変（薬子の変）を機に、機密保持のため嵯峨天皇が設置した官職。天皇の秘書官として重要文書を取り扱った。

7 〔　　　　　〕嵯峨天皇が設置した、京中の治安維持にあたった機関。のち訴訟や裁判も扱った。

8 〔　　　　　〕奈良から平安初期にかけて新設された、令に規定されていない官職・官庁の総称。

9 〔　　　　　〕嵯峨天皇のもとで編集された格式。貞観（清和天皇）・延喜格式（醍醐天皇）とあわせて三代格式という。

10 〔　　　　　〕平安遷都から9世紀末ころまでの文化。重厚・神秘的な密教芸術を特色とする。

11 〔　　　　　〕空海が京都に開いた教育施設。身分上、大学・国学に入れなかった人々のために、儒教・仏教を講じた。

12 〔　　　　　〕767〜822　唐から天台宗を伝え、比叡山に延暦寺を創建。大乗戒壇の設立をめぐり南都諸宗と激しく対立した。

13 〔　　　　　〕774〜835　唐から密教を伝え、真言宗を開く。高野山金剛峰寺・京都教王護国寺を拠点に布教。三筆の一人。

14 〔　　　　　〕木造で頭部と胴体が一木の木材で造られているもの。肉が厚いので深く彫れる特徴がある。

15 〔　　　　　〕仏の世界を壇の形式で図示したもの。真言密教では金剛界・胎蔵界の両界曼荼羅がある。

●軍事と造作
桓武朝の2大事業である軍事と造作（蝦夷征討と造都）は公民の疲弊を招いた。805年、天皇は藤原緒嗣と菅野真道の徳政相論（論争）の結果、緒嗣の意見に従い2大事業を中止した。

●平城太上天皇の変
平城太上天皇が、寵愛した藤原式家の薬子、兄の仲成とともに復位と平城遷都を企て、失敗した事件。薬子は自殺し、仲成は射殺された。

●格と式
格は律令の補足・訂正のため出された法令で、式は律令を運用するために必要な施行細則。また政府は養老令の官撰注釈書として、清原夏野らに『令義解』を編纂させた。

●大学別曹
貴族がその氏族出身の学生のために設けた寄宿施設。和気氏の弘文院、藤原氏の勧学院、橘氏の学館院・在原氏や皇族の奨学院などがある。

●三筆
平安初期、唐風の筆蹟を特色とする能書家で、嵯峨天皇・空海・橘逸勢の3人をいう。

●公営田・官田・諸司田・勅旨田・賜田
中央の国家財政の悪化にともない、大宰府では公営田、畿内には官田、中央各官庁はそれぞれ諸司田、天皇は勅旨田、皇族も賜田をもち、財源の確保につとめた。

おもな建築と美術作品

建築	室生寺金堂・五重塔	彫刻	教王護国寺講堂不動明王像〈木像〉
彫刻	薬師寺僧形八幡神像〈木像〉		法華寺十一面観音像〈木像〉
	神護寺薬師如来像〈木像〉		新薬師寺薬師如来像〈木像〉
	元興寺薬師如来像〈木像〉	絵画	神護寺両界曼荼羅
	室生寺金堂釈迦如来像〈木像〉	書道	教王護国寺両界曼荼羅
	〃　弥勒堂釈迦如来坐像〈木像〉・諸像		園城寺不動明王像（黄不動）
	観心寺如意輪観音像〈木像〉		西大寺十二天像
			風信帖（空海）

重要演習

❶ 次の文章を読んで，後の各問に答えなさい。

　今から1200年以上も遡る8世紀後半，桓武天皇は，山背国葛野郡の地に遷都を行った。それから，この都は，長期間にわたって，日本の政治，経済，文化の中心として，栄えることになった。

　桓武天皇の在位期間は，8世紀から9世紀にまたがって，約四分の一世紀に及んだ。この間，桓武天皇は，強力なリーダーシップをもって軍事行動や政治改革を行っている。軍事面では，東北地方への進出を図り，征夷大将軍として派遣した坂上田村麻呂が，蝦夷の族長　A　を帰順させた。また，a兵制を改革し，東北・九州を除いて農民を徴発して編成した軍団を廃止し，郡司らの子弟に国衙などを守らせた。政治面では，定員外の国司や郡司を廃止し，令外官である　B　を設けて，国司の交替に際してその不正がないかどうかを監督させるなど，地方政治の改革を行っている。

　視点を地方の人々の暮らしに転ずると，8世紀後半から9世紀にかけての時期は，農民間の貧富の差が拡大した時期であった。一方では，春に種籾を貸し付けて秋の収穫時に利息を付けて返済させる　C　を使って周辺の農民らに荒廃田や未墾地を開発させるなどして大規模な農業経営を行う富豪百姓が出現していた。他方では，負担にたえかねて浮浪や逃亡を行う貧窮農民もあとを絶たなかった。少しでも生活に有利な条件を得ようとして，戸籍に偽りの記載を行う偽籍もめだつようになった。戸籍は実態と大きくかけはなれたものとなり，唐の均田制にならった　D　制の維持，実施も次第に困難になってきた。

　　D　制の機能不全は，国家財政の危機を意味したので，中央政府は，財源の確保のために，いくつかの経済政策を行った。その一つに，大宰府管内で実施された，富豪百姓に良田1万町の経営をまかせたものがある。これは　E　制と呼ばれている。bこの試みが成功すると，政府や国司は，経営を富豪百姓にまかせて税収入を安定化しようとする方式を相次いで導入するようになった。また，富豪百姓のなかには，国司の収奪から逃れるために，時の権力者である院宮王臣家とよばれる人々と結びつこうとするものがあらわれた。

　東アジアに目を転じると，律令国家として周囲の国々や地域に大きな影響を与えた唐においても，8世紀の後半には，均田制が行き詰まっていた。そして，9世紀の終わりには，菅原道真によって遣唐使の派遣中止が建議された。唐の求心力の低下に伴い，東アジアの政治と文化は，地域ごとに多様な色彩を放つようになる。東アジアもまた，新しい時代に突入しようとしていた。

問1　文中の空所A～Eに入れるのに最も適切な語句を答えなさい。

問2　下線部aに関連して，このような兵制改革を行った理由として最も適切なものを，次の①～④の中から一つ選びなさい。
① 承平・天慶の乱が起こり，地方武士の組織化が危急の課題となったため。
② 新羅との外交関係が好転し，日本と新羅との間に同盟関係を締結されたことで，対外的な緊張がゆるんだため。
③ 兵士の質が低下したことで，少数精鋭の路線に政策変更が行われたため。
④ 土一揆などの農民の集団的な反乱が相次いで起こり，政府が危機を感じたため。

問3　下線部bに関連して，政府の経済政策ア～エを古いものから年代順に並べた組み合わせとして最も適切なものを，下の①～④の中から一つ選びなさい。
　ア　延喜の荘園整理令を公布する。　　イ　墾田永年私財法を発令する。
　ウ　畿内に官田（元慶官田）を設ける。　エ　三世一身法を施行する。
① エ → イ → ウ → ア　　② イ → エ → ア → ウ
③ エ → イ → ア → ウ　　④ ウ → エ → イ → ア

（東京経済大）

ポイント解説

❶複雑で形式的な令の官制を整理し，官職を実質的なものに改めるため令外官を設置し，法制面では，格式を分類・編集し，時勢に応じた政治を行なった。

❷令外官として設けられた職は，当時の政治や社会の実情に即したものであったので，重要な権限を有した。このため多くの令制官は権限を縮小し，有名無実となった。

❸唐の文化の影響をうけながらもしだいにそれを消化して漢文学が発展し，また仏教界に天台・真言宗が成立し，重厚・神秘的な密教芸術が展開した。

10 摂関政治

ポイント
1. 藤原氏北家はどのような過程を経て勢力を確立したか。
2. 摂関政治とはどのような政治か。
3. 摂関期に国際関係はどのように変化したか。

●重要用語●

1 〔　　　　　〕775～826　嵯峨天皇の信任が厚く，**蔵人所**設置とともに**蔵人頭**となり，藤原氏北家の隆盛の基礎を築いた。

2 〔　　　　　〕804～872　冬嗣の子。清和天皇の外祖父として，858年に臣下で初めて摂政の任にあたり，866年正式に任命された。

3 〔　　　　　〕藤原氏による他氏排斥事件。842年嵯峨上皇の死の直後，**伴健岑**・**橘逸勢**が謀反を企てたとして配流された。

4 〔　　　　　〕866年におこった藤原氏による他氏排斥事件。**大納言伴善男**が失脚し，伴氏は没落。連座した紀氏も没落した。

5 〔　　　　　〕天皇が幼少の時，政務を代行する職。

6 〔　　　　　〕天皇を補佐し，政務を総覧する令外官。

7 〔　　　　　〕836～891　良房の子。光孝天皇・**宇多天皇**を擁立し関白となり，**阿衡の紛議**をおこして関白の政治的地位を確立した。

8 〔　　　　　〕845～903　宇多天皇が藤原氏を抑えるため登用。**醍醐天皇**の時，**藤原時平**らの策謀で**大宰権帥**に左遷された。

9 〔　　　　　〕**醍醐・村上天皇の治世**。両天皇は摂政・関白をおかず親政を行なったので，後世に天皇政治の理想とされた。

10 〔　　　　　〕969年，**源高明**が失脚した事件。藤原氏による他氏排斥事件の最後。以後，摂関が常置され，北家の地位が安定。

11 〔　　　　　〕966～1027　4人の娘を入内させて3代の天皇の**外祖父**となり，藤原氏全盛期を現出した。晩年には，**御堂関白**と称された。

12 〔　　　　　〕992～1074　3代の天皇の摂政・関白となり，父道長以来約60年間の摂関政治の最盛期を現出させた。

13 〔　　　　　〕母方の親戚。藤原氏は娘を天皇の后妃に入れ，生まれた皇子を天皇に立て，外祖父として摂関の地位を独占した。

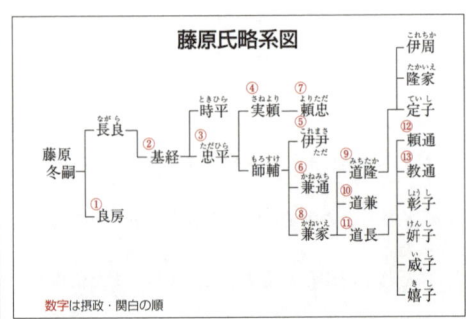

14 〔　　　　　〕右大臣藤原実資の日記。この中に藤原道長の「この世をば…望月の…」の歌が記載されている。

●**摂政・関白の権限**
摂政・関白は天皇とともに官吏の任免権を専有していたため，藤原氏は一族で重要な官職を独占した。

●**阿衡の紛議**
887年，宇多天皇の即位の際におこった藤原氏の示威事件。天皇が基経を関白に任じた詔勅に「阿衡に任ず」とあったのに対し，基経は「阿衡は位だけで官職ではない」として政務をみなかった。このため政治は混乱し，天皇はやむなく詔勅の起草者橘広相を処罰した。

●**藤原氏一族の内紛**
摂関の地位が藤原氏によって独占されると，これをめぐりしばしば争いがおこった。**兼通・兼家**兄弟の争い，**道長・伊周**の叔父・甥の争いは有名。

●**道長の栄華**
「この世をば我が世とぞ思ふ望月の　かけたることも無しと思へば」（『小右記』）を詠み，壮麗を誇った**法成寺**を建立。御堂関白の御堂とは法成寺をさす。

藤原氏略系図

10～11世紀の東アジア

数字は摂政・関白の順

重要演習

❶ 次の文章を読み，以下の設問に答えなさい。

　藤原不比等の子がおこした南家・北家・①式家・京家のうち，北家の系統は平安時代に入るとしだいに勢力を伸ばした。北家興隆の基礎を築いたのは，嵯峨天皇の信任をうけ蔵人頭に任命され，その後左大臣にも昇り，また娘順子を東宮正良親王（のちの仁明天皇）と結婚させた藤原冬嗣であるとされる。

　藤原良房は冬嗣の子であるが，良房も北家の勢力拡大のうえで大きな役割を果たした人物である。②842年に謀反の疑いをかけられた伴健岑が処罰されるという大きな事件がおきたが，これは良房の陰謀であったとささやかれている。さらに応天門の変でも伴氏の善男や　1　氏の豊城らが処罰されるなど他氏の勢力が後退し，藤原氏の地位が高まった。清和天皇の外祖父であった良房はこの事件のときに勅により摂政に任ぜられ，事件を処断した。良房の養子である藤原基経は，宇多天皇の即位に際し基経にあてた勅書の　2　という表記を口実に宇多天皇と政治的駆け引きを演じ，宇多天皇に譲歩させるのに成功した。

　しかし，宇多天皇は基経の死後親政を行ない，菅原道真を登用して藤原氏を牽制しようとした。道真は，紀伝道で教える　3　博士に任命された経歴を有する人物で，③学者・文人として優れた業績を残したが，遣唐使派遣中止の建議をしたことでも知られる。宇多天皇の次の④醍醐天皇の時代も天皇親政は続けられ，道真は右大臣に昇進したが，斉世親王を即位させようとしているという藤原氏の訴えにより大宰権帥に左遷された。醍醐天皇から1代おいた村上天皇も親政を行なったが，村上天皇の死後に源高明が讒訴により失脚させられるという事件がおきた。この事件後はほぼ摂政か関白がおかれるようになった。摂政・関白は藤原氏の氏の長者を兼ね，その大学別曹である　4　を管理するほか，膨大な所領を継承し，一族の官位の推挙に関し大きな力を握っていた。

　このような地位をめぐって藤原氏の内部においては熾烈な争いもみられた。歴史物語には藤原道長の父　5　がその兄と争ったことが載せられており，また，道長も甥と関白の地位をめぐり争ったことで知られている。道長は娘をつぎつぎと后や皇太子妃とし，その娘たちが生んだ子は3代続けて天皇の位についた。道長の子の藤原頼通も長年にわたって摂政・関白の地位にあり栄華を極めた。道長・頼通の時代，藤原氏の権勢は極めて強大であった。しかし，藤原氏を外祖父としない後三条天皇が即位し政治に積極的に取り組むようになると，藤原氏の勢いは道長・頼通の時代ほどではなくなってきた。

問1　文中の空欄　1　～　5　に入るもっとも適切な語・氏名などを漢字で答えなさい。

問2　下線部①の式家をおこした宇合の子で光仁天皇を擁立した人物を次の中から1人選びなさい。該当するものがなければ，該当なしのfを記しなさい。
　　a　藤原仲成　b　藤原百川　c　藤原種継　d　藤原仲麻呂　e　藤原広嗣　f　該当なし

問3　下線部②の政治事件に関連する説明文として正しいものにはイ，誤っているものにはロを記しなさい。
　　a　この事件がおきた842年は承和年間にあたる。
　　b　この事件の首謀者のひとりとして橘逸勢が流罪となった。
　　c　この事件により恒貞親王は皇太子の地位から追われた。

問4　下線部③に関連する説明文として正しいものにはイ，誤っているものにはロを記しなさい。
　　a　菅原道真は漢詩集である『凌雲集』を編んだ。
　　b　菅原道真は歴史書である『類聚国史』を編纂した。
　　c　菅原道真は政治の要諦を論じた『文鏡秘府論』を著した。

問5　下線部④の醍醐天皇の時代の出来事にあたるものにはイ，そうでないものにはロを記しなさい。
　　a　三善清行が「意見封事十二箇条」を提出した。
　　b　『古今和歌集』が編纂された。
　　c　班田収授が6年1班から12年1班に改められた。

（中央大）

ポイント解説

❶北家は冬嗣以来，他氏を排斥し太政官職の多数を占め，天皇家と外戚関係を結ぶことで摂関の地位を独占し，政権を握った。

❷摂政は天皇が幼少の期間政務を代行し，関白は天皇の成人後その後見役として政務を補佐し，天皇権威の代行者として政治を運営した。

❸日本と中国の国交は菅原道真の建議で中止(894年)されて以降，遣唐使は遣わされることはなく途絶えたが，宋との私的な交渉は行なわれた。そのような中で1019年の刀伊の来襲は朝廷・貴族を驚かせた。

11 国風文化

> ポイント
> ❶ 国風文化とはどのような文化であったか。
> ❷ 浄土教はどのようにして普及したか。
> ❸ 国風化・浄土教の流行はどのような文化を生み出したか。

● 重 要 用 語 ●

1 〔　　　　　　〕 905年，醍醐天皇の命で紀貫之らによって編集された**最初の勅撰和歌集**。

2 〔　　　　　　〕 かなによって書かれた最初の物語文学。伝奇的な説話のなかに，貴族社会が風刺的・批判的に描写されている。

3 〔　　　　　　〕 ?～1016?　一条天皇の中宮彰子に仕え，藤原氏全盛期の貴族社会を描写した『源氏物語』を著した。

4 〔　　　　　　〕 1000年ころ，一条天皇の中宮（のち皇后）定子に仕え，平安時代女流文学を代表する随筆集『枕草子』を著した。

5 〔　　　　　　〕 土佐守の任期を終えた紀貫之が，土佐を船出して帰京するまでを記した日記風の紀行文。かな日記の最初。

6 〔　　　　　　〕 神は仏が仮に姿を変えてこの世に現れたもの（権現）とする思想。それぞれの神について特定の仏をその本地として定めた。

7 〔　　　　　　〕 10世紀以降発達した，阿弥陀仏を信仰し，来世の極楽往生を願う信仰。

8 〔　　　　　　〕 903～972　念仏を唱えながら諸国を巡歴し，庶民への布教につとめ**市聖**とよばれた。のち**六波羅蜜寺**を建立。

9 〔　　　　　　〕 942～1017　天台宗の僧。『往生要集』を著し，平安時代の浄土教信仰・浄土教美術に大きな影響を与えた。

10 〔　　　　　　〕 釈迦の死後，仏法が衰え，やがて仏法が滅び天災地変が頻発するという仏教の予言思想。浄土教の発達を促した。

11 〔　　　　　　〕 念仏の功徳で往生をとげたと信じられる人々の伝記を集めたもの。**慶滋保胤**の『日本往生極楽記』が最初。

12 〔　　　　　　〕 藤原頼通が末法初年とされた1052年に宇治の別荘を仏寺とし，翌年建立した阿弥陀堂。

13 〔　　　　　　〕 ?～1057　平安中期の仏師で**寄木造**の手法の完成者。**平等院鳳凰堂阿弥陀如来像**が確証ある唯一の作品。

14 〔　　　　　　〕 往生しようとする人を迎えるために仏が来臨する場面を示した仏画。

15 〔　　　　　　〕 朝廷で毎年同じ時に同じ儀式を行なうもの。神事の大祓，仏事の灌仏会（降誕会・花祭）などがある。

● 『伊勢物語』
10世紀前半に成立した最初の歌物語。在原業平を主人公とした120余の短編集。

● 女流文学者の活躍の理由
藤原氏が入内させた娘の教養を高めるため，中級貴族の娘で才能のある女性を侍女とし，彼女たちが宮廷の生活などを描いた。

● 八代集
『古今和歌集』から『後撰』『拾遺』に至る3集が三代集で，さらに『後拾遺』『金葉』『詞花』『千載』『新古今』と続く8つの勅撰和歌集の総称。

● 三蹟
優雅な和様の書を特色とする，**小野道風・藤原佐理・藤原行成**の3人の能書家の総称。

● 寝殿造
平安中期の貴族の住宅。寝殿を中心に対屋・釣殿などを配置した，白木造・檜皮葺の日本風の建築。

● 蒔絵
漆器に漆で文様を描き，それに金銀粉を蒔きつけて模様とする技法で，日本独自の発達をとげた。

● 寄木造
頭部と胴体を1本の木材で彫り出した平安初期の一木造に対して，多くの工人が製作した複数の材を寄せ合わせ，全体をまとめる彫刻技法。

おもな建築と美術作品

建築	醍醐寺五重塔 平等院鳳凰堂 法界寺阿弥陀堂
彫刻	平等院鳳凰堂阿弥陀如来像〈寄木造〉 法界寺阿弥陀如来像〈寄木造〉
絵画 書道	高野山聖衆来迎図 平等院鳳凰堂 扉絵 屏風土代（小野道風） 秋萩帖（小野道風） 離洛帖（藤原佐理） 白氏詩巻（藤原行成）

重要演習

❶ 次の文中の□□の中に入る最も適当な語句を，下記の語群より選び，その記号を記入せよ。

文化の国風化を最もよくあらわしているのは，□い□の発達であって，その結果として国文学が隆盛をきわめた。漢字を用いて日本語をあらわすために工夫された□ろ□が古くからあったが，やがて，漢字の草書体を簡略化した□は□や，漢字の字形の一部分をとった□に□が表音文字として生まれてきた。これらの表音文字は日本人の感覚をわかりやすく表現するのに大変役立ったといえる。

貴族の生活の中では，従来通りの□ほ□が重視されたが，その文章の内容はやがて日本風のものへと切り替えられていった。とくに漢詩が和歌にかわり，日常生活の中でもかなりつくられるようになった。代表的作品として紀貫之の古今和歌集がある。これは□へ□として和歌の手本とされた。

物語としては，伝説を題材とした□と□が先駆的作品とされ，つづいて歌物語では□ち□，宮廷を舞台に理想的な貴族生活をえがいた□り□，同じく宮廷生活の体験を随筆風にえがいた□ぬ□がある。いずれも女性のこまやかな感情をみごとにえがいている作品として高く評価されている。

〔語群〕 (1)漢文　(2)竹取物語　(3)平家物語　(4)源氏物語　(5)蜻蛉日記　(6)萬葉仮名　(7)萬葉調　(8)古今調　(9)徒然草　(10)伊勢物語　(11)枕草子　(12)仮名　(13)片仮名　(14)平仮名　(15)懐風藻

(明治大)

❷ 次の文章を読み，下記の問いに答えなさい。

7世紀後半から8世紀初頭には，律令国家の形成期にふさわしい，a 若々しい活気に満ちた文化が栄えた。b 薬師寺などの大寺院が作りはじめられるなど，朝廷のあつい保護を受けて仏教興隆が推進され，地方豪族もきそって寺院を建立したため，仏教は各地に急速に広まった。

10世紀から11世紀には，宮廷を中心に洗練された日本独自の文化が展開した。この文化の形成に大きな役割を果たしたのは，仮名文字である。これにより，日本人の感覚や感情を生き生きと表現することが可能となり，和歌がさかんに詠まれるようになった。9世紀半ば過ぎには六歌仙と呼ばれる和歌の名手が出現し，905年には，紀貫之らが最初の勅撰和歌集である古今和歌集の編纂に着手した。また，仮名文字の普及により，書風が唐風から和風へと変化し，のちに三蹟と呼ばれる名筆家がうまれた。物語文学では，伝説を題材とした□c□や，一貴族の生涯を歌物語としてつづった□d□が書かれ，続いて，継子いじめを主題とする□e□が書かれた。

摂関政治が長く続き，政治が形式化してくると，貴族の間では吉凶・禍福を占う□f□が流行して方違えや物忌みなどがさかんに行われた。また，この世が滅びる日がくるという□g□の流行とあいまって，阿弥陀仏の救いによって来世では極楽に往生することができると説く□h□が広まった。

問1　下線部aの文化は，中国のどの時代の文化の影響を強く受けているか，下記の語群のなかから1つえらびなさい。
　ア．隋初期　イ．唐初期　ウ．南北朝時代初期　エ．宋初期　オ．清初期

問2　下線部bの寺院を建立した天皇を下記の語群のなかから1つえらびなさい。
　ア．持統天皇　イ．天武天皇　ウ．斉明天皇　エ．天智天皇　オ．文武天皇

問3　文中の空欄□c□，□d□，□e□を埋めるのにもっとも適当な語句を，下記の語群のなかからそれぞれ1つえらびなさい。
　ア．伊勢物語　イ．源氏物語　ウ．宇津保物語　エ．宇治拾遺物語　オ．戊戌夢物語
　カ．平家物語　キ．竹取物語　ク．今昔物語集　ケ．落窪物語　コ．雨月物語

問4　文中の空欄□f□，□g□，□h□を埋めるのに適当な語句を，下記の語群のなかからそれぞれ1つえらびなさい。
　ア．本地垂迹説　イ．神本仏迹説　ウ．怨霊思想　エ．末法思想　オ．神国思想
　カ．修験道　キ．伊勢神道　ク．陰陽道　ケ．御霊信仰　コ．浄土信仰

(名城大)

ポイント解説

❶十分に消化された唐風文化を基盤に，遣唐使の中止(894年)の影響もあり，日本の風土(国風)に育まれた文化で，摂関期に展開した。

❷10世紀以降発達した浄土への往生を願う信仰が，空也や源信の布教・著述活動を背景に，摂関政治期の政治不安や末法思想の流行によって，不安におののく貴族や庶民の心をとらえ普及した。

❸かな文字の普及にともなう国文学の発達，浄土教の流行に関連した美術，寝殿造など優雅で繊細な文化を生み出した。

12 地方政治の展開と武士

ポイント
① 摂関期の地方政治はどのようにして行なわれたか。
② 寄進地系荘園とはどのようなものであったか。
③ 武士団はどのようにして形成されたか。

● 重 要 用 語 ●

1 〔　　　　　〕 902年，醍醐天皇の時代に出された違法な土地所有を禁じる法令。最初の荘園整理令。

2 〔　　　　　〕 任国に赴任し政務をとる国司。中小貴族は競ってこの地位を求め，徴税請負人的性格を強めて，巨富を蓄えた。

3 〔　　　　　〕 10～11世紀ころに国司や荘園領主から一定の期間をかぎって田地の耕作を請け負った有力農民。

4 〔　　　　　〕 私財を出して公領や荘園内の租税徴収の対象となった田地。それぞれ耕作の請負人の名がつけられた。

5 〔　　　　　〕 国司に任命されても任国に赴任せず在京し，かわりに目代を派遣し政務を処理させ，その収入のみを得ること。

6 〔　　　　　〕 988年，尾張国の郡司や有力農民らが国司藤原元命の横暴を31カ条に列挙して罷免を朝廷に嘆願した訴状。

7 〔　　　　　〕 私財を出して朝廷の儀式や造寺造仏を請け負い，その代償として官職を得ること。

8 〔　　　　　〕 初期荘園に多い墾田地系荘園に対して，開発領主らが所領を中央の権力者に名目上寄進して成立した荘園。

9 〔　　　　　〕 荘園に対する国家権力の介入を排除する特権の総称。この権利の拡大によって荘園における土地・人民の私的支配が強まった。

10 〔　　　　　〕 10世紀前半に関東・瀬戸内海でおこった平将門の乱，藤原純友の乱の総称。ともに武士団が鎮圧し，その実力を示した。

11 〔　　　　　〕 9世紀末，宇多天皇の時代に創設された宮中の警備にあたる武士。

12 〔　　　　　〕 1019年，九州を襲った刀伊の来襲の際，九州の武士たちを指揮して撃退した大宰権帥。

13 〔　　　　　〕 中小武士団を統合した大武士団の統率者。桓武平氏の平高望，清和源氏の源経基らはその典型。

14 〔　　　　　〕 1039～1106　陸奥守兼鎮守府将軍として後三年合戦を鎮定し，東国に源氏の基礎を築いた。

15 〔　　　　　〕 1051年に陸奥国でおこった安倍氏の反乱。源頼義・義家が出羽の豪族清原氏の助けを得て，安倍氏を滅ぼした。

● **重任**
任期制の官職にあるものが，満期にあたり，一定の財物を朝廷に納め，さらに任期を重ねること。

● **公領（国衙領）**
国司の支配下にある土地で，私領である荘園に対する言葉。荘園制の発達の影響をうけ，しだいに私領化した。

● **在庁官人**
国司のもとで実務をとった役人。その多くが地方豪族で，平安末期に武士化した。

● **立券荘号**
荘園に不輸租の特権を与え，荘号を公認する手続。太政官符と民部省符とによって税の免除を認められた荘園を官省符荘とよび，国司によって免除をうけた荘園を国免荘とよんだ。

● **武士の登用**
- 追捕使―盗賊や反乱者を追捕するため派遣された令外官
- 押領使―内乱などに際して兵士を統率する令外官
- 滝口の武者―宮中の警備にあたる。

地方支配の機構

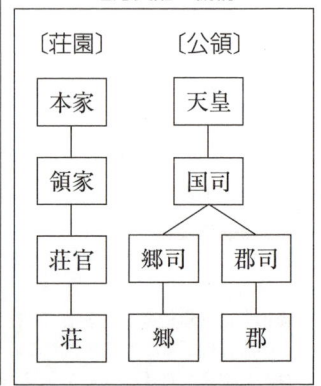

〔荘園〕	〔公領〕
本家	天皇
領家	国司
荘官	郷司 ・ 郡司
荘	郷 ・ 郡

重要演習

❶ 次の文章を読んで，以下の(a)～(d)の問いに答えよ。

国司は，①田地を名として把握し，これを経営する有力農民に対し，その面積に応じて課税する方式を採用して，税収の確保を目論んだが，朝廷より地域支配の権限を委ねられたことで，②自らの収益を増やすことを目的に徴税攻勢をかけるようになり，農民との間にしばしば軋轢が生じた。農民が国司の不法を直接中央に訴えての更迭を要求するような場合も存在したが，やがて，国司と独自の契約を結ぶなどして徴税を免れる方法を模索するようになり，また田地を所有する中央の権門勢家も，③その政治的地位を利用して不輸租の特権の獲得につとめるなど，従来の税制に則った賦課の対象から外れる田地が次第に増加した。

在地では，有力な農民が財産としての田地に対する意識を強め，開発を通じて広大な田地を保有する者が現れた。かれらの中には，国司との密接な関係を通じて公領の管理・経営にあたる一方で，国衙で実質的な行政を担う者もあった。また，田地の維持管理や拡大の必要から有力農民が武装化し，武士が多く現れたが，武士はさらに安定的な土地経営と自らの田地の保有のために互いに連携し，④国司として下向し土着した貴族などを棟梁と仰いで武士団を形成した。とくに都から遠く離れた東国などでこのような動きが顕著に見られ，武士団は時として朝廷に反逆して武力行使を行う場合もあった。

(a) 下線部①に関連して，国司より田地の経営と納税を請け負った有力農民を何というか。
(b) 下線部②に関連して，『今昔物語集』には，貪欲な受領の姿が描かれているが，ここに登場する藤原陳忠がのべた言葉として，もっとも適当なものを，次の(ア)～(エ)から一つ選び，記号で答えよ。
　(ア) 受領ハ倒ル所ニ土ヲ摑メトコソ云へ
　(イ) 此の世をば我世とぞ思ふ望月の　かけたる事も無しと思えば
　(ウ) それ往生極楽の教行は，濁世末代の目足なり
　(エ) 世間を憂しとやさしと思へども　飛び立ちかねつ鳥にしあらねば
(c) 下線部③に関連して，中央の官庁から発給される命令書により，田地の不輸租の特権が認められたが，この命令書の発給にあたったのは，八省のうちいずれの省か。もっとも適当なものを，次の(ア)～(エ)から一つ選び，記号で答えよ。
　(ア) 中務省　　(イ) 治部省　　(ウ) 民部省　　(エ) 式部省
(d) 下線部④に関連して，桓武天皇の曾孫で上総国の国司として赴任し，任が終えたのち土着して坂東の平氏の祖となった人物を答えよ。
　　（立命館大）

❷ 次の文章を読んで，空欄に適語を入れなさい。

　［ 1 ］を根拠地とする平将門は，一族内部の争いを繰り返すうちに国司とも対立するようになった。天慶2（939）年，常陸・下野・上野の国府を襲撃し，関東の大半を占拠して新皇を称したが，同族の［ 2 ］や下野の武士［ 3 ］らによって鎮圧された。同じ頃，西日本では，もと［ 4 ］の国司であった藤原純友が，瀬戸内海の海賊を組織し，大宰府などを襲撃したが，朝廷から派遣された［ 5 ］によって討たれた。この承平・天慶の乱は，地方における武士団の実力を，京都の貴族たちに深く印象づけることになった。

　その後，しばらくは大きな反乱がなかったが，長元元（1028）年，［ 6 ］で［ 7 ］が反乱を起こすと，摂関家の侍であった［ 8 ］が鎮圧し，武家の威勢を高めた。

　11世紀半ば，陸奥で「俘囚の長」を名のる安倍氏が国司と対立して反乱を起こすと，源頼義と子の［ 9 ］は，東国の武士団を率いて安倍氏と戦い，豪族清原氏の助けを得て滅ぼした。その後，清原氏は，東北地方の支配を固めたが，一族内に内紛が起こると，［ 9 ］が介入し，［ 10 ］を支援して平定した。源氏は，東北地方の戦乱に介入することで，東国武士団の棟梁となる基礎を築いた。
　　（立正大）

ポイント解説

❶国家財政が窮乏する中，政府は財政を維持するため国司に一定額の税の納入を請け負わせ，一国内の統治をゆだねて細かい行政には干渉しなかった。

❷開発領主らが国司などの圧迫から免れるため，その所有地を中央の権門勢家に名目上寄進し，その荘官となり利権を確保した荘園。

❸10世紀の地方政治の変質を背景に，各地に成長した豪族や有力農民が勢力を拡大するために武装し，家子・郎党をひきいて武士団を形成した。

13 原始・古代のまとめ①

❶ 次の文章を読み，設問A・Bに答えよ。

　いわゆる倭の五王以後，わが国と大陸との交渉はしばらく中断したが，(1)聖徳太子らが遣隋使，ついで遣唐使を派遣し，更に留学生も派遣した。彼ら留学生は帰国後いろいろな分野で活躍した。　1　のもとでは中大兄皇子・中臣鎌足らが学んだといわれ，大化改新後は高向玄理・僧旻が国博士になった。やがて，わが国は唐との外交に成功し，またその後も(2)(3)遣唐使を派遣し，唐からの文化の摂取に努力した。754（天平勝宝6）年，唐僧が6度目の航海に成功して来日した。そして彼は　2　を建立した。しかし，平安時代には(4)(5)(6)遣唐使は2回しか派遣されず，894（寛平6）年には(7)遣唐使が中止された。しかし，大陸から貿易船が来航し，わが国と大陸との交流が全くとだえたわけではなかった。

設問A　次の下線部に関する問(1)～(7)に答えよ。解答は最も適当な記号を一つ選べ。

問(1)　聖徳太子に関することで，正しくないものはどれか。
- ア　冠位十二階を制定した。
- イ　憲法十七条を制定した。
- ウ　犬上御田鍬らを唐に派遣した。
- エ　蘇我馬子と天皇記・国記をつくった。
- オ　仏法興隆につくした。

問(2)　717（養老元）年の遣唐使に従って入唐した玄昉について，正しくないものはどれか。
- ア　法相宗を学んだ。
- イ　諸仏と経論5千余巻を舶載して帰国した。
- ウ　中宮宮子の病気を治した。
- エ　橘諸兄政権のもとで活躍した。
- オ　藤原仲麻呂が権力を握ると，下野薬師寺に流された。

問(3)　玄昉とともに入唐した吉備真備について，正しくないものはどれか。
- ア　橘諸兄政権のもとで活躍した。
- イ　学者であったため，藤原仲麻呂政権下では更に活躍した。
- ウ　父が地方豪族の出身でありながら，右大臣に昇進した。
- エ　皇太子阿倍内親王（のちの孝謙・称徳天皇）の東宮学士となった。
- オ　帰国後，舶載した唐礼，大衍暦経などの典籍，及び天文具，楽器，武具を献上した。

問(4)　803（延暦22）年の遣唐使に従って入唐した最澄に関して，正しくないものはどれか。
- ア　初め，近江国分寺の行表の弟子となった。
- イ　785（延暦4）年，比叡山に入り山林修行をはじめた。
- ウ　空海に対抗するため，天台宗の密教化をはかった。
- エ　山家学生式を定めた。
- オ　822（弘仁13）年，没後7日目に大乗戒壇院の建立が許可された。

問(5)　最澄とともに入唐した空海に関して，正しくないものはどれか。
- ア　『三教指帰』を著し，儒教，道教，仏教の優劣を論じた。
- イ　綜芸種智院をひらいて，庶民の子弟にも教育をほどこした。
- ウ　長期留学僧であったが，その師恵果の遺言により，806（大同元）年帰国した。
- エ　『顕戒論』を著して，南都の旧仏教と対立した。
- オ　嵯峨天皇より教王護国寺（東寺）を賜った。

問(6)　最澄・空海とともに入唐した遣唐大使藤原葛野麻呂は，それ以前に陸奥介となったり平安遷都に関与した。征夷や長岡・平安遷都に関して，正しくないものはどれか。
- ア　坂上田村麻呂は，鎮守府を胆沢に移し，更に嵯峨天皇のとき蝦夷地を平定した。
- イ　藤原緒嗣と菅野真道が天下の徳政を相論し，緒嗣が軍事と造作の停止を主張した。
- ウ　長岡遷都を推進したのは，藤原種継である。

エ　大伴家持の没後まもなく種継暗殺事件がおこり，家持はその事件の主謀者とされた。
オ　平安遷都の一理由として，早良(さわら)親王の怨霊があげられる。

問(7)　遣唐使及び10世紀の国際交流に関して，正しくないものはどれか。
ア　遣唐使船は，初め2隻，ついで4隻で入唐した。
イ　遣唐使船は，難波津から出発した。
ウ　遣唐使の中には，帰国の機会を失って唐朝に仕えた者もあり，なかでも阿倍仲麻呂は有名である。
エ　遣唐使は，初め北路ついで南路をとって入唐したものが多かった。
オ　10世紀に入ると，東アジアの形勢は一変した。わが国は新しい国々との国交は開かなかったが，貴族，商人などの海外渡航を積極的に奨励した。

設問B　上記文章の空欄1・2にあてはまる最も適当な人名・語句を記せ。　　　　　　（早稲田大）

❷　次の〔1〕～〔14〕の設問に答えよ。
〔1〕　縄文文化が出現し，現在にまでいたる約1万年間を，地質学では何と呼んでいるか。
〔2〕　縄文時代に，婚姻や成人にさいして行われたと見られている習俗を記せ。
〔3〕　弥生時代の木製農具のうち，肥料になる青草などを水田に踏み込むのに用いた田下駄は何と呼ばれるか。
〔4〕　弥生時代前期の近畿地方に出現し，古墳時代前期には九州から東北地方にまでひろがった，平地の区画墓を何というか。
〔5〕　前期古墳の副葬品の一つに石製の腕飾り形宝器がある。鍬形石・車輪石のほかにもう1種類の名称を記せ。
〔6〕　須恵器の焼成技術の特色は窖窯(あながま)を用いることである。整形技術の特色は何の使用にあるか。
〔7〕　自分が生まれた土地の神である「産土神」は何と読むか。平仮名で記せ。
〔8〕　神判の方法の一つ「盟神探湯」は何と読むか。平仮名で記せ。
〔9〕　律令制下の国司は国内で調達した海産物その他の食料品を天皇に供献していた。これを何というか。漢字1字で正確に記せ。
〔10〕　律令制下に50戸ごとに2人を徴発し，中央政府の雑労働に使役する制度があった。このような人は何と呼ばれたか。
〔11〕　9世紀前半に薬師寺の景戒が編さんした仏教説話集は何というか。書名は略称でもよい。
〔12〕　後白河法皇がその御所六条殿内に創建した持仏堂には，所領を寄進する者が多く，1191年の文書では88カ所を数えている。この荘園群を何領というか。
〔13〕　平安時代になると，不輸の特権を獲得する荘園があらわれてきた。この特権は，政府が出すどのような公式文書によって承認されたのか。二つ記せ。
〔14〕　平清盛は中国の宋との通商に力を入れ，宋の商船の瀬戸内海航行を認め，そのための要港を修築した。その港を何というか。　　　　　　　　　　　　　　　　　　　　　　　　　　　　　　　　　　（立命館大）

❸　次のア～オの古代の宮に最も関係深い天皇名をA群から，各宮の時代におきた出来事をB群から1つずつ選び，番号で答えよ。
ア　大津宮　　イ　飛鳥浄御原宮　　ウ　藤原宮　　エ　恭仁宮　　オ　長岡宮

[A群]
1　孝謙　　2　嵯峨　　3　天智　　4　斉明　　5　桓武　　6　光仁　　7　元明　　8　天武
9　淳仁　　10　平城　　11　持統　　12　聖武　　13　文武　　14　元正　　15　孝徳

[B群]
16　庚午年籍の作成　　　17　東大寺大仏の開眼供養
18　大宝律令の制定　　　19　橘奈良麻呂の変
20　『続日本紀』の完成　　21　薬子の変
22　白村江の戦　　　　　23　墾田永年私財法の制定
24　長屋王の変　　　　　25　八色の姓の制定
26　三世一身の法の制定　27　藤原種継暗殺事件
28　恵美押勝の乱　　　　29　蓄銭叙位令の制定
30　『古事記』の完成

（慶應義塾大）

14 原始・古代のまとめ②

❶ 次の史料A・Bは，醍醐天皇の詔に応じた914年（延喜14）の意見封事十二か条の一部である。これを読んで，設問に答えよ。

A．桓武天皇に至りて，(イ)都を長岡に遷したまふに，製作すでに畢りて，更に(ロ)上都を営む。再び大極殿を造り，新たに豊楽院を構ふ。またその宮殿楼閣，百官の曹庁，親王・公主の第宅，后妃嬪御の宮館，皆土木の巧を究め，尽く調庸の用を賦す。ここに天下の費，五分にして三。

B．貞観年中に，(ハ)応天門及び大極殿，頻に災火あり。儻(ニ)太政大臣昭宣公匪躬の誠，具瞻の力によりて，庶民子のごとくに来り，万邦鏖のごとくに至りて，この宇を修復すること，期年にして成せり。然れども天下の費，また一分が半を失へり。然れば当今の時，曾て往世の十分が一に非ず。

設問1　(1)～(5)の空欄のうち，a～eにあてはまる語句を記入せよ。また，①～⑤にあてはまる語句を，下記の語群から選び，その符号を記入せよ。
(1)　この意見封事は，__a__ によって提出された。
(2)　下線(イ)の長岡遷都は，造宮長官 __b__ の暗殺によって中止された。長岡に都があったのは，わずか __①__ 年間であった。
(3)　下線(ロ)の上都とは平安京である。平安遷都後の桓武天皇は，__②__ の再建につとめ，__c__ という令外官を設置して，国司の交代をきびしく取りしまった。
(4)　下線(ハ)の応天門は __③__ の正門である。応天門の変は，大納言 __d__ が左大臣 __④__ を失脚させるために，この門に放火した事件である。しかし，結果は __⑤__ 氏ともども没落させられた。
(5)　下線(ニ)の太政大臣昭宣公とは，はじめて関白となった __e__ である。

〔語群〕ア．源高明　イ．朝堂院　ウ．封建制　エ．橘　オ．20　カ．国県制　キ．10
　　　　ク．内裏　　ケ．源信　　コ．菅原　　サ．藤原緒嗣　シ．大内裏　ス．紀　セ．律令制
　　　　ソ．5

設問2　応天門の変を契機に，貴族政治はどのように変化したか。40字以内で述べよ。　　　　（明治大）

❷ 次の史料を読んで下記の設問に答えよ。

A　沙門〔 ① 〕は，父母を言はず，亡命して世にあり。或は云はく，潰流より出づと。口に常に弥陀仏を唱ふ。故に世に阿弥陀聖と号す。或は市中に住して仏事をなす。又〔 ② 〕と号す。ⓐ嶮路に遇ひては即ちこれをけづり，橋なきに当りまたこれを造る。井なきを見れば則ちこれを掘る。号して阿弥陀井といふ。　　　　　　　　　　　　　　　　　　　　　　　　　　　　　　注．潰流＝皇室

設問1　空欄①②に適当な名辞を入れよ。
設問2　下線ⓐのごとき社会事業を行なった奈良時代の著名な僧は誰か。

B　右，ⓑ臣某謹みて在唐の僧中瓘，去年三月商客王訥等に附して到る所の録記を案ずるに，大唐の凋弊，これに載すること具さなり。（中略）臣等伏して旧記を検するに，ⓒ度々の使等，或は海を渡りて命に堪へざる者あり。或は賊に遭ひて遂に身を亡ぼす者あり。ただ未だ唐に至るを見ざるに，難阻飢寒の悲しみあり。

設問3　下線ⓑの臣某とは「私」の意味であるが，それは誰のことか。
設問4　下線ⓒのように遣唐使の中には途中で死亡する者もいたが，奈良時代の遣唐留学生で，唐の皇帝に仕えて帰国しなかった者もいた。その人物を例示せよ。

C　ここに，旧辞の誤り忤へるを惜しみ，先紀の謬り錯れるを正さむとして，和銅四年九月十八日を以て，臣安万侶に詔して，〔 ③ 〕の誦む所の勅語のⓓ旧辞を撰録して献上せしむといへば，謹みて詔旨の随に，子細に採り摭ひぬ。

設問5　空欄③に適当な人名を入れよ。
設問6　下線ⓓの旧辞は本辞・先代旧辞ともいうが，それは何世紀ごろに成立したと考えられているか。

D　勅を奉るに，今諸国の兵士，辺要の地を除くの外，皆停廃に従へ。其の兵庫・鈴蔵及び国府等の類は，宜しく〔 ④ 〕を差し，以て守衛に充つべし。宜しく郡司の子弟を簡び差して，番を作りて守らしむべし。　　　　　　　　　　　　　　　　　　　　　　　　　　　　　　　注．鈴蔵＝駅鈴を収める蔵

設問7　空欄④に適当な名辞を入れよ。
設問8　この勅を発した天皇は誰か。　　　　　　　　　　　　　　　　　　　　　　　　（佛教大）

❸　下の史料(a)〜(d)の空欄　A　〜　E　に最も適当な語句を，①〜㉔の語群の中から選び，史料の文章として完成せよ。

(a)　十二に曰く，国司国造，百姓に斂めとること勿れ。国に二君なく，民に両主なし。率土の兆民，　A　を以って主とす。　　　　　　　　　　　　　　　　　　　　　（『日本書紀』，原漢文）
(b)　ここに　B　十五年歳癸未に次る十月十五日を以って，菩薩の大願を発して盧舎那仏の金銅像一軀を造り奉る。　　　　　　　　　　　　　　　　　　　　　　　　（『続日本紀』，原漢文）
(c)　万寿二年七月十一日辛卯。天下の地悉く一の家の領と為る。　C　は立錐の地もなきか。悲しむべきの世也。　　　　　　　　　　　　　　　　　　　　　　　　　　　（『小右記』，原漢文）
(d)　コノ後三条院位ノ御時……　D　ノ記録所トテハジメテヲカレタリケルハ，諸国七道ノ所領ノ宣旨・　E　モナクテ公田ヲカスムル事，一天四海ノ巨害ナリトキコシメシツメテアリケルハ……（『愚管抄』）

①　公領　　②　延喜　　③　宝亀　　④　天皇　　⑤　詔　　⑥　官符　　⑦　王　　⑧　二位家
⑨　天平　　⑩　右大臣家　⑪　放火　　⑫　荘園　　⑬　養老　　⑭　永久　　⑮　代々将軍
⑯　田畠　　⑰　大同　　⑱　帝　　⑲　延久　　⑳　綸旨　　㉑　省符　　㉒　所領　　㉓　大王
㉔　天暦　　　　　　　　　　　　　　　　　　　　　　　　　　　　　　　　　　　　（立命館大）

❹　次の史料を読んで，あとの設問に答えなさい。

冬十月辛巳，1詔して曰く，2朕，薄徳を以て恭しく大位を承け，志は兼済（救済）に存し，勤めて人物を撫す。率土の浜すでに仁恕に霑うといえども，しかも3普天の下いまだ法恩に浴せず。誠に三宝の威霊に頼りて乾坤相泰らかに，万代の福業を修して動植咸く栄えんことを欲す。ここに　4　年歳は癸未に次る十月十五日を以て，5菩薩の大願を発して，　6　の金銅像一軀を造り奉る。国銅を尽くして象（像）を鎔し，大山を削りて以て堂を構え，広く法界に及ぼして，朕が知識となす。遂に同じく利益を蒙らしめ，共に菩提を致さしめん。それ天下の富を有つ者は朕なり。天下の勢を有つ者も朕なり。この富勢を以て，この尊像を造る。事や成り易く，心や至り難し。ただし恐らくは，徒に人を労すること有りて，能く聖を感ずること無く，或いは誹謗を生じて，反って罪辜に堕せんことを。この故に知識に預る者は，懇ろに至誠を発して，おのおの大なる福を招く。よろしく毎日　6　を三拝し，自らまさに念を存し，おのおの　6　を造るべきなり。もし更に人の7一枝の草，一把の土を持ちて像を助け造らんと情願するもの有らば，恣にこれを聴せ。国郡等の司，この事に因りて百姓を侵擾して，強いて収斂せしむることなかれ。遐邇（遠近）に布告して朕が意を知らしめよ。

1　下線1の「詔」とはどこの宮で発布されたものか，漢字で答えなさい。
2　下線2の「朕」とは誰か，漢字で答えなさい。
3　下線3の「普天の下いまだ法恩に浴せず」とはどのように解釈されるか，次の中から最も適当と思うものを一つ選び，その番号を答えなさい。
　(1)　天下の人々がいまだに法に守られるという恩恵を受けていない。
　(2)　天下の人々がいまだ仏教の恩恵を受けていない。
　(3)　天下の人々がいまだ法に基づく報奨を受けていない。
4　空欄4には年号がはいる。その年号は西暦では何年か，次の中から選び，その番号を答えなさい。
　(1)　731　(2)　741　(3)　743　(4)　745　(5)　752
5　下線5の「菩薩の大願」に最もふさわしい行為を次の中から一つ選び，答えなさい。
　(1)　「百姓を侵擾して，強いて収斂せしむ」
　(2)　「同じく利益を蒙らしめ，共に菩提を致さしめん」
　(3)　「勤めて人物を撫す」
6　空欄6に入る適当な語句を，漢字で答えなさい。
7　下線7の「一枝の草，一把の土を持ちて像を助け造らん」と思い，「金銅像一軀」を造立する事業に，民間から協力した僧侶がいる。その人物名を漢字で答えなさい。
8　下線1の「詔」による「金銅像一軀」の造立はすぐには実現せず，後に別の寺院で鋳造された。「金銅像」が実際に造立された寺院の名称を，漢字で答えなさい。
9　前記の史料はある正史に記載されたものである。この正史の名称を漢字で答えなさい。

（日本女子大）

15 原始・古代のまとめ③

❶ 次の文章A～Cを読んで，後の問いに答えなさい。

A　東アジア世界の中で大きな位置を占めてきた　1　が次第に衰え出したため，貴族たちは航海の危険をおかしてまで使節を派遣させる気運も失われていった。一方，　1　や　2　の商船が頻繁に来航するようになり，　2　の海賊も現れたので，(3)使節は任命された大使の建言をいれて中止されることになった。

B　　4　世紀には海外の影響を受けた国際色豊かな　5　文化が花開いた。(6)なかでも有名な大仏開眼供養の時には，中国やヴェトナムの僧侶，インドのバラモン僧も参加した。またその後，藤原氏出身の皇太后が　7　に献納した夫の遺品などには，東ローマにまで淵源をもつ美術工芸品が数多く残されている。

C　政府は国力の充実とともに，領域の拡大につとめた。日本海沿いに出羽国を置き，733年には　8　を築いた。太平洋側では724年，多賀城を設けて軍事・行政支配の拠点とし，さらに北方へと進出していった。また713年には，南九州に　9　国を設け，種子島・屋久島をはじめ，南の島々とも通交するようになった。

問1　空欄　1　にあてはまる国名を，次のア～オの中から1つ選びなさい。
　ア　高句麗　イ　漢　ウ　隋　エ　唐　オ　宋
問2　空欄　2　にあてはまる国名を，次のア～オの中から1つ選びなさい。
　ア　渤海　イ　高麗　ウ　新羅　エ　宋　オ　遼
問3　下線部(3)の使節が最後に派遣されたのは，中止のおよそ何年前のことか。次のア～オの中から1つ選びなさい。
　ア　5年前　イ　10年前　ウ　20年前　エ　30年前　オ　60年前
問4　空欄　4　にあてはまる数字を，次のア～オの中から1つ選びなさい。
　ア　6　イ　7　ウ　8　エ　9　オ　10
問5　空欄　5　にあてはまる文化の名を，次のア～オの中から1つ選びなさい。
　ア　飛鳥　イ　白鳳　ウ　天平　エ　弘仁・貞観　オ　藤原
問6　下線部(6)の説明として誤っているものを，次のア～オの中から1つ選びなさい。
　ア　大仏は天皇が近江の恭仁京で造立を発願した。
　イ　大仏は百済系帰化人の国中公麻呂らの働きによって完成した。
　ウ　大仏開眼供養に参列したヴェトナム僧の仏哲は林邑楽を伝えた。
　エ　大仏開眼供養の時，インドのバラモン僧・菩提が導師となった。
　オ　唐僧の鑑真は大仏開眼の後に来日した。
問7　空欄　7　にあてはまる寺の名を，次のア～オの中から1つ選びなさい。
　ア　唐招提寺　イ　東大寺　ウ　延暦寺　エ　法隆寺　オ　清涼寺
問8　空欄　8　にあてはまる城柵の名を，次のア～オの中から1つ選びなさい。
　ア　磐舟柵　イ　出羽柵　ウ　秋田城　エ　払田柵　オ　志波城
問9　空欄　9　にあてはまる国名を，次のア～オの中から1つ選びなさい。
　ア　日向　イ　薩摩　ウ　大隅　エ　肥後　オ　筑紫
(國學院大)

❷ 次の文を読んで，あとの設問に答えて下さい。
①8世紀までの日本の仏教諸学派は，中国から継続的に導入した諸理論を研究する一方で，「（　ア　）」の祈禱を通じて天皇に奉仕していた。しかし，それに満足できず，より多くの人々に悟りへの機会をもたらそうとして活動を始めた僧の一人が，（　イ　）である。6世紀末に中国で形成された新たな説を，留学によって現地で直接習得した（　イ　）は，山林での瞑想修行を重視して（　ウ　）を開設し，この宗派の拠点とした。（　イ　）の門下からは円仁・円珍ら有能な後継者が現われ，次々に中国へ留学し，②（　イ　）が充分に入手できなかった同仏教の最新流行の経典・文献類を，豊富に持ち帰った。

　その後も（　ウ　）からは，優れた思想家が現われた。10世紀末の源信は，③死後の幸福を，（　エ　）の

住む極楽世界へ生まれ変わることに求める説についても深く研究し，その成果を『（　オ　）』に著した。さらに12世紀末には（　カ　）が出て，「④極楽へ救い取られるために必要な修行として，（　エ　）自身が人々に向けて選び定めたのは，簡易な（　キ　）だけである」と主張したが，⑤伝統的な諸宗派の憤激を買って訴えられ，弟子の親鸞らとともに処罰された。また，他の諸宗派を「念仏無間，禅天魔，真言亡国，律国賊」と激しく攻撃し，念仏教団との抗争や武家政権中枢への強引な布教を憎まれて処罰を受けた（　ク　）も，若いときに（　ウ　）で学んだ経験をもつという。一方，（　カ　）と同時代に（　ウ　）の長官を歴任した（　ケ　）は，⑥過去の政治形態の移り変わりの原理について思索し，自分の兄の家筋が天皇家を補佐して執政する体制を，時代に合ったものとして正当化する歴史論を著した。

問1　下線部①を何と総称していますか。歴史学での名称を答えて下さい。
問2　空欄アに適する語を，次のa～eから1つ選び，記号で答えて下さい。
　a．鎮護国家　　b．神仏習合　　c．異国降伏　　d．国体護持　　e．尊王攘夷
問3　空欄イに適する人名を答えて下さい。
問4　空欄ウに適する寺院名を，次のa～eから1つ選び，記号で答えて下さい。
　a．延暦寺　　b．園城寺　　c．金剛峰寺　　d．唐招提寺　　e．教王護国寺
問5　下線部②は，どのような分野に属しましたか。次のa～eから1つ選び，記号で答えて下さい。
　a．修験道　　b．陰陽道　　c．禅宗　　d．儒教　　e．密教
問6　空欄エに適する名称を，次のa～eから1つ選び，記号で答えて下さい。
　a．地蔵菩薩　　b．観音菩薩　　c．薬師如来　　d．大日如来　　e．阿弥陀如来
問7　下線部③は，何と呼ばれていますか。次のa～eから1つ選び，記号で答えて下さい。
　a．浄土教　　b．悪人正機説　　c．専修念仏　　d．御霊信仰　　e．末法思想
問8　空欄オに適する書名を答えて下さい。
問9　空欄カに適する人名を答えて下さい。
問10　空欄キに適する語を，次のa～eから1つ選び，記号で答えて下さい。
　a．題目　　b．公案　　c．坐禅　　d．念仏　　e．御文
問11　下線部④の主張が述べられた著作を，次のa～eから1つ選び，記号で答えて下さい。
　a．山家集　　b．興禅護国論　　c．正法眼蔵　　d．立正安国論　　e．選択本願念仏集
問12　下線部⑤で主張された議論として適するものを，次のa～eから1つ選び，記号で答えて下さい。
　a．末法の世には，釈迦の教えに従い正しく修行する者はおらず，ましてや，修行して悟りを得る者などいないはずだから，この世での悟りを目指すのは偽善だ。
　b．極楽へ救済されるのは，自分で戒律を守り修行するエリートではなく，悩みや迷いを自力ではどうすることもできない凡人の方である。
　c．高度な修行や種々の功績を，極楽へ救い取られるための方便として認めないのは，エリートに対して無礼だ。
　d．釈迦の教えを正しく伝えているのは『法華経』だけであり，為政者が『法華経』を尊重しなければ，国家は滅びてしまう。
　e．悟りを求めて修行する者の使命は，自身の救済よりも，まず他人の救済に励むことにある。
問13　空欄クに当てはまる人名を，次のa～eから1つ選び，記号で答えて下さい。
　a．日蓮　　b．忍性　　c．道元　　d．蘭渓道隆　　e．一遍
問14　空欄ケに当てはまる人名を答えて下さい。
問15　下線部⑥に言う歴史論の書名を答えて下さい。

（東京女子大）

16 原始・古代のまとめ④

❶ 下記の図と文章について，それぞれの設問に答えなさい。

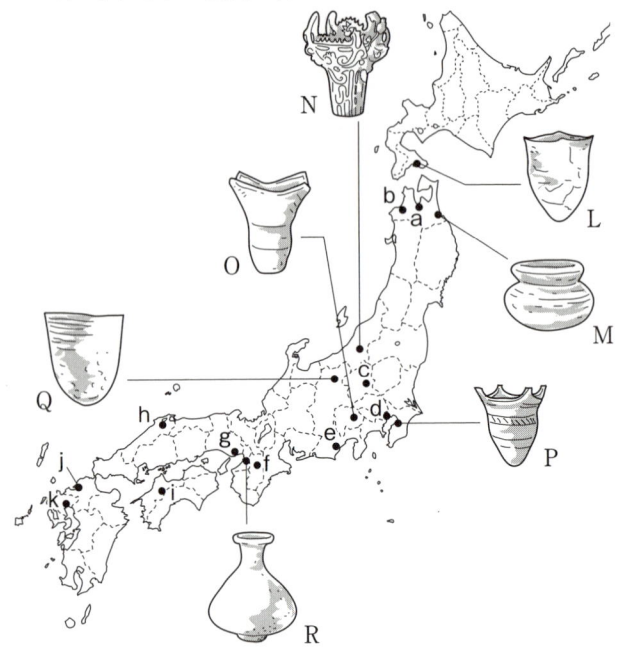

　日本の旧石器時代は，①岩宿遺跡によって確認された。その後，土器が出現してから，水田稲作が行われるまでを縄文時代とよぶ。縄文時代は，AMS炭素14年代測定法から計算される年代で，1万3千年以上にわたる。その中を，縄文土器型式で区分し　A　期から晩期までの6期に区分する。　A　期には，上黒岩岩陰遺跡などのように，洞窟や岩陰にある遺跡が発見されており，定住化しつつも移動的な生活が行われていた。

　②三内丸山遺跡は，縄文時代前期から中期までの1000年以上に及ぶ長い期間にわたる遺跡で，一時期100人以上が居住していた大きな規模の集落であった。物々交換による広域での交易も想定される。集落の維持のために，加曽利貝塚・③大森貝塚など貝塚から出土するような海産物やシカ・イノシシの漁労・狩猟，栗・ドングリ類や根菜類を含む植物の採集という多面的な生業活動が行われていた。

　弥生時代になると水田稲作を伴う大規模で定着的な集落が営まれた。初期の水田は，④板付遺跡など，西日本に認められる。水田稲作による高い生産力をもつ集落があつまり「クニ」となっていった。江戸時代に志賀島で発見された「金印」には，「　B　國王」の印文が刻まれており，後漢に使節を送り朝貢した九州地方の有力者が与えられたと考えられている。九州地方以外にも，大勢力が存在していたことは，多量の銅剣と銅鐸がともに埋納されていた⑤神庭荒神谷遺跡の発見などにより，明らかになりつつある。

　奈良県にある箸墓古墳は，その形状から「　C　墳」とよばれている。「　C　墳」の出現をもって，古墳時代のはじまりとする。

問1　地図のaからkのアルファベットは，遺跡の位置を示す。文章中の下線①〜⑤の5遺跡の位置の組み合わせとして**正しいもの**を一つ選びなさい。

　ア．①＝g，　②＝b，　③＝e，　④＝k，　⑤＝i
　イ．①＝c，　②＝a，　③＝d，　④＝j，　⑤＝h
　ウ．①＝e，　②＝c，　③＝b，　④＝i，　⑤＝g
　エ．①＝g，　②＝b，　③＝d，　④＝j，　⑤＝f
　オ．①＝c，　②＝b，　③＝e，　④＝k，　⑤＝i

問2　空欄Aに入る適切な語を漢字2文字で記しなさい。
問3　空欄Bに入る適切な語を漢字3文字で記しなさい。

問4　地図の中に写真で示した土器は，縄文時代から弥生時代にかけての土器である。古い順に並べた組み合わせとして**正しいもの**を一つ選びなさい。

ア．L—Q—O—N—M—R—P　　イ．Q—L—O—M—N—P—R
ウ．Q—L—O—N—P—M—R　　エ．L—Q—O—P—R—M—N
オ．Q—L—O—P—N—R—M

問5　空欄Cに入る適切な語を漢字4文字で記しなさい。　　　　　　　　　　　　　　（中央大）

❷　律令国家の成立に関する次の文章1〜4を読み，問1〜問10に答えよ。

1　下の図1をみて，問1〜問5に答えよ。

図1

問1　乙巳の変後，飛鳥からAに都がうつり，政治改革が進められたが，その時代の天皇は誰か。次の①〜⑤の中から一つ選べ。
　①　推古天皇　　②　用明天皇　　③　孝徳天皇　　④　舒明天皇　　⑤　皇極天皇

問2　都をAからBに移した人物が即位して天智天皇となったのは西暦何年か。次の①〜⑤の中から一つ選べ。
　①　664年　　②　665年　　③　666年　　④　667年　　⑤　668年

問3　673年にCの都で即位した人物に関する説明として**誤っているもの**はどれか。次の①〜⑤の中から一つ選べ。
　①　皇位継承をめぐる戦いでは，伊豆を本拠地とし，東国からの軍事動員を図った。
　②　大官大寺，薬師寺をつくりはじめ，仏教興隆を推進した。
　③　官人の位階や昇進の制度を定めて官僚制の形成を進めた。
　④　八色の姓を定めて豪族たちを天皇を中心とした身分秩序に編成した。
　⑤　律令・国史の編纂や銭貨（富本銭）の鋳造をすすめた。

問4　問3の人物は，中国の都城にならって都を造営しはじめた。その場所は図1中のあ〜おのうちのどこか。次の①〜⑤の中から一つ選べ。
　①　あ　　②　い　　③　う　　④　え　　⑤　お

問5　問4の都は中央集権を象徴する本格的な宮都として，694年に遷都されたが，その都を囲む大和三山の組合せとして正しいものはどれか。次の①〜⑤の中から一つ選べ。
　①　耳成山—畝傍山—比叡山　　②　天香久山—耳成山—畝傍山
　③　畝傍山—三笠山—春日山　　④　比叡山—春日山—天香久山
　⑤　三笠山—春日山—耳成山

2 下の図2・3をみて，問6・問7に答えよ。

図2　　　　　図3

問6 図2に関する説明として**誤っているもの**はどれか。次の①〜④の中から一つ選べ。
① のびやかな美しさや雲形肘木の残形など白鳳様式を伝える。
② 裳階付の塔で，日本最古の六重塔である。
③ 頂上の水煙には天女を飛雲の中に配してある。
④ リズムある姿で「凍れる音楽」の異称がある。

問7 図3の像は，誰の霊をとむらうためにつくられたのか。次の①〜⑤の中から一つ選べ。
① 蘇我蝦夷　② 中大兄皇子　③ 中臣鎌足　④ 蘇我倉山田石川麻呂　⑤ 蘇我入鹿

3 律令官制に関連して，問8・問9に答えよ。

問8 太政官のもとで八省が政務を分担したが，八省の政務として**誤っているもの**はどれか。次の①〜⑤の中から一つ選べ。
① 大蔵省：財政・貨幣など　② 式部省：詔書の作成など　③ 民部省：民政・租税など
④ 治部省：仏事・外交事務など　⑤ 刑部省：裁判・刑罰など

問9 地方組織として，全国が畿内・七道に行政区分され，国・郡・里がおかれた。律令制下の畿内・七道とそこに含まれる国名の組合せとして**誤っているもの**はどれか。次の①〜⑤の中から一つ選べ。
① 東山道―上野　② 東海道―武蔵　③ 北陸道―越中　④ 畿内―近江　⑤ 山陽道―播磨

4 下の表をみて，問10に答えよ。

区分	正丁 (21〜60歳の男子)	次丁（老丁） (61〜65歳の男子)	中男（少丁） (17〜20歳の男子)	備考
租	田1段につき稲2束2把（収穫の約 D にあたる。田地にかかる租税）			
調	絹・絁・糸・布など郷土の産物の一種を一定量	正丁の G	正丁の H	ほかに正丁は染料などの調の副物を納入
庸	都の労役（歳役） E にかえ，布2丈6尺（約8m）	正丁の G	なし	京・畿内はなし
雑徭	地方での労役， F 以下	正丁の G	正丁の H	のちに半減される

問10 表中の D 〜 H に入る語句の組合せとして正しいものはどれか。次の①〜⑥の中から一つ選べ。
① D：3％　E：10日　F：60日　G：1/2　H：1/4
② D：3％　E：15日　F：80日　G：1/2　H：1/4
③ D：3％　E：20日　F：90日　G：1/2　H：1/4
④ D：5％　E：10日　F：60日　G：1/3　H：1/5
⑤ D：5％　E：15日　F：80日　G：1/3　H：1/5
⑥ D：5％　E：20日　F：90日　G：1/3　H：1/5

(東京農業大)

❸ 次の地図をみながら文章を読んで，以下の問いに答えよ。

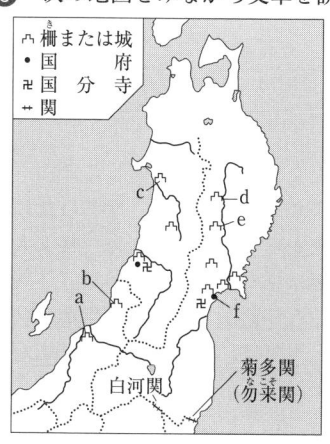

古代国家の東北経営は日本海側から始まった。大化の改新直後に，　a　・　b　が置かれ，斉明天皇時代には，それらを拠点に　1　が北進し，秋田方面やさらに遠方の　2　方面の蝦夷と交渉をもって，大和政権の支配下に収めていった。もっともこれらは拠点をおさえたに過ぎなかったが，712年になると　3　が設置され，面的な支配も確実に北へ広がっていった。さらに733年には雄物川河口に面して　c　が築かれた。

太平洋側でもやや遅れて東北経営が始まり，式家の祖　4　が持節大将軍として蝦夷平定に従事し，724年には　f　が設置され，そこに陸奥国府と　5　が置かれた。

その後もしばしば蝦夷側の抵抗はあったが，　6　が796年陸奥出羽　7　また　5　の将軍，さらに翌年には征夷大将軍となって征夷事業を進め，802年に　e　を築くと　5　はそこに移り，翌803年にはさらにその北方に対蝦夷戦争の前線拠点として　d　が築かれた。後に薬子の変で捕らえられたが許された　8　によって，武力平定はやがて終了することとなり，以後は民生重視の政策がこの地方でもとられるようになっていった。

問1　空欄　a　～　f　の城柵は地図内の記号と対応する。　a　～　f　の城柵名を次の語群からそれぞれ一つ選べ。
　1　磐舟柵　　2　城輪柵　　3　秋田城　　4　雄勝城　　5　志波城　　6　徳丹城
　7　厨川柵　　8　胆沢城　　9　伊治城　　10　桃生城　　11　多賀城　12　淳足柵
　13　玉造柵　14　出羽柵　　15　由理柵

問2　空欄　1　～　8　にあてはまるもっとも適切な語を次の語群からそれぞれ一つ選べ。
　ア　越後国　　イ　出羽国　　ウ　陸奥国　　エ　石城国　　オ　鎮守府　　カ　按察使
　キ　検非違使所　ク　蔵人所　　ケ　検非違使別当　コ　蔵人頭　　サ　坂上田村麻呂
　シ　大伴家持　ス　藤原緒嗣　　セ　藤原宇合　　ソ　藤原広嗣　　タ　藤原仲麻呂
　チ　藤原薬子　ツ　阿倍比羅夫　テ　中臣鎌足　　ト　紀古佐美　　ナ　文室綿麻呂
　ニ　津軽　　　ヌ　糠部　　　ネ　宇曾利　　ノ　平泉

（法政大）

17 原始・古代——補充演習

❶ 次の文を読んで、問に答えなさい。

　縄文時代は、1万年以上の長きにわたって日本列島全体に繁栄した先史文化の一つである。この間、外部から大きな影響を被ることなく、比較的安定した文化と社会を営んだ事が知られている。それは主に狩猟採集経済にもとづきながらも、食料をはじめ多くの自然資源に恵まれたからであるが、一方、縄文人がそれをa巧みに操作したからでもある。縄文時代の集落形態にもその様相は見て取れ、多くの竪穴住居と墓域などからなる定住型の社会を構成することになった。b今から3千数百年前から2千数百年前の縄文後期・晩期といわれる時代に、特に関東、東北、北海道を中心とした東日本では、呪術や儀礼、祭祀が社会の局面において大変重要な働きをなした。祖霊や精霊、トーテムなどに対する信仰と儀礼が縄文社会の精神文化の中で大きな役割をはたし、それに係わるc遺物、遺構も多く残されている。
　しかし、そのような中で、紀元前数百年ごろ、西日本を中心として、初期の稲作が開始されはじめ、食料事情や生産用具、集団のあり方に大きな変革がもたらされた。弥生時代人のコメに依存する生活は、既に縄文時代の中にその萌芽が認められるが、弥生時代を迎えて生産が強化され、農耕民が生産活動に果たす役割が高まるにつれて、d社会は大きく変革した。
　弥生時代の人々は、　Ａ　集落と呼ばれる堀で囲まれた集落の中で生活し、その外側に設置された水田を経営した。本来、水田農耕をはじめ多くの諸技術は、人々と共に大陸より朝鮮半島を経由して伝来したが、縄文時代以来の伝統技術が引き続いて行われたものもある。つまり、新たな変革とは、縄文時代からの伝統と、弥生時代に開始された要素、大陸からもたらされた要素の三者から成り立っている。土器製作に関する基本的技術は縄文土器から継承したものであるが、あらたに朝鮮半島に由来した要素が融合したと考えられる。一方、金属器の技術や機織り技術、磨製石器の技術などは、大陸からもたらされた要素として重要である。しかし、金属器などでは、ひとたび導入されて弥生社会の中で定着し一般化すると、本来の形態から逸脱し、e大きく変貌することになった。

〔問〕1　下線aについて。具体的にはどのようなことか、以下の中から正しいものを1つ選びなさい。
　　ア　資源を備蓄保存して、長期間の食料資源として活用した。
　　イ　資源を確保すると同時に、それらの内から種子を播いて本格的に栽培した。
　　ウ　資源の交換を通じて、物々交換や市場経済を発達させた。
　　エ　ほとんどすべての資源を皆で平等分配した。
　　オ　その日に消費できるものだけを採集した。
　2　下線bについて。この時代の遺跡として、もっとも相応しいものを1つ選びなさい。
　　ア　亀ヶ岡遺跡　　イ　三内丸山遺跡　　ウ　吉野ヶ里遺跡　　エ　加曽利貝塚　　オ　曽畑貝塚
　3　下線cについて。下線cの遺物、遺構として不適切なものを2つ選びなさい。
　　ア　土偶　　イ　人物埴輪　　ウ　環状列石　　エ　動物形土製品　　オ　銅鼓
　4　下線dについて。以下の中から正しいものを1つ選びなさい。
　　ア　社会変革の中で、食料事情の変化が最も大きなもので、それ以外では、余り変革はなかったと見られる。
　　イ　狩猟採集社会から、いきなり国家が誕生した。
　　ウ　集団が、農耕集団として、田畑の経営や農業用水の掘削・改修などに動員できるようになった。
　　エ　狩猟集団の中から首長に相当する人物が胚胎し、集団を統治した。
　　オ　狩猟採集活動を行う集団がなくなった。
　5　空欄　Ａ　に入る適切な語句を、漢字で解答欄に記入しなさい。
　6　下線eについて。具体的にどのようなことが起ったか、以下の中から正しいものを2つ選びなさい。
　　ア　より実践的な武器・武具として鋭さと堅牢さを増していった。
　　イ　集団や有力な首長の威信財、祭祀用の祭器に転じた。
　　ウ　金属器としては鉄よりも劣るために、すぐに鉄製品に造り直されていった。

エ　銅鐸や青銅製の銅剣や銅矛が大型化して，実際の機能から離れていった。
　　　オ　原料の入手が困難であったために，木製品に置き換えられていった。
　　　　　　　　　　　　　　　　　　　　　　　　　　　　　　　　　　　　　（早稲田大）

❷　次の文章を読み，設問に答えよ。
　厩戸王の死後，⬜1⬜の権力が強大化していった。645年，⬜2⬜は中臣鎌足らとともに天皇を中心とした強力な中央集権国家をつくるために⬜1⬜を倒し，孝徳天皇のもと新政権を建て，飛鳥から難波へ都を移し，翌646年には改新の詔を発して改革に着手した。
　中国では618年に隋に代って唐が興った。朝鮮半島では⬜3⬜が唐と結び隣国への侵攻を開始し攻防が繰り返された。難波から飛鳥に都を戻した大和政権は，660年に情勢不安定な朝鮮半島へ大軍を派遣したが，663年，唐と⬜3⬜との連合軍に⬜4⬜で大敗した。⬜2⬜は667年に都を大津に移し，翌年天智天皇として即位したが，この敗戦を受け百済からの亡命貴族を中心にa 九州北部の防衛政策を進めるとともに，b 天智天皇の死後，c 皇位継承をめぐる戦いが起きたが，673年に天武天皇が即位すると，豪族たちを天皇中心の身分秩序に編成することに努めた。天武天皇のあとを継いだ皇后の持統天皇は，唐を見習って完成させた藤原京に都を移し（694年），戸籍をもとに班田収授法や，d 租庸調などの税制を全国的に実施した。
　7世紀後半から8世紀初頭にかけては，e 律令国家形成期の活気ある文化が栄えた。この文化は唐初期の文化の影響を受け，仏教文化を基調に展開し，この時期には多くの寺院が建立された。

問1　文中の⬜1⬜〜⬜4⬜を埋めるのに，もっとも適当なものをそれぞれの語群の中から選びなさい。
　⬜1⬜　ア．大伴氏　　イ．蘇我氏　　ウ．物部氏　　エ．秦氏
　⬜2⬜　ア．大友皇子　　イ．高市皇子　　ウ．中大兄皇子　　エ．大津皇子
　⬜3⬜　ア．百済　　イ．新羅　　ウ．高句麗　　エ．任那
　⬜4⬜　ア．白村江の戦い　　イ．保元の乱　　ウ．文永の役　　エ．乙巳の変

問2　下線部a〜eについて，もっとも適当なものをそれぞれの語群の中から選びなさい。
　下線部a　九州の沿岸警備のためにおかれた兵士は次のいずれか。
　　ア．防人　　イ．衛士　　ウ．異国警固番役　　エ．検非違使
　下線部b　内政強化のため行われた内容で誤っている記述は次のいずれか。
　　ア．豪族の秩序化のため近江令を制定
　　イ．法令を格と式に分類し編纂
　　ウ．最初の戸籍である庚午年籍を作成
　下線部c　①この皇位継承をめぐる争いは次のいずれか。
　　ア．治承・寿永の乱　　イ．壬申の乱　　ウ．承久の乱　　エ．磐井の乱
　②この争いの記述として正しいものは次のいずれか。
　　ア．この戦いの結果，北朝と南朝に分かれた。
　　イ．この戦いでは，天皇の弟が天皇の子を倒し即位した。
　　ウ．この戦いは，天皇の子の3人兄弟で争われた。
　　エ．この戦いの後，初めての女性天皇が誕生した。
　下線部d　当時の税負担の中で，田地に課せられた税は次のいずれか。
　　ア．租　　イ．庸　　ウ．調　　エ．雑徭
　下線部e　①この文化は次のいずれか。
　　ア．天平文化　　イ．飛鳥文化　　ウ．白鳳文化　　エ．国風文化
　②この時代の代表的な彫刻作品は次のいずれか。
　　ア．元興寺薬師如来像　　イ．薬師寺金堂薬師三尊像　　ウ．法華寺十一面観音像
　　エ．僧形八幡神像
　　　　　　　　　　　　　　　　　　　　　　　　　　　　　　　　　　　（名城大）

❸　奈良時代に関する次の史料①〜⑨を読んで下の問いに答えよ。
①　方に今平城の地は，四禽図に叶ひ，三山鎮を作し，亀筮並びに従ふ。宜しく都邑を建つべし。
②　夫れ銭の用たる，財を通じて有无を貿易する所以なり。（中略）その多少に随ひて節級して位を授けん。
③　臣安麻呂に詔して「稗田阿礼の誦む所の勅語の旧辞を撰録して献上せしむ。」といへば，謹みて詔の旨に随ひ，子細に採り摭いぬ。
④　天下の百姓，多く本貫に背きて他郷に流宕し，課役を忌避す。

⑤　僧寺には必ず廿僧あらしめ，その寺の名を金光明四天王護国之寺と為し，尼寺には，一十尼ありて，その寺の名を法華滅罪之寺と為し，両寺相共に宜しく教戒を受くべし。
⑥　菩薩の大願を発して，盧舎那仏の金剛像一躯を造り奉る。(中略)夫れ天下の富を有つ者は朕なり。天下の勢を有つ者も朕なり。この富勢を以てこの尊像を造る。事や成り易き，心や至り難き。
⑦　其の新たに溝池を造り，開墾を営む者あらば，多少を限らず，給ひて　A　に伝えしめん。もし旧の溝池を逐はば，その　B　に給せん。
⑧　今より以後，任に私財となし，　A　　B　を論ずること無く，咸悉くに永年取ること莫れ。
⑨　水鳥の発ちの急きに父母に物言ず来にて今ぞ悔しき。

問①　ここには奈良時代の都の場所を決定した理由が記されている。この都に移される直前の都の名を記せ。
②　これは，銅銭の流通を促すための法令の一部である。法令の名称を書け。
③　ここには口誦記録を用いた歴史書の編纂について記されている。その歴史書の名を書け。
④　本籍地を離れ他国を流れるが，所在は明確なことを何というか書け。
⑤　これは全国に僧寺・尼寺を建立することを命じた法令である。その名称を書け。
⑥　これは，盧舎那仏像の製作を発願した天皇の命令である。その名称を書け。
⑦　これは，新たに土地を開墾したものに三代，古い溝や池を利用して開墾したものに一代限り，田地の保有を認めた法令の一部である。　A　　B　に相当する語句を書け。
⑧　これは⑦の法令後さらに，開墾した田地の永久私有を認めた法令である。この法令の名称を書け。
⑨　これは九州防衛のために徴発された兵士がよんだ和歌である。このような和歌が収められた歌集の名を書け。
(札幌学院大)

❹　次の文章を読み，以下の問1〜10に答えなさい。
　810年の平城上皇の変(薬子の変)が終結した後，(　1　)天皇・淳和天皇の時代は，30年ほど政治的安定期となり，法典の整備や儀式書の編纂がなされた。たとえば，(a)令を施行した後に，規定を補足・変更するために発せられた多数の単行法令を官司ごとに編纂し，また各官司の実務の細則がまとめられた。これら2種類の法典をまとめたものは，820年に完成して，830年に施行された。また(b)833年には，養老令の公定注釈書が編纂され，834年に施行された。
　ただし中央・地方財政は必ずしも安定していたわけではなく，租税の徴収は次第に停滞しつつあった。このため従来の方式で徴収するよりも，(c)有力農民を利用して財源を確保する方法が模索され始めていった。
　この時期の仏教界の動きとしては，(　2　)が816年に紀伊国の山岳の聖地を下賜されることを願い出て，その後この地に密教の堂塔を建立した。また(　3　)は近江国に建立した寺に大乗戒壇を設立することを長年の念願としていたが，822年，死後にようやく勅許された。
　またこの時期は唐文化を積極的に取り入れ，漢詩文の作成が重んじられ，(d)勅撰漢詩集も編纂された。この中には著名な男性文人貴族たちの他に，女性の作品を掲載しているものもあった。
　なお(　1　)天皇と(　2　)と共に，能書家としても重んじられた(　4　)は，(e)842年，(　1　)上皇が死去した直後に起きた政変で，陰謀を企てたとして伊豆に流罪となり，配流途中に遠江で死去した。しかし後に無実として復位・贈位され，さらに863年に京の神泉苑でおこなわれた(　5　)では，政治的敗者のひとりとして慰撫の対象となっている。

問1　(　1　)に入る適切な漢字2字を答えなさい。
問2　下線部(a)の法典名を漢字4字で答えなさい。
問3　下線部(b)の公定注釈書を漢字3字で答えなさい。
問4　下線部(c)のような有力農民を利用した財源確保策として，823年に建議され，4年間大宰府管内で試行された田地直営制度を何といったか，漢字3字で答えなさい。
問5　(　2　)の人物の作とされているものの説明で，誤っているものを一つ選び，記号で答えなさい。
　ア　『三教指帰』は仏教と儒教・道教を比較して仏教の優位を説いたものである。
　イ　『風信帖』は中国の書家の書法に関する評論をまとめたものである。
　ウ　『十住心論』は人間の宗教心の高まりを十段階にわけ，最高の悟りの境地に至る方途を記したものである。

エ 『文鏡秘府論』は六朝・唐の詩論・音韻論をもとに，詩文作成の評論をまとめたものである。
オ 『性霊集』は漢詩・表・啓・願文等の著作を弟子がまとめたものである。

問6 （ 3 ）の人物名を漢字で答えなさい。
問7 下線部(d)の勅撰漢詩集が成立年代順に並んでいるものを選び，記号で答えなさい。
　ア 懐風藻・経国集・凌雲集　イ 凌雲集・経国集・文華秀麗集　ウ 文華秀麗集・経国集・白氏文集
　エ 凌雲集・文華秀麗集・経国集　オ 万葉集・経国集・文華秀麗集
問8 （ 4 ）の人物名を漢字で答えなさい。
問9 下線部(e)の政変で皇太子を廃された人物を選んで記号で答えなさい。
　ア 刑部親王　イ 熾仁親王　ウ 恒貞親王　エ 舎人親王　オ 宗尊親王　カ 護良親王
問10 （ 5 ）に入る適切な語句を漢字3字で答えなさい。　　　　　　　　　　　　　（東京女子大）

❺ 次の文章を読んで，以下の問いに答えなさい。

　894年に(1)遣唐使の派遣が中止されて以後，古代国家としての遣使は実行されなかった。この間に，日本の国際環境は激しく変化し，10世紀初め，唐が倒れて分裂の時代が続き，960年，後周の節度使が統一して[2]を興した。朝鮮半島では高麗が[3]を統一して国家を建てた。その北方の(4)渤海も926年，契丹に滅ぼされ，長年にわたる日本との国交を絶った。こうしたなか，摂関家は新たな国交を開かずに[2]との交流は私貿易として行った。[5]年，(6)女真人が突如対馬・壱岐を襲い，筑前に上陸する事件が起こった。

問1 下線部(1)と関係のない人物を，次のア～エの中から1つ選びなさい。
　ア 菅原道真　イ 紀長谷雄　ウ 藤原基経　エ 宇多天皇
問2 空欄[2]にあてはまる語句を，次のア～オの中から1つ選びなさい。
　ア 元　イ 明　ウ 宋　エ 金　オ 晋
問3 空欄[3]にあてはまる語句を，次のア～オの中から1つ選びなさい。
　ア 三国　イ 後三国　ウ 南北朝　エ 五代　オ 三韓
問4 下線部(4)の日本との国交はおよそ何年続いたか。次のア～オの中から1つ選びなさい。
　ア 110年　イ 150年　ウ 180年　エ 200年　オ 230年
問5 空欄[5]にあてはまる年次を，次のア～オの中から1つ選びなさい。
　ア 1016　イ 1019　ウ 1028　エ 1040　オ 1069
問6 下線部(6)に関する説明として誤っているものを，次のア～オの中から1つ選びなさい。
　ア 女真は刀伊と呼ばれ，朝鮮語で夷狄を意味した。
　イ 女真は女直とも書かれ，遼を建国した。
　ウ 大宰権帥の藤原隆家や北九州の豪族たちが抗戦した。
　エ 摂関家のトップが道長から頼通に交代したころであった。
　オ 摂関家など貴族たちは神仏に祈り，朝議を重ねるだけであった。　　　　　　　　　（國學院大）

18 院政と平氏の台頭

ポイント
1. 後三条天皇が進めた政治はどのようなものであったか。
2. 院政と摂関政治の性格の違いはどのような点にあったか。
3. 平氏政権の性格はどのようなものであったか。

重要用語

1 〔　　　　　〕1034～73　藤原氏と外戚関係がなく，親政を行なった天皇。大江匡房らの人材を登用し，藤原氏の抑制をはかった。

2 〔　　　　　〕1069年に後三条天皇が発令した荘園増加の防止・縮小のための法令。記録荘園券契所を設けて厳しく実施した。

3 〔　　　　　〕上皇が天皇を後見し，院庁において政務をとる政治形態。1086年に白河上皇から始まり，鳥羽・後白河と続いた。

4 〔　　　　　〕白河上皇のときに創設された，院御所を警衛した武士。上皇に直属し，院政を支える重要な武力となった。

5 〔　　　　　〕院政を行なう上皇の側近として権勢を振るった廷臣。多くは上皇・天皇の乳母の血縁者や受領歴任者などであった。

6 〔　　　　　〕上級貴族に一国の支配権を与え，そこからの収益を得させる制度。支配権を得た者は子弟や近親を国司に任命。

7 〔　　　　　〕武器を持った僧およびその集団。興福寺（南都）・延暦寺（北嶺）は有名。神木・神輿をかつぎ朝廷に強訴した。

8 〔　　　　　〕陸奥の平泉を根拠地とした氏族。清衡・基衡・秀衡の3代100年にわたって繁栄を誇った。

9 〔　　　　　〕1118～81　武士として初めて太政大臣となり，娘徳子を入内させ安徳天皇の外戚となった。

10 〔　　　　　〕1156年に鳥羽法皇の死を機として，天皇家および摂関家内部の対立によって京都でおこった争乱。

11 〔　　　　　〕武士の棟梁の勢力争いと後白河上皇の近臣の権力争いが結びつき，1159年に京都でおこった争乱。

12 〔　　　　　〕平清盛が日宋貿易を推進するため，瀬戸内海航路の整備の一環として修築した港。

13 〔　　　　　〕1177年，後白河法皇の近臣藤原成親・僧俊寛らが平氏打倒を計画し，失敗した事件。

14 〔　　　　　〕当時，流行した民間の歌謡。後白河法皇がみずから学び，『梁塵秘抄』を編纂。

15 〔　　　　　〕大和絵の手法を取り入れた絵に詞書きをおりまぜて，時間の進行を表現したもの。代表的なものに『源氏物語絵巻』『伴大納言絵巻』がある。

● **記録荘園券契所（記録所）**
従来の荘園整理は国司が行ない不徹底であったので，記録所で統一的に実施した。職員には反藤原氏の立場にあった者（源経長ら）を起用した。

● **院庁下文・院宣**
院政のもとでは，院庁から発給される文書の院庁下文や上皇の命令を伝える院宣が権威を持った。

● **院政期の仏教信仰**
白河・鳥羽・後白河の3上皇は仏教をあつく信仰し，出家して法皇となり，六勝寺（例—法勝寺・尊勝寺）などの大寺院を造営した。

● **八条（女）院領と長講堂領**
院政期には院に荘園の寄進が集中し，代表的荘園群に八条（女）院領と長講堂領があった。

● **おもな日宋貿易品**
- 輸入—宋銭・陶磁器・高級織物・香料・書籍・薬品など
- 輸出—砂金・硫黄・刀剣・扇・漆器・蒔絵・真珠など

● **清盛の専制**
1179年，清盛は後白河法皇を幽閉し，さらに翌年，孫の安徳天皇を即位させ専制を行なった。

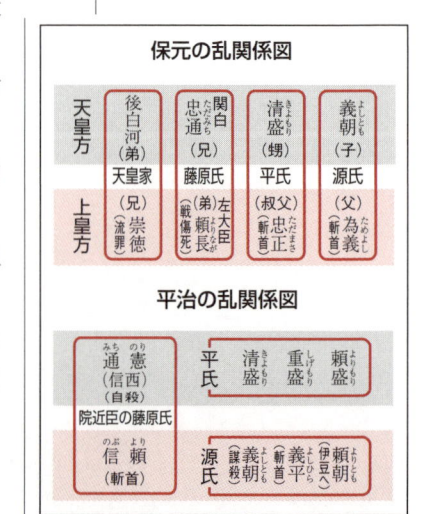

保元の乱関係図

天皇方	後白河（弟）天皇家	関白忠通（兄）藤原氏	清盛（甥）平氏	義朝（子）源氏	
上皇方	（兄）崇徳（流罪）	（弟）頼長（戦傷死）左大臣	（叔父）忠正（斬首）	（父）為義（斬首）	

平治の乱関係図

院近臣の藤原氏	通憲（信西）（自殺）	平氏	清盛　重盛　頼盛
	信頼（斬首）	源氏	義朝（謀殺）　義平（斬首）　頼朝（伊豆へ）

18 院政と平氏の台頭

重要演習

❶ 次の文章の空欄(A～O)に当てはまる語句を答えなさい。

　摂関政治は天皇の外戚の地位をえることが条件であったが，　A　の娘に皇子が生まれなかったので，皇族を母とする　B　が即位すると，藤原氏には大きな打撃となった。すでに壮年に達していた天皇は自由な立場で政治の改革に着手し，即位の翌年には　C　を設けて，年代の新しい荘園や書類が不備である荘園の停止にのりだすなど，つぎつぎに新しい政策をうちだした。あとをついだ　D　もまたこの方針をうけついで親政を行い，幼少の堀河天皇に譲位した後もひきつづき政治をとった。上皇の命令を伝える　E　は詔勅・宣旨に準ずるものとされ，政治の実権は摂関家から上皇の御所である　F　に移った。その職員である　G　としてつかえたのは，摂関家のもとでめぐまれなかった中・下級の貴族たちで，なかでも　H　として巨富をたくわえた貴族たちが　I　として政治の実権をにぎった。かれらは土地を上皇のもとに寄進して，その権力のもとでみずからの地位を確保しようとしたため，政治の刷新はなかなか実現せず，上皇もみずから荘園の獲得につとめるありさまで，この政権の性格をあいまいなものにした。さらに上皇のたびかさなる寺社への参詣は莫大な国費を必要としたため，その費用を捻出するために荘園の拡大がはかられ，国司の任命に際しても　J　によって　K　の制度がはじまるなど，公領はあたかも貴族たちの利領のようになった。荘園では　L　の権利が一般化してその独立性はいっそう強まり，社会は所領支配を軸とするつぎの時代へたしかな一歩を踏みだした。このころ大寺院は貴族と対抗するために　M　を組織して実力で主張をとおそうとしたため，上皇は防衛のために　N　をおき，朝廷は　O　を招いてこれを防いだが，これらの武士こそ源平両氏にひきいられた新興の武士団であった。　（上智大）

❷ 次のA～Dの文を読み，下の問い(問1～5)に答えよ。

A　　ア　天皇は，(a)1086年に幼少の堀河天皇に譲位して院政の道を開き，1107年に堀河天皇が死去すると，本格的に院政を開始した。　ア　上皇は院の御所に　1　を組織し，源平の武士を側近にするなど，法や慣例にとらわれずに実権を行使し，院政の期間は43年間にも及んだ。

B　　イ　上皇は，1129年から院政を開始したが，皇位を譲った第一皇子　2　天皇を，祖父である　ア　法皇の子と考え，「叔父子」と呼んで憎悪した。後に上皇となった　2　は，息子の即位とみずからの院政を希望したが，美福門院らの意向で果たせず，弟の　ウ　天皇が即位した。その不満は　イ　法皇の死の直後，保元の乱となって爆発した。

C　　ウ　上皇は，1158年から院政を開始したが，その翌年，院近臣の対立によって，平治の乱が発生した。この戦いに勝利した平清盛は，上皇のもとで権勢をきわめたが，平氏の専制政治に対する不満が高まり，(b)1180年，　ウ　法皇の皇子以仁王が　3　とともに挙兵した。

D　平氏滅亡後，　ウ　法皇が源義経に対して兄頼朝の追討を命じると，逆に頼朝は法皇にせまって(c)守護・地頭の設置を認めさせたが，法皇の存命中は征夷大将軍になれなかった。頼朝に「日本第一の大天狗」と評されたほど策略にたけた法皇であるが，民間芸能を好み，『　4　』を編纂した。

問1　空欄　1　～　4　に入れる語句として最も適当なものを答えよ。

問2　空欄　ア　　イ　　ウ　に入れる天皇名・上皇名の組み合わせとして最も適当なものはどれか。
① ア＝鳥羽　イ＝後白河　ウ＝後鳥羽　② ア＝白河　イ＝後白河　ウ＝後鳥羽
③ ア＝鳥羽　イ＝白河　ウ＝後白河　④ ア＝白河　イ＝鳥羽　ウ＝後白河

問3　下線部(a)の頃に地方で起きていた兵乱として最も適当なものはどれか。
① 前九年合戦　② 後三年合戦　③ 平忠常の乱　④ 平将門の乱

問4　下線部(b)のできごととして適当でないものはどれか。
① 安徳天皇即位　② 福原遷都　③ 南都焼打ち　④ 平氏の都落ち

問5　下線部(c)は西暦何年か。　（近畿大）

ポイント解説

❶藤原氏と外戚関係がなく，延久の荘園整理令を出し，その徹底をはかるため記録荘園券契所を設けたほか，宣旨枡を制定するなどの親政を行ない，藤原氏の抑制をはかった。

❷母方の権威で行なった摂関政治は天皇への遠慮が働いたが，院政は上皇が天皇の父親の権威で政治を行なったため天皇への遠慮がなく，律令制度の規制もなかったので，独裁的に権力を行使した。

❸外戚関係や荘園・知行国への依存などの政策は，武家政権でありながら貴族的性格が強いが，日宋貿易の推進や地頭の設置などは武家政権の先駆(さきがけ)となった。

19 鎌倉幕府の成立

ポイント
1. 武家政権としての鎌倉幕府はどのようにして成立したか。
2. 守護・地頭の設置にはどのような意義があったか。
3. 将軍と御家人との間にはどのような関係が結ばれたか。

●重要用語●

1〔　　　　　〕1147～99　鎌倉幕府初代将軍。以仁王の令旨を受け平氏打倒のため挙兵し、鎌倉に東国政権を樹立した。

2〔　　　　　〕1180年から1185年に至る源氏と平氏の争い。1185年に長門でおこった壇の浦の戦いで平氏が滅亡した。

3〔　　　　　〕源頼朝が根拠地とした場所。源頼義以来、源氏とゆかりが深い地で、三方を丘陵に囲まれ、南は海にのぞむ要害の地であった。

4〔　　　　　〕1185年に義経追討を理由として国ごとに設置された職。「大犯三カ条」とよばれる**京都大番役の催促**、**謀叛人・殺害人の逮捕**がおもな職務であった。

5〔　　　　　〕将軍の任命による荘園・公領の年貢の徴収・納入と土地管理、治安維持をおもな任務とする職。1185年に制度化。

6〔　　　　　〕源頼朝が挙兵直後の1180年に設けた幕府の**御家人統制機関**。長官を別当といい、**和田義盛**が初代別当となった。

7〔　　　　　〕1184年におかれた幕府の**一般政務機関**。当初は**公文所**と称し**大江広元**が別当となり、頼朝の右大将就任で改称。

8〔　　　　　〕1184年に設置された幕府の**訴訟・裁判処理機関**。長官を執事といい、**三善康信**が初代執事となった。

9〔　　　　　〕将軍と御恩と奉公の関係で結ばれた武士。

10〔　　　　　〕将軍が御家人に与える恩恵。父祖伝来の領地の保持を認める**本領安堵**と、功により新たな領地を与える**新恩給与**があった。

11〔　　　　　〕御恩をうけた御家人が、将軍に対して果たす奉仕義務。平時は**京都大番役・鎌倉番役**、戦時は軍役をつとめた。

12〔　　　　　〕土地の給与を通じて主従関係が結ばれる制度。

13〔　　　　　〕将軍に与えられた知行国。**関東御分国**ともいう。国司には幕府推薦の御家人が任命され、収入の一部を幕府に納めた。

14〔　　　　　〕将軍家が本家・領家として支配した荘園・公領。平家没官領などが主体で、幕府の経済的基盤となっていた。

●**九条兼実**
五摂家の一つ九条家の祖。幕府方の公卿として活躍。後白河法皇の死後、頼朝を征夷大将軍にすることに成功。日記『**玉葉**』は幕府成立前後の史料として重要。

●『**吾妻鏡**』
幕府の歴史書。1180年の源頼朝の挙兵から、1266年までの諸事件を日記体で記している。

●**京都守護**
京都の警備、朝廷との折衝、京・鎌倉の連絡などにあたるため、1185年に設置された。

●**鎮西奉行**
九州の御家人を支配する地方機関として設置されたが、大宰府の実権も握り、平家の勢力の強かった九州の幕府支配への組み入れははかった。

●**京都大番役**
京都の内裏・院御所諸門の警備にあたる御家人の所役の一つ。

●**関東進止の地（関東御口入地）**
幕府の所領以外で、幕府が地頭の設置や兵粮米徴収などの権利をもつ荘園・公領。

●**平家没官領**
平家滅亡に際して朝廷に没収された平家一門の所領。その大部分が源頼朝に与えられた。

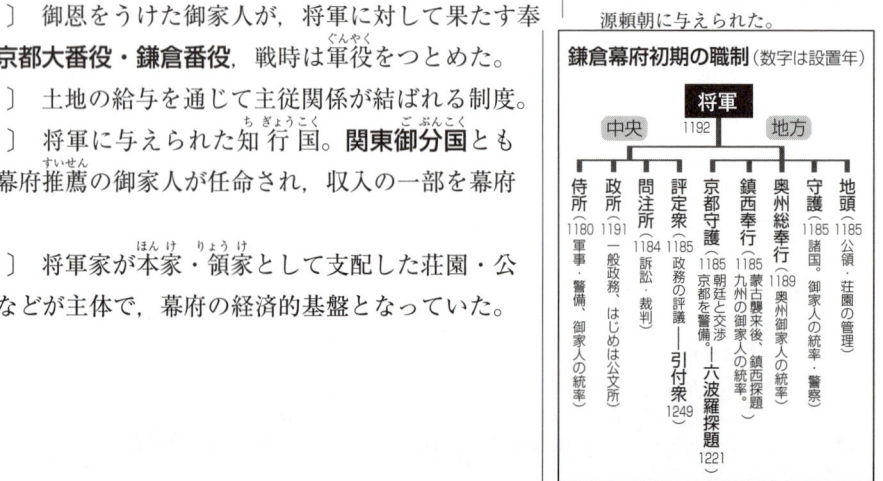

鎌倉幕府初期の職制（数字は設置年）

```
                    将軍
                    1192
        中央                    地方
  ┌──┬──┬──┬──┐      ┌──┬──┐
 侍所 政所 問注所 評定衆 京都守護 鎮西奉行 奥州総奉行 守護 地頭
 1180 1191 1184 1225  1185   1185   1189   1185 1185
（軍事 （一般（訴訟（政務 （朝廷と交渉 （蒙古襲来後 （奥州御家人 （諸国 （公領
 ・警 政務 ・裁 の評議 京都を警備 鎮西探題 の統率）  御家 ・荘
 備、  、は 判） ─引付 ─六波羅探題       人の 園の
 御家 じめ        衆    1221           統率 管理
 人の は公        1249                  ・警 
 統率）文所）                              察）
```

19 鎌倉幕府の成立

重要演習

1 鎌倉幕府の成立に関する文章ア～エを読み，問1～問7に答えよ。

ア　平治の乱の後，平氏は全盛期を迎え，1179年に　A　法皇を幽閉し，1180年に　B　天皇を位につけた。しかし，地方の武士団や中央の貴族・大寺院を中心に，平氏の専制政治に対する不満が噴出し，ついには　A　法皇の皇子以仁王と源頼政らが平氏打倒の兵を挙げ，これに応じて，各地の武士団が挙兵し，(a)5年にわたる争乱が続いた。平氏は支配を固めるために，都を　C　に移したが，公家の反対が多く，約半年後に　D　に遷都した。

問1　　A　～　D　に入る語句は何か。次の①～⑩の中からそれぞれ一つずつ選べ。
　① 崇徳　② 安徳　③ 白河　④ 鳥羽　⑤ 後白河　⑥ 高倉　⑦ 京都
　⑧ 鎌倉　⑨ 福原　⑩ 平泉

問2　　C　には，この地域を支配する平氏の拠点ともなった良港大輪田泊があった。これは現在の何市か。次の①～⑤の中から一つ選べ。
　① 堺市　② 大阪市　③ 尼崎市　④ 明石市　⑤ 神戸市

問3　下線部(a)に関する説明として**誤っているもの**はどれか。次の①～④の中から一つ選べ。
　① 1185年，壇の浦での平氏滅亡に至る争乱で，治承・寿永の乱と呼ばれている。
　② 以仁王の令旨に応じて，園城寺（三井寺）や興福寺などの僧兵も挙兵した。
　③ 以仁王の令旨に応じて挙兵した源頼朝は，1190年後白河法皇により東国支配権を事実上認められた。
　④ 争乱の最中，平清盛の突然の死や畿内・西国を中心とする養和の飢饉などで平氏の基盤は弱体化した。

イ　平氏滅亡後，源頼朝は諸国に守護，荘園や公領には(b)地頭を任命する権利や，諸国の国衙の実権を握る在庁官人を支配する権利などを得た。その支配は東国だけでなく，西国にもおよんだ。その後，奥州の藤原氏を滅ぼし，　A　法皇の死後には(c)征夷大将軍に任じられ，名実ともに鎌倉幕府が成立した。

問4　下線部(b)に関する説明として**誤っているもの**はどれか。次の①～④の中から一つ選べ。
　① 御家人の中から任命され，任務は年貢の徴収・納入と土地の管理，治安維持などであった。
　② 1185年に頼朝の要請により　A　法皇が諸国の公領・荘園に設置することを認めた。
　③ 当初は1国単位に配置したが，公家・寺社の強い反対で一時縮小し，承久の乱後全国化した。
　④ 設置範囲は，平家没官領を中心とする謀反人の所領に限られていた。

問5　下線部(c)は西暦何年の出来事か，答えよ。
　① 1189年　② 1192年　③ 1199年　④ 1203年　⑤ 1219年

ウ　幕府の支配機構は，簡素で実務的なもので，鎌倉には中央機関として，(d)侍所，政所（はじめは公文所），問注所がおかれ，地方には守護と地頭がおかれた。

問6　下線部(d)に関する説明として**誤っているもの**はどれか。次の①～④の中から一つ選べ。
　① 侍所は御家人を組織し統制するところで，初代長官には三浦氏の一族である和田義盛が就任した。
　② 政所は一般政務や財政事務をつかさどるところである。
　③ 公文所の初代長官には公家出身の政治家大江広元が招かれた。
　④ 問注所は1184年に設置され，裁判事務を担当した。東国武士で法律家の三善康信が初代長官となった。

エ　幕府の支配体制は，将軍頼朝と御家人の　E　関係で成り立っていた。頼朝は御家人を地頭に任ずることにより，先祖代々の　F　支配を保障したり，新たな　F　を与えたりした。この　G　に対して御家人は平時には諸番役勤務，関東御公事の負担など，戦時には軍役などをつとめ，主君に対して　H　した。このような関係によって結ばれる制度を封建制度という。

問7　　E　～　H　に入る語句を答えよ。

（東京農業大）

ポイント解説

❶ 源平の争乱の経過の中で東国武士を御家人として組織した鎌倉幕府は，後白河法皇から東国支配権を承認されて公的政権となり，さらに守護・地頭の設置でその支配権は全国におよんだ。

❷ 大江広元の献策により，源義経・行家追捕を口実として全国に守護・地頭を設置し，さらにこれを幕府の地方制度として存続させたことで，幕府は全国の軍事・警察権を掌握した。

❸ 将軍の支配下に入った武士を御家人といい，将軍と御家人の間は，御恩と奉公という封建的主従関係で結ばれていた。

20 武士の社会──執権政治の展開

ポイント
① 承久の乱は，鎌倉幕府にとってどのような歴史的意義があったか。
② 執権政治とはどのような体制で進められたか。
③ 御成敗式目（貞永式目）が後世に与えた影響はどのようなものであったか。

重要用語

1 〔　　　　　〕1138〜1215　源頼朝の妻政子の父。初代執権。2代将軍頼家を廃し，実朝を3代将軍として擁立するが，のち失脚。

2 〔　　　　　〕1163〜1224　2代執権。和田義盛を滅ぼし，政所と侍所の別当を兼務し，執権の地位を確立した。

3 〔　　　　　〕1221年後鳥羽上皇による鎌倉幕府打倒の兵乱。義時を中心とする幕府方が上皇方を破り，朝廷方の勢力が失墜した。

4 〔　　　　　〕承久の乱後，従来の京都守護に代えて設置された鎌倉幕府の朝廷監視機関。西国の御家人も統轄した。

5 〔　　　　　〕1183〜1242　初代六波羅探題。1224年3代執権就任後，補佐役として連署を新設するなど，執権政治を確立した。

6 〔　　　　　〕1225年泰時が設けた，執権・連署とともに幕府の政務・司法の評議・裁定にあたった役職。

7 〔　　　　　〕鎌倉幕府の基本法典51カ条。泰時が1232年に**頼朝以来の先例**や武家社会の慣習である**道理**を基準に制定。

8 〔　　　　　〕御成敗式目制定後，必要に応じて発布された個別の法令。建武年間以降のものは，建武以来追加とよばれた。

9 〔　　　　　〕1227〜63　5代執権。北条氏に対抗し得る有力御家人三浦泰村を滅ぼし（宝治合戦），**藤原（摂家）将軍**を廃し**皇族（親王）将軍**を擁立した。

10 〔　　　　　〕1249年時頼が裁判の公正と迅速化をはかるために設置した評定衆の補佐機関。

11 〔　　　　　〕中世の土豪武士の居館。周囲に堀や土塁をめぐらせた防御施設であるとともに，武芸練習の場や農業経営の中核としての機能を持っていた。

12 〔　　　　　〕家督の相続人である嫡子だけでなく，それ以外の子である庶子らも財産の分割に与るという惣領制の相続形態。

13 〔　　　　　〕鎌倉時代の武家社会で，一族の長である**惣領**が一族と所領を統率し代表する制度。

14 〔　　　　　〕地頭の年貢横領に対し，領主が荘園の管理権を地頭に一任するかわりに，一定額の年貢納入を請け負わせた契約。

15 〔　　　　　〕地頭の荘園侵略に対し，荘園領主が地頭と荘園を分け，相互に干渉せず土地・農民を支配すること。

● **西面の武士**
後鳥羽上皇が院の武力増強のために設置。

● **藤原（摂家）将軍**
実朝暗殺で源氏将軍が絶えた後，摂関家から迎えられた将軍。藤原頼経・頼嗣父子がこれにあたる。

● **皇族（親王）将軍**
将軍頼嗣にかえて，後嵯峨天皇の皇子宗尊親王を将軍にして以降，幕府滅亡まで4代続いた。

● **新補地頭**
承久の乱後，地頭の得分を定めた新補率法にもとづいて任命された地頭。これに対して承久の乱以前から補せられていた地頭を**本補地頭**という。

● **惣領制の相続形態**
惣領制のもとで財産は嫡子のほか庶子らも分割して相続した。これは所領の細分化，武士の窮乏をまねき，やがて嫡子単独相続へと移った。

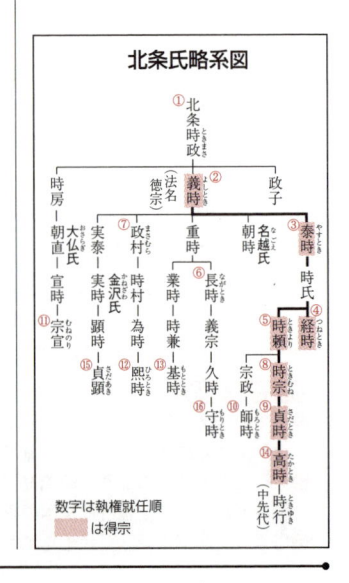

北条氏略系図

数字は執権就任順
■ は得宗

重要演習

❶ 次の文を読んで，空欄 1 ～ 5 に最も適する語句を以下の語群から選びなさい。また， A ～ E に最も適する語句を，漢字（楷書）で記入せよ。

伊豆の豪族であった北条氏は，時政の時代に娘である政子が源頼朝の妻になったことから源氏方となり，鎌倉幕府において重きをなした。鎌倉幕府は，初代将軍の源頼朝のときは独裁体制をとっていたが，1199（正治元）年に頼朝が死去すると有力御家人たち 1 人による合議制が取られるようになった。それにともなって，御家人たちの間には，権力争いが激化するようになり，滅亡する御家人も多く出た。

頼朝のあとを受けて二代将軍になったのは，頼朝と北条政子の間の子である源頼家である。しかし，頼家は北条氏と対立したため，時政は1203（建仁3）年，頼家の将軍職を解き，頼家の外戚として勢力をふるった A 能員を滅ぼした。そして，政所の初代別当である 2 らとともに頼家を伊豆の修禅寺に幽閉し，1204（元久元）年に暗殺してしまった。代わって三代将軍になったのは，頼家の弟の実朝である。しかし，時政は後妻であった牧の方の娘婿の B 朝雅を将軍に擁立しようとして実朝の暗殺を企てて失敗し，引退をよぎなくされた。

このように北条氏内部でもさまざまな動きがあったが，1203（建仁3）年に時政は政所の別当につき，幕府の実権を掌握し執権と称された。時政の子の義時は，執権を継承するとともに，1213（建保元）年に侍所の別当であった 3 をほろぼし，政所別当と侍所別当とを兼務して，執権の地位を高めた。義時の時代には，三上皇による C の乱などがあり，鎌倉幕府内に動揺が走ったが，尼将軍と称せられた政子の活躍もあってしのぐことができ，結果的には幕府権力は強化された。

三代執権となった北条泰時は，51カ条からなる最初の武家法である御成敗式目を 4 （貞永元）年に制定した。泰時は合議制にもとづいた政治をめざし，執権を補佐する職である 5 を設置して叔父の北条 D をこれに任命した。また，有力御家人などから11名を選んで評定衆に任命して，裁判の処理や重要政務などにあたらせた。こうした政策は五代執権の時頼によってさらに推進された。引付衆の設置などは，その好例であるが，その一方で時頼は，1247（宝治元）年の宝治合戦で E 泰村を滅ぼしたり，摂家将軍を廃して皇族将軍を迎えたりもしている。

〔語群〕 ア．1221 イ．安倍晴明 ウ．和田義盛 エ．管領 オ．畠山重忠 カ．大江広元 キ．13 ク．15 ケ．18 コ．連署 サ．1232 シ．藤原通憲 ス．1297 セ．千葉常胤 ソ．守護

(駒澤大)

❷ 次の文を読み，問いに最も適当な答を記入せよ。

承久の乱後，幕府の勢力が拡大すると，地頭の非法や荘園侵略が頻発するようになった。地頭 a 氏横暴を記した紀伊国阿弖(氏)河荘の例のように，荘民は地頭の非法を荘園領主に訴え，荘園領主も地頭の非法を幕府に訴えた。これを受け，幕府は地頭の非法を禁止したものの，荘園領主が地頭の横暴をおさえることは困難であった。

そのため，荘園領主のなかには⑴一定の年貢を納めることを条件に荘園の管理を地頭に一任する者もあらわれた。しかし，それでも地頭の非法はおさまらなかったため，荘園領主は⑵荘園の土地を折半し，荘園領主と地頭がそれぞれ独立して支配する方法もとられた。幕府もまた，⑶当事者間の取り決めによる解決をすすめたので，荘園などの現地支配権はしだいに地頭の手に移っていった。

問1 文中の a に入る地頭は何氏か。
問2 下線部⑴のことを何というか。
問3 下線部⑵の方法を何というか。
問4 下線部⑶に関し，当事者同士が話合いによって和解することを何というか。この時に作成された契約書は，幕府によって承認され効力を発揮した。

(西南学院大)

ポイント解説
❶幕府は朝廷方の所領を没収し，その地に恩賞として新補地頭を任命したことで幕府の勢力が西国にまでおよんだ。この結果，朝廷と幕府の二元的支配の様相が大きく変わり，幕府の優位が確定した。
❷尼将軍政子の死後，北条泰時が将軍の理非決断の権限を執権・連署・評定衆による評定会議に移し，御成敗式目を指針として合議による政治を確立した。
❸式目制定後，補足・修正のために式目追加が出され，室町幕府も御成敗式目を継承し，建武式目や追加法にその影響が見られるだけでなく，戦国大名の分国法にまで影響をおよぼした。

21 蒙古襲来と幕府の衰退

ポイント
① 蒙古襲来に対する幕府の対応はどのようなものであったか。
② 蒙古襲来後の幕府政治はどのように展開したか。
③ 鎌倉時代の社会の変化はどのようなものであったか。

● 重要用語 ●

1 〔　　　　　〕1215～94　モンゴル帝国第5代皇帝。国号を元と改め中国を支配した。高麗も服属させ、日本を2度攻撃した。

2 〔　　　　　〕1251～84　8代執権。元の朝貢要求を拒否し、2度の元軍の侵攻を九州の武士を動員して退けた。

3 〔　　　　　〕文永の役後、幕府が元の再来襲に備えて九州に所領を持つ御家人に課した北九州沿岸警備の軍役。

4 〔　　　　　〕2度にわたる元軍の日本襲来。1274年の文永の役、1281年の弘安の役をさす。

5 〔　　　　　〕蒙古襲来後の1293年、幕府が九州地方の行政・軍事・裁判を統轄するため設置した職。北条氏一門が選任された。

6 〔　　　　　〕執権を務めた北条氏の嫡流の当主。9代執権貞時以後に専制的地位を確立し、家来の御内人が御家人との対立を深めた。

7 〔　　　　　〕1285年、有力御家人の安達泰盛が、御内人の代表内管領平頼綱と争い、敗れた事件。以後、得宗専制政治が確立。

8 〔　　　　　〕鎌倉時代に畿内などの先進地域で普及した作付け方法。同じ耕地を表作に米、裏作に麦と年2回耕作する。

9 〔　　　　　〕月に3回開かれた定期市。寺社の門前、荘園や交通の要地で開かれ、『一遍上人絵伝』に描かれた福岡市（備前）などが有名。

10 〔　　　　　〕港や河川など交通の要地で、商品の仲継ぎ・委託販売・運送などを行なった業者。

11 〔　　　　　〕日宋貿易で輸入された銅銭。本朝（皇朝）十二銭以後、日本の貨幣は鋳造されなかったので、国内通貨として流通した。

12 〔　　　　　〕鎌倉時代の高利貸業者。貨幣経済の進展にともなって増加し、港町などに多く現れた。

13 〔　　　　　〕1275年に紀伊国に住む百姓が「ミミヲキリ、ハナヲソギ、カミヲキリ」といった手段で百姓を責めた地頭の非道を訴えた書状。

14 〔　　　　　〕蒙古襲来後、困窮した御家人を救済するため貞時が1297年に発令した、所領の無償返却などを規定した法令。

15 〔　　　　　〕鎌倉中期以降、畿内およびその周辺に現れた、荘園を侵略し領主や幕府に反抗する地頭や新興武士の総称。

● **蒙古襲来絵巻**
文永の役で、肥後国の御家人竹崎季長の活躍を描いた絵巻物。

● **得宗専制政治**
得宗が実権を握り、内管領・御内人による寄合で政治が決裁され、評定衆は形骸化した。

● **平禅門（頼綱）の乱**
1293年、内管領平頼綱の専横に不安を抱いた執権貞時が頼綱を討伐した事件。乱後、貞時が政治の実権を掌握した。

● **為替（替銭）**
商業取引が盛んになると、金銭の輸送を手形で代用する制度が生まれた。

● **永仁の徳政令**
● 御家人の所領の売買・質入れ禁止。
● 御家人の売却地で、20年を経ないものは無償返却。
● 買得者が非御家人・凡下のときは年紀を問わず売主の御家人に無償返却。
● 御家人に対する金銭貸借の訴訟は不受理。越訴（再審請求）も禁止。

● **北（蝦夷ヶ島）と南（琉球）**
北ではアイヌ文化が生まれ、南では按司がグスクを拠点に勢力拡大。

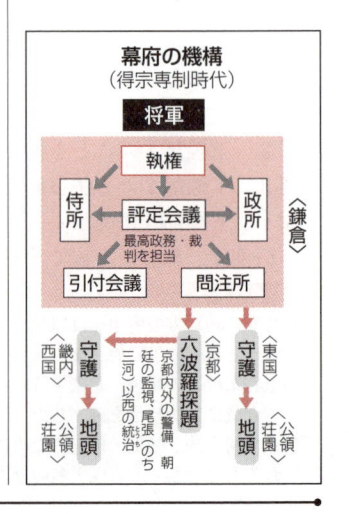

幕府の機構
（得宗専制時代）

重要演習

1 次の文章1・2を読み問1〜問7に答えよ。

(1) (a)12世紀後半から13世紀初めにかけて，日本列島は東アジア通商圏のなかに組み入れられていった。中国を支配した元は，高麗を服従させ，日本に朝貢を強要した。しかし，幕府の執権　あ　はこれを拒否したので，元は高麗の軍勢とあわせて約3万の兵で1274年，日本に襲来した。日本軍は元軍に苦戦したが元軍も損害が大きく，たまたま起こった暴風雨により元軍がしりぞいた。これを(b)文永の役という。その後，元はふたたび日本の征服をめざし，約14万の兵で1281年，九州北部に迫った。しかし上陸をはばまれているあいだに暴風雨が起こり元軍は大損害を受けふたたび撤退した。これを(c)弘安の役という。

問1　下線部(a)に関連する説明として正しいものはどれか。次の①〜④の中から一つ選べ。
① 平清盛が宋と正式な国交をひらいた。
② 日本から宋への主な交通路は，九州から対馬・高麗を経由し大都(北京)にいたるものであった。
③ 宋との交流では商人のみならず，僧侶も往来した。
④ モンゴル(蒙古)高原にフビライ(忽必烈)＝ハーンがあらわれ，モンゴル民族を統一した。

問2　　あ　に入る人物の説明として正しいものはどれか。次の①〜④の中から一つ選べ。
① 渡来僧無学祖元を鎌倉に招いて円覚寺を開創した。
② 得宗家の私的会議である引付をおき，得宗専制の道を開いた。
③ 連署・評定衆の新設，御成敗式目の制定を行った。
④ 元弘の変に際して，後醍醐天皇を隠岐に流した。

問3　下線部(b)の直後に，再度の襲来に備えて，九州北部の警備のために行われたことを答えよ。

問4　下線部(c)の際に戦功を挙げ，『蒙古襲来絵巻(詞)』を描かせたのは誰か答えよ。

(2) 蒙古襲来前後から(d)農業の発達も見られ，畿内や西日本一帯では二毛作が普及した。商品作物としては荏胡麻などが栽培され，また(e)布も織られた。(f)経済も発達し，手工業者や商人も活躍するようになった。

問5　下線部(d)に関連する説明として正しいものはどれか。次の①〜④の中から一つ選べ。
① 二毛作は麦を表作，米を裏作として普及した。
② 多収穫米である大唐米が輸入された。
③ 肥料には干鰯・〆粕・油粕が利用されることが一般的となった。
④ 灌漑用の踏車などの農具も考案された。

問6　下線部(e)に関連して，この頃利用されていた繊維の材料として**誤っているもの**はどれか。次の①〜④の中から一つ選べ。
① 綿　② 麻　③ 絹　④ 苧

問7　下線部(f)に関連して，この頃の商業に関する説明として**誤っているもの**はどれか。次の①〜④の中から一つ選べ。
① 交通の要地や寺社の門前には定期市が開かれ，月に三度の市(三斎市)もめずらしくなくなった。
② 中央から地方の市へ工芸品などを運んでくる行商人もあらわれた。
③ 遠隔地を結ぶ商業取引も活発となり，商品の中継と委託販売や運送を業とする借上が発達した。
④ 京都や鎌倉などの中心的都市には常設の小売店である見世棚もみられるようになった。

(東京農業大)

ポイント解説

❶幕府は異国警固番役を設け，防塁(石塁)を築くなど防衛体制を強化する一方，西国の守護に総動員令を発して御家人以外の武士も幕府の指揮の下で戦闘に参加させ，幕府の支配権を非御家人にまで拡大した。

❷北条氏は全国の守護の約半数を一門で占めるなど，その勢力を圧倒的なものとし，中でも得宗家の権力が強大となり，その権力を支えた御内人の専権が幕政を左右し，御家人の不満が高まった。

❸鎌倉時代，二毛作の普及などで農業生産力が高まり，手工業や諸産業の発達，宋銭の流通にともなう貨幣経済の発展にもめざましいものがあった。

22 鎌倉文化

ポイント
1. 新仏教の成立とその時代背景はどのようなものであったか。
2. 新仏教に刺激された旧仏教側はどのような動きを見せたか。
3. 鎌倉時代の文化とはどのようなものであったか。

● 重要用語 ●

1 〔　　　　　〕1133～1212　浄土宗の開祖。専修念仏の教えを説き、九条兼実の求めにより著した『選択本願念仏集』が主著。

2 〔　　　　　〕1173～1262　浄土真宗の開祖。絶対他力の信仰を説き、悪人正機説を唱えた。主著は『教行信証』。

3 〔　　　　　〕1239～89　時宗の開祖。念仏を唱えながら踊る「踊念仏」を始め、死ぬまで各地で布教し遊行上人とよばれた。

4 〔　　　　　〕1222～82　法華経を正しい教えとし、題目を唱えることで救われると説き日蓮宗を開宗。主著『立正安国論』。

5 〔　　　　　〕1141～1215　入宋して臨済宗を伝えた。京都に建仁寺を建立し、幕府の保護をうけた。主著『興禅護国論』。

6 〔　　　　　〕1200～53　日本曹洞宗の開祖。只管打坐によって悟りが開けると説き、永平寺を創建。主著『正法眼蔵』。

7 〔　　　　　〕生没年不詳　従来の本地垂迹説と反対の立場をとる神を主として、仏を従とする神本仏迹説を唱えた。伊勢神道を創始した。

8 〔　　　　　〕1155?～1216　『方丈記』の著者。人間も社会も転変して、すべてはむなしいと説いた。

9 〔　　　　　〕1155～1225　関白九条兼実の弟で天台座主。末法思想と道理により歴史の展開を叙述した『愚管抄』を著した。

10 〔　　　　　〕1205年、後鳥羽上皇の命によって藤原定家らが撰集した、八代集最後の勅撰和歌集。

11 〔　　　　　〕3代将軍で右大臣であった源実朝の歌集。力強い万葉調の歌を収め、独自の武家文化を示す。

12 〔　　　　　〕平氏の栄枯盛衰を仏教的無常感を基調に描いた軍記物語。琵琶法師によって平曲として語り広められた。

13 〔　　　　　〕1121～1206　1181年の南都焼打ちで焼失した東大寺の復興に尽力。1195年、大仏殿落慶法要を行なった。

14 〔　　　　　〕?～1223　鎌倉時代を代表する仏師。快慶・湛慶ら慶派仏師をひきいて活躍。代表作は東大寺南大門金剛力士像。

15 〔　　　　　〕平安後期から鎌倉時代にかけて流行した大和絵の写実的な肖像画。

● **新仏教と天台宗**
法然・親鸞・一遍・日蓮・栄西・道元はみな延暦寺（天台宗）で修学したのち、当時の仏教を批判し、新仏教を開いた。

● **悪人正機説**
「善人なをもちて往生をとぐ、いはんや悪人をや…」という、煩悩の深い人間（悪人）こそが阿弥陀仏の救おうとする相手であるという親鸞の教え。弟子唯円が著した『歎異抄』に記される。

● **旧仏教の動き**
- 法相宗—貞慶（解脱）
- 華厳宗—明恵（高弁）
- 律宗—叡尊（思円）・忍性（良観）

● **北山十八間戸**
忍性が奈良に建てた病人の救済施設。

● **禅僧の来日**
- 蘭溪道隆—執権時頼の招きをうけて来日し、鎌倉に建長寺を開く。
- 無学祖元—執権時宗の招きをうけて来日し、鎌倉に円覚寺を開く。

● **金沢文庫**
北条一門の金沢（北条）実時の時、武蔵国六浦に設けられ、顕時・貞顕と受けつがれ、和漢の書物が多数集められ充実していった。

おもな著作物

和歌集	山家集（西行） 新古今和歌集（藤原定家ら） 金槐和歌集（源実朝）	軍記物語	保元物語（未詳） 平治物語（未詳） 平家物語（信濃前司行長?） 源平盛衰記（未詳）
説話集	十訓抄（未詳） 宇治拾遺物語（未詳） 古今著聞集（橘成季） 沙石集（無住）	歴史	水鏡（中山忠親?） 愚管抄（慈円） 吾妻鏡（編者未詳） 元亨釈書（虎関師錬）
随筆	方丈記（鴨長明） 徒然草（兼好法師）	注釈書その他	万葉集註釈（仙覚） 禁秘抄（順徳天皇） 釈日本紀（卜部兼方） 興禅護国論（栄西） 正法眼蔵（道元） 類聚神祇本源（度会家行）
紀行	東関紀行（源親行?） 海道記（未詳）		
日記	十六夜日記（阿仏尼）		

重要演習

❶ 次の文章を読み，設問に答えよ。

　鎌倉時代は，公家が依然として文化面で伝統文化を受け継ぎ強い影響力を保っていたが，その一方で，武士や庶民に支持された新しい文化が誕生し成長した時代であった。実在の武士の活躍ぶりを生き生きと描き，琵琶法師の語りによる軍記物語は，文字の読めない人々にも親しまれ，この時代の特徴をもっともよくあらわした文学のひとつであった。また運慶・快慶らによる力強い写実的な彫刻なども，公家文化が育んだ定朝様には見られない新鮮な試みであった。しかし，平安時代末から鎌倉時代にかけて絶え間なく続いた戦乱や飢饉の中で，武士や庶民の心を救済する新仏教が相次いで出現したことこそは，この時代の大きな特徴であった。そこで，この時代に出現した新しい仏教について，みていくことにしよう。

　平安時代末から鎌倉時代にかけて相次いだ戦乱や飢饉によって，人々は末法到来の思いを深め，宗教に心の救済を求める気持ちが強まっていった。こうした時代の要請にまずこたえたのが｜1｜を開いた｜2｜であった。かれは阿弥陀仏の誓いを信じ，念仏を唱えるというやさしい修行だけで，極楽浄土に往生できるという教えを説いた。この念仏の教えは，さらに｜3｜，｜4｜らによって受け継がれ広められていき，農民や地方武士に受け入れられていった。

　｜3｜は，｜2｜の教えを受け継ぐとともに，さらに一歩進めて悪人正機説を説き，｜5｜をおこし大きな発展を遂げていく。主著に｜6｜がある。同じく念仏の教えを継承した｜4｜は，諸国を巡りながら踊念仏を唱えたため｜7｜とも呼ばれ，｜8｜を開いた。

　これらの仏の力にすがって救いを得ようとする他力本願の宗派に対して，座禅を中心とする自己自身の精神的鍛錬によって悟りをひらこうとする禅宗が武士達を中心に受け入れられた。その教えは｜9｜や｜10｜らによって宋から伝えられた。

　｜9｜は12世紀の終わり頃，宋から帰国すると｜11｜を開き，関東の武士達を中心に受け入れられた。また｜10｜は既存の禅宗にあきたらず，同じく宋に渡り，｜12｜をもたらした。この教えは，ときの権力者に近づくことを拒否し，｜13｜に拠点を置き，激しい修行を行い弟子を養成したため，北陸を中心とする地方武士の間に広まった。

　13世紀中頃には｜14｜が出て，題目を唱えれば救われると説いた。彼は，他宗や幕府を激しく批判したため迫害されたが，｜15｜と呼ばれたその教えは，商工業者や地方の武士に広がっていった。

問　文中の｜1｜～｜15｜を埋めるのにもっとも適当なものを，それぞれの語群のなかから選べ。

｜1｜｜5｜｜8｜｜11｜｜12｜｜15｜
ア．真言宗　イ．臨済宗　ウ．時宗　エ．浄土宗　オ．曹洞宗　カ．法華宗　キ．法相宗
ク．華厳宗　ケ．浄土真宗　コ．天台宗

｜2｜｜3｜｜4｜｜9｜｜10｜｜14｜
ア．鑑真　イ．貞慶　ウ．一遍　エ．明恵　オ．道元　カ．日蓮　キ．親鸞　ク．栄西
ケ．叡尊　コ．法然

｜6｜
ア．『三教指帰』　イ．『顕戒論』　ウ．『教行信証』　エ．『日本往生極楽記』

｜7｜
ア．解脱上人　イ．黒谷上人　ウ．遊行上人　エ．鍋冠り上人

｜13｜
ア．延暦寺　イ．永平寺　ウ．金剛峰寺　エ．本願寺

（名城大）

ポイント解説

❶ 平安末期からの戦乱と不安定な時代の中で，人々の救いを求める動きに対応して成立し，戒律や学問を重要視せず，念仏・題目・禅という易行の一つを選択・専修することを特色とした。

❷ 旧仏教側で反省と改革の気運が高まり，法相宗の貞慶や華厳宗の高弁は戒律の復興につとめ，律宗の叡尊と弟子忍性も戒律を重んじ，貧民や病人の救済・治療などの社会事業にも尽した。

❸ 文化の主流を占めたのは公家文化であったが，公武の勢力交代という時代相を反映し，武士が伝統的な公家文化を吸収し，宋・元の文化の影響も加わって独自の文化をつくりあげた。

23 武家社会の成長①──建武の新政と南北朝の動乱

ポイント
1. 鎌倉幕府はなぜ滅亡したのか。
2. 天皇親政の理想をかかげた建武の新政が短期間で崩壊したのはなぜか。
3. 南北朝の分立とはどのようなものであったか。

重要用語

1. 〔　　　　　〕後深草天皇に始まる皇統。長講堂領を経済的基盤とし，のち足利氏に擁立されて京都に北朝を樹立した。

2. 〔　　　　　〕亀山天皇に始まる皇統。八条(女)院領を経済的基盤とし，鎌倉幕府の干渉により持明院統と交代で皇位についた。

3. 〔　　　　　〕1288～1339　正中・元弘の変を経て鎌倉幕府を滅ぼし，建武の新政を実現。大覚寺統から即位。

4. 〔　　　　　〕1294～1336　河内の土豪。後醍醐天皇に呼応して挙兵し，悪党など反幕勢力を結集して幕府軍と戦った。建武の新政で重用。

5. 〔　　　　　〕1305～58　鎌倉幕府の有力御家人であったが，元弘の変後，六波羅探題を攻略し，新政に参加。のち離反し，室町幕府を開設。

6. 〔　　　　　〕？～1338　鎌倉幕府の御家人。元弘の変後，鎌倉を攻撃し幕府を滅ぼした。建武の新政で足利尊氏と対立。

7. 〔　　　　　〕1334年，京都二条河原に立てられた落書。建武新政権下の混乱ぶりを風刺した。『建武年間記』に収められる。

8. 〔　　　　　〕建武の新政における主要政務機関の１つで，所領問題などの訴訟を担当した。

9. 〔　　　　　〕1321～80　足利尊氏に擁立され持明院統から光厳天皇のあとを継ぎ即位。1338年，尊氏を征夷大将軍に任命した。

10. 〔　　　　　〕1336年，足利尊氏が二階堂是円らに諮問し，答申された室町幕府の施政方針。

11. 〔　　　　　〕1336年，後醍醐天皇が吉野に開いた大覚寺統の朝廷。北朝を擁立する室町幕府と争い，南北朝の動乱を現出。

12. 〔　　　　　〕1293～1354　後醍醐・後村上天皇に仕えた南朝の中心人物。南朝の正統を主張した『神皇正統記』を著した。

13. 〔　　　　　〕1350～52年の足利尊氏と弟直義の対立抗争。尊氏の執事高師直と直義の対立に始まり，尊氏の直義毒殺で収拾。

14. 〔　　　　　〕尊氏が1352年に近江・美濃・尾張の３国に発布し，荘園・公領の年貢の半分を守護が徴発することを認めた法令。

15. 〔　　　　　〕地方土着の武士。勢力拡大のためには守護の被官にもなり，また守護を排斥する国一揆の中心にもなった。

● **両統迭立**
持明院統と大覚寺統が皇位を争ったため，1317年幕府の仲介で文保の和談が成立し，両統が交代で皇位につくこととなった。

● **北条高時**
鎌倉幕府14代執権で，最後の得宗。内管領長崎高資に実権を握られ，幕政を乱した。

● **護良親王**
後醍醐天皇の皇子。父を助け討幕運動に活躍し，建武新政府で征夷大将軍となるが，足利尊氏と対立し失脚。鎌倉に幽閉され，中先代の乱の時，足利直義に殺害された。

● **建武以来追加**
建武式目は施政方針を述べたもので，基本法としては御成敗(貞永)式目が用いられた。そして御成敗式目の追加や修正は，建武以来追加といわれた。

● **守護請**
守護が荘園や公領の領主から年貢の徴収を請け負う制度。使節遵行や半済令に加え，守護請が行なわれることにより，守護の権限が強化され，一国全域への支配権を伸ばすようになり，守護大名へと成長していった。

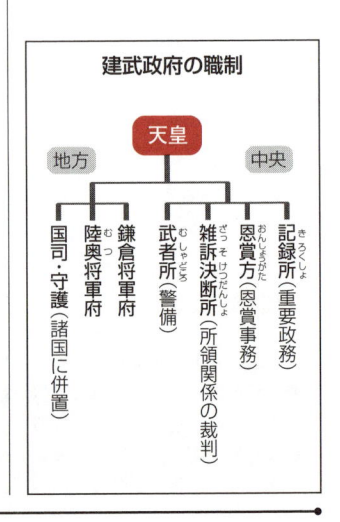

建武政府の職制

```
            天皇
   ┌─────────┴─────────┐
  地方                   中央
   │                     │
  国司・守護            武者所（警固）
  （諸国に併置）        雑訴決断所（所領関係の裁判）
  陸奥将軍府            恩賞方（恩賞事務）
  鎌倉将軍府            記録所（重要政務）
```

重要演習

❶ 次の文を読み，☐（a～c）については適語を入れ，下線部(1)～(4)に関する問（1～4）については，最も適当な答を記せ。

1318年，後醍醐天皇は即位すると，院政を廃止し，記録所を再興して天皇親政を実施した。このころ幕府では，執権北条高時のもとで，内管領　a　が専権をふるっており，御家人の反発が強まっていた。後醍醐天皇は，1324年の計画の失敗後も，その子　b　を天台座主に任じて寺院勢力の結集をはかろうとするなど，倒幕のための活動をすすめたが，発覚し，流された。しかし反幕勢力の挙兵は活発化し，1333年，足利高氏（尊氏）らが幕府を攻め，鎌倉幕府が滅んだ。

後醍醐天皇は，親政を開始した。しかしこのいわゆる建武の新政は，天皇の　c　によって武士の所領の安堵をおこなったこと，施政の混乱や恩賞の不公平などがあったこと，大内裏造営計画にともなう賦課が計画されたことなどによって，武士をはじめとする多くの人びとの政権への期待を急速に失わせることになった。

このような新政への反発の強まりをみて，足利尊氏は反旗をひるがえし，(1)京都に政権を樹立し，1338年には征夷大将軍に任じられて正式に幕府をひらいた。後醍醐天皇は吉野に政権を移したが，有力武将の死などによって次第に勢力は弱まった。北朝では，尊氏と直義，さらに直義と(2)尊氏の執事との対立が激化し，この対立は，有力守護や地方武士の対立ともむすびつき，また時には南朝ともむすびついて，長く深刻な争乱となった。

南北朝の争乱は，3代将軍足利義満のころになると，(3)諸国の武士たちの多くが守護の統率下にはいったため鎮静化し，室町幕府の体制は安定化した。義満は，北朝の後小松天皇に南朝の後亀山天皇が譲位する形で，(4)南北朝合体を実現させた。

問1　下線部(1)について，足利尊氏の側にたって，尊氏が政権を掌握するまでを描いた歴史書は何か。
問2　下線部(2)について，この執事は誰か。
問3　下線部(3)について，1372年に大宰府を制圧し，九州に幕府の支配権を確立することに功績のあった人物は誰か。
問4　下線部(4)について，それは何年のことか。
（西南学院大）

❷ 次の文章を読んで設問に答えなさい。

後醍醐天皇は鎌倉幕府の滅亡とともに京都へ戻り，a持明院統の光厳天皇を退け，摂政・関白も廃して親政を始めた。中央には記録所などの機関が置かれ，国々には国司と（　A　）が併置された。天皇は所領の安堵をみずからの綸旨によって行なうなど，旧来とは異なる政治を強力に推進しようとしたが，やがて武士達の不満や批判を増大させ，足利尊氏の離反とともにその政権は崩壊した。尊氏は持明院統の（　B　）を擁立して幕府を開いたが，後醍醐天皇はこれに抵抗して京都から（　C　）に逃れた。ここにb南北朝の動乱の時代がはじまった。

〔設問〕
1．各空欄に適語を入れなさい。
2．下線部aに関連する下記の文章のうち，誤りのあるものを選びなさい。
　ア．持明院統は後深草天皇から始まる皇統である。
　イ．両統迭立は大覚寺統と交互に皇位につくことである。
　ウ．鎌倉幕府の提案で大覚寺統と行った和議を文保の和談という。
　エ．後の南北朝合体に際して，大覚寺統に皇位を譲った。
3．下線部bに関して，この時期に九州で活躍した人物を下記より選びなさい。
　ア．懐良親王　　イ．北畠顕家　　ウ．新田義貞　　エ．楠木正成
（関西学院大）

ポイント解説

❶ 後醍醐天皇による討幕計画が2度にわたり失敗したにもかかわらず，得宗専制政治に不満を持つ有力御家人が幕府にそむき討幕運動に参加したことで，幕府は滅亡した。

❷ 後醍醐天皇による武家の慣例を無視した所領安堵策や公家優遇の人事は，公武連合政権であった新政府の中で武家の不満をつのらせ，幕府再興の期待が高まる中，足利尊氏が挙兵し崩壊した。

❸ 足利尊氏の北朝擁立に対し，後醍醐天皇が吉野に逃れて皇位の正統を主張し南朝を開いたことで朝廷が分裂し，その後，幕府内部の主導権争いや守護の対立抗争などで内乱は全国化した。

24 武家社会の成長②——室町幕府の政治

ポイント
1. 室町幕府の政治体制の特徴はどのようなものであったか。
2. 守護が持つ権限と領国支配の体制はどのようなものであったか。
3. 足利義満が明との間に朝貢形式の貿易を始めたのはなぜか。

重要用語

1. 〔　　　〕 1358～1408　3代将軍。有力守護の勢力を削減し，1392年には南北朝の合体を実現し幕府権力を確立した。

2. 〔　　　〕 1392年，足利義満の斡旋で成立。南朝の後亀山天皇が皇位を放棄して京都に帰り，北朝の後小松天皇に神器を伝え，南北朝の動乱は終焉した。

3. 〔　　　〕 将軍を補佐し政務を総轄する**管領**に交代で任命された，足利氏一門の**細川・斯波・畠山**の3有力守護家。

4. 〔　　　〕 京都の警備や刑事裁判にあたる侍所の長官(所司)の地位に交代で就任した**赤松・一色・山名・京極**の4氏。

5. 〔　　　〕 室町幕府の直轄軍。平時は京都で将軍を護衛するとともに，御料所の管理や守護の動向を牽制した。

6. 〔　　　〕 室町幕府の直轄地。将軍を領主とする荘園で全国に散在し，**奉公衆**が管理した。

7. 〔　　　〕 室町幕府の地方機関。関東8カ国と甲斐・伊豆を統轄(のちに陸奥・出羽を追加)。幕府としばしば衝突した。

8. 〔　　　〕 鎌倉府の長官。尊氏の子基氏を初代とし，基氏の子孫が世襲。

9. 〔　　　〕 鎌倉公方の補佐役。上杉氏が世襲し，永享の乱後は鎌倉公方をしのぐようになった。

10. 〔　　　〕 朝鮮・中国沿岸を襲った海賊集団。対明貿易開始以前の活動を前期，対明貿易廃絶以後を後期とする。

11. 〔　　　〕 1404年，足利義満の時に始まった明との朝貢形式による貿易。倭寇と区別するため勘合という証票を使用した。

12. 〔　　　〕 1419年，朝鮮軍が倭寇の本拠地と考えていた対馬を襲撃した事件。これにより日朝貿易は一時中断した。

13. 〔　　　〕 琉球では北山・中山・南山の3地方勢力が争っていた。1429年，中山王の尚巴志によって統一された。

14. 〔　　　〕 1457年，アイヌの蜂起を指導した大首長。北海道に進出した和人が，アイヌを圧迫したことによって引きおこされた。

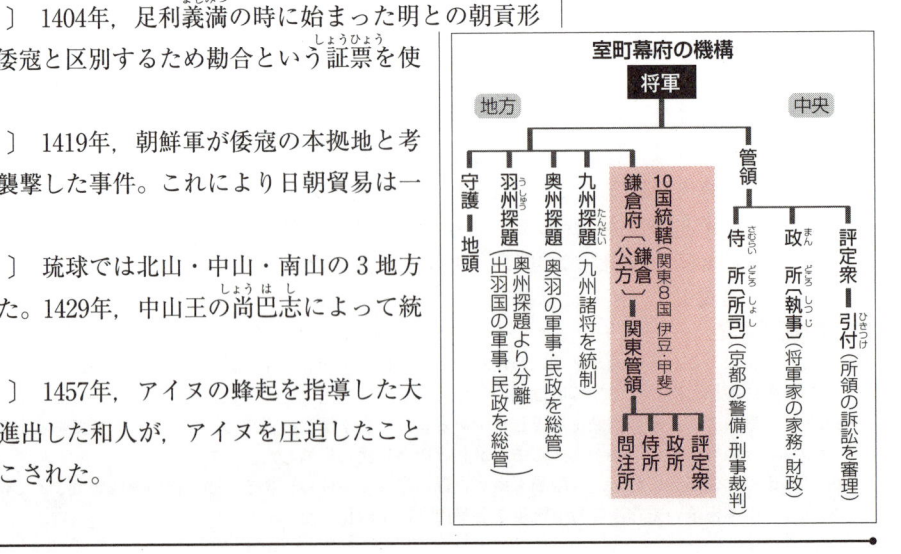

●義満による有力守護家の勢力削減
- 土岐氏の乱——1390年，美濃・尾張・伊勢の守護を兼ねる土岐康行を討伐。
- 明徳の乱——1391年，一族で11カ国の守護を兼ね六分の一衆とよばれた**山名氏清**を討伐。
- 応永の乱——1399年，6カ国の守護を兼ねた**大内義弘**を討伐。

●室町幕府の主な財源
- 御料所(年貢・公事・夫役)
- 土倉役・酒屋役
- 関銭・津銭
- 段銭・棟別銭
- 抽分銭
- 五山官銭

●日明貿易(勘合貿易)
- 輸出品——刀剣・槍・鎧・扇・屏風・銅・硫黄
- 輸入品——銅銭・生糸・高級織物・陶磁器・書籍・書画(唐物)

●寧波の乱
1523年，中国の港寧波で貿易の主導権をめぐり，大内氏と結ぶ博多商人と細川氏と結ぶ堺商人が衝突した事件。乱後，大内氏・博多商人が貿易を独占。

室町幕府の機構

```
                    将軍
        ┌────────────┴────────────┐
       地方                        中央
                                   管領
 守護─地頭                  ┌──────┼──────┐
 羽州探題(出羽国の軍事・民政を総管)  侍所   政所   評定衆
 奥州探題(奥羽の軍事・民政を総管より分離)  │    │    │
 九州探題(九州諸将を統制)        所司  執事   引付
 鎌倉府(公方)─関東管領     (京都の警備  (将軍家の (所領の訴訟
  ─10国統轄(関東8国・伊豆・甲斐)  刑事裁判) 家務・財政) を審理)
  ─問注所・侍所・政所・評定衆
```

重要演習

❶ 次の文中の空欄に適語を入れ、下記の設問に答えよ。

　義満のころから、幕府の組織も整ってきた。将軍を補佐する管領には、足利氏一門内の有力守護家である斯波・細川・畠山氏が交替でついた。また、鎌倉幕府と同様に、政所・侍所・問注所がおかれ、将軍家の家政および財政機関である政所の執事には伊勢氏一族が、京都の支配をおこなう侍所の長官にはa山名・赤松・京極・一色の諸氏のうちから一人が任命された。なお、問注所は、訴訟記録の保管などをおこなうだけであった。

　訴訟審理は形式的には評定衆とその下の引付が担当したが、義満のころから将軍自身が直接に政務・訴訟の決裁をおこなうようになり、（　あ　）と呼ばれる世襲の実務官僚が、将軍を補佐する形でしだいに大きな役割を果たすようになっていった。

　地方では、守護が国衙の機能を吸収した。とくに関東は重視されていて、尊氏の時にその子である義詮が鎌倉に派遣された。その後は、（　い　）の子孫が鎌倉公方として、東国統治のための政庁の首長の地位を継承した。また、鎌倉公方を補佐する関東管領がおかれた。ほかに、奥羽には奥州探題・羽州探題が設けられたが名目化し、鎌倉府が実質的にこの地方を管轄下においた。

　鎌倉公方はしだいに京都の幕府から自立する傾向を見せはじめ、特にその地位に足利持氏がつくと、京都との関係を重視する関東管領との間でb内紛が起こった。

〔設問a〕　これらの諸氏は何と総称されたか、漢字で記せ。
〔設問b〕　1416～17年の内紛では、前関東管領が敗れて自殺した。その人物の名を漢字で記せ。

(同志社大)

❷ 次の文章の空欄（　a　）～（　d　）に適語を入れ、下記の設問に答えよ。

　蒙古襲来以後、日元両国間に正式の国交はなかったが、日本の商人による交易や禅僧らの渡海は活発に行われた。（　ア　）は(1)後醍醐天皇の冥福を祈るために建立する寺の造営費を得る目的で（　a　）船を派遣した。14世紀の中頃から倭寇と呼ばれる海賊集団が朝鮮半島や中国大陸の沿岸を襲うようになり、（　b　）やそれに代わった(2)朝鮮、また元を北方に追い建国した明もその対策に苦しみ、倭寇の禁圧をわが国に求めてきた。特に明は中国を中心とする伝統的な国際秩序の回復をめざして、近隣諸国に朝貢による通交を求めた。1401年、（　イ　）は、幕府財政の確立と九州支配の強化を考えて、明に使者を派遣して国交を開き、1404年に明の皇帝から日本国王に任じられ、明の冊封を受け、(3)勘合符が交付されて正式に通交が始まった。この朝貢形式で行われた勘合貿易は、幕府の重要な財源の1つとなった。しかし、わが国では当初から朝貢の可否が問われ、（　ウ　）の時、一時中断されたが、（　エ　）の時に再開された。勘合符の保管と出納は初め幕府のもとで五山の禅僧がこれにあたったが、15世紀後半になると幕府の衰退により、貿易の実権は、しだいに（　c　）の商人と結ぶ細川氏や（　d　）の商人と結ぶ大内氏の手に移り、ついには大内氏が独占するようになった。

問1　上記の文章中の空欄（　ア　）～（　エ　）に相当する人物にもっとも関係の深い事柄を、次から1つずつ選びなさい。
　［１］　永享の乱により鎌倉公方を打ち滅ぼした。　　［２］　貞治の政変で斯波氏が失脚した。
　［３］　南北朝の合体が実現した。　　［４］　古河公方に対抗するため江戸の地に堅固な城を築いた。
　［５］　上杉禅秀の乱を鎮圧した。　　［６］　持明院統の光明天皇を擁立した。

問2　上記の文章中の下線部(1)～(3)について、次の各問に答えなさい。
　(1)　この寺の建立を空欄（　ア　）の人物にすすめたのは誰か。
　(2)　朝鮮と日朝間の交易に従事する対馬の宗氏との間で結ばれたものを何というか。
　(3)　勘合船は中国のどこで査証を受けたか。

(上智大)

ポイント解説

❶ 室町幕府は有力守護家の連合政権としての性格を持ち、三管領・四職による重臣会議で政治が運営され、その政治的・軍事的協力に支えられた。

❷ 大犯三カ条に加え、刈田狼藉取締権・使節遵行権などを獲得し、半済令や守護請で国内武士の家臣化や荘園侵略をすすめ、国衙機能をも吸収し、一国全体の行政・司法・軍事の支配権を掌握した。

❸ 幕府財政は御料所の不足から不安定であった。幕府権力を強化する必要にせまられていた義満は、貿易の利益が大きいことに注目し、明の倭寇禁圧要請を機に屈辱的ながら国交を開き、貿易を開始した。

25 武家社会の成長③──幕府の衰退と庶民の台頭

ポイント
1. 室町幕府はどのように衰退していったか。
2. 土一揆は何を要求したか。
3. 室町時代の産業・商業はどのように発達したか。

● 重要用語 ●

1 〔　　　　　〕 近畿地方に発達した村の自治組織。寄合という惣百姓の会議で惣掟を定め，おとななどの指導者が運営した。

2 〔　　　　　〕 荘園領主へ納める年貢を惣村が請け負う制度で，村請・百姓請ともいう。

3 〔　　　　　〕 1386〜1428　4代将軍。将軍と守護の勢力均衡をはかり幕政を安定させ，朝貢形式に反対し勘合貿易を中止。

4 〔　　　　　〕 1394〜1441　6代将軍。永享の乱で鎌倉公方持氏を討ち，将軍権力を強化し専制政治を実施。勘合貿易を再開。

5 〔　　　　　〕 1441年，播磨守護赤松満祐が6代将軍義教を謀殺し，山名持豊らの幕府軍によって討伐された事件。

6 〔　　　　　〕 1428年近江坂本の馬借の徳政要求からおこった一揆。京都近郊に広がり，酒屋・土倉・寺院を襲い私徳政を実施。

7 〔　　　　　〕 1436〜90　8代将軍。夫人日野富子の政治介入を許し，幕政が混乱。将軍継嗣問題から応仁の乱がおこった。

8 〔　　　　　〕 1467年，将軍継嗣と畠山・斯波家の家督争いに，細川勝元と山名持豊の対立がからんでおこった11年間の大乱。

9 〔　　　　　〕 応仁の乱後も南山城で対戦していた畠山政長・義就両軍に対し，1485年国人らが退陣を求めておこした一揆。

10 〔　　　　　〕 伝統的権威を否定し，下の者の力が上の者の勢力をしのいでいく社会的風潮をさす。

11 〔　　　　　〕 1488年，一向宗徒が加賀守護富樫政親を倒し，以後，1世紀にわたり加賀国を自治支配した一揆。

12 〔　　　　　〕 1415〜99　本願寺8世。越前吉崎に坊舎をかまえ，「御文」を通じて宗勢を広めた。

13 〔　　　　　〕 応仁の乱頃，商業活動が活発化していく中で，市の開催が増え，月6回定期市が開かれた。

14 〔　　　　　〕 商工業者の同業組合。公家・寺社を本所とし奉仕や貢納の代償に，関銭免除や販売の独占権などの特権を得た。

15 〔　　　　　〕 明から輸入され，室町時代以降，標準的な貨幣として広く流通した明銭。ほかに洪武通宝・宣徳通宝などがある。

16 〔　　　　　〕 商工業の発達にともない，物の流通も活発化。その中で物資の輸送を専門に扱う運送業者もあらわれた。

● **地下検断**
村の秩序を維持するため，村民が警察権・裁判権を行使すること。惣村の自治を示す。

● **寺院が襲われたのはなぜか**
祠堂銭を貸し出して，土倉・酒屋と同様に高利貸を行なっていたために襲われた。

● **クジで選ばれた将軍**
6代将軍義教は，義持が後継将軍の決定を管領に託して死去したため，クジで選ばれた。そのため将軍権力の強化をはかり，専制政治を強行した。

● **足軽の出現**
軽装備の雑兵で機動力に富むが，無統制で放火・略奪などを容赦なく行なった。関白一条兼良が足利義尚に対する意見書『樵談治要』の中で，「足がるは超過せる悪党なり…」と記し，下剋上の典型と指摘している。

● **代表的な座**
大山崎の油座，北野神社酒麹座，祇園社綿座。

● **撰銭**
取引にあたって私鋳銭などの悪銭を嫌い，良銭を選ぶこと。

惣村の構造

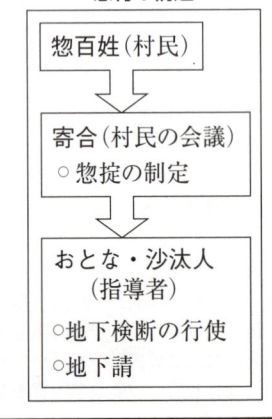

```
惣百姓(村民)
    ↓
寄合(村民の会議)
○惣掟の制定
    ↓
おとな・沙汰人
  (指導者)
○地下検断の行使
○地下請
```

25　武家社会の成長③——幕府の衰退と庶民の台頭

重要演習

❶　つぎの文章をよみ，設問に答えなさい。

　1441年，播磨守護の　ア　は6代将軍(a)足利義教を自邸に招いて暗殺したが，彼もまた幕府軍の攻撃を受け敗死した。その後，義教の幼ない子が擁立されて義勝と称したが，約2年で死去した。ついで義勝の弟の(b)義政が将軍職をついだ。しかし，義政も幼少であったので，この時期，交互に管領をつとめていた畠山持国・　イ　や，　ア　の討伐で功績をあげた山名持豊らが幕府の実権を掌握し，さらに義政を養育した伊勢貞親も幕政に口を出したので，しだいに将軍権威は揺らいでいった。

　一方，管領家である畠山家でも，畠山持国の子　ウ　と持国の甥で養子となった政長の間で，家督相続をめぐる争いがおこった。政長は，持国・　ウ　に対抗するため　イ　を頼った。さらにこのころ，信濃守護の小笠原家，(c)加賀守護の富樫家，越前・遠江・尾張守護の斯波家，駿河守護の今川家などの有力な守護家でも家督相続問題がおき，領国の混乱が大きくなっていた。

　その後，将軍家でも家督争いがおきた。義政が弟の義視を養子にしたのち，夫人の日野富子が　エ　を生んだため，義視と富子の対立が激しくなったのである。富子が山名持豊に支援を求めたことから混乱は大きくなり，多くの守護大名が両派に分かれて戦うようになった。この戦いは(d)全国を巻き込む大乱に発展したが，1477年，京都での戦乱がひとまず終わり，次第に終息に向かっていった。

　このころ，農民らは高利貸を営む酒屋や寺院などへの借金返済に苦しんでいたが，荘園や公領といった領域を超えて結びつきを強め，土一揆をおこして，借金を無効にする　オ　を要求するようになった。そして，幕府と交渉して　オ　令を出させることに成功することもあった。

　一方，地方の国人らは，大乱のなかで自らの権益を守ろうとして，国人一揆を結ぶようになってきた。なかでも，　カ　の国一揆は　ウ　・政長の両畠山軍に対して，国外への退陣，新関の不設置，寺社本所領の還付を要求し，ついに両軍を退陣させることに成功した。これ以後約8年間，月行事36人による自治的な支配が行われた。

問1　空欄　ア　～　カ　に適切な人名・地名または語句を記しなさい。
問2　下線(a)の騒動の名称を記しなさい。
問3　下線(b)が隠居後，京都東山の山荘に建てた二層の建築物の名称を記しなさい。
問4　下線(c)に関連して，1488年，富樫政親を敗死させた一揆の名称を記しなさい。
問5　下線(d)の名称を記しなさい。
（東海大）

❷　次の文章を読み，空欄に適語を入れよ。

　室町時代の農業は，水稲の品種改良が進んだほか，　1　が関東にも広がりを見せるなど集約化と多角化が進んだ。地方の産業も盛んになり各地の特色を生かした特産品が生産されるようになった。この時代には商業の発展も著しく，公家や寺社の保護を受けた座は，生産販売権を独占する同業組合へと拡大していった。また各地で市場が開かれ，その回数も増え，応仁の乱以後は　2　が一般化した。

　商品流通の発達は水陸運輸の発展を促し，廻船の往来は頻繁化し，陸揚地である大津，坂本等では　3　と呼ばれる運送業者が活躍した。交通の要地には　4　もでき，商品の保管・販売のほかに，商人宿の経営を兼ねることもあった。行商人が各地で活躍し，京都では主に鮎や飴を売り歩いた　5　等の女性商人も現れた。都市部では見世棚と呼ばれる常設の小売店も一般化した。

　一方，海外との交易に目を移すと，室町幕府がその権力を確立していく14世紀後半，中国では朱元璋が漢民族の王朝である明を建国した。明は近隣との通交を呼びかけ，これを知った　6　は明に使者を派遣し国交を開き，日明貿易が開始された。遣明船は明から交付された証票を持参することが義務づけられたことから，この貿易は　7　とも呼ばれる。日明貿易では武器や工芸品等が日本から中国に輸出され，中国からは生糸や陶磁器，それに銅銭等が輸入された。
（東洋大）

ポイント解説

❶嘉吉の変や一揆の頻発で幕府の権威は失墜し，さらに応仁の乱で幕府の地方統治，守護の領国支配が崩壊し，有力守護家の連合政権としての室町幕府は衰退していった。

❷土一揆は地侍を含む農民や馬借らが参加し，郷村制を土台として，惣の自治を破壊する高利貸活動を営む土倉や酒屋・寺院などへの債務を破棄する徳政を要求した。

❸集約化・多角化により農業生産力は向上し，地方産業も広くおこった。農業・手工業の発達を背景に，六斎市の一般化・座の増加・商品経済の発展など商業活動も活発になった。

26 室町文化

ポイント
1. 室町文化を代表する北山・東山文化の特色は何か。
2. 庶民の成長を背景にして生まれた文化にどのようなものがあったか。
3. 室町時代における新仏教の特徴は何か。

重要用語

1 〔　　　　　〕 北畠親房が常陸国小田城で北朝との対陣中に執筆した歴史書。南朝の皇位継承の正統性を説いた。

2 〔　　　　　〕 南北朝の動乱について，南朝の立場から描かれた軍記物語。広く普及し，後世まで語り継がれた。一方，北朝（足利尊氏）の立場から記述したものに『梅松論』がある。

3 〔　　　　　〕 1275～1351 後醍醐天皇や足利尊氏の帰依をうけ，天龍寺の開山となった臨済宗の僧。

4 〔　　　　　〕 南宋の官寺の制にならって定められた臨済宗寺院の寺格。義満によって制度化された。

5 〔　　　　　〕 1363～1443 父観阿弥とともに義満の保護をうけ猿楽能を大成。能の理論書として『風姿花伝』などを著した。

6 〔　　　　　〕 義政が東山山荘に建てた持仏堂。東北隅にある四畳半の間は同仁斎とよばれ，書院造の代表的な遺構。

7 〔　　　　　〕 1420～1506 山口の大内氏の庇護で入明。帰国後，禅画の制約をのりこえた日本的な水墨画様式を完成。

8 〔　　　　　〕 狩野正信・元信父子が水墨画に伝統的な大和絵の手法を取り入れておこした派。

9 〔　　　　　〕 村田珠光に始まる草庵の茶。茶と禅の精神的統一を主張した。

10 〔　　　　　〕 室町時代の通俗短編小説。「一寸法師」など庶民の成長を背景に民衆の素朴な心情を反映したものが多い。

11 〔　　　　　〕 1320～88 連歌の地位向上に貢献した公家。最初の連歌集『菟玖波集』を撰し，規則書『応安新式』を制定。

12 〔　　　　　〕 関東管領の上杉憲実が再興した学校。全国から集まった禅僧や武士が漢籍を中心に学んだ。「坂東の大学」。

13 〔　　　　　〕 1407～88 京都を中心に中国・九州地方に宗勢を伸ばした日蓮宗の僧。『立正治国論』を著した。

14 〔　　　　　〕 京都の町衆を中心とした日蓮宗徒の団結。一向一揆に対抗し，山科本願寺を焼き打ち。京都の自治の中心。

● 京都・鎌倉五山
京都は南禅寺を別格上位とし，天龍・相国・建仁・東福・万寿寺。鎌倉は建長・円覚・寿福・浄智・浄妙寺。

● 五山の禅僧
● 春屋妙葩―夢窓疎石の弟子で初代僧録
● 絶海中津・義堂周信―義満の帰依をうけ，五山文学の双璧をなす。

● 枯山水
室町時代の禅宗寺院の作庭様式。水を用いず砂と石で山水自然を表現。龍安寺石庭や大徳寺大仙院庭園が有名。

● 宗祇と（山崎）宗鑑
宗祇は正風連歌を確立し，連歌を深みのある芸術的なものに高めたが，これに対して（山崎）宗鑑は自由な気風を持つ俳諧連歌をつくり出した。

● 文化の地方普及
応仁の乱による京都の荒廃は，公家などの文化人を地方へ下向させ，京都の文化が地方に普及した。

● 講
浄土真宗（一向宗）信者の団体。室町時代に真宗が農村に進出する基盤となった。農民の惣の結合を利用して，坊主・土豪が中心となり，一向一揆に発展した。

おもな建築と美術作品

建築	絵画
鹿苑寺金閣〈寝殿造・禅宗様〉	寒山図〈可翁〉
永保寺開山堂〈禅宗様〉	妙心寺退蔵院瓢鮎図〈如拙〉
興福寺五重塔〈和様〉	四季山水図巻〔山水長巻〕〈雪舟〉
慈照寺東求堂・同仁斎〈書院造〉	秋・冬山水図〈雪舟〉
慈照寺銀閣〈書院造・禅宗様〉	周茂叔愛蓮図〈狩野正信〉
	大仙院花鳥図〈伝狩野元信〉
	寒山拾得図〈伝周文〉
	風俗図屏風
	慕帰絵詞

庭園	
西芳寺庭園	
天龍寺庭園	
鹿苑寺・慈照寺庭園	
龍安寺庭園〔石庭〕	
大徳寺大仙院庭園	

重要演習

❶ 次の文章を読んで，以下の設問に答えなさい。

室町時代には，まず南北朝の動乱期に南北朝文化が生まれ，ついで，足利義満の時代に北山文化が，足利　1　の時代に東山文化が形成された。

南北朝時代には，時代の緊張感を背景に，すぐれた軍記物語や歴史書があらわれた。『　2　』は，南北朝の動乱全体を描いた軍記物語で，『平家物語』とともに双璧と評価され，後世まで語り継がれた。『　3　』は，足利氏の政権獲得までの過程を，武家の立場からしるした歴史書である。

12世紀末ころ，天台の僧であった　4　によって日本に伝えられた禅宗は，幕府の保護のもと，武家社会に広まった。後に　4　は，『興禅護国論』をあらわし，日本での臨済宗の開祖といわれた。義満も臨済宗を保護し，宋の官寺の制にならった五山・十刹の制も義満の時代にほぼ完成した。これは，南禅寺を五山の上におき，京都五山と鎌倉五山を定めたものである。

北山文化を代表する芸能の一つに能があった。能は，古くは神事芸能として出発した猿楽や田楽から発達した。このころ寺社の保護を受けて能を演ずる専門集団(座)があらわれ，各地でさかんに興行した。なかでも，　5　を本所とする大和猿楽四座は有名であった。

東山文化は，禅の精神に基づく簡素さと，伝統文化の幽玄・侘を基調としていた。日本の伝統文化を代表する茶道・花道の基礎がこの時代につくられた。茶と禅の精神の統一を主張し，茶室で心の静けさを求める侘茶を　6　が創出した。

生花については，座敷の床の間をかざる立花様式が定まり，床の間をかざる花そのものを鑑賞する形がつくられていった。室町中期の立花の名手としては，京都　7　にいた池坊専慶が知られている。

政治・経済面で力を失った当時の公家は，おもに伝統的な文化のにない手となった。神道思想による『日本書紀』などの研究も進み，　8　は反本地垂迹説にもとづき唯一神道を完成した。

一方，隣国の中国では，朱元璋(太祖洪武帝)が元の支配を排して明を建国した。明は中国を中心とする伝統的な国際秩序の回復をめざして，近隣の諸国に通交を求めた。明の呼びかけを知った足利義満は，1401年，明に使者を派遣して国交をひらいた。

問1　空欄1について，正しいものを選びなさい。
　ア．義澄　イ．義輝　ウ．義昭　エ．義晴　オ．義政
問2　空欄2，3について，正しいものを選びなさい。
　ア．太平記　イ．保元物語　ウ．神皇正統記　エ．武家事紀　オ．樵談治要　カ．愚管抄
　キ．中右記　ク．梅松論　ケ．元亨釈書　コ．禁秘抄
問3　空欄4について，正しいものを選びなさい。
　ア．一遍　イ．法然　ウ．栄西　エ．道元　オ．忍性
問4　下線部について，**京都五山でないもの**を一つ選びなさい。
　ア．天竜寺　イ．浄智寺　ウ．相国寺　エ．建仁寺　オ．万寿寺
問5　空欄5について，正しいものを選びなさい。
　ア．石上神宮　イ．橿原神宮　ウ．当麻寺　エ．秋篠寺　オ．興福寺
問6　空欄6について，正しいものを選びなさい。
　ア．久隅守景　イ．村田珠光　ウ．桂庵玄樹　エ．後藤祐乗　オ．今川了俊
問7　空欄7について，正しいものを選びなさい。
　ア．三十三間堂　イ．東求堂　ウ．投入堂　エ．六角堂　オ．懐徳堂
問8　空欄8について，正しいものを選びなさい。
　ア．一条兼良　イ．万里集九　ウ．吉田兼倶　エ．度会家行　オ．吉川惟足　　　　（獨協大）

ポイント解説

❶義満が造営した金閣に代表される北山文化は，武家文化に伝統的な公家文化を摂取したこと，義政が造営した銀閣に代表される東山文化は，簡素・幽玄・侘を精神的基調としたことに特色がある。

❷南北朝の動乱以後，庶民の成長はめざましく，それを背景に，狂言・幸若舞・小歌・連歌・御伽草子などの庶民が参加し楽しむ文化が生まれた。

❸新仏教の中で庶民に普及したのは，浄土真宗と日蓮宗であった。信者の中には，その信仰組織を土台として一揆を結び，大名や大寺院などの権力と衝突するものもあった。

27 戦国大名の登場

> **ポイント**
> ❶ 戦国大名はどのような情勢のもとで登場したか。
> ❷ 戦国大名の分国支配はどのようなものであったか。
> ❸ 戦国時代の都市に見られる特徴にはどのようなものがあったか。

● 重 要 用 語 ●

1 〔　　　　　〕 戦国大名が独自に支配した領域。分国ともいう。

2 〔　　　　　〕 1456 ? ～1519 堀越公方を滅ぼして伊豆を奪い、相模にも進出して小田原を本拠地とした戦国大名。子の氏綱・孫の氏康の時代には関東の大半を支配。

3 〔　　　　　〕 在京した守護が領国を統治させた代官。下剋上の風潮の中で戦国大名に成長する者が多かった。

4 〔　　　　　〕 土地の広さを年貢の銭高（貫高）で表す方法。戦国大名は国人や地侍を家臣とし、貫高に応じて軍役を課した。

5 〔　　　　　〕 戦国大名の家臣団統制の方法。有力な家臣を寄親、地侍を寄子として軍事力を編制した。

6 〔　　　　　〕 戦国大名が領国支配のために独自に発布した法令。御成敗式目の影響が強く、家臣団統制・民政関係などを規定。

7 〔　　　　　〕 戦国大名が領国内で実施した土地調査で、家臣が領有する土地の面積・作人・収入額などを自己申告させた。

8 〔　　　　　〕 戦国大名が家臣団・商工業者を城下に集住させ、城郭を中心として成立した都市。領国内の政治・経済の中心。

9 〔　　　　　〕 中世以降、寺社の門前に発達した都市。寺社参詣の流行で宿屋・商店が発達し、都市が形成された。

10 〔　　　　　〕 中世末期、浄土真宗の寺院や道場を中心に、その境内に発達した都市。周囲に濠をめぐらして自衛した。

11 〔　　　　　〕 特定商人の販売座席。営業税の市座銭を納めて販売を独占していたが、戦国時代には楽市令によって廃止された。

12 〔　　　　　〕 戦国大名による商業政策。市場税・商業税の免除と座の特権の廃止によって、自由な商品流通をはかった。

13 〔　　　　　〕 日明貿易の根拠地として栄えた港町。会合衆とよばれる36人の豪商の合議によって自治的市政が行なわれた。

14 〔　　　　　〕 室町時代、大内氏が領有し対明貿易港として繁栄した港町。12人の年行司とよばれる豪商が自治的市政を行なった。

15 〔　　　　　〕 京都で自治を行なった土倉・酒屋を中心とする商工業者。町組を組織し、月行事とよばれる代表が市政を運営。

● **鉱山の開発**
- 石見大森銀山―大内・尼子・毛利
- 但馬生野銀山―山名・織田
- 甲斐金山―武田

● **主な家法・分国法**
- 『朝倉孝景条々』―朝倉孝景
- 『甲州法度之次第』―武田信玄
- 『今川仮名目録』―今川氏親
- 『塵芥集』―伊達稙宗

● **喧嘩両成敗法**
家臣相互の紛争を実力による私闘（喧嘩）で解決することを禁止し、すべての紛争を大名の裁判にゆだねさせることを目的に規定した。

● **代表的な小京都**
- 山口―大内氏の城下町。応仁の乱後、戦火を避けた公家・禅僧・学者らが来訪し、文化の中心地となった。
- 中村―関白一条教房が応仁の乱を避け、土佐国の荘園に下向し居住して以来、発展した。

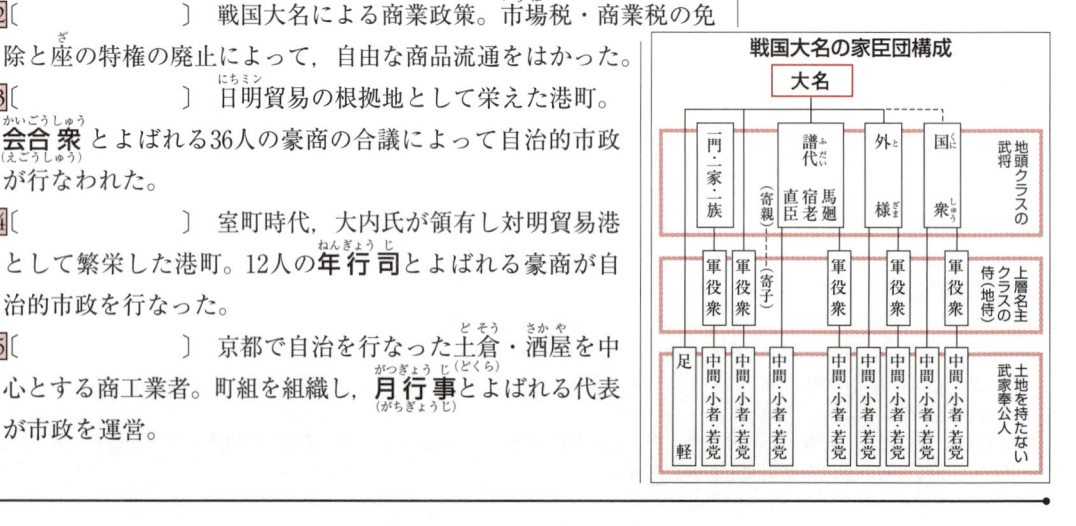

戦国大名の家臣団構成

	大名		
一門・一家・一族	譜代（寄親）直臣・宿老・馬廻	外様	国衆
	軍役衆（寄子）／軍役衆／軍役衆／軍役衆		
足軽	中間・小者・若党		

- 地頭クラスの武将
- 上層名主クラスの侍（地侍）
- 土地を持たない武家奉公人

重要演習

❶ 次の文章を読んで，次の問いに答えなさい。

応仁の乱にはじまった(a)戦国の争乱のなかから，それぞれの地域に根を下ろした実力のある支配者が台頭してきた。16世紀前半，近畿地方ではなお室町幕府における主導権をめぐって権力争いが続いていたが，他の地方では，自らの力で領国を作りあげ，独自の支配をおこなう地方権力が誕生した。これが(b)戦国大名である。

戦国大名は(c)分国法(家法)とよばれる法を制定し，(d)寄親・寄子制という軍事制度の基礎を確立した。また，(e)城下町を中心に一つのまとまりをもった経済圏とした。一方，京都のような古い政治都市にも，富裕な商工業者である(f)町衆を中心とした町が生まれた。

戦国時代には農村手工業や商品経済が発達し，市場や町が飛躍的に増加した。寺社についても，大寺社や中小寺院の(g)門前町や寺内町が繁栄した。

問1　下線部(a)に関し，以下のア～エの一揆のうち応仁の乱がはじまった後におこったものはいくつあるか，次から選べ。
　　ア　加賀の一向一揆　　イ　嘉吉の土一揆　　ウ　正長の徳政一揆　　エ　山城の国一揆
　　① 1つ　　② 2つ　　③ 3つ　　④ 4つ

問2　下線部(b)の戦国大名について，以下の(1)～(2)の問いに答えよ。
　(1)　越後守護代の家の出身で，越後から北関東にまで出兵し勢力を拡大した戦国大名としてもっとも適当なものを，次のうちから選べ。
　　① 伊達政宗　　② 毛利元就　　③ 上杉謙信　　④ 斎藤道三
　(2)　甲斐国の守護出身で，信濃に勢力を拡大した戦国大名としてもっとも適当なものを，次のうちから選べ。
　　① 北条早雲　　② 今川義元　　③ 長宗我部元親　　④ 武田信玄

問3　下線部(c)の分国法(家法)と大名の組み合わせとして誤っているものを次のうちから選べ。
　① 早雲寺殿廿一カ条(北条氏)　　② 塵芥集(今川氏)　　③ 甲州法度之次第(武田氏)
　④ 新加制式(三好氏)

問4　下線部(d)の説明としてもっとも適当なものを，次のうちから選べ。
　① 家臣団に組み入れた地侍などを有力家臣にあずける形で組織化された。
　② 功によって，新たな領地ないしは守護職などが与えられることにより組織化された。
　③ 新恩給与を受けることにより，軍役が義務づけられた。
　④ 鉄砲や長槍などを使用する集団戦術にはつながらなかった。

問5　下線部(e)に関して，以下のア～エの都市のうち，このころ栄えた城下町として正しいものはいくつあるか，次のうちから選べ。
　　ア　小田原　　イ　桑名　　ウ　山口　　エ　鹿児島
　　① 1つ　　② 2つ　　③ 3つ　　④ 4つ

問6　下線部(f)に関して，応仁の乱で焼かれた京都の町衆によって復興された祭りとしてもっとも適当なものを，次のうちから選べ。
　① 祇園祭　　② 葵祭　　③ 時代祭　　④ 住吉祭

問7　下線部(g)に関して，寺社と門前町の組み合わせとして正しいものを，次のうちから選べ。
　① 伊勢神宮―宇治・山田　　② 延暦寺―長野
　③ 善光寺―吉崎　　　　　　④ 石山本願寺―坂本

(名古屋学院大)

ポイント解説

❶応仁の乱後の下剋上の風潮の中で，守護の多くが没落し，守護代や国人出身の者の上昇による新たな領国支配者が出現した。
❷室町幕府の権威に依存せず，領国の武士を家臣団に組織し，分国法の制定・検地・鉱山開発・交通制度の整備・楽市の開設などの富国強兵策を実施し，領国支配をすすめた。
❸戦国時代にはさまざまな都市が発展し，中には豪商の合議で市政が運営された自由都市もあった。とくに堺は自衛のため周囲に濠をめぐらし，牢人をやとって自衛軍を組織した。

28 中世のまとめ①

1 次の(1)～(10)の文のうち，正しいものには1を，誤りのあるものには2を記せ。

(1) 源頼朝は，建久元年(1190)に上洛して右大将に任じられると，政所を設置して，その別当を将軍家の補佐役に任じ，執権とした。

(2) 承久元年(1219)正月に源実朝が暗殺されると，幕府は皇族将軍の鎌倉下向を朝廷に願い出たが許されず，6月になって，摂関家から藤原将軍を迎えるところとなった。その間の空白を埋めるために，北条義時が最初の執権となって実権を握った。

(3) 建仁3年(1203)，2代将軍頼家が北条氏によって退けられ，北条時政は執権となって幕府の実権を握った。

(4) 承久の乱(1221年)ののち，朝廷から実権を奪った鎌倉幕府は，自らの権力を強化するために，はじめて執権を置いた。

(5) 2度にわたるモンゴル襲来の時，事に当たった執権は，北条時頼であった。

(6) 2度にわたるモンゴル襲来の時，事に当たった執権は，北条時宗であった。

(7) 得宗とは，北条氏の嫡流の惣領家のことであるから，代々の執権は，みな得宗である。

(8) 歴代の執権の中には，北条氏の嫡流の惣領家でないものもいるから，執権すなわち得宗とはいえない。

(9) 13世紀後半になって，とくに得宗政治ということがいわれるのは，得宗家の家臣たちによる寄合の決定が重きをなし，評定衆が形骸化したからである。

(10) 13世紀後半になって，とくに得宗政治ということがいわれるのは，執権の補佐役として連署が実権を握り，13人の合議制という幕府政治の基本が形骸化したためである。　　　　　　　　　　(同志社大)

2 次の表は室町・戦国期の出来事を表にまとめたものである。その表の上段・下段に配列した出来事の前後関係に注意して，下の問に答えよ。

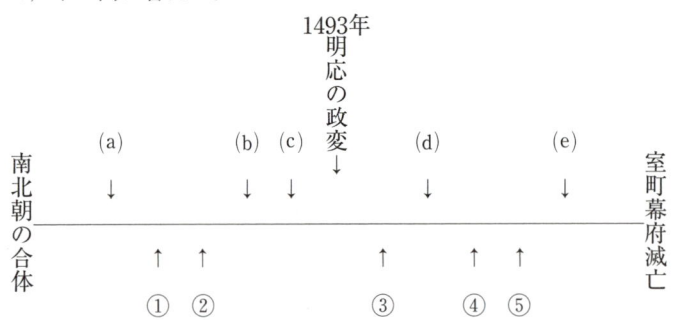

```
                        1493年
                        明応の政変
           (a)     (b)(c)    ↓      (d)         (e)
南           ↓      ↓ ↓             ↓           ↓         室
北  ─────────────────────────────────────────  町
朝                                                        幕
の           ↑  ↑           ↑      ↑  ↑        府
合           ① ②            ③     ④  ⑤        滅
体                                                        亡
```

問1 上の表の上段の記号(a)～(e)に相当する事件について，それを説明する正しい文章を下の文章群(1)～(9)の中から選べ。ただし該当するものがない場合は×を記入せよ。

(1) 足利直冬の中国探題赴任を契機として，幕府上層部で政治路線をめぐる分裂抗争が表面化し，各地の国人層をまきこんで内乱を一層複雑化させていった。

(2) この地域での五山禅院の勢力が退潮すると，領国の政治的混乱に乗じて，しだいに惣村的結合を強化し，農民を講に組織して教勢を拡大していった。蓮如の慰撫をはねのけて守護勢力に対抗，ついに守護を打倒して郡・組を単位とする支配を成立させた。

(3) 足利義政のもとで絶大な権勢をほこった政所執事伊勢貞親は，細川勝元らの守護勢力によって失脚させられた。

(4) 「日本開白以来　土民蜂起是れ初め也」といわれたこの事件は近江坂本の馬借が蜂起して徳政を要求したことに端を発し，山科・醍醐をはじめ京都近郊にまで波及して酒屋・土倉などを襲撃，質物をうばい貸借証文を破壊した。

(5) 惣村的結合を基盤に本願寺法主顕如は，しだいに反信長の旗色を明らかにし，門徒一揆の統制から一転して諸国門徒に檄を送り，門徒の蜂起を促した。これにともなって一家衆寺院願証寺を中心とする濃尾門徒最大の勢力も蜂起した。

(6) 激しく対立していた両畠山軍を国外に退去させ，宇治平等院で掟を定め，月行事を決めて合議制による自治的支配を実現した。
(7) 伊勢長氏が堀越公方を滅ぼし，ついで小田原を本拠とし関東制覇の基礎を築いた。
(8) 六分一殿といわれ山陰に強大な勢力をふるった山名氏一族の内紛に介入して，山名氏清を挑発して滅ぼし，その勢力を大幅に削減して将軍権力の確立につとめた。
(9) 京都で財力をたくわえた町衆を中心とする一揆は，山科本願寺を焼払い京都内外の支配権を掌握したが，他勢力から比叡山西塔との法論を契機に大弾圧をうけ，その勢力は一挙に壊滅してしまった。

問2 上の表の下段の丸数字①〜⑤に相当する出来事を記した文章を下の文章群(1)〜(10)の中から選べ。
(1) 倭寇取締令を発布して，諸大名に外国船の保護を命じた。
(2) 今川氏親によって，家法32条が制定された。
(3) 足利成氏が下総古河に拠った。
(4) 明使王進の入京を拒否した。
(5) フランシスコ゠ザヴィエルが鹿児島に来航した。
(6) 大内政弘が禁制五箇条を制定した。
(7) 上杉禅秀が足利持氏と対立して挙兵した。
(8) 長篠の合戦で武田氏が敗れた。
(9) 大内氏の滅亡とともに勘合貿易が断絶した。
(10) 管領家畠山・斯波両家の家督相続をめぐる争いに端を発して，幕府を二分する戦乱に発展した。

(上智大)

3 次の文(A〜C)を読み，文中の □ (1)〜(10)に最も適当な答えを記入せよ。

A 鎌倉幕府の地頭設置により，荘園領主と地頭のあいだに，土地の支配や年貢などをめぐり争いが生じた。これを，幕府裁決によらずに，当事者の和与によって解決するという手段がとられたが，そのひとつに，土地を分割する □(1) という方法があった。こうして，荘園の変質と再編が始まった。

鎌倉時代には，農業生産力の向上とともに，農業から手工業が分離し，種々の産物が商品として取引される機会が増大し，各地に定期市が発生した。このような動向を背景にして，中国から □(2) が大量に輸入される。これは銅銭だが，商品取引のみならず，年貢の銭納や田畑等の売買にも使用されるようになった。また，陸海の交通の要所には，後の問屋の前身である □(3) とよばれる商人が登場し，かれらは物資の管理や商品の運搬・中継取引に従事し，しだいに富裕となった。

B 足利尊氏は後醍醐天皇の冥福を祈るため寺院の建立を発願したが，その造営費用をまかなうために，対元貿易を目的とする □(4) を派遣した。

元の滅亡の後に成立した明は，私貿易を禁じ，倭寇の取り締まりを求めるとともに，日本に入貢をうながしてきた。足利義満はこの要求を受けいれ，明とのあいだの貿易権をにぎった。日明貿易では，倭寇と区別するために □(5) が用いられた。

最初この貿易船を仕立てたのは幕府であったが，それはしだいに守護大名・寺社の手に移り，後には細川・大内の二大名が実権を握るようになった。

応仁の乱の後，細川氏とむすぶ堺商人が貿易のにない手として台頭してくると，大内氏とむすんでいた博多商人と貿易の主導権をめぐって対立し，中国の □(6) で衝突事件を起こすことになった。この結果は大内氏と博多商人が貿易を独占することになる。

C 室町時代には，産業と商品流通がますます発展し，貨幣の使用がいっそうさかんになった。洪武通宝やそれにつづく □(7) などの明銭も流通するようになったが，粗悪な私鋳銭が市中に出まわるようになった。そのため，商取引のさいに，悪銭を受けとらなかったり，銭の質に応じて異なる価格を設けたりする □(8) が行われるようになったが，これらは円滑な商取引をさまたげた。

室町時代には手工業も発達し，特定の産物の生産にすぐれた地域が各地にうまれた。尾張・丹後や越後などでは絹・麻の織物業，摂津・河内や大和などでは酒造業がさかんとなり，美濃・播磨や土佐などでは □(9) が発展した。

16世紀中ごろより倭寇が大陸沿岸で略奪行為を繰り返したため，日明貿易は後退した。これに代わったのは，ポルトガル船の対日本貿易であった。同船は，生糸などの中国産品と，特にこの時期に産出が増加した日本の □(10) との中継貿易を行った。

(西南学院大)

29 中世のまとめ②

❶ 次の史料を読んで，下記の設問に答えよ。

〔A〕 治承四(1180)年九月三日，(中略)又伝ヘ聞く，謀叛の賊①義朝の子，年来配所伊豆国に在り。而るに近日凶悪を事とし，去比②新司の先使を凌礫す，〔時忠卿知行の国なり〕。凡そ伊豆・駿河両国押領し了んぬ。又③為義の息，一両年来熊野辺にあり。而るに去る五月乱逆の刻，坂東方に赴き与力し了んぬ。彼の義朝の子大略謀叛を企つるか。宛ら将門の如しと云々。(④『玉葉』)

〔B〕 さて明徳四(1393)年四月⑤新院は崩御なりぬ。其のち⑥准后は，やがて太政大臣になり給て，威勢いよいよさかえましまして，ふくかぜの草木をなびかすごとくに四夷帰伏して万国静謐せり。(中略)さても准后は⑦きた山に山荘をたてらる。このところは西園寺の居所にてあるを申うけられて，むかし常盤井の相国の造営せられしにもなをたちこゑて，玉をみがきこがねをちりばめてつくりたてられて，応永十五(1408)年三月⑧行幸を申さる。(⑨『椿葉記』)

〔C〕 応仁丁亥ノ歳(1467)，天下大ニ動乱シ，ソレヨリ永ク五畿七道悉ク乱ル。(中略)⑩鹿苑院殿御代ニ⑪倉役四季ニカカリ，⑫普広院殿ノ御代ニ成，一年ニ十二度カカリケル，⑬当御代臨時ノ倉役トテ大嘗会ノ有リシ十一月ハ九ケ度，十二月八ケ度也。又彼借銭ヲ破ラントテ，前代未聞徳政ト云フ事ヲ此御代ニ十三ケ度迄行ハレケレバ，倉方モ地下方ヘモ皆絶ハテテケリ。(中略)計ラズモ万歳期セシ花ノ都，今何ンゾ孤狼ノ伏土トナラントハ。適々残ル東寺北野サヘ灰土トナルヲ，古ニモ治乱興亡ノナラヒアリトイヘドモ，応仁ノ一変ハ仏法王法トモ破滅シ，諸宗悉ク絶エハテヌルヲ不レ堪ニ感嘆ニ，⑭飯尾彦六左衛門尉，一首ノ歌ヲ詠ジケル。
汝ヤシル都ハ野辺ノ夕雲雀
　　アガルヲ見テモ落ツル涙ハ　(『応仁記』)

設問1　下線①の人物の具体的な姓名を書きなさい。
設問2　下線②の人物は誰ですか。次より選んで記号で答えなさい。
　ア．北条義時　　イ．平時兼　　ウ．山木兼隆　　エ．三浦義澄
設問3　下線③の人物の具体的な姓名を書きなさい。
設問4　下線④の著者は誰ですか。具体的な姓名を書きなさい。
設問5　下線⑤は何上皇のことですか。次より選んで記号で答えなさい。
　ア．白河上皇　　イ．後白河上皇　　ウ．後鳥羽上皇　　エ．後円融上皇
設問6　下線⑥は誰のことですか。具体的な人物名を書きなさい。
設問7　下線⑦の山荘は，後に何とよばれる寺院になりましたか。
設問8　下線⑧の行幸をされたのは何天皇ですか。
設問9　下線⑨の著者は誰ですか。
　ア．貞成親王　　イ．懐良親王　　ウ．阿仏尼　　エ．一条兼良
設問10　下線⑩は誰のことですか。具体的な人物名を書きなさい。
設問11　下線⑪はどんな人たちに課せられましたか。
設問12　下線⑫は誰のことですか。具体的な人物名を書きなさい。
設問13　下線⑬は誰のことですか。具体的な人物名を書きなさい。
設問14　下線⑭の人物の室町幕府における職掌は何ですか。
　ア．所司　　イ．奉行人　　ウ．別当　　エ．管領
（佛教大）

❷ 次の史料を読んで，後の問いに答えよ。
　　合　延徳元年己酉十一月四日
一，薪すミ(炭)ハ惣ノヲタクベシ。
一，惣ノ地ト私ノ地トノサイメ(境目)相論ハ，金ニテすますべし。
一，犬かうべからず事。
一，家売タル人ヨリ，百文ニハ三文ヅツ，壱貫文ニハ卅文ヅツ，惣ヘ出スベキ者也。此ノ旨ヲ背ク村人ハ，座ヲヌクベキ也。

一，家売タル代，カクシタル人ハ，罰状ヲスベシ。　　　　　　　　　　　　　　　　　　　　　　　（日吉神社文書）
問1　この史料のような規約を何というか。
問2　(1)　この史料のような規約を作成した自治組織を何というか。
　　　(2)　その中心となる人を何というか。1つ記せ。
問3　村の自治運営のために行われる会議を何というか。
問4　自治組織は秩序維持のために警察権を行使したが，それを何というか。
問5　下線部に当てはまる説明を，次の(ア)〜(オ)の中から選べ。
　(ア)　用水・入会の利用を停止する。
　(イ)　寺社・公家からの保護が受けられなくなる。
　(ウ)　宮座における座席を剝奪する。
　(エ)　商売上の特権を奪う。
　(オ)　村八分とする。　　　　　　　　　　　　　　　　　　　　　　　　　　　　　　　　　　　　　（國學院大）

❸　次の史料A・Bを読み，下記の問いに答えよ。

A．　 a 　元年九月日，一天下の土民蜂起す，　 b 　と号し，酒屋・(ア)土倉・寺院等を破却せしめ，雑物等 恣 にこれを取り，借銭等 悉 くこれを破る，(イ)管領これを成敗す，凡そ亡国の基，これに過ぐべからず，日本開白以来，土民蜂起これ初めなり，　　　　　　　　　　　　　　　　　　　　　　（『大乗院日記目録』）

B．三日，（中略）近日向辺の土民蜂起す，土一揆と号し，御 　 b 　と称して，借物を破り，少分を以て質物を押し請ける*，縡江州より起こる守護佐々木の六角張行せしむ，坂本・三井寺辺・鳥羽・竹田・伏見・嵯峨・仁和寺・賀茂辺の物忩常篇に絶えたり**，今日法性寺辺この事有り火災に及ぶ，(ウ)侍所多勢を以て防戦するも，なお承引せず，土民数万の間防ぎ得ずと云々，賀茂辺歟今夜時の声を揚ぐる，去る 　 a 　年中(エ)普広院殿初めの比この事有り，すでに洛中に及び了ぬ，その時畠山管領たり，遊佐故河内出雲路において合戦し静謐***し了ぬ，今土民等代始めにこの沙汰先例と称すと云々，（下略）
　　　　　　　　　　　　　　　　　　　　　　　　　　　　（『建内記』）（いずれも原漢文。出題用に若干改作）

　＊押し請ける　強圧的に請け出す　＊＊常篇に絶えたり　普通の状態を逸脱している。とんでもないこと　＊＊＊静謐　世の中が静まること

問1　空欄 　 a 　に適した年号を答えよ。
問2　空欄 　 b 　に最も適した語句を答えよ。
問3　Bの事件が起きたのは，いつのことか。適した年号を答えよ。
問4　下線部(ア)の土倉について，下記の①②を読み，次の指示にしたがって答えよ。

　　①・②がいずれも正しい場合は，あを答えよ。
　　①が正しくて②がまちがっている場合は，いを答えよ。
　　①がまちがっていて②が正しい場合は，うを答えよ。
　　①・②ともにまちがっている場合は，えを答えよ。

①　土倉は，高利貸業者である。
②　土倉は，質物を保管するために土塗りの倉をもっていたので，そのように呼ばれた。
問5　下線部(イ)の管領とは誰か。下記の語群から1つ選び，記号で答えよ。
　あ．細川勝元　　い．畠山満家　　う．細川持氏　　え．斯波義将　　お．上杉禅秀
問6　下線部(ウ)の侍所について，次の文章を読み，空欄 (1) 〜 (4) に最も適した語句を答えよ。
　この時代の侍所は京都市中の政治に関することが重要な職務となっていたが，その長官である (1) には， (2) ・一色・ (3) ・京極の諸氏から任命されるのが慣例となっていた。その諸氏を一般に (4) と呼んでいる。
問7　下線部(エ)の普広院殿とは誰か。人名を正しい漢字四字で答えよ。
問8　A・Bのような出来事を，一般に何と呼んでいるか。正しい漢字四字で答えよ。　　　　　　　　　　（法政大）

30 中世のまとめ③

❶ 次の仏教に関する文章を読み，問1～9の設問に答えなさい。

　『日本書紀』によれば，①聖明王によって伝えられた仏教の受容をめぐって朝廷内に崇仏派と排仏派の対立があったとされる。しかし，まもなく崇仏派が朝廷の実権を握るようになり，仏教は急速に広まった。以後仏教は朝廷の保護や貴族の帰依をうけるなどして繁栄を続けてきた。そのようななかで，平安末から鎌倉中期にかけて庶民救済や精神面を重視するいくつかの新しい宗派があらわれてきた。浄土宗の開祖である法然は，このようなあらたな動きのさきがけとして位置づけられている。法然は，阿弥陀仏を信じ「南無阿弥陀仏」を唱えれば，身分・性別にかかわらず死後平等に②極楽浄土に往生できるとする［ あ ］の教えを説いて，武士や庶民の心をとらえていった。しかし，これに対する迫害も強く，そのため法然は一時四国に流されたこともある。

　法然の弟子であった親鸞は，煩悩の深い人間こそが阿弥陀仏の救いの対象にほかならないという［ い ］の教えを説いたことで知られているが，この親鸞を開祖とする宗派が浄土真宗である。親鸞も法然と同時に流罪に処せられ，その後ゆるされたが，③すぐには帰京せず，地方に長くとどまり，思索と布教活動を続け，農民などに多数の信者をえた。浄土真宗の一派である本願寺派は，応仁の乱のころから勢力を拡大し，のちに④織田信長とも戦った。

　一遍により開かれた⑤時宗もまた浄土教の流れをくむものである。彼の教えは，信心の有無にかかわらず念仏を唱えるだけですべての人々が極楽往生できるというものであった。一遍は［ う ］を始めたが，これは一遍の布教活動の大きな特徴であるといえる。

　当初天台宗などを学んだ日蓮は，やがて法華経に釈迦のもっともすぐれた教えが説かれていると考えるにいたった。彼は「南無妙法蓮華経」と唱えることによって成仏できると説き，その教えは武士などに浸透していった。しかし，彼は法華至上主義をとり⑥他宗派を激しく攻撃するなどしたため，強い反発もうけた。

　坐禅によって悟りを開こうとする自力中心の禅宗は，簡素さや鍛錬を重視する武士の精神風土に適したものであった。北条氏は，栄西によって伝えられた臨済宗を重んじ保護していた。鎌倉時代には，例えば⑦円覚寺の開山［ え ］など中国の臨済宗の高僧が鎌倉に招かれている。同じ禅宗でも，曹洞宗では「只管打坐」が説かれたが，臨済宗では坐禅のなかで［ お ］とよばれる課題を解決させ，それを通じて悟りを開かせる方法がとられていた。

　旧仏教でも，このような新仏教の興隆に接して改新の動きがみられた。貞慶らは僧尼の守るべき規範である［ か ］の尊重とその功徳を説いた。また⑧忍性は社会事業に力をつくした。他方，『類聚神祇本源』の著者［ き ］は神主仏従を主張したが，その神道理論にも仏教の影響があったとされる。

問1　文中の空欄［ あ ］～［ き ］に入る適切な語または人名を漢字で答えなさい。

問2　下線部①はどの天皇の時代のできごとだと『日本書紀』には記されていますか。記号を記しなさい。正しいものがなければ，ホを記しなさい。
　　イ　用明天皇　　ロ　崇峻天皇　　ハ　舒明天皇　　ニ　継体天皇

問3　下線部②の極楽浄土への往生を願う信仰についての次の文章のうち，正しいものにはa，誤っているものにはbを記しなさい。
　　イ　藤原道長は極楽浄土への往生を願って法成寺や法界寺を建てた。
　　ロ　曼荼羅は極楽浄土の生活を描いた絵画の総称である。
　　ハ　良源は『往生要集』をあらわし，往生の方法を解説した。

問4　下線部③の帰京までの布教生活において親鸞が大部分を過ごした地方はどこですか。記号を記しなさい。正しいものがなければ，ホを記しなさい。
　　イ　関東　　ロ　北陸　　ハ　東北　　ニ　四国

問5　下線部④に関する次の文章のうち，正しいものにはa，誤っているものにはbを記しなさい。
　　イ　本願寺の呼びかけをうけ，伊勢長島地方の信徒は信長方を攻撃した。
　　ロ　信長に山科本願寺を焼き討ちされた教団は石山に拠点を移し抵抗を続けた。

ハ　朝倉氏滅亡後の越前で信長は信徒の一揆に一時支配を奪われたことがある。
問6　下線部⑤の時宗の総本山は次のどれですか。記号を記しなさい。正しいものがなければ，ホを記しなさい。
　　イ　泉涌寺　　ロ　大徳寺　　ハ　高山寺　　ニ　清浄光寺
問7　下線部⑥に関する次の文章のうち，正しいものにはa，誤っているものにはbを記しなさい。
　　イ　日蓮は，邪法を禁止しなければ内乱や外国からの侵略があると主張した。
　　ロ　日蓮が旧仏教を攻撃したため，高弁は反論の書をあらわした。
　　ハ　朝廷は，人心をまどわすとして日蓮を佐渡に流した。
問8　下線部⑦に関する次の文章のうち，正しいものにはa，誤っているものにはbを記しなさい。
　　イ　円覚寺は建長寺を筆頭とする鎌倉五山のひとつである。
　　ロ　円覚寺舎利殿は禅宗様の代表的建築物である。
　　ハ　円覚寺は北条時頼により建立された寺である。
問9　下線部⑧に関する次の文章のうち，正しいものにはa，誤っているものにはbを記しなさい。
　　イ　忍性の師である重源も同じく社会事業に力をつくした。
　　ロ　忍性は奈良のほか鎌倉でも社会事業をおこなった。
　　ハ　忍性のように社会事業に従事した僧は当時林下とよばれた。
　　　（中央大）

❷　次の文章A・Bを読んで，後の問いに答えなさい。
A　平安時代末期以降，(1)日宋貿易をつうじて商人・僧侶らが多数往来し，宋の文化がわが国に導入されるとともに，武士や庶民の間で素朴で質実な気風の新しい文化が育っていった。建築では，僧　(2)　が，(3)東大寺の再興をすすめるにあたって，(4)宋の建築技術を積極的にとりいれた。豪放・雄大に作られた(5)東大寺南大門はその遺構として著名である。
問1　下線部(1)について説明した次のア～エの中で，誤っているものを1つ選びなさい。
　　ア　平忠盛は肥前神崎荘を拠点にして宋との貿易をすすめた。
　　イ　平清盛が築いた大輪田泊は，中世以後，兵庫津と呼ばれた。
　　ウ　平清盛は宋と民間貿易をすすめ，その利潤は平氏政権の経済基盤となった。
　　エ　海賊船と区別するため，勘合符を用いて証明とした。
問2　空欄　(2)　にふさわしい人物を，次のア～オの中から1つ選びなさい。
　　ア　慈円　イ　貞慶　ウ　重源　エ　一遍　オ　叡尊
問3　下線部(3)のきっかけとなった南都焼打ち事件の首謀者を，次のア～オの中から1つ選びなさい。
　　ア　平重盛　イ　平知盛　ウ　平正盛　エ　平頼綱　オ　平重衡
問4　下線部(4)の様式について，次のア～オの中からふさわしいものを1つ選びなさい。
　　ア　唐様　イ　天竺様　ウ　折衷様　エ　禅宗様　オ　和様
問5　下線部(5)に納められた運慶・快慶の傑作とされる彫刻を，次のア～オの中から1つ選びなさい。
　　ア　空也上人像　イ　金剛力士像　ウ　僧形八幡神像　エ　竜灯鬼像　オ　千手観音像
B　室町時代の足利将軍は庭園趣味を好んだ。(6)足利義満は北山山荘に，足利義政は東山山荘に名園を築造した。義政の側近である同朋衆には(7)作庭にすぐれた人物も加わっていた。京都の影響をうけて，地方の武将たちも各地に庭園を築いた。桃山時代になると，(8)茶の湯の発達によって，庭園の築造技法にも変化があらわれ，数寄屋建築にともなう茶庭が生まれた。
問6　下線部(6)に関する現在の庭園名を，次のア～オの中から1つ選びなさい。
　　ア　西芳寺庭園　イ　竜安寺庭園　ウ　大徳寺大仙院庭園　エ　慈照寺庭園　オ　鹿苑寺庭園
問7　下線部(7)の人物の名前としてもっともふさわしいものを，次のア～オの中から1つ選びなさい。
　　ア　善阿弥　イ　後藤祐乗　ウ　明兆　エ　他阿　オ　如拙
問8　下線部(8)について説明した次のア～エの中で，誤っているものを1つ選びなさい。
　　ア　豊臣秀吉は北野で大茶会を開き，貴賤上下の区別なく，自由な参加を呼びかけた。
　　イ　素朴な味わいのある備前焼・信楽焼などの陶器が茶器に使われた。
　　ウ　侘び茶は武野紹鷗によって始められ，村田珠光をへて，千利休によって大成された。
　　エ　堺の豪商である津田宗及・今井宗久・千利休の三人は，ともに織田信長・豊臣秀吉に仕えた。
　　　（國學院大）

31 中世のまとめ④

❶ 次のA～Fの図を見て，以下の問い(問1～7)に答えよ。

A　B　C
D　E　F

問1　Aについての文として最も適当なものはどれか。次の①～④のうち一つ選べ。
① 車借が港の付近を通過しているところを描いている。
② 多量の物資を京都に運ぶ輸送路で活躍した馬借を描いている。
③ 大河川沿いの交通の要地に発達した，商品の中継と委託販売や運送を業とする問丸を描いている。
④ 嘉吉の土一揆の発端となった，大津の供御人を描いている。

問2　Bに描かれた人物は何か。次の①～④のうち一つ選べ。
① 鋳物師　② 鍛冶　③ 桂女　④ 連雀商人

問3　Cについての文として最も適当なものはどれか。次の①～④のうち一つ選べ。
① Cには火事で燃え残った倉が描かれているが，当時このような倉を持っていた金融業者は土倉と呼ばれた。
② Cに描かれたような倉は当時，社倉と呼ばれ，災害時に備えた食料が貯蔵されていた。
③ Cに描かれたような倉を持つ富裕な商人たちは，幕府の営業税を免れようと，馬借や車借とともにしばしば一揆をおこした。
④ Cに描かれたような倉を持った富裕な商工業者は本所を形成し，同業者に関銭・津料を課した。

問4　Dについての文として最も適当なものはどれか。次の①～④のうち一つ選べ。
① 見世棚と呼ばれた常設の小売店が描かれている。
② 月に六回ひらかれる六斎市の様子が描かれている。
③ この時代の市では，宋銭が使われていた。
④ この市は，東廻り海運で栄えた草戸千軒の市である。

問5　A～Dの絵画は同じジャンルの作品であるが，これらが描かれたのはいつか。次の①～④のうち一つ選べ。
① 奈良時代　② 平安時代　③ 鎌倉時代　④ 安土・桃山時代

問6　Eに描かれた琵琶を持つ人物が演奏したものとして最も適当なものはどれか。次の①～④のうち一つ選べ。
① 猿楽　② 今様　③ 連歌　④ 平曲

問7　Fのような布教活動を行った人物は誰か。次の①～④のうち一つ選べ。
① 空也　② 日蓮　③ 一遍　④ 慈円
(近畿大)

❷ 次の文章を読み，下の問い(問1～問6)に答えよ。解答は各問いの下にある選択肢から一つ選びなさい。
　平氏は日宋貿易に力を入れ(A)大輪田泊を修築したり，音戸の瀬戸を開くなど，貿易を推進した。その利

潤は平氏政権の経済的基盤ともなった。しかし平清盛が ア を幽閉し, 孫の イ を皇位につけると, 平氏に対する不満がうずまきはじめた。源頼朝は ウ で兵を挙げ, 歴戦ののち(B)壇の浦で平氏を滅ぼした。その時に活躍した源義経もやがて頼朝に追われ, 奥州に逃れたが, エ に殺害されてしまった。頼朝は(C)鎌倉に幕府を開き, (D)征夷大将軍に任ぜられた。

幕府の支配機構は簡素で実務的なものであり, 中央機関として御家人を組織・統制する オ , 一般政務をつかさどる カ , 裁判事務を担当する キ などが置かれていた。

問1 下線部(A)〜(C)の位置として正しいものを, それぞれ下の地図上の1〜9のうちから一つずつ選びなさい。

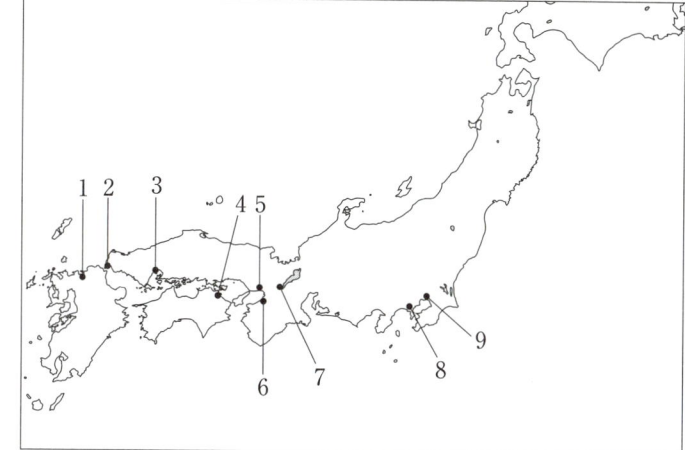

問2 空欄 ア ・ イ に入る語句の組合せとして正しいものを, 次の1〜4のうちから一つ選びなさい。
 1 ア 白河法皇 イ 安徳天皇　　2 ア 白河法皇 イ 高倉天皇
 3 ア 後白河法皇 イ 安徳天皇　　4 ア 後白河法皇 イ 高倉天皇

問3 空欄 ウ に入る語句として正しいものを, 次の1〜4のうちから一つ選びなさい。
 1 江戸　2 伊豆　3 木曽　4 宇治

問4 空欄 エ に入る語句として正しいものを, 次の1〜4のうちから一つ選びなさい。
 1 藤原泰衡　2 藤原秀衡　3 藤原純友　4 藤原通憲

問5 下線部(D)に関連して, 征夷大将軍に就任していない人物として正しいものを, 次の1〜4のうちから一つ選びなさい。
 1 源頼家　2 源義家　3 宗尊親王　4 藤原頼経

問6 空欄 オ ・ カ ・ キ に入る語句として正しいものを, 次の1〜12のうちから一つずつ選びなさい。
 1 評定所　2 沙汰人　3 倉役　4 問注所　5 守護　6 管領　7 御所
 8 政所　9 大老　10 奉行　11 侍所　12 寄合
 （広島経済大）

❸ 次の図版（A〜C）をみて, 史料Dを読み, 後の問い（問1〜10）に答えよ。

〔図版A〕

問1 図版Aの建築物を造営した将軍(i)と, その将軍の代におこったできごと(ii)の組合せとして正しいものを, 次の①〜⑤のうちから一つ選べ。

① (i)足利尊氏―(ii)南北朝の合体　② (i)足利義教―(ii)南北朝の合体
③ (i)足利義教―(ii)応仁の乱　④ (i)足利義政―(ii)永享の乱　⑤ (i)足利義政―(ii)応仁の乱

問2　図版Aの建築物が造営された時代の文化について述べた文として最も適当なものを，次の①～④のうちから一つ選べ。

① 臨済宗では，宋の官寺の制にならって五山・十刹の制がととのえられ，幕府の保護を受けて隆盛をきわめた。
② 能を演ずる集団のうち，大和の観世座の観阿弥・世阿弥父子によって，猿楽能が大成された。
③ 水墨画では，禅の公案を図示した『瓢鮎図』を描いた如拙や，明兆・周文らが独自の画風を確立した。
④ 浄土真宗の蓮如は，阿弥陀仏の救いを信じれば，だれでも極楽往生ができることを御文で説き，講を組織して惣村に広めていった。

問3　図版Aの建築物が造営された室町時代の守護について述べた文として**誤っているもの**を，次の①～④のうちから一つ選べ。

① 1352年，幕府は半済令を出し，全国各地の本所領の年貢の半分を，1年間に限って軍勢に預けさせた。
② 守護の権限には，大犯三箇条のほか，田地をめぐる紛争の際の刈田狼藉の取締りと，幕府の裁判の判決を執行する使節遵行の権利があった。
③ 守護は国内の荘園や公領から徴収した年貢を国人に与えて家臣化し，国内の支配を強化していった。
④ 地頭請によって年貢を確保してきた荘園領主は，地頭が守護の家臣になると，年貢の納入を守護に請け負わせるようになった。

〔図版B〕

問4　図版Bは図版Aの建築物のすぐ隣にある堂の内部の写真だが，この建築様式を何というか。正しいものを，次の①～④のうちから一つ選べ。
① 大社造　② 書院造　③ 数寄屋造　④ 寝殿造

問5　図版A・Bの建築物に面した庭園をつくった作庭家は誰か。正しいものを，次の①～④のうちから一つ選べ。
① 善阿弥　② 千利休　③ 無学祖元　④ 陳和卿

〔図版C〕

問6　図版Cの庭園は大徳寺内の塔頭大仙院にあるものだが，大徳寺のように自由な活動を求めて地方布教をこころざした禅宗諸派を，五山派に対して何というか。正しいものを，次の①〜④のうちから一つ選べ。
　① 寺門派　② 十刹　③ 不受不施派　④ 林下

問7　大徳寺の僧であった一休宗純の門下で，侘び茶を創始した人物は誰か。正しいものを，次の①〜④のうちから一つ選べ。
　① 千利休　② 西行　③ 村田珠光　④ 武野紹鷗

〔史料D〕　雪ながら山本かすむ夕べかな　　　a宗祇
　　　　　行く水とほく梅にほふさと　　　　　肖柏
　　　　　川風に一むら柳春見えて　　　　　　宗長
　　　　　舟さす音もしるきあけがた　　　　　祇
　　　　　月や猶霧わたる夜に残るらん　　　　柏
　　　　　霜おく野はら秋は暮れけり　　　　　長
　　　　　なく虫の心ともなく草かれて　　　　祇
　　　　　かきねをとへばあらはなるみち　　　柏　　（b水無瀬三吟百韻）

問8　史料Dは5・7・5音の句と7・7音の句とを，数人でつぎつぎに連ねていく詩歌だが，下線部aの人物が編纂したものは何か。正しいものを，次の①〜④のうちから一つ選べ。
　① 『菟玖波集』　② 『山家集』　③ 『新撰菟玖波集』　④ 『犬筑波集』

問9　下線部bは後鳥羽上皇の250回忌の法要として詠まれたものだが，その後鳥羽上皇が隠岐に流されるきっかけとなった事件は何か。正しいものを，次の①〜④のうちから一つ選べ。
　① 承久の乱　② 鹿ヶ谷の陰謀　③ 保元の乱　④ 元弘の変

問10　下線部bの水無瀬にある水無瀬神宮には，藤原信実の作と伝えられる後鳥羽上皇の肖像画がのこされているが，こうした肖像画を何というか。正しいものを，次の①〜④のうちから一つ選べ。
　① 頂相　② 大首絵　③ 濃絵　④ 似絵
　　　　　　　　　　　　　　　　　　　　　　　　　（明星大）

❹　次の(1)〜(10)の語句に最も関係のある場所を地図から選び，その記号を答えよ。
(1) 相良氏法度　(2) 六角氏式目
(3) 朝倉孝景十七箇条　(4) 塵芥集
(5) 大内家壁書　(6) 新加制式
(7) 結城家法度　(8) 今川仮名目録
(9) 長宗我部元親百箇条
(10) 早雲寺殿廿一箇条　　　　（関西大）

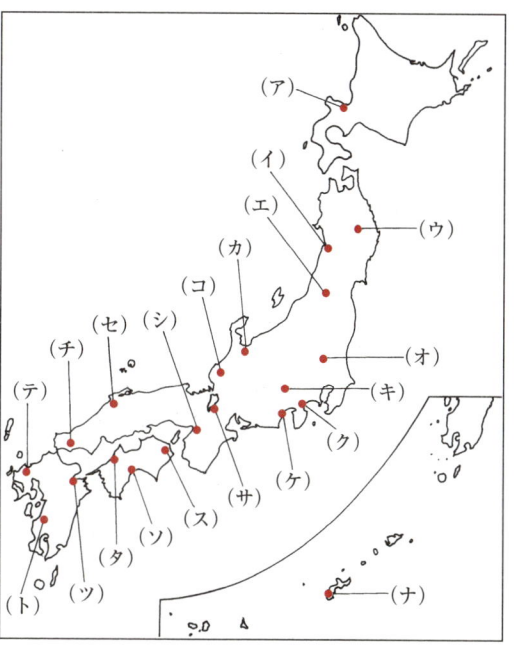

32 中世——補充演習

❶ 次の文章を読み，以下の問に答えなさい。

　源頼朝は，1190年の上洛中に権大納言・　a　に任じられ，後白河法皇の死後，1192年には，征夷大将軍に任命された。

　鎌倉幕府の支配機構は，内乱の過程で徐々に整えられていった。鎌倉には，御家人の統率と軍事警察権を統括する侍所，一般政務や財政事務を担当する公文所（のち政所），所領などに関する訴訟を処理する問注所などがおかれた。侍所の別当には　b　，公文所の別当には　c　，問注所の執事には　d　が任じられた。

　地方には守護と地頭が置かれた。守護は，主として東国出身の有力御家人が任命され，e 国内の御家人を指揮し，京都の警備を行う大番役を催促し，謀反人・殺害人の逮捕にあたった。守護は，平時には治安維持と警察権行使にあたり，戦時には国内の武士の統率にあたった。また　f　を支配し，特に東国では，国衙の行政事務を引き継いで，地方行政官としての役割も果たした。地頭は，御家人の中から任命され，年貢の徴収・納入と土地の管理及び治安維持を職務とした。

問 a．空欄 a に当てはまる官職を答えなさい。
問 b．空欄 b に当てはまる人物名を答えなさい。
問 c．空欄 c に当てはまる人物名を答えなさい。
問 d．空欄 d に当てはまる人物名を答えなさい。
問 e．下線部 e に関連して，大番催促，謀反人の検断，殺害人の検断という守護の権限を何と呼ぶか答えなさい。
問 f．空欄 f には，国司が代官として派遣した目代の指揮に従って実務をとるようになった者が入る。その者は何と呼ばれているか答えなさい。
（明治学院大）

❷ 次の文章を読んで，以下の問いに答えなさい。

　鎌倉時代には武士や庶民が a 新たな文化の担い手となり，その素朴で質実な気風の中で，b 仏教が中心となり，c 文芸，d 美術，e 建築や彫刻など諸領域に影響を与えた。f 学問や文芸の世界では京都を中心に，g 無常観や h 軍記物に記され，i 公家の伝統文化にも波及した。さらに商人・j 僧侶たちの渡来によって，大陸の新しい文化が日本にもたらされた。

問1　下線部 a の文化の特色として誤っているものを次から選びなさい。
① 仏像・肖像彫刻は，運慶や快慶らによる東大寺南大門の金剛力士像のような力強く写実的な作品が生み出された。
② 絵画は，寺社の縁起，高僧の伝記，合戦や武士の生活などを題材にした絵巻物が発達し，また，錦絵と呼ばれる版画が始められた。
③ 武家社会でも政治の必要から学問への関心が起こり，北条時頼は政治の倫理を説いた中国の『貞観政要』を書写させ，北条実時は金沢文庫をつくり，和漢の書籍を集めた。
④ 建築様式は，豪放な大仏様（天竺様）や整然とした禅宗様（唐様）のほか，それらを和様にとりいれた折衷様（新和様）の技法も生まれた。

問2　下線部 b において，『選択本願念仏集』をあらわして，南無阿弥陀仏の念仏をとなえることが極楽往生の道であると説いた浄土宗の開祖を次から選びなさい。
① 最澄　② 空海　③ 法然　④ 道元

問3　下線部 c について，作者と作品名の組み合わせが誤っているものを次から選びなさい。
① 阿仏尼—『十六夜日記』　② 西行—『明月記』
③ 源実朝—『金槐和歌集』　④ 無住—『沙石集』

問4　下線部 d に関して，当時の美術の説明として誤っているものを次から選びなさい。
① 尾張の瀬戸焼など，陶器生産も発展し，また，武具や刀剣の製作もさかんになった。
② 『蒙古襲来絵巻』や『春日権現験記』などの絵巻物がつくられた。
③ 雪舟による水墨画や，大和絵では土佐派，またそれらを統一した狩野派が活躍した。

④　書道では、尊円が青蓮院流をひらいた。
問5　下線部eに関して、この時代の建築物や彫刻に関係のないものを、次から選びなさい。
　　①　興福寺天灯鬼　　②　法隆寺玉虫厨子　　③　円覚寺舎利殿　　④　東大寺南大門
問6　下線部fに関して、この時代の学問について誤っているものを次から選びなさい。
　　①　伊勢外宮の度会家行は、本地垂迹説を逆転させた神本仏迹説を唱えて、伊勢神道を創始した。
　　②　宋学（朱子学）が伝えられ、その大義名分論は後醍醐天皇らの討幕運動に影響を与えた。
　　③　『吾妻鏡』には、源平の争乱以来の幕府の歴史がまとめられている。
　　④　知行合一を重んじる陽明学や、直接に孔子・孟子の原典にかえろうとする古学派もおこった。
問7　下線部gにおいて、そのようなこの時代の世相をもとに記された作品として誤っているものを次から選びなさい。
　　①　『庭訓往来』　　②　『徒然草』　　③　『愚管抄』　　④　『方丈記』
問8　下線部hの軍記物として誤っているものを次から選びなさい。
　　①　『保元物語』　　②　『平治物語』　　③　『平家物語』　　④　『源氏物語』
問9　下線部iについて、後鳥羽上皇が『新古今和歌集』を編纂させた編者として正しいものを、次から選びなさい。
　　①　藤原定家　　②　藤原佐理　　③　藤原公任　　④　藤原信西
問10　下線部jについて、僧侶と宗派名の組み合わせとして正しいものを次から選びなさい。
　　①　日蓮―一向宗　　②　親鸞―曹洞宗　　③　一遍―時宗　　④　栄―法華宗　　　　（名古屋学院大）

❸　次の文（A・B）を読み、問（a〜g）に最も適当な答を各語群（1〜4）からそれぞれ1つ選んで答えよ。
A　もともと公家文化の影響のもとに形成されてきた武家の文化であったが、南北朝期から室町時代にかけて質の高まりをみせていき、公家文化と融合しながら相互に影響を与えるようになった。その後、武家は文化においても中心的な役割を果たすようになっていく。この武家の文化は禅宗を中心とする中国文化の影響を強く受けたものであり、幽玄・枯淡の趣を特色としている。
問a　南北朝期には茶寄合が盛んになった。異なる種類の茶を飲み比べて、茶の品種や産地を当てる遊びを何というか。
　　1　花道（華道）　　2　闘茶　　3　茶頭　　4　巻狩
問b　絵画では宋・元風の水墨画によって、禅の境地が表現されたが、これらの水墨画を描いた僧のなかで、明において画法を学び、「秋冬山水図」を描いたのは誰か。
　　1　雪舟　　2　周文　　3　黙庵　　4　可翁
問c　大和絵は公家の没落とともに衰えたが、これを応仁の乱後に復興させた流派はどれか。江戸時代には、この流派から分かれた父子が住吉派を興した。
　　1　狩野派　　2　琳派　　3　土佐派　　4　円山派
B　室町時代に民衆の地位が向上し、庶民が参加して楽しむ庶民芸能が広まった。上流社会では洗練された芸能が愛好されていたのに対して、より素朴な芸能が庶民の間で親しまれるようになった。庶民が各地の村や町で力を強めるにつれ、庶民文化に加えて、地方文化ともよぶことのできるような新しい文化が形作られることにもつながった。文化が地域的にも階層的にも、広がりや厚みをもつようになったといえる。こうした文化は、公家や武家による文化にも影響を与えるようになったのである。
問d　庶民の間で流行し、口ずさまれた歌謡であり、自由な詩形で歌われたものはどれか。
　　1　長歌　　2　謡曲　　3　俳句　　4　小歌
問e　「一寸法師」などの、絵入りで、この時代に広く流布した短編の物語を何とよぶか。
　　1　童子教　　2　御伽草子　　3　実語教　　4　いろは歌
問f　能のあいまに上演されたものであり、当時の庶民生活が反映された素朴で娯楽性の高い滑稽なせりふ劇はどれか。
　　1　祇園会　　2　狂言　　3　隆達節　　4　田楽
問g　猿を仕込んで芸をさせ、各地を放浪しながら、新春には祝福芸として獅子舞とともに人びとを楽しませたものを何とよぶか。
　　1　猿楽　　2　講談　　3　散楽　　4　猿まわし　　　　　　　　　　　　　　（西南学院大）

33 織豊政権

ポイント
1. 鉄砲の伝来は日本にどのような影響を与えたか。
2. 秀吉の検地・刀狩はどのような歴史的意義を持つか。
3. 桃山文化の特色は何か。

●重要用語●

1〔　　　　　〕1582年キリシタン大名**大友義鎮**・**有馬晴信**・**大村純忠**が，**ヴァリニャーニ**のすすめでローマに派遣した少年使節。

2〔　　　　　〕1537〜97　15代将軍。織田信長に擁立され将軍となる。のち信長打倒を企て，1573年に追放され室町幕府は滅亡。

3〔　　　　　〕1575年，織田信長・徳川家康の連合軍が足軽鉄砲隊を組織し武田勝頼軍に大勝し，鉄砲の威力が示された戦い。

4〔　　　　　〕特権的な座や市場の独占を廃し，商工業者に自由な商業活動を認めた法令。**安土城**の城下町などで実施された。

5〔　　　　　〕1582年，**明智光秀**が主君織田信長を京都で襲い敗死させた事件。直後，光秀は**山崎の合戦**で豊臣秀吉に敗れた。

6〔　　　　　〕秀吉が天皇から全国の支配権を委ねられたと称し，戦国大名に下した停戦命令。これにより領国の確定も秀吉に委任させた。

7〔　　　　　〕豊臣政権の職制。秀吉腹心の**浅野長政**・**増田長盛**・**石田三成**・**前田玄以**・**長束正家**の5人の大名で政務を分掌。

8〔　　　　　〕豊臣秀吉が1582年以来統一基準で全国的に実施した検地。**天正の石直し**ともいい，生産高を**石高**で表示した。

9〔　　　　　〕太閤検地によって確立した原則。1つの土地を保持・耕作するのは，**検地帳**に登録された1人の百姓とした。

10〔　　　　　〕1588年，豊臣秀吉が**方広寺大仏造立**を口実に，一揆の防止を目的として諸国の農民から武器を没収した政策。

11〔　　　　　〕**身分統制令**ともいう。武士が百姓・町人となることや農民が転業することを禁じ，身分の固定化をはかった。

12〔　　　　　〕1587年九州平定の直後，秀吉が博多で出したキリシタン禁止の法令。宣教師の国外追放などを命じたが，南蛮貿易は奨励した。

13〔　　　　　〕豊臣秀吉の2度にわたる朝鮮侵略。**征明**を目的として，朝鮮に服属と明への先導を要求しておこした。

14〔　　　　　〕1543〜90　信長・秀吉に仕え，安土城・大坂城・聚楽第の**障壁画**を描き，狩野派全盛の基礎を築いた。

15〔　　　　　〕1522〜91　茶を**武野紹鷗**に学び，侘茶の方式を完成。信長・秀吉に仕えたが，秀吉の怒りにふれ自刃した。

●南蛮貿易と大名
南蛮貿易は，1551年に廃絶した勘合貿易にかわるものとして西国大名に歓迎された。

●おもな南蛮貿易品
- 輸入―生糸・絹織物・鉄砲・火薬・皮革
- 輸出―銀・刀剣・海産物・漆器・工芸品

●五大老・五奉行
秀吉の晩年，有力大名の**徳川家康**・**前田利家**・**毛利輝元**・**小早川隆景**（死後，**上杉景勝**）・**宇喜多秀家**が五大老に任ぜられ，五奉行の顧問として政務を総覧した。

●蔵入地
秀吉の直轄地で，豊臣政権の経済的基盤となった。

●出雲阿国
京都でかぶき踊りを始めて，阿国歌舞伎としてもてはやされた。

おもな建築と美術作品

建築	妙喜庵茶室（待庵）（伝 千利休） 大徳寺唐門　〕（伝聚楽） 西本願寺飛雲閣　〕第遺構） 都久夫須麻神社本殿 　　　　　（伏見城遺構） 西本願寺書院　（鴻の間） 醍醐寺三宝院 表書院・庭園 姫路城　　　　（白鷺城） 松本城天守閣 二条城二の丸御殿
絵画	洛中洛外図屛風(狩野永徳) 唐獅子図屛風(狩野永徳) 松鷹図(狩野山楽) 牡丹図(狩野山楽) 檜図屛風(狩野永徳) 智積院襖絵（楓図） 　　　　　（伝長谷川等伯） 松林図屛風(長谷川等伯) 山水図屛風(海北友松) 職人尽図屛風(狩野吉信) 花下遊楽図屛風(狩野長信) 高雄観楓図屛風(狩野秀頼) 南蛮屛風
工芸	高台寺蒔絵

重要演習

1 次の文章を読んで，設問に答えなさい。

A 1543年，ポルトガル人の乗った船が漂着した。これ以降，ポルトガル人やスペイン人が来航するようになり，日本との貿易が始まった。

問1　船が漂着した当時の状況について，最も適当なものを下から選びなさい。
① このとき漂着したポルトガル船には，鉄砲や火薬が積まれていた。
② このとき，肥前の平戸に漂着した。
③ 島主の種子島時堯は，彼らの持っていた鉄砲を買い求め，家臣にその使用法と製造法を学ばせた。
④ このとき乗船していた宣教師ルイス＝アルメイダの活動により，キリスト教が広まった。

問2　この貿易は何とよばれるか。最も適当なものを下から選びなさい。
① 南蛮貿易　② 勘合貿易　③ 朱印船貿易　④ 居留地貿易

問3　この貿易に用いられた日本からの輸出品として，最も適当なものを下から選びなさい。
① 生糸　② 鉄砲　③ 金　④ 銀

問4　この貿易は，キリスト教宣教師の布教活動と一体化して行われていたが，当時の布教活動に関連する以下の文章のうち，誤っているものを下から選びなさい。
① 宣教師はコレジオ・セミナリオなどをつくって布教につとめた。
② イエズス会宣教師フランシスコ＝ザビエルは，天正遣欧使節を率いてローマ教皇のもとへ出航した。
③ 大名は貿易をのぞんで宣教師の布教活動を保護したが，なかには洗礼を受ける大名もいた。
④ 宣教師は日本の生活様式に従うことを重視し，教会堂は従来の仏教寺院を改造したものや，新たに建設したものは木造・瓦葺であった。

B 戦国大名のなかで全国統一の野望を最初にいだき，実行に移したのは(a)織田信長であった。統一事業は完成しつつあったが，(b)配下の家臣にそむかれて敗死した。信長の後を継いで全国統一を完成したのは(c)豊臣秀吉である。1585年，朝廷から［　ア　］に任じられた秀吉は，戦国大名に停戦を命じ，その領国の確定を秀吉の決定に任せる［　イ　］を強制した。

問5　下線部(a)の人物がおこなった政策について，最も適当なものを下から選びなさい。
① 国人や地侍の収入額を銭に換算した石高という基準で統一的に把握し，石高に見合った軍役を負担させた。
② 安土の城下町に楽市令を出し，商工業者に自由な営業活動を認めた。
③ 寄親・寄子制により，軍事力の安定をはかった。
④ 佐渡・石見大森などの主要鉱山を直轄とし，天正大判などを鋳造させた。

問6　下線部(b)の事件とその家臣の組み合わせについて，最も適当なものを下から選びなさい。
① 小田原攻め―長宗我部元親　② 元弘の変―楠木正成
③ 賤ヶ岳の戦い―柴田勝家　④ 本能寺の変―明智光秀

問7　下線部(c)の人物の政権が経済的基盤とした直轄領について，正しいものを下から選びなさい。
① 天領　② 御分国　③ 御料所　④ 蔵入地

問8　下線部(c)の人物が京都で北野大茶湯を開催したときに後見人とした人物と，その人物が完成した茶の湯の礼儀の組み合わせとして，正しいものを下から選びなさい。
① 千利休―侘茶　② 村田珠光―侘茶　③ 千利休―闘茶　④ 村田珠光―闘茶

問9　空欄［　ア　］［　イ　］に入る組み合わせについて，正しいものを下から選びなさい。
① 関白―半済令　② 関白―惣無事令　③ 太閤―人掃令　④ 太閤―刀狩令

（名古屋学院大）

ポイント解説

❶当時の戦法や築城法に大きな変化を与え，足軽鉄砲隊が軍事力の中心となり，戦国時代の終結をはやめた。
❷検地によって，残存していた荘園制は消滅し，近世的知行制度の基礎が確立し，刀狩によって兵農分離がすすんだ。
❸桃山文化は，信長・秀吉の全国統一を背景に，新興大名や豪商を担い手として，その気風と経済力を反映した豪華・壮大な文化であった。

34 幕藩体制の成立①——江戸幕府の成立と幕藩体制

ポイント
① 江戸幕府はどのような経過で成立したか。
② 幕藩体制とはどのような支配体制か。
③ 江戸幕府は大名・朝廷・寺社をどのように統制したか。

●重要用語●

1 〔　　　　〕 1600年，五大老筆頭**徳川家康**（東軍）と五奉行の一人**石田三成**（西軍）との戦い。東軍が勝利し徳川の覇権が確立。

2 〔　　　　〕 江戸幕府の支配体制。強力な領主権を持つ将軍と諸大名（**幕府と藩**）が土地と人民を統治。

3 〔　　　　〕 江戸幕府の大名統制の基本法。1615年家康が**金地院崇伝**に起草させ，2代将軍秀忠の名で発布したのが最初。

4 〔　　　　〕 1604〜51　3代将軍。諸法度・職制・兵制・参勤交代など幕藩体制を確立し，キリシタン弾圧・鎖国を断行。

5 〔　　　　〕 寛永令により制度化。在府1年，在国1年を原則として大名を江戸に参勤させた制度。大名にとって大きな経済的負担となった。

6 〔　　　　〕 将軍直属の家臣で1万石未満のもの。将軍への御目見得以上・以下で区別され，幕府の常備軍を構成した。

7 〔　　　　〕 幕政を統轄する常置の最高職。10万石以下の**譜代大名**から4，5名が選任され，月番交代で政務の責任者とした。

8 〔　　　　〕 江戸幕府の**寺社奉行・町奉行**（江戸）・**勘定奉行**の総称で，幕府の最高政務訴訟機関である**評定所**で合議した。

9 〔　　　　〕 江戸幕府の地方組織の一つで，朝廷の統制や西国大名の監視などを行なった。定員1名で譜代大名が任命された。

10 〔　　　　〕 1615年，江戸幕府が制定した朝廷・公家の統制法。金地院崇伝が起草し，天皇の行動を直接規制した。

11 〔　　　　〕 1612年，家康が直轄領に出したキリスト教禁令。翌年，全国に適用。未改宗者は弾圧され，殉教者も多く出た。

12 〔　　　　〕 1637年，島原の農民が**益田（天草）四郎時貞**を中心に領主によるキリシタン弾圧と，重税とに抗した農民一揆。

13 〔　　　　〕 江戸時代，庶民が檀徒であってキリシタン信徒でないことを，その**檀那寺**に証明させた制度。

14 〔　　　　〕 幕府が寺院の統制・支配のためにつくった制度。宗派の中心寺院である本山に，一般寺院を末寺として従属させた。

15 〔　　　　〕 1665年，江戸幕府が制定した神社・神職の統制法。公家の吉田家を本所として神社・神職を統制させた。

●**豊臣氏の滅亡**
家康は，豊臣秀頼が再建した方広寺の鐘銘問題を口実に大坂の役をおこし，豊臣氏を滅ぼした。

●**一国一城令**
1615年，領国内の支城を廃し，大名の弱体化をはかるため発布。

●**大名の種類**
● **親藩**—徳川氏一門。尾張・紀伊・水戸を三家という。
● **譜代**—三河以来の家臣で幕政の中枢を占める。
● **外様**—関ヶ原の戦い前後に臣従した大名。

●**幕府の政治組織**
親藩・外様を除外し，譜代大名と旗本によって構成された。

●**大老**
幕府の最高職で非常のときにおかれ，10万石以上の譜代大名から任命された。土井利勝・酒井忠清・堀田正俊・井伊直弼ら。

●**紫衣事件**
後水尾天皇が幕府に無断で与えた紫衣を，1627年に幕府が取り上げた事件。これに抗議した大徳寺の僧沢庵は1629年流罪となり，怒った天皇は娘の**明正天皇**（秀忠の孫）に譲位した。

●**黄檗宗**
17世紀半ば，明僧**隠元隆琦**が伝えた禅宗の一派。後水尾天皇から京都宇治の地を与えられ，万福寺を開く。

江戸初期の法制の整備

年代	法令名	制定者
1615	武家諸法度（元和令）	徳川秀忠
	禁中並公家諸法度	〃
	諸宗諸本山法度	〃
1635	武家諸法度（寛永令）	徳川家光
	諸士法度	〃
1665	諸宗寺院法度	徳川家綱
	諸社禰宜神主法度	〃

重要演習

❶ 次の文を読み空欄に適語を入れ，下の問い(問1〜6)に答えなさい。

1600年，関ヶ原の戦いに勝利した徳川家康は，全国的覇権を決定的なものとした。そして，1603年には，朝廷より征夷大将軍の宣下を受けて，全大名に対する指揮権の正統性を保証されたことによって，江戸に幕府を開いた。その後1605年に，家康は将軍職を子の①秀忠に譲り，自らは（　1　）に移りながらも，大御所という立場で幕政を主導した。

2代将軍秀忠も，1623年には子の家光に将軍職を譲って大御所となり，幕府の基盤を固めていった。3代将軍家光は，大名や朝廷を対象とした法令を整備するとともに，幕府内の職制を整理し，その支配機構をつくりあげていった。

まず，幕府の中央組織としては，老中と呼ばれる重臣が重要政務を担当し，これを補佐して②旗本や御家人を監督する（　2　）が設けられた。そのほかにも三奉行がおかれ，重要事項は③評定所において裁決がなされた。

これに対して地方組織では，④京都所司代が大きな役割を担っており，また，重要な幕府直轄地には城代や⑤遠国奉行がおかれた。さらに幕領には，郡代や代官が派遣された。

幕府によって領知を認められた大名の領地と支配機構を総称して藩と呼ぶ。藩の支配組織は幕府のそれと同様のものであった。大名は，有力武士を家臣団に編成して，領地や給米を与えて組織化した。また幕府は，⑥朝廷や公家の統制にも努め，全国的支配を確固たるものとしていった。

問1　下線部①に関して，徳川秀忠が将軍在任中の大名統制についての出来事（a〜d）を年代の古いものから順に並べるとどうなりますか。適切なものを次のなかから1つ選びなさい。
　a　福島正則の改易　　b　大坂冬の陣　　c　武家諸法度の制定
　d　大名に対する領知確認文書の発行
　① b→d→a→c　　② b→c→d→a　　③ c→b→a→d
　④ c→d→b→a　　⑤ d→c→b→a　　⑥ d→b→a→c

問2　下線部②に関して，江戸時代の旗本と御家人についての記述として，適切なものを次のなかから1つ選びなさい。
　① 旗本も御家人も，ともに2万石未満の家臣であった。
　② 旗本は，将軍への御目見得を許された家臣であった。
　③ 御家人の扶持は，ほとんどが知行取であった。
　④ 御家人は，将軍への御目見得は許されたが，旗本の下位とされた。

問3　下線部③に関する記述として，適切なものを次のなかから1つ選びなさい。
　① 三奉行が単独で裁決できない重大事の訴訟を扱った。
　② 複数の老中の合議によって決した。
　③ 毎月3度の式日には若年寄が出席した。
　④ 重要事項には，将軍も合議に参加した。

問4　下線部④に関する記述として，不適切なものを次のなかから1つ選びなさい。
　① 朝廷の監察をおこなった。
　② 畿内周辺8ヵ国の幕領の年貢徴収を担当した。
　③ 西国大名の監視をおこなった。
　④ 京都町奉行の統轄をおこなった。

問5　下線部⑤に関して，これがおかれた地名として，不適切なものを次のなかから1つ選びなさい。
　① 日光　　② 堺　　③ 山田　　④ 奈良　　⑤ 博多

問6　下線部⑥に関連して，朝廷と幕府をつなぐ窓口となった公家の役職を答えなさい。　　　　（龍谷大）

ポイント解説

❶関ヶ原の戦い，大坂の役を経て徳川氏の覇権が確立し，3代将軍家光のころまでに支配体制が整備され，江戸時代265年間の支配の基礎が築かれた。

❷中央統一政権である江戸幕府と，その支配下にありながら独立した支配権を持つ藩とを統治機関とした政治体制。

❸武家諸法度・禁中並公家諸法度・諸宗寺院法度を制定し，法による規制を行ない，さらに大目付・京都所司代・寺社奉行に監察させ，厳しく統制した。

35 幕藩体制の成立② ― 初期外交と鎖国

ポイント
1. 江戸初期に家康が対外貿易に熱心だったのはなぜか。
2. 幕府がキリスト教を禁止し、弾圧したのはなぜか。
3. 幕府が鎖国に踏み切った理由は何か。

●重要用語●

1 〔　　　　　〕 イギリス人。リーフデ号の水先案内人。航海士ヤン＝ヨーステンとともに家康に招かれ、外交・貿易顧問となる。

2 〔　　　　　〕 京都の商人。家康の命を受け、前ルソン総督ドン＝ロドリゴとともに通商を求め、ノヴィスパン（スペイン領メキシコ）に渡った。

3 〔　　　　　〕 1613年、仙台藩主伊達政宗がスペインとの貿易交渉のため支倉常長を中心として派遣した使節。

4 〔　　　　　〕 糸割符仲間に輸入生糸を一括購入させ、仲間構成員に分配した制度。ポルトガル商人の利益独占を排除した。

5 〔　　　　　〕 幕府が日本船の海外渡航に際し与えた朱印状を持つ船。

6 〔　　　　　〕 老中の奉書（許可状）を得た海外渡航船。1633年、奉書船以外の日本船は海外渡航を禁止された。

7 〔　　　　　〕 長崎沿岸につくられた小島。1641年、平戸からオランダ商館を移し、長崎奉行が監視した。

8 〔　　　　　〕 長崎郊外に設置した清国人の居住地。1688年、長崎の町に雑居していた清国人の居住地をここに限定した。

9 〔　　　　　〕 朝鮮との国交回復にともない、4回目以降幕府の要請にこたえて来日。将軍の代替りごとに慶賀のため来日した。

10 〔　　　　　〕 琉球王国が将軍の代替りごと江戸に送った使節。また、琉球国王の代替りごとに謝恩使も派遣した。

11 〔　　　　　〕 1669年におこった松前藩の圧迫に対するアイヌ集団の蜂起。鎮圧され、アイヌは松前藩に服従を強いられた。

12 〔　　　　　〕 1583～1657　林家の祖。藤原惺窩の門人。家康に用いられ、以後、林家が代々幕府の教学を担った。

13 〔　　　　　〕 桂離宮に代表される書院造に草庵風の茶室を取り入れた建築様式。

14 〔　　　　　〕 京都の豪商出身。土佐派の画法をもとに装飾画の新様式を生み出し、尾形光琳に影響を与えた。

15 〔　　　　　〕 有田の陶工。白磁に赤絵具を基調とした上絵付の技法で赤絵を完成させた。

●リーフデ号
1600年、豊後に漂着したオランダ船。

●五カ所商人
京都・堺・長崎・江戸・大坂の商人による糸割符仲間。

●日本人の海外進出
- 朱印船貿易
  - 大名―島津家久、有馬晴信
  - 商人―末次平蔵、末吉孫左衛門
  - 　　　角倉了以・茶屋四郎次郎
- 日本人町の形成
  - 山田長政―アユタヤ

●鎖国
19世紀初め、志筑忠雄によってケンペルの『日本誌』が「鎖国論」として和訳されたことに始まる。鎖国という語は、それ以降用いられた。

●オランダ風説書
オランダ船来航のたびにオランダ商館長が幕府に提出。これにより幕府は海外事情を入手した。

●己酉約条
1609年、対馬の宗氏と朝鮮との間で締結。以後、将軍の代替りごとに通信使が来日した。

●権現造
本殿と拝殿を相の間で結んで工の字形にした霊廟建築様式の一つ。日光東照宮に代表される。

おもな建築と美術作品

建築	桂離宮〈数寄屋造〉 日光東照宮〈権現造〉・陽明門 修学院離宮 清水寺本堂 延暦寺根本中堂 崇福寺大雄宝殿 万福寺大雄宝殿
絵画	風神雷神図屏風（俵屋宗達） 大徳寺方丈襖絵（狩野探幽） 夕顔棚納涼図屏風（久隅守景） 彦根屏風
工芸 その他	舟橋蒔絵硯箱（本阿弥光悦） 色絵花鳥文深鉢 （酒井田柿右衛門）

重要演習

❶ 近世初期の対外関係に関する次の文章を読んで，下記の問いに答えよ。

海外に移住する日本人が増え，東南アジアの各地に①日本町がつくられていた時期には，日本にも海外諸国の船が来航するようになり，貿易もさかんになった。

1600年には，オランダ船の（　A　）が豊後国に漂着した。徳川家康は，その乗員の代表者として，オランダ人で航海士の（　B　）とイギリス人で水先案内人の（　C　）を江戸に招き，手厚い援助を与え，外交・貿易の顧問として用いた。そのことが契機となって，オランダは1609年に，イギリスは1613年に，それぞれ幕府から貿易の許可を受けて，平戸に商館を開設した。

1609年には，スペイン領ルソンの前総督が上総国に漂着した。徳川家康は，前総督の帰国を援助するとともに，その機会を利用してスペイン領メキシコとの貿易を求める使者を派遣した。この使者の派遣で，1596年の（　D　）を契機に途絶えていたスペインとの通交が復活した。1613年には，仙台藩主の伊達政宗も，スペイン領メキシコとの直接貿易を目的に，家臣の（　E　）をスペインに派遣した。

17世紀初期の貿易において，主要な輸入品の1つが生糸（白糸）であった。幕府は（　F　）年に，糸割符制度を設けた。幕府が京都・長崎・（　G　）の商人に糸割符仲間を組織させ，その仲間が輸入生糸（白糸）を一括購入して，国内の商人へ売り渡すという制度であった。この制度の目的は，②日本と中国との中継に従事して，巨額の利益を得ていたポルトガル商人の生糸貿易を統制することであった。

③日本と中国との正式な国交は途絶したままであったが，貿易のために，日本に来航する中国商船は多くなっていた。徳川家康は，朝鮮や④琉球王国を仲介に，中国との国交回復を交渉したが，成功しなかった。

当初の糸割符制度は，ポルトガル船の生糸を対象としたもので，中国船やオランダ船で輸入される生糸は適用外であった。幕府は1631年に，中国船の生糸にも適用を広げ，糸割符制度による統制を強化した。その後，（　H　）年に，幕府はオランダの平戸商館を長崎出島に移転させ，オランダ船に対しても糸割符制度を適用することにした。

問1　（　A　）に入れるのに適切な船名を，次のうちから選べ。
　　イ　ディアナ号　　ロ　フェートン号　　ハ　リーフデ号（エラスムス号）　　ニ　モリソン号
　　ホ　ポサドニック号
問2　（　B　）・（　C　）に入れるのに適切な人名を，それぞれ次のうちから選べ。
　　イ　ドン＝ロドリゴ　　ロ　ヤン＝ヨーステン（耶揚子）　　ハ　ルイス＝フロイス
　　ニ　ヴァリニャーニ（バリニャーノ）　　ホ　ウィリアム＝アダムズ（三浦按針）
問3　（　D　）に入れるのに適切な事項を，次のうちから選べ。
　　イ　バテレン追放令　　ロ　アンボイナ事件　　ハ　アロー号事件　　ニ　海賊取締令
　　ホ　サン＝フェリペ号事件
問4　（　E　）に入れるのに適切な人名を答えよ。
問5　（　F　）に入れるのに適切な西暦年を答えよ。
問6　（　G　）に入れるのに適切な地名を答えよ。
問7　（　H　）に入れるのに適切な西暦年を答えよ。
問8　下線部①の1つであったアユタヤに住み，現地の王室に重く用いられた人物を答えよ。
問9　ポルトガルが1557年に居住権を得て，下線部②のなかで根拠地とした場所を答えよ。
問10　下線部③の状態にあり，徳川家康の交渉相手となった中国の王朝名を答えよ。
問11　下線部④を1609年に征服して，薩摩藩の支配下に置いた人物を答えよ。

（中京大）

ポイント解説
❶対外的に日本の主権者と認められることで，国内の権威を確固たるものにしようとし，貿易を行なうことで幕府の経済力を強めようとしたため。
❷キリスト教の布教がスペイン・ポルトガルの侵略を招くことを恐れ，またキリスト教の影響により，封建秩序が破壊される恐れがあると考えたため。
❸キリスト教の禁圧を徹底し，貿易を独占することにより幕府の統制力を強化し，幕藩体制を確立させるため。

36 幕藩体制の成立③——幕藩社会の構造

ポイント
1. 幕藩体制のもとで百姓が厳しく統制されたのはなぜか。
2. 江戸幕府は百姓をどのように統制したか。
3. 江戸時代の町人支配はどのように行なわれたか。

●重要用語●

1〔　　　　　〕江戸時代の主要な身分をさす用語。この他に公家・僧侶や賤民身分などがある。近年では，大半を占める被支配身分は**百姓・職人・家持町人**の三つを主なものとしている。

2〔　　　　　〕**名主（庄屋・肝煎）・組頭・百姓代**の村役人をいう。郡代や代官のもとで村政にあたり，**地方三役**ともいう。

3〔　　　　　〕名主などの村役人を通じて，年貢や諸役を村民全員の連帯責任で納めさせた制度。

4〔　　　　　〕本百姓5戸1組を原則とした隣保組織。相互に連帯責任を負わせ，年貢納入・犯罪防止などにあたらせた。

5〔　　　　　〕検地帳に登録され高請地となった田畑・家屋敷を持ち，貢租を負担して村政に参加した百姓。**高持**ともいう。

6〔　　　　　〕田畑・家屋敷を持たず，貢租を負担しない最下層の農民。石高を持たないことから**無高**ともいった。

7〔　　　　　〕田畑・家屋敷にかけられた主要な租税。**本途物成**ともいい，税率は収穫高の40〜50％で米納を原則とした。

8〔　　　　　〕山野河海の利用や農業以外の副業などにかけられた雑税の総称。

9〔　　　　　〕国ごとに課された税。河川の土木工事での夫役労働など。

10〔　　　　　〕街道近辺の村々に課された夫役で，公用交通の人馬の不足を補うため人や馬をさし出した。

11〔　　　　　〕1643年，本百姓の経営を維持し年貢を確保することを目的に発布された田畑の永代売買を禁止した法令。

12〔　　　　　〕1673年に発令された，分割相続による田畑の細分化と本百姓の年貢負担能力の減退を防ぐための法令。

13〔　　　　　〕1649年，農村を対象として公布した32条の心得。農民の生活を細かく規定し，年貢確保・農村維持をはかった。最近はその存在が疑問視されている。

14〔　　　　　〕町内に町屋敷を持つ町人。町人の代表である**名主・町年寄・月行事**などが**町法**にもとづいて町を運営した。

15〔　　　　　〕棟割長屋などに借家住まいをする町人。町政権はない。

● **免（貢租賦課率）の決定**
年貢は村の総石高に対して免をかけて算出されたが，この免は，毎年幕府・藩が役人を派遣し作柄を調べて決定した。これを**検見法**という。のち豊凶に関係なく免を一定にする**定免法**が享保の改革で採用された。

● **結・もやい**
農村では，田植えや稲刈りなど一家では困難な仕事を相互に助け合って行なったが，これを結といった。

● **村八分**
村の秩序や掟に違反した者への制裁。水利・入会権の制限や結の禁止などが行なわれた。

● **農民と年貢**
田畑でつくる米のほか，麦や雑穀などすべての生産物が米に換算されて年貢がかけられたため，農民には米はほとんど残らなかった。

江戸幕府の民衆支配

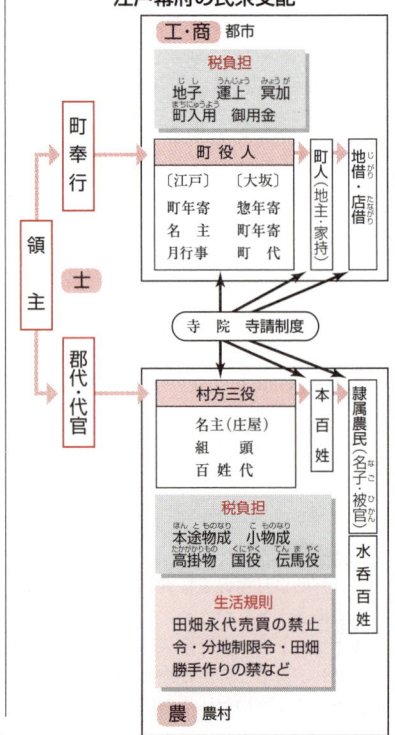

工・商　都市
　税負担
　　地子　運上　冥加
　　町入用　御用金
町奉行 → 町役人
　〔江戸〕　〔大坂〕
　町年寄　惣年寄
　名主　　町年寄
　月行事　町代
　→ 町人（地主・家持）→ 地借・店借

領主　士

寺院　寺請制度

郡代・代官 → 村方三役
　名主（庄屋）
　組頭
　百姓代
　→ 本百姓 → 隷属農民（名子・被官）・水呑百姓

税負担
　本途物成　小物成
　高掛物　国役　伝馬役

生活規則
　田畑永代売買の禁止令・分地制限令・田畑勝手作りの禁など

農　農村

重要演習

❶ 次の文章を読み，空欄（1〜15）に入る適語を答えよ。

近世社会は封建社会である。それ故に，すべての場面で身分制社会になっていた。その社会は，士農工商と称されていたが，政治的意図のもとに四民の下位に設置された身分にえた，（ 1 ）などがあり，かれらはさまざまに差別され，不当な扱いをうけていた。しかし，同じ身分でも，それぞれの内部では重層的階層からなっていた。

将軍直属の家臣といっても，石高（ 2 ）以上の領地を与えられた武士は大名と呼ばれ，石高（ 2 ）未満でかつ将軍に謁見を許されない武士は（ 3 ）といわれた。将軍は大名を転封したり，（ 4 ）したりすることができたので，武士身分といってもすべてが一様ではなかった。

農民は（ 5 ）に登録され，田畑屋敷をもって，耕作に必要な用水権・入会権などを有し，（ 6 ）負担者となった（ 7 ）が基本的な階層であった。一方，田畑を所有せず，貢租も直接負担しない（ 8 ）とか無高百姓と呼ばれた階層の農民もいた。さらに，近世の村には，（ 8 ）のほかに，特定の百姓と身分的隷属関係をもつ最下層の人びととがいた。かれらは（ 9 ）・被官・家抱と呼ばれた。

都市に住む商工業者を広く（ 10 ）といったが，厳密には違いがあった。すなわち，五人組を組織し，町政に参加できた人びとは（ 11 ）や家持といわれ，一方，長屋などに住む人びとで，家守（大家）らの監督を受けたものを（ 12 ）・店借とよんだ。町に住む商工業者には，（ 13 ）とか冥加といわれた営業税や営業免許税が課せられていた。さらに，屋敷の間口に応じて課せられた宅地税を（ 14 ）といった。また，手工業者は（ 15 ）と称されていたが，商人とともに（ 10 ）と呼ばれていた。　　　（東北福祉大）

❷ 次の文（A・B）を読み，問（1〜7）に最も適当な答を記入せよ。

A　江戸時代の社会を構成した基本単位は村と百姓であった。江戸時代の経済は百姓から徴収する年貢米を中心に成り立っていて，そのため幕府や藩は村とそこに住む百姓の支配に最も力を入れた。

問1　江戸幕府は安定した支配体制を確立するために，当時の主な職業をあらわす士農工商を利用して人々を四民の身分秩序に分けた。このなかで農民（林業や漁業にたずさわる者も含む）が最も多かったが，それは当時の人口の約何割を占めたか。1から9までの数字を記入して答えよ。

問2　村は村方三役とよばれた名主・組頭・百姓代によって運営されたが，このなかで名主は関東のよび方で，西日本では何とよばれていたか。

問3　幕府や藩は，年貢などの納入を村の責任で行わせた。この納入の制度を何というか。

問4　年貢率（免）は，その年の収穫に応じて決める方法と豊凶に関係なく一定の年貢率を課税する方法とがあった。前者の方法は何か。

B　幕府や藩によって支配される村は，そこに住む農民たちが生活を維持するための共同体でもあった。自然を対象とする農業は，生産活動におけるさまざまな協力が必要で，そのために農民たちはいろいろな組織をつくり村の生活を営んでいた。

問5　農民たちは生活や耕作を維持するために，田植え，稲刈りなどの共同作業を行い，また講や宗教行事を営んだが，家々の間で労働力を交換し合って相互に手伝う共同作業のための組織は何か。漢字1字で答えよ。

問6　村では共同の生活を維持するために村掟（村法）がつくられ，これにそむくと村八分などの制裁が加えられた。村八分とは日常の共同生活を十分として，そのうちの二分だけを残して付き合いの八分を拒絶するものだが，付き合いを必要とする二分は「火事」と何か。

問7　百姓や町人が離婚する場合は，夫が妻に交付する離縁状が必要だった。妻が離婚を要求しても夫が離縁状を出さない場合は，妻の離婚を助ける寺院があった。その寺のことを何とよぶか。（西南学院大）

ポイント解説

❶ 百姓は封建社会を経済的に支える重要な年貢・諸役の負担者であったため，幕府や藩は厳しく統制した。

❷ 郡代や代官が，農村の自治を利用して村役人や五人組・寺請制度などで支配し，田畑永代売買の禁止令・分地制限令・田畑勝手作りの禁などの法令で百姓を統制した。あわせて，百姓は多様な生業を持つ者であることに留意する。

❸ 町には村と同様の自治組織があり，町法（町掟）にもとづいて運営されていた。重い年貢負担を免れたが，町人足役などが課せられた。また有力な町人から問屋・町年寄などを選んで，町奉行による行政を手伝わせた。

37 幕政の安定

ポイント
1. 家綱の政治はどのようなものであったか。
2. 文治主義とはどのようなものか。
3. 新井白石の政治的課題はどのようなものであったか。

重要用語

1 〔　　　〕1641〜80　4代将軍。家光の長子。叔父の保科正之や酒井忠清ら譜代大名の補佐で社会秩序の安定をすすめた。

2 〔　　　〕由井(比)正雪の乱。1651年，由井正雪が牢人の不満を背景に幕府転覆を謀った事件。

3 〔　　　〕1657年，江戸でおこった大火事。江戸の再建費は幕府財政を圧迫した。

4 〔　　　〕家綱の代替りの武家諸法度により明文化。跡継ぎの新しい主人に仕えることを義務づけ，戦国の遺風を廃止した。

5 〔　　　〕1628〜1700　水戸藩主。江戸に彰考館を設け，『大日本史』の編纂を開始し，また明から亡命してきた朱舜水を学事にあたらせた。

6 〔　　　〕1643〜1724　加賀藩主。朱子学者の木下順庵・室鳩巣らを招き学問を振興させた。

7 〔　　　〕1646〜1709　5代将軍。儒教を重視し，文治主義による政策を展開する一方で仏教にも帰依し，元禄時代を現出した。

8 〔　　　〕1658〜1714　綱吉の側用人。大老堀田正俊が暗殺されたあと，綱吉の政治を補佐した。

9 〔　　　〕江戸湯島に建てられた学問所。林羅山が上野忍ヶ岡に設けた孔子廟と私塾を綱吉が湯島に移し，学問所として整備し，林鳳岡を大学頭に任じた。

10 〔　　　〕1685年，綱吉が発布。生きものの殺生を禁止した。庶民は迷惑したが，戦国の遺風を断つことになった。

11 〔　　　〕1658〜1713　勘定吟味役(のち勘定奉行)。財政収入を増加させるため低質の小判を発行したが，貨幣価値が下落し，インフレとなる。

12 〔　　　〕6代将軍家宣が朱子学者新井白石と側用人間部詮房を登用した政治。礼儀と秩序を重視。

13 〔　　　〕新井白石の献策により，幕府が費用を投じて設立した親王家。朝幕関係の融和策。

14 〔　　　〕新井白石の建議で鋳造した小判。金の含有率を慶長小判と同率にした。

15 〔　　　〕1715年，新井白石が長崎貿易による外国への金の流失を防ぐため，貿易を制限した法令(長崎新令・正徳新令)。

● 綱吉の文治主義政策
林鳳岡(信篤)を大学頭に任命し，湯島聖堂を建てた。

● 天和の武家諸法度(1683年)
第1条を「文武忠孝を励し，礼儀を正すべきこと」と改め，『弓馬の道』にかわり忠孝と礼儀による秩序維持をめざした。

● 服忌令
近親者の死に際し，忌引などの日数を定めた法令。江戸時代を通じて浸透し，今日まで影響を残す。また穢れ観もこれにともない広がり，差別意識が強められた。

● 元禄小判
1695年発行。金の含有率は57%。

● 家宣の政治
生類憐みの令を廃止し，側用人柳沢吉保を退けた。

● 朝鮮使節待遇問題
1771年，通信使来日に際し白石は待遇を簡素化し，また，朝鮮の国書において将軍の呼称を「日本国王」と記させるなど，将軍の権力者としての地位を明確にした。

諸藩の文治政治

藩名	藩主	招かれた学者	その他
岡山	池田光政 1609〜82	熊沢蕃山 (陽明学者)	1641 私塾：花畠教場 1668 郷学：閑谷学校
会津	保科正之 1611〜72	山崎闇斎 (朱子学者)	社倉設置，倹約，殖産興業，開墾奨励
水戸	徳川光圀 1628〜1700	朱舜水 (明の儒者)	1672 彰考館を江戸の藩邸に設立 『大日本史』の編纂を始める
加賀	前田綱紀 1643〜1724	木下順庵 室鳩巣 (朱子学者)	貧民救済，新田開発，肝煎の制 図書収集，古書刊行

重要演習

1 江戸幕府4代将軍の在職中(1651～80)に関する次の文章を読み，下記の問いに答えよ。

1651年，3代将軍徳川家光が死去し，11歳の(A)が4代将軍となった。それまでに①老中以下の職制が整備されて，幕府の基礎は固まっていた。しかし，武断政治の推進によって，多くの②大名の改易があり，大量の牢人(浪人)が発生したため，社会不安は高まっていた。

(A)が将軍に就任する直前に，兵学者の(B)は牢人(浪人)を集め，幕府転覆を計画したが，失敗して自殺した。のちに(B)の乱(慶安の変)と呼ばれる事件であり，これが，(A)を補佐した会津藩主の(C)を中心に，武断政治から儒学に基づく文治政治への転換が図られる契機になった。幕府は，牢人(浪人)の減少策をとるなど，社会秩序の安定に取り組み始めた。

1657年には江戸で大火災が発生し，焼死者は10万人を越えた。これが「振袖火事」とも呼ばれた(D)の大火である。その後，(A)の将軍在職中には大きな事件も起こらず，安定した平和が続いた。幕府の文治主義が進むにつれて，いくつかの藩では③儒学に強い関心を示した藩主があらわれた。

問1 (A)～(D)に入れるのに最も適切なものを，それぞれの語群のうちから選べ。
  (A)の語群　イ 徳川綱吉　ロ 徳川家継　ハ 徳川家綱　ニ 徳川家宣　ホ 徳川家重
  (B)の語群　イ 大塩平八郎　ロ 竹内式部　ハ 生田万　ニ 由井(比)正雪
　　　　　　　ホ 山県大弐
  (C)の語群　イ 保科正之　ロ 堀田正俊　ハ 松平容保　ニ 酒井忠清　ホ 柳沢吉保
  (D)の語群　イ 天和　ロ 宝永　ハ 宝暦　ニ 明暦　ホ 明和

問2 次の文章(1)～(4)は，下線部①にいう老中以下の職制について，各役職の特徴の一部を述べたものである。それぞれに該当する役職を下記のイ～チのうちから選べ。
(1) 老中を補佐し，旗本・御家人の監察に当たる。譜代大名より選ばれる。
(2) 旗本より選ばれ，大名の監察を主要な任務とした。
(3) 三奉行のなかで最も高い格式を持つ。譜代大名より選ばれる。
(4) 老中につぐ重要な職で，畿内周辺8カ国の幕領(天領)の訴訟を担当した。
　イ 大坂城代　ロ 若年寄　ハ 京都所司代　ニ 大目付　ホ 京都守護職
　ヘ 寺社奉行　ト 町奉行　チ 勘定奉行

問3 次の文章(1)・(2)は，下線部②にいう大名の改易について述べたものである。それぞれに該当する大名を下記のイ～ホのうちから選べ。
(1) 豊臣系の大名であるが，関ヶ原の戦いで東軍に属したため，安芸国・備後国で49万石を領有していた。居城の広島城を無届で修築したことが，武家諸法度の違反とされて，1619年に改易となった。
(2) 肥前国島原で4万石を領有していた。その領地にはキリシタン信徒が多く，キリシタン弾圧と重税で迫害を加え，島原の乱(島原・天草一揆)の原因をつくった。島原の乱(島原・天草一揆)後に，改易となった。
　イ 松倉氏　ロ 福島氏　ハ 加藤氏　ニ 小西氏　ホ 本多氏

問4 次の文章(1)～(3)は，下線部③にいう儒学に強い関心を示した藩主について述べたものである。それぞれに該当する人名を下記のイ～トのうちから選べ。
(1) 朱子学者の木下順庵を招いて，加賀藩の学問を大いに振興させた。
(2) 『大日本史』の編さんを始めて，水戸学の基礎を築いた。
(3) 岡山藩主で，陽明学者の熊沢蕃山(了介)を用いて，閑谷学校を創設した。
　イ 前田綱紀　ロ 上杉治憲(鷹山)　ハ 池田光政　ニ 細川重賢(銀台)　ホ 松平治郷
　ヘ 徳川光圀　ト 佐竹義和

(中京大)

ポイント解説
❶ 1663年の武家諸法度では殉死を禁止し，慶安の変後には末期養子の禁止を緩和するなど，戦乱を待望する牢人やかぶき者と呼ばれた者の対策を行なった。
❷ 儒教道徳にもとづく社会秩序を重視するという考え方。武力によって支配する武断政治にかわって封建制維持のために採用された。
❸ 6代将軍家宣，7代将軍家継の短命，幼少将軍が続く中で幕政の刷新につとめ，将軍の地位とその権威を高めようとした。

38 経済の発展

> ポイント
> ❶ この時期に農業生産が向上した理由は何か。
> ❷ 幕府が18世紀以降，株仲間を認めるようになったのはなぜか。
> ❸ 両替商が発達したのはなぜか。

●重要用語●

1 〔　　　　　〕田の土をおこすための鍬。深く耕すことができるように先が3〜4本に分かれている。

2 〔　　　　　〕金銭を支払って買い取る肥料。干鰯，〆粕が多く用いられた。

3 〔　　　　　〕栽培技術や農業知識を説く書物。宮崎安貞の『農業全書』，大蔵永常の『広益国産考』『農業便利論』など。

4 〔　　　　　〕海水を取り入れ，水分を蒸発させ塩分濃度を高める方法。瀬戸内海の沿岸部分を中心に発展した。

5 〔　　　　　〕東海道・中山道・甲州道中・日光道中・奥州道中の総称。道中奉行によって管理された。

6 〔　　　　　〕宿場(宿駅)に設けられた大名・公家・幕府役人の宿。庶民用の宿は旅籠屋。

7 〔　　　　　〕1554〜1614　京の商人。大堰川，富士川，天竜川，高瀬川などの水路開発を行なう。

8 〔　　　　　〕大坂・江戸間の南海路を運航した輸送船。千石積の船は船足が遅く，荷役のはやい樽廻船におされた。

9 〔　　　　　〕1618〜99　江戸の商人。17世紀後半に東廻り海運・西廻り海運を整備した。

10 〔　　　　　〕目方ではなく個数や額面で適用する貨幣をいう。小判・一分金など。

11 〔　　　　　〕重さをはかって価値を計り使用。丁銀・豆板銀など。

12 〔　　　　　〕三貨(金銀銭)の交換から生まれ，本両替とよばれる有力商人(三井・天王寺屋・平野屋・鴻池・三谷・鹿島屋)は，幕府・諸藩の公金を扱うようになった。

13 〔　　　　　〕江戸・大坂・京都の総称。これらは全国市場の要地であり，当時の世界でも有数の大都市に成長した。

14 〔　　　　　〕諸藩が年貢米や特産物(蔵物)を販売するため大坂などにおいた倉庫。蔵物は蔵元・掛屋という商人を通して販売された。

15 〔　　　　　〕江戸・大坂間の荷物運送の安全と流通の独占をめざして結成された大坂の積荷問屋の組合。

● 町人請負新田
17世紀末から，有力町人(商人)が資金を出し，開発が進められた。江戸時代初期164万町歩から18世紀初めには297万町歩へと激増した。

● その他の農具
千歯扱(脱穀機)・唐箕，千石簁(選別)，踏車。

● 俵物
いりこ・ほしあわび・ふかのひれなどを俵につめ，長崎から中国へ輸出した。

● おもな脇街道
伊勢街道・北国街道・中国街道・長崎街道。

● おもな関所
東海道の箱根・新居，中山道の碓氷・福島，甲州道中の小仏，奥州・日光道中の栗橋などがある。

● 十組問屋
江戸の荷受問屋。大坂の二十四組問屋と海損負担の協力を結ぶ。

● 金遣い・銀遣い
東日本(江戸)ではおもに金貨で決裁が行なわれ，西日本(大坂)ではおもに銀貨で行なわれた。金建て・銀建てともいう。

● 商人の分化
蔵物の出納を司る蔵元，売却の代金を管理する掛屋に商人を用いた。

二都の商業機構

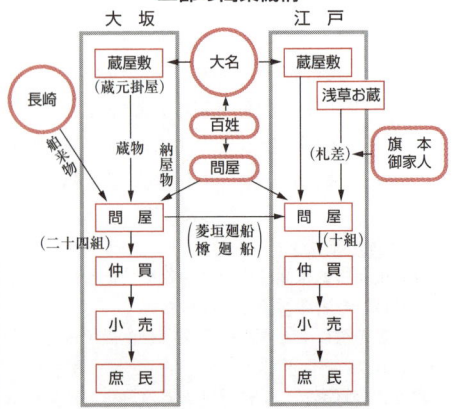

大坂　　　　　　　　江戸
蔵屋敷←大名→蔵屋敷
(蔵元掛屋)　　　　浅草お蔵
長崎←蔵物 百姓 納屋物→(札差)→旗本御家人
船米物　問屋　　　　問屋
　　　(二十四組)菱垣廻船 樽廻船(十組)
　　　仲買　　　　　仲買
　　　小売　　　　　小売
　　　庶民　　　　　庶民

重要演習

❶ 次の文は，農業および諸産業の発展について述べたものである。それぞれの設問に答えなさい。

　徳川幕府が開かれたのち，17世紀初めには，鉱山開発などで育まれた土木技術を，農業生産の向上へと転用する試みがすすんだ。幕府はもちろんのこと，諸藩において耕地開発が奨励され，また，江戸などの大都市に上水設備が整えられた。さらに，室町時代に発展した農業技術は，17世紀後半に，より多くの新技術を導入することで生産性を高め，商品作物は，より多くの品種が生産された。これらの商品は当時の交通上の発展により，全国への広がりを加速した。17世紀後半になると，京都，大坂，江戸や城下町において，各地から商品を受託して仕入れを独占する問屋が商業と流通の中心を占めた。また，巨富を蓄え豪商となる者が登場する。この時期は，かつて室町時代にはみられなかったような貨幣経済の進展が加速した。

問1　江戸時代，代官見立新田の開発が積極的に奨励された時期は次のどれか。
　(a)　慶長　　(b)　寛永　　(c)　元禄　　(d)　享保　　(e)　天保

問2　この時期の農業技術の改良によって新たに登場したものとして，該当しないものは次のどれか。
　(a)　千歯扱　　(b)　千石簁　　(c)　備中鍬　　(d)　唐箕　　(e)　田下駄

問3　17世紀末，五穀・菜類・果樹など10巻に分け，見聞と体験に基づく農業技術を記した『農業全書』をあらわした人物名は次のどれか。
　(a)　宮崎安貞　　(b)　田中丘隅　　(c)　大蔵永常　　(d)　二宮尊徳　　(e)　大原幽学

問4　手工業の分野において，木綿の生産が増加した。これは，15世紀に朝鮮から綿布，ついで綿種がつたえられ，戦国時代栽培がはじまり，西国一帯に広く栽培されて以後のことである。当時の木綿生産地として該当しない地方名は次のどれか。
　(a)　河内　　(b)　尾張　　(c)　伊勢　　(d)　三河　　(e)　遠江

問5　江戸時代の商品は交通の発展により，全国への広がりを加速した。特に大量の物資を安価に運ぶために，陸路より水上交通が好まれた。そうしたなか，角倉了以によって開削され水路を開かれた河川の名は次のどれか。
　(a)　富士川　　(b)　利根川　　(c)　淀川　　(d)　信濃川　　(e)　最上川

問6　次の空欄（　ア　）～（　オ　）に該当する記号を以下の(a)～(j)から選びなさい。

　　大坂と江戸の間には，（　ア　）（17世紀初めに堺商人が創始したといわれる。元禄期には江戸十組問屋と提携した。）や（　イ　）（源流は，寛文年間に摂津に起こった小早という廻船）が定期的に往復し，大坂から木綿，油，酒などを江戸に運んだ。17世紀後半になると，江戸の商人（　ウ　）によって，（　エ　）（東北日本海沿岸より津軽海峡経由で江戸に至る航路），（　オ　）（日本海沿岸の出羽酒田を起点とし，下関経由で大坂に至る航路）が整備された。
　(a)　河村瑞賢　　(b)　北前船　　(c)　西廻り海運　　(d)　後藤庄三郎　　(e)　東廻り海運
　(f)　樽廻船　　(g)　末次平蔵　　(h)　瀬戸内海航路　　(i)　菱垣廻船　　(j)　南海路

問7　次の文章は，江戸時代の貨幣経済進展についてのべたものである。空欄（　ア　）～（　シ　）に該当するものを(a)～(n)から選びなさい。

　　江戸時代の貨幣経済発展の発端となったのは，（　ア　）年頃から金座，銀座によって大量につくられた（　イ　）金銀（統一規格の金銀貨幣の初め）である。その後，金座が（　ウ　）と（　エ　）におかれた。主として用いられた貨幣は，（　オ　）や（　カ　）金などの（　キ　）貨幣である。また，銀座は，まず，（　ク　）と（　ケ　）におかれ，のちに（　ウ　）と（　エ　）にうつされる。（　コ　）銀や（　サ　）銀などの（　シ　）貨幣が鋳造された。
　(a)　秤量　　(b)　元和　　(c)　小判　　(d)　江戸　　(e)　一分　　(f)　京都　　(g)　計数
　(h)　1600　　(i)　1610　　(j)　丁　　(k)　伏見　　(l)　豆板　　(m)　駿府　　(n)　慶長　　　　（上智大）

ポイント解説

❶町人請負新田などにより農地が増大し，さらに，農具・肥料などの農業技術が発達した。
❷幕府による商業・手工業の支配と物価政策，運上・冥加などの営業税徴収をはかる目的を持った。
❸三貨(金・銀・銭)の両替や秤量を行なう必要や，取引が東日本では金遣い，西日本では銀遣いであったために，それらを交換する役割が欠かせなかった。

39 元禄文化

ポイント
1. 元禄文化の特色はどのようなものか。
2. 元禄時代に諸学問が発達したのはなぜか。
3. 朱子学が幕府に用いられたのはなぜか。

● 重 要 用 語 ●

1 〔　　　　　〕1642～93　大坂の浮世草子作者，談林俳人。著書に『好色一代男』（好色物），『日本永代蔵』（町人物）など。

2 〔　　　　　〕1644～94　伊賀出身の俳人。談林風を学び，蕉風俳諧を確立。代表作に『奥の細道』（紀行文）がある。

3 〔　　　　　〕1653～1724　人形浄瑠璃，歌舞伎の脚本作家。『曽根崎心中』（世話物），『国性爺合戦』（時代物）などを書く。

4 〔　　　　　〕1618～82　南学（海南学派）の儒学者。神道を儒教流に解釈する垂加神道を唱えた。

5 〔　　　　　〕1608～48　陽明学者。朱子学から転向。近江聖人とよばれる。門人に幕政批判で古河に幽閉された熊沢蕃山がいる。

6 〔　　　　　〕1622～85　古学派。『聖教要録』で朱子学を批判し，これにより赤穂配流となった。また『中朝事実』では日本を「中華」と見なして中国崇拝を攻撃した。

7 〔　　　　　〕1627～1705　古学派。京都堀川に古義堂を開き，『論語』『孟子』などの古典にたち帰ることを唱えた。

8 〔　　　　　〕1666～1728　古文辞学派。江戸で蘐園塾を開き，経世論を説いた。著書に『政談』『弁道』がある。

9 〔　　　　　〕1657～1725　朱子学者。正徳の政治を行なう。著書に『読史余論』（歴史書），『西洋紀聞』（洋学）などがある。

10 〔　　　　　〕博物学。おもに薬草を研究する学問。貝原益軒『大和本草』が有名。

11 〔　　　　　〕1623～97　農学者。その著『農業全書』は最初の体系的な農書で，広く利用された。

12 〔　　　　　〕安井算哲（渋川春海）がつくった日本独自の暦。従来の宣明暦の誤りを修正した。

13 〔　　　　　〕1640～1701　国文学者。和歌を道徳的に解釈する従来の方法を批判し，実証にもとづく『万葉代匠記』を著す。その研究姿勢はのちの国学に継承された。

14 〔　　　　　〕1658～1716　画家，工芸家。俵屋宗達の技法を取り入れて琳派をおこす。代表作に『紅白梅図屛風』がある。

15 〔　　　　　〕1618～94　浮世絵師。美人・役者などの図を版画にし，大量に生産した。このため浮世絵は広く民衆に普及した。

●談林派
西山宗因の一派。自由な作風で流行した。

●竹本義太夫
義太夫節を生み出す。近松が脚本を手がけた。

●歌舞伎の変遷
阿国歌舞伎→女歌舞伎→若衆歌舞伎→野郎歌舞伎

●朱子学派（京学）
藤原惺窩→林羅山→林鵞峰→林鳳岡
木下順庵→新井白石

●古学派
山鹿素行（聖学）
伊藤仁斎→伊藤東涯（堀川学派）
荻生徂徠→太宰春台（古文辞学派）

●歴史学
林羅山・鵞峰『本朝通鑑』
水戸藩『大日本史』水戸光圀に始まる。
新井白石『読史余論』『古史通』

おもな著作物

儒学・歴史学・古典	大学惑問（熊沢蕃山） 聖教要録（山鹿素行） 中朝事実（〃） 折たく柴の記（新井白石） 政談（荻生徂徠） 経済録（太宰春台） 万葉代匠記（契沖） 源氏物語湖月抄（北村季吟）
哲学・その他	農業全書（宮崎安貞） 老農夜話（須田政芳） 農具便利論（大蔵永常） 広益国産考（〃） 大和本草（貝原益軒） 庶物類纂（稲生若水） 塵劫記（吉田光由） 発微算法（関孝和） 貞享暦（渋川春海）

重要演習

❶ 次の文章の空欄に，もっとも適当な語句を記入せよ。

　江戸前期の文化の中でも，元禄時代になると，武家から次第に都市の町人や地方の農民などへと，幅広い享受層へ波及していく芽生えが見られる。

　文芸の分野で最初に特筆すべきは俳諧の隆盛である。江戸初期に起こった松永貞徳の貞門派，西山宗因の［　1　］俳諧の両者を受けるようにして，松尾芭蕉の幽玄閑寂な俳諧が登場する。それは［　2　］と呼ばれて一世を風靡し，俳諧ははじめて和歌と同等の文芸にまで高められた。小説の分野では，井原西鶴が出て教訓的な仮名草子に対し，町人層を対象とした［　3　］という新しい分野を開拓し，『好色五人女』『日本永代蔵』など，市井の男女の恋愛や人々の生き様を生き生きと描いた。［　4　］は当時の人々の生活の中に溶け込んでいた人形浄瑠璃や歌舞伎の脚本を書いて頭角を現し，作品は『曽根崎心中』などの当時の世相に材を取った世話物から，明王朝を復興する『国性(姓)爺合戦』などの時代物にわたった。

　当時，人形浄瑠璃は歌舞伎とともに民衆の共感を集めたが，人形遣いと語り手の役割は大きく，特に大坂竹本座の竹本［　5　］による語りは名声を博した。なお歌舞伎は，たびたびの風俗取り締まりから，野郎歌舞伎だけが行われていたが，江戸では荒事で名をあげた初代［　6　］が，上方では色男役でもてはやされた初代坂田藤十郎が活躍した。

　美術では，幕府御用絵師の狩野派が画壇の主流を担うが，創造的制作はむしろ市井の絵師たちにゆだねられるようになる。17世紀後半には，江戸に［　7　］が出て最初は肉筆の美人風俗画で名をなした。『見返り美人図』はその代表作であるが，さらに木版刷りによる［　8　］を完成させ，多くの人々に享受される地盤が整えられた。上方では［　9　］が『燕子花図屏風』のように，装飾的かつ文学的テーマに富んだ作品に新機軸を開いた。彼の弟乾山は焼き物に秀で，朴訥だが深みのある図様・彩色で独自の世界を築いた。乾山が師事したのは野々村仁清で，乾山とは異なり華麗な色絵磁器である［　10　］を大成したことで知られる。
（成城大）

❷ 次の問a～jについて，各問いに答えなさい。

a．「大学或問」を著したのは誰か。
b．「聖教要録」を著したのは誰か。
c．「読史余論」を著したのは誰か。
d．「政談」を著したのは誰か。
e．「農業全書」を著したのは誰か。
f．契沖の著作は，次のうちのどれか。
　① 都鄙問答　② 群書類従　③ 暦象新書　④ 采覧異言　⑤ 万葉代匠記
　⑥ 蘭学階梯
g．関孝和の著作は，次のうちのどれか。
　① 大和本草　② 庶物類纂　③ 北越雪譜　④ 発微算法　⑤ 塵劫記　⑥ 蕃薯考
h．井原西鶴の著作でないのは，次のうちのどれか。
　① 好色五人女　② 日本永代蔵　③ 梨本集　④ 世間胸算用　⑤ 武家義理物語
　⑥ 好色一代男
i．近松門左衛門の著作でないのは，次のうちのどれか。
　① 国性爺合戦　② 曽我会稽山　③ 心中天網島　④ 春色梅暦　⑤ 冥途の飛脚
　⑥ 曽根崎心中
j．本居宣長の著作でないのは，次のうちのどれか。
　① 秘本玉くしげ　② 国意考　③ 玉小櫛　④ 直毘霊　⑤ 古事記伝　⑥ 玉勝間
（明治学院大）

ポイント解説

❶元禄文化は幕政が安定し，経済が発達し社会が成熟したために現実主義と実証主義的傾向が強く，広く民衆に浸透した。
❷社会が安定すると，社会における人々の役割を説く儒学が重視され，その合理的で現実的な思考法の影響で他の学問が発達した。
❸朱子学の思想は身分秩序を重視したため，封建社会を維持するための教学として幕府や諸藩に歓迎された。

40 幕政の改革

ポイント
1. 享保の改革で吉宗がめざしたものは何か。
2. 田沼意次の改革の特徴はどのようなものか。
3. 寛政の改革でめざしたものは何か。

●重要用語●

1. 〔　　　〕1684～1751　8代将軍。家継の死により紀伊藩主から将軍となる。幕政の改革に着手。
2. 〔　　　〕吉宗の幕政改革。財政再建を中心に，法制の整備，新田開発などが行なわれた。
3. 〔　　　〕1719年，金銀貸借の争いについて，幕府への訴訟を受けつけず，当事者間で解決させた法令。
4. 〔　　　〕大名に臨時に石高1万石につき米100石を献上させる制度。かわりに参勤交代の江戸在府期間を半減した。
5. 〔　　　〕それまでの法令・判例を大岡忠相らが編纂したもの。裁判や刑罰の基準とした。
6. 〔　　　〕名主，村役人らを中心として惣百姓が団結しておこした大規模な一揆の形態。江戸中期に頻発した。
7. 〔　　　〕1782～87　冷害，水害，浅間山の噴火による全国的な飢饉。仙台藩の餓死者は約30万人にもおよんだ。
8. 〔　　　〕1719～88　9代将軍家重，10代将軍家治の側用人から老中になり，財政の再建に着手。民間経済に財源を求めた。
9. 〔　　　〕1734～1800　仙台藩の医師。『赤蝦夷風説考』を田沼意次に献上し，蝦夷地開発を主張した。
10. 〔　　　〕1774年，杉田玄白・前野良沢らによって訳述された西洋医学の解剖書。
11. 〔　　　〕1730～1801　国学者。賀茂真淵に学び，国学を思想的に高めた。著書に『古事記伝』などがある。
12. 〔　　　〕水戸藩の『大日本史』編纂事業を中心にしておこった学派。前期は朱子学の大義名分論にもとづく尊王論が主流で，後期には藤田東湖・会沢安らが尊王攘夷論を説いた。
13. 〔　　　〕1768年，江戸で尊王論を説き幕政を批判していた兵学者の山県大弐が，江戸城などの攻略を論じたとして死罪となった事件。
14. 〔　　　〕？～1762　『自然真営道』を著し，万人が農耕を営む自然の世を理想とし，封建社会を批判した。
15. 〔　　　〕1761～1816　江戸の遊里を描いた洒落本作家。寛政の改革で処罰される。

江戸の三大飢饉
享保の飢饉(1732)
天明の飢饉(1782～87)
天保の飢饉(1833～39)

●定免法
検見法にかわり豊凶にかかわらず一定の税率で徴収する方法。

●足高の制
旗本の人材登用，財政緊縮が目的。役職の石高を定め，それ以下の禄高のものが就任した場合，不足分を在職期間中支給するというもの。

●株仲間
幕府・藩に公認された仲間。田沼時代には冥加金を目的に公認されたが，天保の改革で一時解散させられた。

●国学
古典研究が『古事記』『日本書紀』など歴史書の研究へとすすみ，日本古来の道(古道)を説く国学へと発展した。

●藩校・郷校・私塾
諸藩が藩士の子弟教育のために設立。藩の援助を受け，藩士や庶民教育をめざした。民間でも武士・学者・町人により多数開かれた。

●一揆・打ちこわし
17世紀後半から村々の代表者による代表越訴型一揆が増え，17世紀後半になると藩全域におよぶ惣百姓一揆(全藩一揆)へと拡大していった。都市部では飢饉を背景にして打ちこわしがおこった。

享保の改革(1716～45)(8代将軍徳川吉宗)

儒学奨励 財政政策	○荻生徂徠，室鳩巣ら登用 ○倹約令　○定免法の採用 ○足高の制　○上げ米
産業政策	○新田開発(町人請負新田) ○実学奨励
法制の整備	○公事方御定書 ○御触書集成
政治刷新	○相対済し令 ○目安箱の設置
物価対策	○株仲間公認 ○大坂堂島米市場公認
結果	財政安定，年貢の徴収量増加，米価変動，百姓一揆続発

重要演習

❶ 次の文を読んで，空欄　1　〜　10　に最も適する語句を答えなさい。

1716(正徳6，享保と改元)年，7代将軍徳川家継が没すると，紀伊の藩主であった徳川吉宗が8代将軍となり，享保の改革を実施した。

吉宗は側用人による側近政治をやめて，譜代大名を重視し，また　1　のような有能な人材を登用した。　1　は江戸町奉行からのちに寺社奉行となっている。さらに，　2　らの儒学者を侍講に用いて，将軍みずから改革に取り組んだ。

吉宗は，財政再建のため倹約令によって支出をおさえる一方で，上げ米を実施し，大名から石高1万石につき　3　石を臨時に上納させた。そして新田開発をすすめるとともに，幕府領では　4　を採用して年貢の増収をめざした。さらに，甘藷・朝鮮人参などの栽培を奨励し，漢訳洋書の輸入制限を緩和した。これは，　5　重視のあらわれとしてとらえられる。吉宗は法の編さんにも着手し，幕府の法令や裁判の判例を集大成した　6　を制定した。　6　は上下2巻からなり，江戸幕府の基本法典となった。また当時，江戸町奉行所が受け付けた訴訟のほとんどが金銭訴訟であったため，相対済し令を出して，金銭訴訟は当事者間で解決させることとした。

享保の改革では，江戸の都市政策にも力を入れた。　1　は，たびたび大火にみまわれた江戸に町火消を組織し，貧民を対象とする医療施設として　7　を設けた。　7　がつくられたのは，　8　の門前に置かれた目安箱への投書がきっかけであった。

幕府財政の立て直しをはかった吉宗であったが，1732(享保17)年には全国におよぶ飢饉となり(享保の飢饉)，翌年，江戸では米価急騰の原因とみなされた米問屋が　9　にあった。

天明の飢饉は，1782(天明2)年の冷害からはじまり，翌年の　10　の大噴火もあって，数年におよぶ大飢饉となった。特に東北地方では多数の餓死者を出したといわれ，全国の主要都市でも　9　があいついでおこった。

その後，天保年間(1830〜1844)にも飢饉となり，享保・天明の飢饉とあわせて三大飢饉と称されている。

(駒澤大)

❷ 次の(1)〜(3)の文章を読んで，あとの設問に答えよ。

(1) 彼は京都の商家に奉公していたが，仕事の合間に膨大な儒学や仏教などの書物を読み，独学と思索を重ねた。やがて周囲の人々に呼びかけて無料の講義を始め，各自が人間に本来具わる「性」を自覚(「発明」)する道を説いた。彼はまた，商業活動などの庶民の日常の営みを，「発明」に至る修行の場として積極的に位置づけ，「倹約」や「正直」などの徳目を説いたので，多くの後継者を得て広く庶民層に広がった。著書には『都鄙問答』などがある。この教えは　A　と呼ばれる。

(2) 彼は大坂の豪商升屋の有能な番頭として，主家の経常を再建し，また仙台藩などの財政再建にも功績をあげた。彼はまた大坂の町人学問所　B　で中井竹山・履軒兄弟に朱子学を学び，麻田剛立にも天文学を学んだ。その思想は，「鬼神」の存在や一切の迷信を否定するなど，徹底した合理主義で知られている。

(3) 東北地方のある城下町で医師を開業していた彼は，人が人を支配する社会を「法世」として批判し，全ての人が平等に生産(「直耕」)に従事する「自然世」を理想とした。しかし，その大胆な思想は江戸時代には広く知られることがなく，近代に再発見されるまで「忘れられた思想家」であった。

問1　文章(1)〜(3)で記述されている人物の姓名をそれぞれ記せ。
問2　空欄　A　・　B　を補うのに最も適切な語句をそれぞれ記せ。
問3　文章(1)の人物の門人で，その思想を広めた人物の名を，次の①〜⑤の中から1つ選んで，その番号を記せ。
①　山県大弐　②　手島堵庵　③　富永仲基　④　西川如見　⑤　本多利明　(清泉女子大)

ポイント解説
❶家康の時代への復古をめざし，側用人による側近政治を廃止，財政の再建，法制の整備，学問重視などの改革に取り組んだ。
❷民間の経済活動を活性化させ，そこから運上・冥加などの営業税を徴収することにより財政の再建をはかった。また町人資本による新田開発にも力を入れた。
❸享保の改革を理想として田沼時代の政策を改め，農村の復興を基盤とし，財政再建，風俗の刷新をはかり幕府の権威を高めようとした。

41 幕府の衰退と近代への道

ポイント
1. ロシアは日本に対する通商交渉をどのように展開させたか。
2. 文化・文政時代の特色はどのようなものか。
3. 天保の改革はどのような結果となったか。

● 重 要 用 語 ●

1 〔　　　　　　　〕 松平定信の改革政治。農村復興，都市政策，思想統制を行ない，幕政をひきしめ，幕府の権威を高めようとした。

2 〔　　　　　　　〕 1789年，困窮する旗本・御家人を救済するため，札差に貸金を放棄させた法令。

3 〔　　　　　　　〕 1790年，朱子学を正学とし，湯島聖堂の学問所での朱子学以外の学問研究，講義を禁止した学問統制令。

4 〔　　　　　　　〕 1766～96？　ロシアの使節。1792年，根室に来航し漂流民大黒屋光太夫をとどけるとともに通商を要求した。

5 〔　　　　　　　〕 1775～1844　1808年，樺太，シベリア黒龍江下流域を探査し，樺太が島であることを確認した。

6 〔　　　　　　　〕 1808年，イギリスの軍艦が敵国のオランダ商船を捕獲するため長崎に侵入した事件。薪水・食料を強要し，退去。

7 〔　　　　　　　〕 1825年，外国船の撃退を命じた法令。**無二念打払令**ともよばれた。

8 〔　　　　　　　〕 **徳川家斉**が将軍，または前将軍として政治の実権を握った時代。文化・文政時代の約50年におよんだ。

9 〔　　　　　　　〕 1805年，関八州(関東の8カ国)の治安維持を目的として設置。無宿者や博徒の逮捕・取締りを行なった。

10 〔　　　　　　　〕 1837年，大坂町奉行所元与力の**大塩平八郎**が天保の飢饉の影響で苦しむ民衆を救済しようと武装蜂起した。

11 〔　　　　　　　〕 1837年，日本人漂流者の送還と通商交渉のため来航したアメリカ船を撃退した事件。

12 〔　　　　　　　〕 1793～1841　蘭学者，文人画家。モリソン号事件について『**慎機論**』を著し，幕府の鎖国政策を批判した。

13 〔　　　　　　　〕 水野忠邦の改革をいう。倹約を奨励し，農村の再建をはかり，**株仲間を解散**させるなど社会を厳しく統制した。

14 〔　　　　　　　〕 1843年，江戸・大坂周辺の土地約50万石を幕府の直轄地にし，財政の安定をはかろうとしたが，旗本・諸大名に反対され実施できず，水野忠邦失脚の原因となった。

15 〔　　　　　　　〕 薩摩，長州，土佐，肥前，越前など，有能な人材を登用し，財政の再建をはかり，藩権力の強化につとめた諸藩。

● **ゴローウニン事件**
1811年，国後島に上陸したロシア軍艦艦長ゴローウニンが日本の警備兵に捕らえられ監禁されたが，ロシアに翌年抑留され，1813年に送還された淡路の商人高田屋嘉兵衛の尽力で釈放された。

● **尊号一件**
1789年，松平定信が光格天皇の実父閑院宮典仁親王に太上天皇の尊号を宣下したいという申し出を拒否し，さらに武家伝奏が宣下を求めると，武家伝奏ら公家を処分した事件をいう。定信失脚の一因となる。

寛政の改革(1787～93)(松平定信)
(11代将軍家斉)

農村復興	○旧里帰農令　○伝馬役軽減
社会政策など	○囲い米　○海防強化 ○社倉・義倉の設置 ○七分金積立 ○人足寄場の設置
財政政策	○倹約令　○棄捐令
風俗矯正	○文武奨励，出版統制，男女混浴の禁止
言論統制	○寛政異学の禁
結果	財政緊縮，庶民の不満増大，反動的色彩強く，失敗

天保の改革(1841～43)(水野忠邦)
(12代将軍家慶)

財政政策	○倹約令 ○棄捐令 ○御用金 ○貨幣改悪
経済統制	○人返しの法(農村復興のため強制的) ○株仲間解散 ○物価引下げ令
政治統制	○上知令(忠邦失脚)
風俗矯正	○出版統制
結果	過度の生活統制に各層から不満が噴出し，失敗。幕府最後の改革となる。

重要演習

❶ 次の文章を読んで，下の問いに答えなさい。

　10代将軍家治の治世には，老中として幕政を掌握した(1)田沼意次が商業資本と結びついた諸政策を展開したことにより，商品経済は全国的に拡大したが，他面で本百姓が没落し，幕藩体制の矛盾が激しくなった。田沼の失脚後は東北の白河藩主で，徳川吉宗の孫でもある松平定信が，11代将軍家斉のもとで老中として寛政の改革に着手した。彼は緊縮政策やきびしい統制を行い，天明の飢饉で危機的におちいった財政基盤の復旧を試みた。しかし，改革はあまり効果をあげることはできず，倹約の強要や日常生活への干渉はかえって民衆の反発をよび，さらに，(2)朝廷問題で家斉とも対立し退陣に追いこまれた。

　大御所として君臨した家斉の死後，12代将軍家慶のもとで老中水野忠邦を中心として，幕府権力の再建をめざす天保の改革がはじまった。忠邦は徹底した倹約令をだして，大御所時代の華美な風潮を取り締まるとともに，(3)庶民の風俗も規制した。さらに天保の飢饉で荒廃した農村の再建をはかるため農民の出稼ぎを禁止し，物価を引下げるため株仲間の解散を命じた。そして，(4)1843年には，江戸・大坂周辺の合計約50万石の地を幕府の直轄領にして，財政の安定や対外防備の強化をはかろうとしたが，大名や旗本に反対されて失敗した。これが原因で忠邦は失脚し，幕府権力の衰退はもはや止めることのできない状況となっていくのである。

問1　下線部(1)に関して，田沼意次の政策について述べた文として**適当でないもの**を，次の①～④のうちから一つ選びなさい。
　①　商人や職人の株仲間を積極的に公認し，運上や冥加などの営業税の増収をめざした。
　②　町々に町費節約を命じ，節約分の7割を積み立てさせて町会所にこれを運用させた。
　③　定量の計数銀貨を鋳造させ，金を中心とする貨幣制度への一本化をこころみた。
　④　特定商人に銅・鉄・真鍮・朝鮮人参の座をつくらせ，幕府の専売品として増収をはかった。

問2　下線部(2)は尊号一件とよばれているが，これについて述べた文として正しいものを，次の①～④のうちから一つ選びなさい。
　①　光格天皇が実父に太上天皇の称号を贈ろうと幕府に許可を求めたが，定信がこれを拒否し，関係者を処罰した。
　②　孝明天皇が実母に皇太后の称号を贈ろうと幕府に許可を求めたが，定信がこれを拒否し，関係者を処罰した。
　③　後水尾天皇が幕府にはからずに大徳寺の僧侶に与えた紫衣を定信が取り上げ，これに抗議した大徳寺の僧侶を処罰した。
　④　明正天皇が幕府にはからずに増上寺の僧侶に与えた紫衣を定信が取り上げ，これに抗議した増上寺の僧侶を処罰した。

問3　下線部(3)に関して，天保の改革で処罰された人情本作家として正しい人物を，次の①～④のうちから一つ選びなさい。
　①　為永春水　　②　恋川春町　　③　山東京伝　　④　式亭三馬

問4　下線部(4)の政策を何というか。正しいものを，次の①～④のうちから一つ選びなさい。
　①　相対済し令　　②　流地禁止令　　③　上知令　　④　棄捐令

（大手前大）

ポイント解説

❶1792年，ラクスマンが根室に来航し漂流民を返還し通商を求め，1804年にはレザノフがラクスマンが持ち帰った入港許可証で長崎に来航するが幕府は要求を拒否し，追い返した。

❷幕府の財政が低質の貨幣流通により潤ったため，将軍・大奥の生活は華やかになり，商人の経済活動も活性化し，都市を中心に庶民文化が発展した。しかし，江戸周辺の農村では治安が悪化した。

❸厳しい倹約と生活・風俗の統制による民衆の不満増大，物価高騰，領民の反対による転封命令撤回，諸藩の反対による上知令の中止などにより，幕府権力の衰退を示す結果となった。

42 化政文化

ポイント
1. 化政文化の特徴はどのようなものか。
2. 幕藩体制の動揺が思想界にどのような影響を与えたか。
3. 蘭学が美術にどのような影響を与えたか。

●重要用語●

1. 〔　　　　〕1755～1817　藩専売制の採用など殖産興業により，商工業の発展をはかり藩財政再建を説いた。
2. 〔　　　　〕1769～1850　『経済要録』を著し，産業振興・国家専売・貿易の展開を主張。産業の国営化と重商主義政策を説いた。
3. 〔　　　　〕1776～1843　復古神道を主張し，儒・仏を排斥した。復古神道はのちの尊王攘夷運動に影響を与えた。
4. 〔　　　　〕1745～1818　全国の沿岸を測量して『**大日本沿海輿地全図**』(1821年に完成)を作成した。
5. 〔　　　　〕天文方**高橋景保**の建議により設立。洋書の翻訳にあたった。のちに蕃書調所となる。
6. 〔　　　　〕1760～1806　蘭学者。語学および天文学研究を進め，ニュートンの万有引力説などの紹介をおこない，天文学発達に貢献した。
7. 〔　　　　〕1810～63　大坂で蘭学塾(適々斎塾)を開き，福沢諭吉・大村益次郎・橋本左内らを輩出する。
8. 〔　　　　〕1796～1866　ドイツ人。長崎の**鳴滝塾**で医学を講じる。帰国の際，日本地図を所持していたため国外追放となる。
9. 〔　　　　〕庶民生活を描いた小説。十返舎一九『東海道中膝栗毛』，式亭三馬『浮世風呂』などが有名。
10. 〔　　　　〕1767～1848　歴史や伝説を題材とした読本作者。『南総里見八犬伝』を著し，勧善懲悪・因果応報を説いた。
11. 〔　　　　〕1763～1827　信濃の俳人。『おらが春』で農村の生活感情をよんで，庶民の主体性を強く打ち出した。
12. 〔　　　　〕鈴木春信が創作した多色刷りの浮世絵。大量生産が可能になり，広く民衆に普及。
13. 〔　　　　〕1797～1858　『東海道五十三次』が有名で，彼の浮世絵はゴッホらヨーロッパ印象派の画家にも影響を与えた。
14. 〔　　　　〕1755～1829　狂言作者。歌舞伎芝居の隆盛をにない，「東海道四谷怪談」などの生世話物で人気を得た。
15. 〔　　　　〕庚申の夜(干支で庚申に当る日)，招福除災のために集まる。同種の講に念仏講・地蔵講・太子講などがある。

●**蘭学**
吉宗の漢訳洋書輸入制限の緩和により発達。
大槻玄沢『蘭学階梯』
稲村三伯『ハルマ和解』

おもな私塾

設立地	私塾名	創設者
大坂	懐徳堂	中井甃庵
豊後	咸宜園	広瀬淡窓
大坂	適塾	緒方洪庵
長崎	鳴滝塾	シーボルト
萩	松下村塾	吉田松陰の叔父

●**読本**
文章が主体の小説。歴史・伝記などの内容で勧善懲悪・因果応報の思想が流れる。

●**文人画**
文人，学者らが描いた絵画。

●**狂歌・川柳**
- 狂歌—大田南畝(蜀山人)・石川雅望(宿屋飯盛)らに代表され，和歌に滑稽味を取り入れた短歌。
- 川柳—雑俳の様式で，世相風刺・人情の機微をよんだもので，柄井川柳が点者として活躍したことからこの名がおこる。

おもな著作物

分野	書名（著者）
国学	国意考(賀茂真淵)
	古事記伝(本居宣長)
	群書類従(塙保己一編)
洋学・その他	蔵志(山脇東洋)
	采覧異言(新井白石)
	西洋紀聞(　〃　)
	解体新書(前野良沢・杉田玄白ら)
	赤蝦夷風説考(工藤平助)
	海国兵談(林子平)
	蘭学階梯(大槻玄沢)
	西説内科撰要(宇田川玄随)
	ハルマ和解(稲村三伯)
	大日本沿海輿地全図(伊能忠敬)
	蘭学事始(杉田玄白)
	戊戌夢物語(高野長英)
	慎機論(渡辺崋山)

おもな著作物

分野	書名（著者）
政治・社会思想	稽古談(海保青陵)
	自然真営道(安藤昌益)
	柳子新論(山県大弐)
	西域物語(本多利明)
	経世秘策(　〃　)
	出定後語(富永仲基)
	夢の代(山片蟠桃)
	経済要録(佐藤信淵)
	弘道館記述義(藤田東湖)

重要演習

❶ 次の(A)～(E)の文章を読み，空欄 ア ～ オ に適当な人名を記し，あとの問に答えよ。

(A) 大坂の蘭学者高橋至時は江戸幕府に召し出され，天文方となった。その高弟に測量家の ア がいる。至時の息子景保も天文方を勤めたが，(a)ある事件で幕府に逮捕され獄死した。

(B) 幕末に イ は大坂で(b)蘭学塾を開いていたが，かれのもとには全国から蘭学を学ぶ青年らが入門し，そのなかから福沢諭吉・大村益次郎らの俊才が輩出した。

(C) 長崎のオランダ通詞 ウ は天文学を学び，蘭書の天文学書を翻訳して地動説を紹介し，わが国の天文学の発展に寄与した。かれはまた，オランダ商館付き医師だった，ドイツ人ケンペルの『日本誌』の一部を(c)翻訳したことでも知られる。

(D) エ の家は代々オランダ外科の幕府奥医師を勤めたが，本人も杉田玄白らの『解体新書』の翻訳に参加し，また当時の(d)ロシア事情にも精通していた。

(E) 蘭学の影響をうけた画家に オ がいる。かれは平賀源内に洋画の技法を学んで，(e)日本銅版画を創製した。

問1．下線(a)の事件を何というか，その名称を記せ。
問2．下線(b)の塾を何というか，その名称を記せ。
問3．下線(c)の翻訳書を何というか，その書名を記せ。
問4．下線(d)について， エ が著した書名を下記から1つ選び，その番号を記せ。
　1．西洋紀聞　2．北槎聞略　3．環海異聞　4．華夷通商考
問5．下線(e)の銅版画名を記せ。
　　　　　　　　　　　　　　　　　　　　　　　　　　　　　　　　　　　　（東海大）

❷ 次の文章の空欄を適語で補い，設問に答えよ。

江戸時代後期の文化・文政時代，江戸は大坂とならぶ全国経済の中心地に発達し，都市の人々の活力に支えられた町人文化が最盛期を迎えた。

小説では，元禄のころ上方で流行した浮世草子が衰えたのち，江戸文芸として遊里の生活を描写する洒落本と，当時の風俗を諷刺した絵入りの読み物 ア が好評を得た。洒落本は，田沼時代の享楽にみちた世相を背景として山東京伝のような流行作家を生んだが，寛政の改革で厳しい取締りを受けるにいたった。洒落本からは，化政時代以降，庶民の生活を軽妙な会話中心に生き生きと描いた イ が生まれ，a式亭三馬やb十返舎一九があらわれた。また，恋愛を主題にした ウ も盛んとなり，為永春水の作品は大人気を博した。これらの絵入り本の系統に対して，文章を主体とし，歴史や伝説を題材とする小説が エ であり，貸本屋などを通じて庶民にも広く親しまれた。c滝沢馬琴がこの時代の代表的な作家である。

俳諧では，与謝蕪村やd小林一茶がすぐれた作品を残し，和歌では，良寛が万葉調の童心あふれた独特の歌風をつくりあげた。また，町人の社会では，古歌をもじって世事を諷刺する オ や，政治や世相を皮肉った川柳が流行した。

演劇では，18世紀前半に浄瑠璃が全盛期を迎え，e竹田出雲が数々の秀作を残した。18世紀後半には，浄瑠璃にかわって， カ がめざましい発展をとげた。劇場の舞台装置も工夫されて演劇的要素が高められ，鶴屋南北や河竹黙阿弥など専門の狂言作者がすぐれた脚本を書いた。

美術の分野の中心は，庶民的風俗画である浮世絵であり，18世紀の中ごろに鈴木春信が多色刷の キ を創作してから飛躍的に発展し，数々の名作が今に残っている。従来からの絵画では，狩野派・土佐派が衰える一方，洋画の遠近法を取り入れて客観的な写生を重んじる画派が生まれ，日本的な写生画の様式をつくりあげた。また，明・清の南画の影響を受けた ク と呼ばれる画風も起こった。桃山時代以降とだえていた西洋画も，蘭学の興隆にともなって復興し，司馬江漢は ケ を創始した。

〔設問〕（1）下線部a～eの人物の作品を，それぞれ答えよ。
　　　　　　　　　　　　　　　　　　　　　　　　　　　　　　　　　　　　（名城大）

ポイント解説

❶江戸を中心とした町人文化。江戸の繁栄を背景とし，享楽的・頽廃的色彩が濃い。商人や文人の全国的な交流により，中央の文化が各地に伝えられた。

❷熊沢蕃山・荻生徂徠・太宰春台らにより封建制維持の方策が説かれたが，18世紀半ばから，封建制を批判しそれを改めようとする主張や尊王論が盛んになった。

❸西洋画の技法や油絵具が長崎を通じて伝えられて普及し，平賀源内・司馬江漢・亜欧堂田善らの油絵作品も登場した。

43 近世のまとめ①

❶ 江戸時代に関する次の文中の下線部分に誤りがあれば，それぞれ正しい語句を漢字で記入せよ。ただし，必要に応じて送り仮名または助詞を使用してもよい。また下線部分に誤りがなければ，○を記せ。
(1) 大坂冬の陣が終わると戦国時代以来の戦乱は終息し，平和になったというので元和偃武とよばれた。
(2) 武家伝奏というのは，江戸幕府と朝廷との連絡にあたる役で2名の武家が任命され，京都所司代や老中と緊密に連絡をとって公家に対して大きな権限をふるった。
(3) 新井白石は側用人間部詮房と協力して幕府の政治の刷新につとめた。庶民の不満をかっていた生類憐れみの令を廃止したのもそのときである。
(4) 朝鮮人参は貴重な薬として重用されていたので，将軍徳川吉宗の時代には江戸神田に朝鮮人参座を設置した。
(5) 金銀の貸借関係の紛争が増加したので，幕府は棄捐令を出してその訴訟を当事者間で解決させようとした。
(6) 寛政の改革では，江戸の町に町入用を節約させ，飢饉や災害にそなえるために積立てをおこなわせ，町会所を設けて管理させることにした。これを囲米制度という。
(7) 松平定信は柴野栗山の意見を採用して，儒学のなかでも朱子学を正学とし，それ以外の儒学を聖堂付設の学問所で教えることを禁止した。
(8) 江戸時代の中期の藩のなかには，財政の再建などのために殖産興業につとめ，領民の生活安定につとめた藩主が現れた。上杉治憲は有名であるが，その他にも，肥後藩主の毛利重就は堀平太左衛門の補佐で宝暦の改革を実施した。
(9) 大坂町奉行の与力を引退後に洗心洞という塾で儒学，特に朱子学を教えていた大塩平八郎は天保の飢饉に際し，幕府の政治を不満として蜂起した。
(同志社大)

❷ 次の(A)～(J)の各文の（ (1) ）～（ (10) ）に入れるのに最も適当な語句を，漢字で答えなさい。人物は氏名を答えなさい。
(A) 「（ (1) ）」は1742年に成立した江戸幕府の基本法典。上巻は81通の法令を収め，下巻は103条の規定からなる。
(B) 享保改革の過程で年貢増徴策の一つとして（ (2) ）が実施されたが，これは過去数年間の平均収穫量をもとに年貢率を定め，一定期間変更しない税法である。
(C) 木綿や菜種などの商品作物の栽培がめざましかった大坂周辺の農村では，都市の株仲間商人にその販路を押さえられるのをきらって，（ (3) ）とよばれる大規模な農民の集団的訴願がおきた。
(D) 1843年幕府は財政的・軍事的必要から江戸・大坂周辺の大名領・旗本領を幕府にさしださせる（ (4) ）を発令したが，大名・旗本ならびに農民の反対もあって撤回した。
(E) 農村の荒廃によって治安の悪化していた関東地域に対し幕府は，1805年（ (5) ）を新設し，1827年には寄場組合村をつくるなどして治安維持につとめた。
(F) （ (6) ）は小田原藩の下野桜町領の荒廃を復興したのを手はじめに，農政家として農村の復興に尽力，死後もその思想は報徳社運動として引きつがれた。
(G) （ (7) ）は救荒食物として甘藷の栽培をすすめ，「甘藷先生」ともよばれた。
(H) （ (8) ）は向井元升に医学をまなび，教育・経済の分野でも功績をのこし，「養生訓」「大和本草」「和俗童子訓」など多数の著書がある。
(I) （ (9) ）は幕府の命をうけて東廻り・西廻り航路を開発・整備，また淀川の河口に新安治川を開削した。
(J) （ (10) ）は若くして諸国を流浪して各地の実情を見聞，後年には下総国香取郡長部村に居を定め，先祖株組合を結成するなど独自な指導によって荒廃した同村を立ち直らせた。
(関西大)

❸ 次の表は，江戸時代の政治史に関する年表である。これについて，設問に答えよ。

1603	徳川家康が征夷大将軍となり，江戸幕府を開く。
1615	大坂夏の陣で豊臣氏滅亡(a)。大名に対する根本法典(b)や禁中並公家諸法度が制定される。
1623	（　1　）が三代将軍となる。
1637	島原の乱(c)がおこる。
1685	将軍（　2　）が生類憐みの令を出す。
1709	新井白石が幕政に登用され，（　3　）の政治が始まる。
1716	（　4　）が将軍となり，享保の改革(d)が始まる。
1742	大岡忠相らの編纂により成文法(e)が制定される。
1772	（　5　）が老中になり，積極的な産業振興策を行うが，わいろ政治で不評をかう。
1787	松平定信が老中となり，寛政の改革(f)が始まる。
1790	江戸石川島に収容施設(g)を置く。寛政異学の禁(h)が出る。
1828	シーボルト事件(i)がおきる。
1837	飢饉による米不足から大坂で武装蜂起(j)がおこる。
1839	蛮社の獄(k)がおきる。
1841	老中（　6　）により，天保の改革(l)が始まる。
1858	（　7　）が大老になる。日米修好通商条約(m)に調印。安政の大獄が始まる。
1860	桜田門外の変で（　7　）が死亡する。
1864	長州藩の急進派が皇居内外で薩摩藩，会津藩の藩兵と衝突する(n)。
1866	薩長連合が成立。
1867	徳川慶喜が大政奉還を行う。王政復古の大号令が出る。

1）空所1～7を最も適当な語句または人物名で埋めよ。
2）下線部分(a)について，秀吉の第2子で，この時自害したのは誰か，記せ。
3）下線部分(b)について，将軍秀忠の名で発布されたこの法令は何というか，記せ。
4）下線部分(c)について，この乱の盟主となって領主に反抗したのは誰か，記せ。
5）下線部分(d)について，この時，財政再建のために大名に米を上納させた制度を何というか，記せ。
6）下線部分(e)について，御定書百箇条とも呼ばれるこの法令集は何というか，記せ。
7）下線部分(f)について，この時の飢饉にそなえて米穀を蓄えさせる制度を何というか，記せ。
8）下線部分(g)について，浮浪者や軽犯罪者を収容して職業補導を行ったこの施設は何というか，記せ。
9）下線部分(h)について，この時，正学として奨励された学問は何か，記せ。
10）下線部分(i)について，この事件の内容はどのようなものであったか，次の中から最も適当なものを1つ選び，記号で答えよ。
　(ア) 帰国の際，日本地図を持ち出そうとした。
　(イ) 入国の際，禁書を持ち込もうとした。
　(ウ) 島津藩の行列に非礼を働いたとして，殺害された。
　(エ) 小笠原島への渡航計画が発覚した。
　(オ) 私塾を開いて蘭学を広めた。
　(カ) 「夷人狩り」によって殺害された。
11）下線部分(j)について，この乱の主導者は誰か，記せ。
12）下線部分(k)について，この時，逮捕された蘭学者の中で『慎機論』を著した人物は誰か，記せ。
13）下線部分(l)について，この際，都市貧民の帰農を強制し，農業再建を図った法は何というか，記せ。
14）下線部分(m)について，この時，開港を決めたのは箱館・長崎・兵庫・神奈川・下田（ただし神奈川開港の後に閉鎖）の他にどこか，記せ。
15）下線部分(n)について，この武力衝突は何というか，記せ。

（松山大）

44 近世のまとめ②

❶ 次の法令A〜Cを読み，下記の問1〜8に答えよ。問1〜3については，それぞれの解答を指示に従い答えよ。問4〜8については，それぞれ最も適当な解答を一つ選びなさい。

A (1)金銀出入の儀，奉行所に於て取上げざる段，去ル亥年相触れ候得共，近来金銀通用相滞り候由相聞へ候に付き，当酉正月よりの借金銀買掛等出入の儀，前々の如く取上げ裁許仕るべき旨，(2)三奉行え仰せ出され候間，其の意を得られ，よりより相達せらるべく候。以上。

B 諸役人役柄に応ぜざる小身の面々，前々より御役料定め置かれ下され候処，知行の高下之有る故，今迄定め置かれ候御役料にてハ，小身の者御奉公続き兼ね申すべく候。之に依り今度御吟味之有り，役柄により，其の場所不相応ニ小身ニて御役勤め候者ハ，御役勤め候内御 ┗━━┛ 仰せ付けられ，御役料増減之有り，別紙の通相極め候。此の旨申し渡すべき旨，仰せ出され候。

C 来年より諸大名(3)上ケ米御免遊ばされ，(4)参勤交代先規の通り仕るべきの旨，今度仰せ出され候。それニ付き，御勝手向いまだ事足り候程ニ之無く候得共，最早久敷上ケ米仕り候に付き，御免の事ニ候。然る上は諸向御入用筋の儀吟味をとげ，成るべき程ハ相減じ候様に，其の向々役所役所ニて了簡仕り，申出づべく候。

問1 下線部分(1)の法令は一般に何と呼ばれているか。
問2 法令Bの空欄 ┗━━┛ にあてはまる語を漢字二字で記せ。
問3 下線部分(2)について，最も関係の深いものをあげよ。
問4 下線部分(3)について，石高に対する割合は次のうちどれか。
　ア 10分の1　イ 20分の1　ウ 100分の1　エ 150分の1　オ 200分の1
問5 下線部分(4)について，最も関係の深いものは誰か。
問6 法令A・B・Cについて，最も関係の深いものは誰か。
問7 法令A・B・Cが出された時期と直接関係のないものはどれか。
　ア 将軍の命で，中国の民衆教化の書物を荻生徂徠が訓読し，室鳩巣が解説した『六諭衍義大意』が著された。
　イ 将軍の命で，青木昆陽は蘭学を学び，『蕃薯考』を著して上書し，「甘藷先生」と呼ばれた。
　ウ 将軍は，小川笙船の投書により，小石川薬園内に養生所を設立した。
　エ 将軍の命で，林述斎が中心となり，『徳川実紀』を編纂して歴代将軍の治績をまとめた。
　オ 将軍の命で，『公事方御定書』が編纂され，法の運用面では大岡忠相が裁判の公正をもって知られた。
問8 法令A・B・Cが出された時期の事柄はどれか。
　ア 山片蟠桃が合理主義の立場から『夢の代』を著した。
　イ 太宰春台が重農主義の立場から『経済録』を著した。
　ウ 松尾芭蕉が『奥の細道』の旅をした。
　エ 滝沢馬琴が『南総里見八犬伝』を著した。
　オ 斎藤月岑が祖父の代から始められた『江戸名所図会』を完成した。
　　　　　　　　　　　　　　　　　　　　　　　　　　　　　　　　　　（早稲田大）

❷ 次の史料を読み，下の問（問1〜10）に答えよ。（引用文は，一部省略したり，書き改めたりしたところもある。）

A 林大学頭江
　(a)朱学の儀は，(b)慶長以来御代々御信用の御事にて，已ニ其方家代々右学風維持の事仰せ付け置かれ候儀ニ候得共，油断無く正学励み，門人共取立申すべき筈ニ候。然処近来世上種々新規の説をなし，(c)異学流行，風俗を破り候類 之有り，全く正学衰微の故ニ候哉，甚だ相済まざる事ニて候。其方門人共の内にも右体の学術純正ならざるも，折節は之有る様ニも相聞え，如何ニ候。此度聖堂御取締厳重ニ仰せ付けられ，(d) ┗━━┛, ┗━━┛ 儀も右御用仰せ付けられ候事ニ候得ば，能々此旨申し談じ，急度門人共異学相禁じ，猶又，自門に限らず他門ニ申し合せ，正学講窮致し，人才取立候様相心掛申すべく候事。

問1．下線部(a)の朱子学について述べた文として誤っているものはどれか。次の①〜④のうちから一つを

答えよ。
① 朱子学は上下の秩序を重んじ，礼節を尊ぶことによって，為政者に歓迎された。
② 朱子学の一派京学は，詩文尊重の風があり，荻生徂徠を生んだ。
③ 朱子学は，南宋の朱熹が大成したもので，格物致知・居敬窮理を説く。
④ 朱子学の一派南学は，南村梅軒によって開かれ，土佐の谷時中に受け継がれた。

問2．下線部(b)に関連して述べた文として誤っているものはどれか。次の①～④のうちから一つを答えよ。
① 林羅山は，近世朱子学の祖藤原惺窩の推薦によって，徳川家康に仕えるようになった。
② 林羅山が上野忍ヶ岡に開いた家塾弘文館は，綱吉のとき湯島に移され，聖堂学問所として整備された。
③ 林羅山は，明暦の大火で蔵書を焼失し，落胆して，火災から4日後に病死した。
④ 林羅山は，幕命により，その子鵞峰とともに史書『古史通』を編纂した。

問3．下線部(b)にいう慶長とは1596年から1615年までである。以下にあげる出来事のうち，慶長年間に起ったものではないものはどれか。①～④のうち一つを答えよ。
① オランダとイギリスが自由貿易の許可を得て，平戸に商館を開いた。
② 角倉了以が，京都に高瀬川を開いた。
③ 糸割符制度を設け，特定の商人に輸入生糸を一括購入させた。
④ 富農への土地集中を防ぐため，田畑永代売買の禁令を出した。

問4．下線部(c)にいう異学のうち，『大学或問』を著した人物の属する学派を答えよ。

問5．下線部(d)にはいわゆる「寛政の三博士」が2名あげられているが，次のうち「寛政の三博士」に含まれない人物は誰か，①～⑤のうち一つを答えよ。
① 高橋至時　② 柴野栗山　③ 古賀精里　④ 尾藤二洲　⑤ 岡田寒泉

B (e)越中守，(f)御老中仰付けられ，(g)主殿頭の悪習をため直さんと仕り候。志はよろしく候へ共，世人初めて見込み候と違ひ器量少く，(h)学問に名之有り候てもいまだ文面にかゝわる事をまぬかれず。世を安んずべき深意の会得疎にて，片端より押直さんと仕り，たとへば手にてもみ立候如く瑣細に取動し候故，大小の罪科夥敷出来り，猶も隠密・横目のもの，いたらざるくまもなく穿鑿し出し，諸事疑心をはなれ候は之無く，利を専一に仕り候事は主殿頭に上越し，聚斂益重く，士民一同大に望を失ひ，却て田沼を恨み候は，うしとみし世ぞ今はこひしき，当時よりは，あきはてたる田沼のかた，はるかましなりと申し合せ候は，能々の事に御座候。

問6．下線部(e)の越中守について述べた文として誤っているものはどれか。次の①～④のうちから一つを答えよ。
① 江戸の町には町費の節約分の七分（70％）を米や銭で積み立てさせた。
② 人情本作者の為永春水らを処罰するなど，風俗を厳しく取り締まった。
③ 石川島に人足寄場を設け，浮浪人や無宿者を収容して治安の維持をはかった。
④ 棄捐令を出して，財政難に苦しむ旗本・御家人を救済しようとした。

問7．下線部(f)に関連して，越中守が老中であった時代に活躍していた浮世絵師を1人あげよ。

問8．下線部(g)の主殿頭について述べた文として誤っているものはどれか。次の①～④のうち一つを答えよ。
① 株仲間の解散を命じ，新興の商人にも自由な取引を認めた。
② 町人の新田開発を奨励し，印旛沼や手賀沼の干拓を企てた。
③ 銅や俵物を輸出して，金銀の輸入をはかった。
④ 最上徳内らを派遣して，蝦夷地を探検させた。

問9．下線部(h)に関連して，越中守の著した書物を一つ答えよ。

問10．次にあげる狂歌のうち，その批判や皮肉の対象が「越中守」の政治ではないものはどれか。①～④のうち一つを答えよ。
① 世の中に蚊ほどうるさきものはなしぶんぶといふて夜もねられず
② 白川の清きながれに魚すまずにごる田沼の水ぞ恋しき
③ どこまでもかゆき所にゆきとゞく徳ある君の孫の手なれば
④ 上げ米といへ上米は気に入らず金納ならばしじうくろふぞ

(近畿大)

45 近世のまとめ③

❶ 次の(ア)・(イ)・(ウ)の各ブロックの文中の空欄に，各ブロックの語群からもっとも適当と思われる語を選びなさい。

(ア) 徳川幕府の財政は，直轄領からの年貢，伊豆，相川，生野，石見大森等の鉱山収入等によって支えられた。その他，江戸，京都，大坂，長崎，堺などの重要都市が直轄とされた。さらに幕府は貨幣鋳造権を支配した。それ以前，戦国大名は金・銀の鉱山を開発して軍資金にあて，豊臣秀吉も ┌1┐ などの貨幣を鋳造していたが，江戸幕府は，全国で通用する同規格の通貨を大量に鋳造するために，関ヶ原の戦いの翌年に金座と銀座を開設した。この年から元禄改鋳までの間に通用した金貨・銀貨を総称して ┌2┐ という。金座は江戸と京都に置かれ，金貨の鋳造，鑑定，封印を行った。銀座は，最初 ┌3┐ に置かれていた。銀座で鋳造された丁銀は小判と異なり ┌4┐ であった。その後，銭座も当初江戸芝と近江坂本に置かれたが，後に民間請負の形で長崎，秋田などの諸都市にも置かれ，銅銭，鉄銭を鋳造した。これらの通貨は商品流通の発展に寄与した。

〔語群〕　A　一分金　　B　一分銀　　C　江戸と大坂　　D　寛永通宝　　E　計数貨幣
　　　　F　慶長金銀　G　秤量貨幣　H　駿府　　I　駿府と堺　　J　駿府と伏見
　　　　K　天正大判　L　天保通宝　M　二朱判　N　藩札　O　文禄通宝　P　豆板銀

(イ) 日米和親条約に基づいて初代総領事に就任したハリスとの間で通商条約締結交渉に当たった老中首座 ┌5┐ は，条約調印について勅許を求めたが，朝廷はこれを与えなかった。その後1858（安政5）年に，当時の大老が勅許を得ないまま日米修好通商条約に調印した。この条約では， ┌6┐ の開港，江戸，大坂の開市，自由貿易等を規定した一方で，関税について協定関税制を認め，さらに，居留地内での領事裁判権を認めていた。このため，この不平等条約の改正は明治政府の重要な課題の一つとなった。我が国が関税自主権を回復し，条約上列国と対等の地位を確保するのは， ┌7┐ 年に行われた条約改正まで待たなければならなかった。

〔語群〕　A　阿部正弘　　B　安藤信正　　C　井伊直弼　　D　岩倉具視　　E　榎本武揚
　　　　F　神奈川，下田，長崎，新潟　　G　神奈川，下田，長崎，兵庫
　　　　H　神奈川，下田，新潟，兵庫　　I　神奈川，長崎，新潟，兵庫　　J　勝義邦（海舟）
　　　　K　副島種臣　L　堀田正睦　M　1887　N　1894　O　1899　P　1911

(ウ) 天保期頃になると，農業生産を基調として年貢収入に依存する幕藩体制の経済構造にゆきづまりを生じるようになった。人口が減少した地域では農地放棄，田畑の荒廃をもたらした。他方で，19世紀に入ると，手工業的商品生産が行われるようになった。このような分業・協業方式の商品生産方式は問屋制家内工業と呼ばれ，一部の地主や商人が始めたもので，大坂，尾張周辺地域における綿織物業，足利，桐生地方の絹織物業などはこの例である。このような資本主義的経済活動への流れは押し止めることができなかった。幕藩体制の財政基盤の動揺に対して，荒廃した田畑を復旧させて封建制を修復する試みがなされる一方で，藩営専売制あるいは藩営工場制を導入して，新しい経済活動を取り入れることによって藩の財政を建て直そうとする試みも見られた。例えば，鹿児島（薩摩）藩では，琉球との貿易を増やし，黒砂糖の専売制を強化し，あるいは反射炉，造船所，ガラス製造所，紡績工場などを建設して，経済改革を推進した。反射炉を建設したのは藩主 ┌8┐ である。反射炉は，一種の溶鉱炉で，1850（嘉永3）年に ┌9┐ 藩が作ったのが最初であり，ほかに水戸，韮山でも築造されている。佐賀（肥前）藩では，陶磁器の専売を進めると同時に，均田制などを実施して財政を強化した。均田制は，小作地を一旦収公したうえで，一部を地主に再給付し，他を小作人に分け， ┌10┐ の再建を図る農地改革であった。しかし，水戸藩のように，藩主徳川斉昭の意欲にもかかわらず，藩内の反対によって改革が成功しなかった例も見られた。このような経済改革により財政基盤を強化した藩が，やがて近代国家成立に向けた社会の変革に際して発言力を持つようになる。

〔語群〕　A　尾張　B　鹿児島（薩摩）　C　高知（土佐）　D　小作制度　E　佐賀（肥前）
　　　　F　島津忠義（茂久）　G　島津斉彬　H　島津久光　I　島津義久　J　島津義弘
　　　　K　生産調整制度　L　本百姓体制　M　流通機構

(明治大)

❷ 次の文章を読んで，(1)～(10)に該当する適切な語句を入れ，また設問に答えなさい。

　近世の交通は，情報の伝達と公用の往来を目的とした陸上交通と，大量の物資の輸送をになった沿岸の海や内陸の河川の水上交通の二つにわけることができる。

　まず陸上交通であるが，江戸幕府は全国的な街道の整備を行った。幕府が置かれた江戸を起点に，各地の城下町をつなぐ東海道・中山道をはじめとする五街道は，幕府の直轄とし，(1)□□□□によって管理させた。また北国街道など幹線道路としての，(2)□□□も発達した。

　街道には宿駅が置かれ，宿役人が問屋場で(a)伝馬役を割り振った。伝馬役が足りない場合は，近隣の(3)□□から徴発した。また公用の文書や小荷物などを伝達する(4)□□□も置かれた。また(b)参勤交代など公用の往来において，大名らが利用する宿泊施設の(5)□□などをはじめ，(c)庶民の利用する旅籠・木賃宿などがあった。

　いっぽう水上交通の発達もめざましいものがあった。河川交通では角倉了以が多くの水路を開いた。また沿岸の海上交通としては，(d)年貢米や全国の特産品を集積した大坂と，大消費地である江戸とを結ぶ航路（南海路）に(6)□□□□と(7)□□□が発達した。

　材木商人から土木建築業に進出し，また幕府から東北地方の幕府領内米の江戸廻送を命じられた(8)□□□□は，(e)東廻り航路と西廻り航路の整備を行った。このようにして発達した航路の中でも，西廻り航路には(9)□□船が活躍するようになっていった。使用された船は，江戸中期までは櫂で漕ぐ船が主であったが，後期には帆走専門の弁才船を改良した船が主となった。積載量が多いため(10)□□□ともよばれた。

問1　下線部(a)の伝馬役の負担内容を2つ答えなさい。
問2　下線部(b)の参勤交代が制度化された時代の将軍名を2字で答えなさい。
問3　下線部(c)にみえる庶民の利用した旅籠のありさまがわかる，十返舎一九が書いた作品名をあげよ。
問4　下線部(d)の大坂に運ばれた領主たちの物資を何といったか。
問5　下線部(e)の解説として正しいものを選び記号で答えなさい。
　イ　陸奥の酒田と大坂を結ぶ航路は東廻り航路である。
　ロ　出羽の荒浜と江戸を結ぶ航路は東廻り航路である。
　ハ　出羽の酒田と大坂を結ぶ航路は西廻り航路である。
　ニ　陸奥の荒浜と江戸を結ぶ航路は西廻り航路である。
（東京女子大）

❸ 次の文に関する次の問いに答えなさい。

A　幕府・諸藩はみずから新田開発をおこなうほか，(a)町人請負新田による開発も行わせた。こうして，17世紀初頭には160万町歩だった耕地面積が，18世紀にはいると300万町歩にまで増えた。それまでの厩肥・堆肥などに加えて，新たに(b)草木灰・(c)油粕などの購入肥料（金肥）も利用されはじめた。また，各種農具が改良されて，千歯扱・唐箕・千石簁・踏車が発明され，深耕が可能となった(d)備中鍬が普及した。このようにして，単位面積あたりの生産量も高まっていった。

問1　下線部(a)～(d)の中から誤っているものを選びなさい。
問2　この時期に農書をあらわした人物を選びなさい。
　(a) 平賀源内　　(b) 宮崎安貞　　(c) 関孝和　　(d) 吉田光由
問3　この時期，商品作物もいっそうさかんに栽培されるようになった。特産物と産地の組合せとして誤っているものを選びなさい。
　(a) 薩摩の紅花　(b) 備後の藺草　(c) 阿波の藍　(d) 山城の茶

B　享保改革において徳川吉宗は，人材の登用のために(a)足高の制を実施し，金銀貸借に関する訴訟を取りあげない(b)相対済し令をだした。さらに，法規の整備にも力を注ぎ，(c)『徳川禁令考』などを編纂して裁判や刑罰の基準とし，(d)大岡忠相を町奉行に登用し，都市・物価問題にも取り組んだ。また，（　　）の米市場を公認し，貨幣改鋳を実施するなど，物価の安定をめざした。

問4　下線部(a)～(d)の中から誤っているものを選びなさい。
問5　（　　）にあてはまる適語を選びなさい。
　(a) 天満　　(b) 船場　　(c) 雑喉場　　(d) 堂島
問6　徳川吉宗の時期に発行された貨幣を選びなさい。
　(a) 元文小判　(b) 元禄小判　(c) 慶長小判　(d) 万延小判
（名古屋学院大）

46 近世のまとめ④

❶ 次の(A)～(D)の各文の(1)～(8)について，{(a)～(d)}の中から最も適当な語句を選び，あわせて，各文中で下線を付した「この地」の位置を日本地図のア～ソから選びなさい。

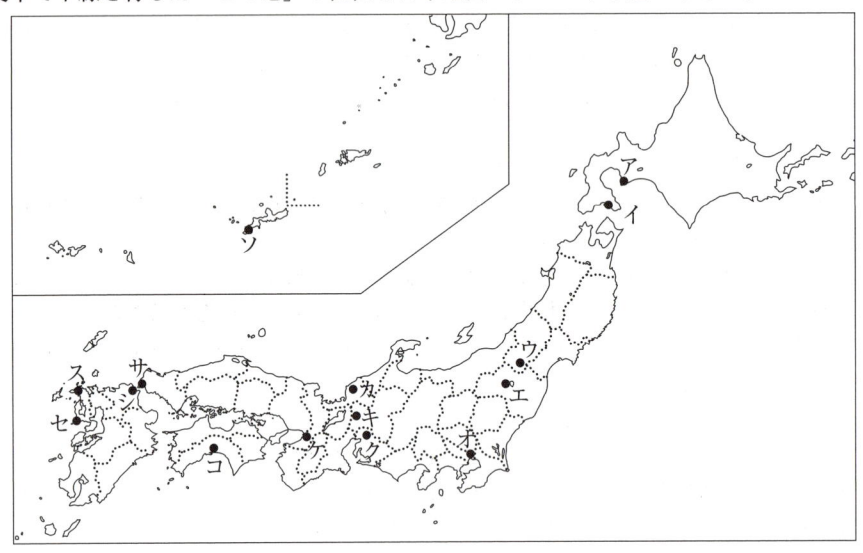

(A) 1600(慶長5)年9月15日，壬申の乱でも重要な舞台となったこの地で，徳川家康(東軍)と石田三成(西軍)が戦った。この天下分け目の戦いとも呼ばれる合戦は，豊臣秀吉の没後，豊臣政権のなかで勢力を増大させた家康を政権から排除するため，石田三成らが(1){(a) 福島正則　(b) 毛利輝元　(c) 島津義久　(d) 長宗我部元親}を大将にかつぎ，挙兵したものである。早朝に始まった戦いは一進一退の戦局であったが，家康に内応の約束をしていた西軍の小早川秀秋らが西軍を攻撃したことを契機に，東軍の勝利に終わった。西軍の将石田三成・安国寺恵瓊らは捕らえられて京都で処刑され，徳川家康の地位は揺るぎないものとなった。実権を掌握した徳川家康は，豊臣秀吉が創建した(2){(a) 醍醐　(b) 大徳　(c) 方広　(d) 本願}寺の梵鐘銘をめぐる事件を口実に挙兵して豊臣氏を滅ぼし，諸大名を統率して幕府の基礎を固めた。

(B) 1612(慶長17)年，幕府は天領・直属家臣にキリスト教禁止令を出した。翌年には全国に禁教令を出し，信者に改宗をせまるとともに教会堂を破壊した。また，1614(慶長19)年には(3){(a) 小西隆佐　(b) 高山右近　(c) 小西行長　(d) 大友義鎮}らのキリシタン大名や宣教師を国外に追放した。1635(寛永12)年には日本人の海外渡航と在外日本人の帰国を禁止し，翌年にはポルトガル人をこの地に移して，キリスト教禁止の徹底をはかった。さらに，1639(寛永16)年にはポルトガル船の来航が禁止され，ポルトガル人は国外に追放された。また，幕府は1641(寛永18)年，平戸の(4){(a) オランダ　(b) スペイン　(c) フランス　(d) イギリス}商館をこの地に移し，日本人との自由な交流を禁じた。以降，日本は200年余りの間，(4)・中国・朝鮮・琉球王国以外の諸国との交渉を閉ざすことになった。

(C) 1664(寛文4)年，藩祖の(5){(a) 池田光政　(b) 前田綱紀　(c) 堀田正俊　(d) 保科正之}は，この地で私塾を藩の学問所に取り立てて稽古堂と称した。(5)は徳川家綱を補佐し，幕閣の重鎮として活躍した大名として知られる。その後，稽古堂は発展・解消され，藩校(6){(a) 時習館　(b) 明徳館　(c) 造士館　(d) 日新館}が設けられた。藩校には，その創設が17世紀中頃にさかのぼるものもあるが，その多くは18世紀半ば以降，藩政改革の一環としてさかんに設立された。藩校では藩官僚の育成と藩士の意識改革が行われ，民衆教化などを視野に入れた教育が構想されたが，内憂外患の高まる文政期以降は藩士子弟の入学強制と入学者の低年齢化が進んだ。また，この地は戊辰戦争の激戦地で，新政府軍を迎撃した白虎隊の悲劇でも知られる。

(D) 1863（文久3）年，高杉晋作はこの地において，藩の正規兵以外で組織した（ 7 ）｛(a) 彰義 (b) 奇兵 (c) 海援 (d) 赤報｝隊を編成した。この（ 7 ）隊は欧米の四国連合艦隊がこの地を砲撃した際にも動員され，やがて近代的な軍事編成と装備によって藩の主力部隊に成長し，第二次幕長戦争や戊辰戦争で活躍した。1869（明治2）年，常備軍への編成替の不満などから脱隊騒動を起こしたが，翌年に鎮圧された。廃藩置県直後の1871（明治4）年8月，治安維持などを目的として4鎮台が置かれ，常備兵には諸藩の兵が充てられた。さらに，1873（明治6）年1月，（ 8 ）｛(a) 徴兵令 (b) 軍人勅諭 (c) 兵役法 (d) 徴兵告諭｝の公布にともない，名古屋と広島を加えた6鎮台に改編された。

（関西大）

❷ 次の図を見て，文章を読み，以下の問に答えよ。

　この絵は①寛永年間(1624～44)頃に描かれたと考えられている。②室町時代の水墨画を思わせる古風な絵の前で，当時の最新流行のファッションで遊ぶ男女が描かれている。女性たちが着ている　A　は古代には下着であったが，表着となりこの時代に華やかになったものである。また髪を結い上げた女性が見られるが，結い髪は江戸時代を通じて大きく華やかになり，島田髷，丸髷などの日本髪を完成した。三味線は中国の三弦が③琉球を経て慶長年間に伝わったといわれ，当時は新しい楽器であった。また画中に描かれている④煙草は，桃山時代に⑤南蛮人によりもたらされた。幕府は何度も禁令を出したが，またたく間に広まった。この絵はそうした新しい風俗・服装に身を包み，規範を無視する　B　と呼ばれた若者たちを描いているのである。

問1　この絵は何に分類されるか，以下の(a)～(d)から一つ選べ。
　(a) 絵巻物　(b) 襖絵　(c) 屏風　(d) 掛け軸
問2　空欄　A　に適当な語句を，以下の(a)～(d)から一つ選べ。
　(a) 小袖　(b) 肩衣　(c) 女房装束　(d) 腰巻
問3　空欄　B　に適当な語句を記せ。
問4　下線部①の寛永年間にあったできごとを，以下の(a)～(d)から一つ選べ。
　(a) 紫衣事件　(b) シャクシャインの戦い　(c) リーフデ号豊後に漂着　(d) 己酉約条
問5　下線部②の室町時代の水墨画の画家として**不適当なのは**どれか，以下の(a)～(d)から一つ選べ。
　(a) 土佐光信　(b) 雪舟　(c) 周文　(d) 如拙
問6　下線部③の琉球が薩摩の侵攻にあい，支配下に置かれたのはいつか，以下の(a)～(d)から一つ選べ。
　(a) 1597年　(b) 1609年　(c) 1669年　(d) 1709年
問7　下線部③の琉球を統一し，首里に王府をおいた人物の名を，漢字で記せ。
問8　下線部④の煙草は江戸時代には有力な商品作物になった。商品作物に**あたらないのは**何か，以下の(a)～(d)から一つ選べ。
　(a) 紅花　(b) 漆　(c) 綿　(d) 麦
問9　下線部⑤の南蛮人がキリスト教と西欧文化を広めるために豊後府内に創設し，のちに迫害により天草，長崎と移転し，出版もおこなわれた施設は何か，以下の(a)～(d)から一つ選べ。
　(a) セミナリオ　(b) コレジオ　(c) 南蛮寺　(d) 天主堂
問10　南蛮貿易で日本が輸入したものは何か，以下の(a)～(d)から一つ選べ。
　(a) 生糸　(b) 銀　(c) 硫黄　(d) 刀剣
問11　堺の人物が節付けをし，室町時代後期から江戸時代初期にかけて流行し近世小唄の源流となった歌を何というか，漢字で記せ。

（摂南大）

47 近世――補充演習

1 次の文章を読んで，下記の設問に答えよ。

　織田信長・豊臣秀吉の時代は，その居城の地名によって安土桃山時代といい，その文化を桃山文化と呼ぶ。桃山文化は，新興の大名や戦争・貿易などで巨富を得た豪商の気風と経済力を反映した現世的で豪壮華麗な文化であり，ヨーロッパ文化も取り入れられた。

　桃山文化を象徴するものとして，安土城・大坂城・桃山城などに見られるような重層の〔　(1)　〕がそびえ立つ城郭建築をあげることができる。城郭の内部には①豪華な御殿が造られ，ふすまや屏風などの華麗な障壁画には，〔　(2)　〕と呼ばれる金地に青や緑などの濃厚な色彩が用いられた。障壁画の中心となったのは狩野派であり，②狩野永徳は，国風文化以来の〔　(3)　〕の伝統と室町時代に盛んになった〔　(4)　〕とを融合させた桃山様式を完成させた。

　この時代，裕福な町衆を中心に庶民生活も新たな様相を呈しはじめた。茶の湯は，信長や秀吉らの保護も受けてさかんになっていった。中でも堺の千利休は簡素・閑寂をたっとぶ③侘茶を大成した。また，室町時代からの能に加え，出雲阿国のはじめた阿国歌舞伎や，〔　(5)　〕渡来の〔　(6)　〕の伴奏で操り人形を動かす浄瑠璃節も人気を博した。

　人々の生活様式も大きく変化していく。食事は朝夕2食から，一日3食とることが多く見られるようになった。都市部では，農村に一般的に見られた萱葺き屋根の平屋と異なって，二階建ての住居も建てられ，〔　(7)　〕屋根も多くなった。衣服には小袖が一般的に用いられるようになり，男女とも結髪するようになった。また，三河を中心として　a　栽培が広まり，それにともなって　b　にかわり衣料として　c　が普及しはじめた。

　南蛮貿易がさかんになり，宣教師の活動も活発に行われたため，多くのヨーロッパの文物がもたらされた。そうしてもたらされたものは④嗜好品や遊具，装飾品などに限らず，医学，天文学，地理学などの知識や，航海術や造船術，油絵や銅版画の技法など多岐にわたった。これらは「南蛮文化」とよばれ桃山文化に影響を与えた。例えば，南蛮人との交易や南蛮人の風俗を主題とした〔　(8)　〕は西洋画の影響を受けた者の手によるものである。

設問
問1　上の文中の〔　(1)　〕～〔　(8)　〕に当てはまる適切な語句を記入せよ。
問2　下線部①に関して，こうした御殿は室町時代以来の建築様式〔　(9)　〕が取り入れられている。〔　(9)　〕は現代の和風建築にいたるまで，この後の建築様式にさまざまに受け継がれている。また，現代の和風建築にも，戸や障子の上部にある鴨居と天井との間にはめ込まれた格子や透し彫りの〔　(10)　〕が見られるのだが，仏像彫刻のおとろえたこの時代は，彩色を施したものや，立体的な彫り物〔　(10)　〕が寺社や〔　(9)　〕などにさかんに用いられた。
　　　(9)および(10)に当てはまる適切な語句を記入せよ。
問3　下線部②に関して，下の選択肢から狩野永徳の作品（[1]），および永徳の門人・狩野山楽の作品（[2]）を選べ。
〔選択肢〕　(1) 松林図屏風　　(2) 山水図屏風　　(3) 唐獅子図屏風　　(4) 智積院襖絵楓図
　　　　　(5) 花下遊楽図屏風　(6) 紅白梅図屏風　(7) 高雄観楓図屏風　(8) 大徳寺方丈襖絵
　　　　　(9) 松鷹図
問4　下線部③に関して，下の選択肢から侘茶の開祖とされる人物（[3]）と，侘茶をさらに簡素化し利休へと引き継いだとされる人物（[4]）を選べ。
〔選択肢〕　(1) 今井宗薫　　(2) 山崎宗鑑　　(3) 池坊専慶　　(4) 海北友松　　(5) 武野紹鷗
　　　　　(6) 古田織部　　(7) 島井宗室　　(8) 村田珠光　　(9) 小堀遠州
問5　上の文中の　a　～　c　に関して，下の選択肢の中から，最も適切な組み合わせを選べ。
〔選択肢〕　(1) a：麻―b：木綿―c：麻　　(2) a：麻―b：絹―c：麻
　　　　　(3) a：綿―b：麻―c：木綿　　(4) a：綿―b：絹―c：木綿
　　　　　(5) a：桑―b：麻―c：絹　　　(6) a：桑―b：木綿―c：絹

問6 下線部④に関し，この時代に「南蛮」からもたらされたとされるものとして不適切なものはなにか，下の選択肢から選べ。

〔選択肢〕 (1) 眼鏡　(2) メリヤス　(3) カステラ　(4) 煙草　(5) 麦酒　(6) 時計
　　　　　(7) パン　(8) テンプラ
(広島修道大)

❷ つぎの文章を読んで，以下の設問に答えなさい。

　幕府が鎖国政策を採用した大きな理由の一つに，キリスト教の禁教政策があげられる。当初，幕府はキリスト教の布教を放任していたが，それがスペイン・ポルトガルの侵略を招く可能性を強く感じるとともに，信者がキリスト教の名の下に団結することを憂慮して，1612年には直轄地に｜　1　｜を出し，翌年には全国におよぼして，キリスト教信者に改宗を強制した。その後，幕府や諸藩は宣教師やキリスト教信者を①国外に追放したり，②処刑を行うなど厳しい迫害を加えたが，一部の信者は迫害に屈せず，殉教するものもいた。

　幕府はキリスト教信者を根絶するために，｜　2　｜を設けた。これは一般の民衆がいずれかの寺院の檀徒（檀家・檀那）になるように定め，キリシタンでないことを寺院に証明させるものであった。また，キリシタン検索のため，1629年頃の長崎で始まったとされる｜　3　｜は，九州北部を中心に実施された。このように，幕府は③キリスト教を中心として宗教統制を強めていった。

　他方，幕府は朝廷に対する統制も強めていった。1611年における｜　4　｜天皇の家康による擁立は，その象徴の一つである。また，1615年には，｜　5　｜を制定して，朝廷の内部にまで規制を加えた。さらに，幕府は｜　6　｜や④皇室の領地付きの武家らに朝廷を監視させるとともに，朝幕間の連絡・交渉にあたる役職である｜　7　｜を通じて朝廷をコントロールした。｜　7　｜は公家から2人選ばれ，｜　6　｜と連絡をとりながら，幕府と朝廷の窓口となった。

　1629年，｜　4　｜天皇は折りからの体調不良を理由に譲位の意思を固めるが，幕府は認めなかった。この2年前の1627年，幕府は大徳寺などの高僧へ与えられる袈裟が｜　5　｜に反して乱れていると問題にしており，これに抗議していた大徳寺の｜　8　｜が出羽に配流されるという⑤事件も背景となって，｜　4　｜天皇は幕府の同意を求めずに突然に譲位を行う。幕府は譲位された天皇が秀忠の孫娘である⑥明正天皇であることもあって譲位を追認するが，幕府はこの時の｜　7　｜を交代させるなどした。ここに朝廷をコントロールするための枠組みが改めて確立することとなり，この枠組みが幕末まで続くのである。

問(1) 本文中の｜　1　｜～｜　8　｜の空欄にはいる最も適切な語句（人名を含む）をすべて漢字で解答欄に記入しなさい。

問(2) 下線部①について，1614年にマニラやマカオに300人余りが追放された例が有名であるが，そのなかにいた，キリシタン大名（洗礼名ジュスト）で，摂津高槻，のち播磨明石城主であった人物は誰か。

問(3) 下線部②について，1622年に長崎で55名もの宣教師・信徒が処刑された例が有名であるが，通常これを何というか。

問(4) 下線部③について，幕府は幕藩権力よりも宗教を優越させる信仰として，キリスト教だけでなく日蓮宗の一派も邪教として禁制し弾圧していたが，この日蓮宗の宗派を何というか。

問(5) 下線部④について，1601年に家康が約1万石，のち秀忠が1万石，1705年に綱吉が約1万石を献じて計約3万石となっていた，この皇室の領地を何というか。

問(6) 下線部⑤について，この事件を何というか。

問(7) 下線部⑥について，明正天皇は女性天皇であるが，その後，1762年から1770年にも女性天皇が在位している。この女性天皇は誰か。
(中央大)

❸ 次の文章を読んで，各問いに答えなさい。

　活発な海外貿易も幕藩体制が固まるにつれて，日本人の海外渡航や貿易に制限が加えられるようになった。その理由の第1は，キリスト教の禁圧政策にある。幕府は，はじめキリスト教を放任していた。しかし，キリスト教の布教が，サン・フェリペ号事件以来関係の悪化した（　ア　）や，南蛮貿易の中心国であるとともにキリスト教文化の影響を広めた（　イ　）の侵略を招く恐れを強く感じ，また信徒が信仰のために団結することも考えられ，1612年，将軍（　a　）は直轄領に禁教令を出し，翌年これを全国におよぼして信者に改宗を強制した。こののち幕府や諸藩は，宣教師やキリスト教信者に対して処刑や国外追放など激しい迫害を加えた。多くの信者は改宗したが，一部の信者は迫害に屈せず，殉教するものが後を絶たなかった。

理由の第2は、幕府が貿易の利益を独占するためで、貿易に関係している西国の大名が富強になることを恐れて、貿易を幕府の統制下におこうとした。そのため、1616年には(ウ)船を除く外国船の寄港地を平戸と長崎に制限し、1624年には(ア)船の来航を禁じた。ついで1633年には、(b)以外の日本船の海外渡航を禁止し、1635年には、日本人の海外渡航と在外日本人の帰国を禁止し、(ウ)船の寄港を長崎に限った。

1637年に島原の乱がおこった。この乱は、飢饉のなかで島原城主と天草領主とが領民に過酷な年貢を課し、キリスト教徒を弾圧したことに抵抗した土豪や百姓の一揆である。島原半島と天草島は、かつてキリシタン大名の領地で、一揆勢のなかには牢人やキリスト教徒が多かった。益田（天草四郎）時貞を首領にして原城跡に立てこもった3万人余りの一揆勢に対して、幕府は九州の諸大名ら約12万人の兵力を動員し、翌1638年、ようやくこの一揆を鎮圧した。

その後、幕府は1639年に(イ)船の来航を禁止し、1641年には平戸の(エ)商館を長崎の出島に移し、(エ)人と日本人との自由な交流も禁じて、長崎奉行がきびしく監視することになった。こうしていわゆる鎖国の状態となり、以後、日本は200年余りの間、(ウ)・(エ)・朝鮮・琉球王国以外の諸国との交渉を閉ざすことになった。(エ)はバタヴィアにおいた東インド会社の支店として長崎の出島に商館をおき、貿易の利益のみを求めた。幕府は長崎を窓口としてヨーロッパの文物を輸入し、(エ)船の来航のたびに(エ)商館長が提出する(エ)風説書によって、海外の事情を知ることができた。

(ウ)では17世紀半ばに支配民族が変わったが、それに伴う動乱がおさまると長崎での貿易額は年々増加した。幕府は輸入の増加による銀の流出をおさえるため、1685年、(ウ)船や(エ)船からの輸入額を制限し、1688年には(ウ)船の来航を年間70隻に限った。

幕府が対外関係を統制できたのは、当時の日本の経済が海外との結びつきがなくとも成り立ったためである。こうして、鎖国によって幕府は貿易を独占することになり、産業や文化にあたえる海外からの影響は制限され、国内ではキリスト教の禁圧が徹底し、幕府の統制力がいっそう強化された。

1609年、対馬藩主(c)氏は朝鮮との間に己酉約条を結んだ。この条約は近世日本と朝鮮との関係の基本となり、釜山に倭館が設置され、(c)氏は幕府から朝鮮外交上の特権的な地位を認められた。朝鮮からは前後12回の使節が来日し、4回目からは(d)とよばれた。

琉球王国は、1609年、(e)藩の支配下に入った。(e)藩は、琉球にも検地・刀狩をおこなって兵農分離をおし進めて農村支配を確立したうえ、通商交易権も掌握した。さらに、琉球王国の(f)氏を石高8万9000石余りの王位につかせ、独立した王国として中国との朝貢貿易を継続させた。琉球は、国王の代がわりごとに(g)を、また将軍の代がわりごとに(h)を幕府に派遣した。

蝦夷ヶ島の和人地に勢力を持っていた蠣崎（かきざき）氏は、近世になると(i)氏と改称して、1604年、(j)からアイヌとの交易独占権を保障されて藩制をしき、アイヌ集団との交易対象地域での交易権をその家臣に与えた。これを(k)とよぶ。アイヌ集団は1669年、シャクシャインを中心に(i)藩と対立して戦闘をおこなったが、(i)藩は津軽藩の協力を得て勝利した。このシャクシャインの戦いでアイヌは全面的に(i)藩に服従させられ、さらに18世紀前半ごろまでには、多くの交易対象地域での交易は、和人商人によって行われるようになった。

問1 (ア)～(エ)に当てはまる国名を以下の選択肢から選びなさい。
① 中国　② イギリス　③ ポルトガル　④ スペイン　⑤ オランダ

問2 (a)～(k)に当てはまる語を以下の選択肢から選びなさい。
① 奉書船　② 徳川家康　③ 場所請負制　④ 長州　⑤ 通信使　⑥ 尚
⑦ 徳川秀忠　⑧ 朱印船　⑨ 謝恩使　⑩ 松倉　⑪ 肥前　⑫ 徳川家光
⑬ 慶賀使　⑭ 松前　⑮ 薩摩　⑯ 宗　⑰ 商場知行制

（大阪産業大）

❹ つぎの文章をよみ、設問に答えなさい。

3代将軍徳川家光の死後、幕府の転覆をはかった［ア］がおこった。これを契機に(a)4代将軍家綱の時代には、武力でおさえつけるそれまでの政策を改め、武力だけにたよらず、(b)儒教をもとに徳をもって治めることを政治理念とする傾向が強まった。1680（延宝8）年に5代将軍となった綱吉は、［イ］を大老に任じ、幕府直轄地の農政を重視して、代官の粛清などをおこなった。［イ］の死後、綱吉は［ウ］を側用人として重用した。綱吉は仏教の信仰もあつく、その信仰心から［エ］を出して鳥獣を保護し、特に犬を

極端に愛護した。ところで綱吉の時代には，佐渡金山などの金銀の産出量が減ったことなどにより，幕府の収入は減少した。一方，武家社会では華美な生活が好まれるようになり，さらに綱吉による寺院の建設などにより出費がかさんだため，幕府の財政は逼迫した。

1709(宝永6)年，綱吉の甥で甲府藩主だった徳川 オ が6代将軍となった。 オ は綱吉の政治を支えた ウ を退け，かわって側用人の カ と朱子学者の新井白石を登用し，とくに白石の意見を重く用いて政治の刷新をはかった。 オ は，将軍就任後ただちに エ を廃止し，白石の意見により大赦をおこなった。また，白石の建言によって1712(正徳2)年に，勘定奉行の荻原重秀を罷免した。朝廷との関係においても協調がはかられ，白石の建議によって新たな宮家 キ 創設の費用が献上された。

しかし， オ は就任後3年余りで亡くなり，そのあとを継いだ7代将軍家継はまだ幼少だったので，政治の実権は カ が握り，その下で白石は引き続き政策の立案にあたった。家継の時代，幕府は物価騰貴をもたらした元禄小判を改鋳して，(c)正徳小判を発行した。貨幣改鋳とならんで，家継の時代におこなわれた経済政策に，長崎貿易の制限がある。1715年，幕府は海舶互市新例(長崎新令)を出して，貿易額に制限を加え，さらに密貿易の取り締まりを厳しくした。白石の立案したこのような施策によって，幕府財政は一時的に安定をえることができたのである。

問1　空欄 ア として，**正しいもの**を下記から1つ選びなさい。
　1．生田万の乱　2．大塩の乱　3．由井正雪の乱　4．秋月の乱
問2　空欄 イ として，**正しいもの**を下記から1つ選びなさい。
　1．酒井忠清　2．堀田正俊　3．本多正信　4．松平信明
問3　空欄 ウ として，**正しいもの**を下記から1つ選びなさい。
　1．柳沢吉保　2．田沼意次　3．松平定信　4．江川英竜
問4　空欄 エ として，**正しいもの**を下記から1つ選びなさい。
　1．相対済し令　2．服忌令　3．旧里帰農令　4．生類憐みの令
問5　空欄 オ として，**正しいもの**を下記から1つ選びなさい。
　1．家斉　2．家宣　3．家治　4．家重
問6　空欄 カ として，**正しいもの**を下記から1つ選びなさい。
　1．松平康英　2．田沼意知　3．間部詮房　4．大岡忠相
問7　空欄 キ として，**正しいもの**を下記から1つ選びなさい。
　1．伏見宮家　2．閑院宮家　3．京極宮家　4．有栖川宮家
問8　下線(a)に関連して，家綱政権のもとでおこなわれた施策として，**誤っているもの**を下記から1つ選びなさい。
　1．殉死を禁止した。　2．末期養子の禁を緩和した。
　3．証人(人質)の制を廃止した。　4．公事方御定書を編纂して，裁判や刑罰の基準を定めた。
問9　下線(b)に関連して，岡山藩では，藩主みずから熊沢蕃山を招いて儒教の理念に基づく藩政改革をおこなっているが，その藩主として，**正しいもの**を下記から1つ選びなさい。
　1．細川重賢　2．保科正之　3．池田光政　4．佐竹義和
問10　下線(c)の金の含有率は，これ以前に発行されたある小判と同じである。その小判として，**正しいもの**を下記から1つ選びなさい。
　1．慶長小判　2．宝永小判　3．元文小判　4．文政小判

(東海大)

❺　次の文章A・Bを読み，あとの問い(問1～13)に答えなさい。

A　江戸時代の交通路は(a)さまざまな要因から発展をとげた。幕府は道中奉行をおいて江戸と地方を結ぶ交通路を整備した。江戸の日本橋を起点とする五街道がその代表的なものである。五街道とは，江戸・大坂・京都の三都を結ぶ東海道と， ア ・中山道・甲州道中・ イ のことである。また，五街道についで， ウ とよばれる街道が整備された。そして，それらの街道の要所には(b)関所が設けられて人々の通行が監視された。

街道には宿駅がつくられ，大名・公家・幕府役人などが宿泊する本陣・脇本陣，一般の旅人が宿泊する旅籠・木賃宿などがおかれた。この頃の荷物や書状は宿駅ごとに継いで運び，各宿駅にはそのための問屋場がおかれ，(c)人足と馬が準備された。

一方，(d)海路や河川の交通は，大量の物資を運ぶことに適しており，発展した。海路においては，江

戸と大坂を結ぶ菱垣廻船や エ が就航していた。河川などの交通としては，オ によって カ ・富士川などの水路が開かれた。

問1 空欄 ア ・ イ にあてはまる語句として正しいものを，次の①～⑥の中から二つ選びなさい。なお，解答の順序は問いません。
① 松前街道　② 日光道中　③ 伊勢街道　④ 奥州道中　⑤ 北国街道　⑥ 中央道

問2 空欄 ウ にあてはまる語句として正しいものを，次の①～⑤の中から一つ選びなさい。
① 受領　② 天領　③ 一里塚　④ 冥加　⑤ 脇往還

問3 空欄 エ にあてはまる語句として正しいものを，次の①～⑤の中から一つ選びなさい。
① 朱印船　② 樽廻船　③ 奉書船　④ 北前船　⑤ 内海船

問4 空欄 オ にあてはまる人名として正しいものを，次の①～⑤の中から一つ選びなさい。
① 河村瑞賢　② 松永貞徳　③ 林信篤　④ 角倉了以　⑤ 宮崎安貞

問5 空欄 カ にあてはまる語句として正しいものを，次の①～⑤の中から一つ選びなさい。
① 四万十川　② 信濃川　③ 高瀬川　④ 木曽川　⑤ 最上川

問6 下線部(a)として**誤っているもの**を，次の①～④の中から一つ選びなさい。
① 参勤交代で行き来する大名が，江戸と国元との連絡を保とうとしたため。
② 諸大名が通行税を収入にしようとしたため。
③ 江戸から離れた直轄地を管理しやすくするため。
④ 商業がさかんとなり，流通しやすいことが求められたため。

問7 下線部(b)に関して，街道と関所の組み合わせとして**誤っているもの**を，次の①～⑤の中から一つ選びなさい。
① 東海道―新居　② 中山道―碓氷　③ 東海道―箱根　④ 甲州道中―小仏
⑤ 中山道―栗橋

問8 下線部(c)に関連した記述として正しいものを，次の①～④の中から一つ選びなさい。
① 一般の人馬の使用料は，大名のほぼ半額であった。
② これらの人馬にかかる費用を運上とよぶ。
③ 町飛脚が発達した結果，継飛脚が発展することとなった。
④ 宿駅の人馬が不足した場合は，村々に助郷役が課せられた。

問9 下線部(d)に関連した語句もしくは地名の組み合わせとして**誤っているもの**を，次の①～⑤の中から一つ選びなさい。
① 西廻り航路―東北地方　② 菱垣廻船―東廻り航路　③ 南海路―江戸
④ 菱垣廻船―十組問屋　⑤ 東廻り航路―東北地方

B　18世紀になると，農村では，農作物の栽培について キ という側面が膨らんできた。しかし，その変化の波の中で，経営に失敗して土地を手放し，本百姓から小作人となる者と，困窮した百姓に土地を質にして金を貸して徐々に土地を拡大し，大規模な農業経営をおこなう者とに(e)階層が分化していった。また，土地を離れて都市部へ移り住むなどして年季奉公にでる者も増加した。
　地域社会の流通・金融をになっていた者は，都市部の有力な問屋と連携して農村部の商品生産を推し進めていった。その商品作物の加工をおこなう工業として，(f)問屋制家内工業，そして後に，工場制手工業(マニュファクチュア)といった形態がみられることとなった。
　こういった変化によって，年貢などを収入の中心としていた幕府や諸藩では，物価の上昇などから財政が苦しくなり，年貢を重くしたり ク などを実施したりすることとなった。

問10 空欄 キ にあてはまる時期として正しいものを，次の①～⑤の中から一つ選びなさい。
① 女性や子どもによる農業　② 自給自足的農業　③ 商業的農業　④ 藩営化
⑤ 工業化

問11 空欄 ク にあてはまる語句として正しいものを，次の①～⑤の中から一つ選びなさい。
① 専売制　② 問屋　③ 米騒動　④ 卸売　⑤ 仲間

問12 下線部(e)に関連した記述として正しいものを，次の①～⑥の中から二つ選びなさい。なお，解答の順序は問いません。
① こういった変化の背景には，農民人口の増加による土地不足が関与していた。

②　経営層である村役人の不正が問題となったのは村方騒動である。
③　富裕層は幕府や大名と手を組んで，流通を主導していった。
④　土地の売買が幕府によって推進されていたことも，階層化の大きな要因である。
⑤　有力な百姓は地主経営をおこなって，利益を上げていた。
⑥　階層による立場の違いは，百姓一揆でも対立して協力体制を取ることがなかった。

問13　下線部(f)に関連した記述として**誤っているもの**を，次の①～④の中から一つ選びなさい。
①　工場制手工業で集められた人手は，百姓から賃金労働者となった人々も含まれていた。
②　問屋制家内工業とは，問屋が原料を百姓に貸し付け，加工賃を払って製品をひきとる形態のことをいう。
③　工場制手工業では，農業に用いる道具がおもに生産されており，その製品で農業がさらに発展した。
④　工場制手工業では，分業や協業がおこなわれている。
（金城学院大）

6　次の文章を読んで後の問に答えなさい。

　冷害による大凶作に端を発した天明の飢饉は，陸奥国を中心に江戸時代最大の餓死者を出した。同じ頃　ア　が噴火して大きな被害が出，数年後には関東地方などが洪水の被害で大凶作となった。こうした天明年間の一連の災害による大凶作・飢饉によって，各地で百姓一揆や打ちこわしが頻発した。この時期政治を主導していたのは，a 田沼意次であったが，(1)のb 田沼意知が殺されたのち勢力を失い，将軍　い　の死去とともに，失脚した。その後政治の主導権をめぐって激しい権力闘争が行われたが，江戸をはじめとして全国で大規模な打ちこわしが発生したことを契機として，田沼派が一掃され，政権交代が実現した。

　田沼の政治を一新すべく，将軍　ろ　のもと老中に就任したのが(2)松平定信であった。c 松平定信は，天明の飢饉や，百姓一揆・打ちこわしでゆるんだ幕政を引き締め，幕府財政の再建をはかり幕府の権威を高めるため，　は　の政治を理想とする農村政策・都市政策・思想言論統制を実施した。また，困窮する旗本・御家人を救済するため，1789年に　イ　を出して借金を棒引きにさせた。しかし，これらの政策は一時的に成果をあげたものの，現実にそぐわず民衆の批判をあびたため，改革は挫折に終わった。

問1　空欄　ア　・　イ　に該当するもっとも適切な語句をそれぞれ記入しなさい。
問2　空欄(1)に該当する当時の役職名を一つ選びなさい。
①　老中　②　若年寄　③　大老　④　江戸町奉行
問3　空欄　い　・　ろ　・　は　に該当する語句の組み合わせとして正しいものを一つ選びなさい。
①　い：徳川家綱　　ろ：徳川綱吉　　は：徳川家康
②　い：徳川家宣　　ろ：徳川家継　　は：徳川家光
③　い：徳川家重　　ろ：徳川家治　　は：徳川綱吉
④　い：徳川家治　　ろ：徳川家斉　　は：徳川吉宗
問4　空欄(2)に該当するものを一つ選びなさい。
①　白河藩主　②　松江藩主　③　川越藩主　④　高松藩主
問5　下線部aについて，この人物のとった政策として誤っているものを一つ選びなさい。
①　幕府財政を再建するため，民間の経済活動を活発にし，株仲間を広く公認して運上・冥加などの増収をめざした。
②　江戸や大坂の商人の資金を活用し，印旛沼・手賀沼の干拓工事を行った。
③　最上徳内らを蝦夷地に派遣して，蝦夷地の開発やロシア人との交易の可能性を調査した。
④　はじめて定量の計数銀貨を鋳造し，銀を中心とする貨幣制度への一本化をはかった。
問6　下線部bについて，(1)(2)の問に答えなさい。
(1)　この人物を殺した旗本は誰か。次の中から一つ選びなさい。
①　大岡忠相　②　佐野政言　③　佐倉惣五郎　④　大塩平八郎
(2)　(1)で解答した人物は民衆からどのようにもてはやされたか。次の中から一つ選びなさい。
①　義民　②　八幡大菩薩　③　世直し大明神　④　東照大権現
問7　下線部cについて，この人物の著作を一つ選びなさい。
①　花月草紙　②　自然真営道　③　経世秘策　④　藩翰譜
（青山学院大）

48 開国と幕末の動乱①──開国とその影響

ポイント
1. アメリカが日本の開国を要求した理由はなにか。
2. 幕府はアメリカの開国要求に対しどのような対応をしたか。
3. 開港は国内経済にどのような影響を与えたか。

●重要用語●

1 〔　　　　　　〕1842年，**アヘン戦争**により清国が開国を余儀なくされたことを知り，異国船打払令を緩和して出した法令。

2 〔　　　　　　〕アメリカ東インド艦隊司令長官。1853年，フィルモア大統領の国書を携え，軍艦4隻をひきいて浦賀に現れ，開国を要求。翌年，再来航し条約の締結に成功した。

3 〔　　　　　　〕ロシアの使節。1853年，長崎に来航し開国と国境画定を要求。

4 〔　　　　　　〕1854年締結。(1)アメリカ船への物資供給，(2)難破船の救助，(3)下田・箱館を開港，領事駐在の認可，(4)アメリカに**最恵国待遇**を与えるなどの内容。

5 〔　　　　　　〕1819〜57　老中首座。開国要求に対し，幕府内で判断しかねるとし，朝廷に報告。挙国的な対策の検討を試みた。

6 〔　　　　　　〕阿部正弘が推進した改革。越前藩主松平慶永らの人材を登用し，また前水戸藩主の徳川斉昭を幕政に参画させ，江戸湾に砲台を築き，大船建造の禁を解いた。

7 〔　　　　　　〕下田駐在の初代アメリカ総領事。イギリス・フランスの脅威を説き，幕府に通商条約の締結を迫った。

8 〔　　　　　　〕1810〜64　老中首座。ハリスとの交渉にあたり，孝明天皇に通商条約調印の勅許を求めたが拒否された。

9 〔　　　　　　〕1858年，大老**井伊直弼**が孝明天皇の勅許がないまま調印。(1)神奈川・長崎・新潟・兵庫の開港，(2)自由貿易，(3)外国人の国内旅行禁止，(4)**治外法権の承認**，(5)**関税自主権の欠如**という内容の不平等条約。

10 〔　　　　　　〕安政期に締結した通商条約の総称。アメリカについで蘭・露・英・仏とも類似の通商条約を締結した。

● **アヘン戦争**
1840年，清国とイギリスの戦争。清国は敗れて**南京条約**を結び，香港を割譲して開国した。

● **最恵国待遇**
他の国と結んだ条約が，アメリカと結んだものより有利な条件を認めた場合，アメリカにも自動的にその条件を認めるというもの。

● **治外法権（領事裁判権）**
在留外国人の裁判はその国の法律で行なうというもの。

● **関税自主権の欠如（協定関税）**
自国の関税率を他国との話し合いで定めるというもの。

● **金銀比価**
金銀比価は日本と列国で異なり，（外国1：15，日本1：5），10万両以上の金が海外に流出した。

● **五品江戸廻送令**
1860年，雑穀・水油・蠟・呉服・生糸の五品を江戸の問屋を経て輸出するよう定めた貿易統制令。

幕末の貿易

貿易額の変化（万ドル）

主要輸出入品の割合（数字は％）（1865年）
輸出 1,849万ドル：生糸79.4，茶10.3，蚕卵紙等3.9，海産物2.9，その他3.5
輸入 1,514万ドル：毛織物40.3，綿織物33.5，武器7.0，艦船6.3，綿糸5.8，その他7.1

幕末の物価指数（大坂：銀匁単位）
1854〜1858年：100（安政元〜5）

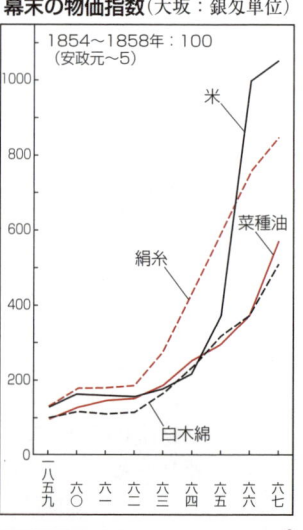

米，菜種油，絹糸，白木綿

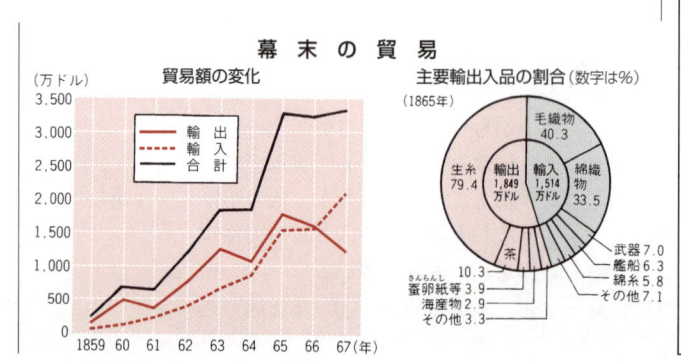

重要演習

❶ 日本の開国期に関する次の文章を読み，下の問い(問1～問5)に答えよ。

　清国がアヘン戦争でイギリスに敗れて　A　条約を結び，　B　を割譲し開国を余儀なくされると，幕府は薪水給与令を出したが，あくまでも鎖国体制を守ろうとした。1846年に，アメリカ東インド艦隊司令長官　C　が浦賀に来航して通商を要求したが，幕府は拒絶した。1853年にもアメリカ東インド艦隊が那覇に寄港した後，浦賀沖にあらわれ，大統領の国書を提出して日本の開国を求めた。アメリカ東インド艦隊が翌年にも来航したので，幕府は(1)日米和親条約を結び，鎖国政策から完全に転換し，イギリス・ロシア・オランダとも同様の内容の和親条約を結んだ。1856年には，初代アメリカ総領事としてハリスが来日し，数年にわたる交渉の末，(2)日米修好通商条約が締結された。幕府はついで，オランダ・ロシア・イギリス・フランスとも同様の条約を結んだ。

　この時期，日本には外国人が多数滞在することになったが，幕末に日本に滞在した人物としては，1859年に来日し，診療所や英学塾を開いた　D　などがいる。

問1　空欄(A・B)に当てはまる語の組み合わせとして，正しいものはどれか。
① A天津　B香港　② A天津　Bマカオ　③ A南京　B香港　④ A南京　Bマカオ
⑤ A北京　B香港　⑥ A北京　Bマカオ

問2　空欄Cの人物はだれか。
① ビッドル　② ヒュースケン　③ フィルモア　④ ペリー

問3　下線部(1)の日米和親条約を締結したときの老中首座による政策の説明として，正しいものはどれか。
① 挙国一致策をとり公議世論の政治を行ったほか，海軍伝習所を創設した。
② 公武合体を推進し，孝明天皇の妹である和宮の降嫁を実現した。
③ 参勤交代を3年1勤として在府期間を短縮したほか，軍制改革などを行った。
④ 横須賀製鉄所の建設など軍備の拡充をはかり，老中を専任制とするなど組織改革もした。

問4　下線部(2)の日米修好通商条約の締結と同じ年に起きたできごとはどれか。
① 安政の大獄　② 禁門の変　③ 坂下門外の変　④ 桜田門外の変

問5　空欄Dの人物はだれか。
① アーネスト＝サトウ　② オールコック　③ パークス　④ ヘボン　⑤ ロッシュ

(武庫川女子大)

❷ 次の年表は幕末の動き(月は陰暦)を示したものである。

1860年	3月	桜田門外の変	1865年	4月	長州再征発令
1861年	10月	和宮，江戸にくだる		10月	条約勅許
1862年	1月	A	1866年	1月	C
1863年	5月	長州藩，外国船砲撃		6月	長州再征
	8月	天誅組の変	1867年	5月	兵庫開港勅許
1864年	7月	B		10月	大政奉還，討幕の密勅
	7月	長州征討発令		12月	王政復古の大号令

問　A～Cに入る語句は何か。次の①～⑧の中からそれぞれ一つずつ選べ。
① 禁門の変　② 池田屋事件　③ 四国艦隊，下関砲撃　④ 生麦事件　⑤ 安政の大獄
⑥ 薩長連合(薩長同盟)　⑦ 坂下門外の変　⑧ 薩英戦争

(東京農業大)

ポイント解説

❶ 中国との貿易のために太平洋を航海する船舶や，北太平洋におもむく捕鯨船の寄港地とするため。
❷ 幕府は朝廷に報告し，徳川斉昭を幕政に参与させたほか，島津斉彬ら藩主の協力もえて挙国的に対策をたてようとしたが，このため朝廷の権威が高まり，諸大名に発言の機会を与える結果となった。
❸ 輸出超過で物価が高騰する一方，安価な綿織物が大量に輸入された結果，農村の綿作，綿織物を圧迫した。また金銀比価の違いにより，大量の金が海外へ流出した。

49 開国と幕末の動乱② ── 江戸幕府の滅亡

ポイント
1. 薩摩の意向をうけて幕府が行なった文久の改革はどのようなものか。
2. 薩摩藩、長州藩が攘夷論を転換させたのはなぜか。
3. 大政奉還を行なうにあたって幕府側の意図はどのようなものであったか。

●重要用語●

1 〔　　　　　〕1837～1913　将軍継嗣問題で一橋派の推薦をうけるが南紀派に敗れる。1866年に15代将軍となる。

2 〔　　　　　〕井伊直弼が政策に反対するものを弾圧し、処罰した事件。**橋本左内**、**吉田松陰**らも処罰された。

3 〔　　　　　〕安政の大獄に憤慨した水戸脱藩の志士によって大老井伊直弼が桜田門の前で暗殺された事件。

4 〔　　　　　〕1819～71　老中として朝廷（公）と幕府（武）との融和をはかる公武合体政策をとるが、和宮降嫁に憤慨した尊王攘夷論者に襲われた（坂下門外の変）。

5 〔　　　　　〕1817～87　公武合体派。1862年勅使を奉じ江戸にくだり、幕政改革を要求。その帰りに**生麦事件**をおこす。

6 〔　　　　　〕天皇尊崇思想と外国人排斥思想とが結合した政治思想。藤田東湖・会沢安らの幕末の水戸学にその源流があり、長州藩の下級武士らが倒幕運動へと発展させた。

7 〔　　　　　〕1863年8月18日、薩摩・会津藩と公武合体派の公家らが朝廷内の実権を握り、京都から長州藩勢力と急進派の公家三条実美らを追放した事件。

8 〔　　　　　〕1864年、長州藩が勢力挽回のため京都に攻め上ったが、薩摩・会津の両藩に敗れた事件。**蛤御門の変**ともいう。

9 〔　　　　　〕薩長の構想する武力倒幕に対して、土佐藩などが主唱した政権構想。

10 〔　　　　　〕1864年、幕府が禁門の変の罪を問うため派兵。

11 〔　　　　　〕1866年、土佐藩出身の**坂本龍馬・中岡慎太郎**らの仲介で薩摩藩と長州藩が結んだ軍事同盟の密約。

12 〔　　　　　〕倒幕行動を前に、後藤象二郎と坂本龍馬とが山内豊信をとおして徳川慶喜に進言。1867年10月14日、朝廷に上表。

13 〔　　　　　〕1867年12月9日に発せられた朝廷内の岩倉具視や薩長倒幕派による天皇を中心とする新体制樹立の声明。

14 〔　　　　　〕12月9日夜の三職による会議。慶喜の内大臣の辞退と朝廷へ領地の一部を返上すること（**辞官納地**）を決定した。

15 〔　　　　　〕幕府が洋学教授や外交文書を翻訳するために設置。のちに洋書調所、開成所へと発展した。

●**一橋派**
一橋慶喜を将軍に推す越前藩主松平慶永、薩摩藩主島津斉彬ら。

●**南紀派**
井伊直弼を中心とする紀伊藩主徳川慶福を将軍に推す譜代大名ら。

●**薩英戦争**
1863年、生麦事件の報復としてイギリスが薩摩を砲撃した事件。これ以後、薩摩はイギリスに接近して開明政策に転じ、**西郷隆盛・大久保利通**らが藩政を掌握した。

●**改税約書**
列国が幕府に交渉して調印させた通商条約時の関税率を諸外国に有利になるよう改め、自由貿易を妨げる諸制限を撤廃させる約書。

●**池田屋事件**
新選組が尊攘派の志士を池田屋で襲撃した事件。禁門の変のきっかけとなる。

●**四国艦隊下関砲撃事件**
長州藩が攘夷を実行し、下関の海峡を通る外国船を砲撃した報復として1864年、英・仏・米・蘭の連合艦隊が下関の砲台を砲撃した事件。四国艦隊に惨敗した**高杉晋作**（奇兵隊を組織）・桂小五郎らは攘夷論を転換し、イギリスに接近して軍事力の強化につとめた。

●**ええじゃないか**
1867年、「ええじゃないか」と乱舞する伊勢参りが流行。

●**三職**
新政府が摂政・関白を廃止して、総裁・議定・参与を設けた。

●**民衆宗教**
中山みきを教祖とする大和の天理教・黒住宗忠を教祖とする備前の黒住教・川手文治郎を教祖とする備中の金光教などの現世利益的な宗教は、のちに**教派神道**とよばれるようになる。これらの民衆宗教とともに伊勢神宮への**御蔭参り**も流行した。

重要演習

❶ 次の年表に関する問(1〜9)に最も適当な答を記入せよ。

幕末の動き(月は旧暦)
- 1853. 6　ペリー来航
- 　　　.7　(1)プチャーチン来航
- 1854. 3　日米和親条約
- 1856. 7　米総領事(2)　a　着任
- 1858. 6　日米修好通商条約
- 　　　.9　安政の大獄(〜59年)
- 1860. 1　遣米使節出発
- 　　　.3　(3)桜田門外の変
- 1861.10　和宮，江戸に下る
- 1862. 1　(4)　b　
- 1863. 5　長州藩外国船砲撃事件
- 　　　.7　(5)薩英戦争
- 　　　.8　(6)　c　
- 　　　.10　生野の変
- 1864. 6　(7)池田屋事件
- 　　　.7　禁門の変
- 　　　.8　第一次長州征伐
- 　　　　　(8)四国連合艦隊下関砲撃事件
- 1865. 4　第二次長州征伐発令
- 1866. 1　薩長連合成立
- 　　　.6　第二次長州征伐(〜8月)
- 1867. 1　明治天皇即位
- 　　　.10　討幕の密勅　大政奉還
- 　　　.12　(9)王政復古の大号令

問1　下線部(1)に関して，ロシア使節のプチャーチンはこの時に日本のどの地に来航したか。

問2　下線部(2)に関して，　a　は下田に駐在した。これは誰か。

問3　下線部(3)に関して，この変によって暗殺された大老は誰か。

問4　下線部(4)に関して，　b　は，将軍家茂に天皇の妹和宮を嫁がせ公武合体を進める老中安藤信正の政策に対して，これに憤激した水戸浪士らが安藤を襲撃した事件である。その事件は何か。

問5　下線部(5)に関して，イギリス軍艦が鹿児島湾に進撃してきたのは，ある事件の報復のためである。その事件は何か。

問6　下線部(6)に関して，薩摩・会津の両藩は急進派の公家三条実美らと長州藩勢力を京都から追放し朝廷の実権をうばった。その事件　c　は何か。

問7　下線部(7)に関して，京都の旅館池田屋で尊攘派の志士を殺傷した組織は何か。それは京都守護職の支配下にあった。

問8　下線部(8)に関して，長州藩の外国船砲撃事件の報復として，下関の砲台を攻撃・占領した四国とは，イギリス・アメリカ・フランスとどこか。

問9　下線部(9)に関して，王政復古の大号令に「徳川内府，従前御委任ノ大政返上，将軍職辞退ノ両条，今般断然聞シメサレ候」(「復古記」)とある。「徳川内府」とは誰か。
(西南学院大)

ポイント解説

❶政事総裁職に松平慶永を，将軍後見職に徳川慶喜を任命し，京都守護職を設置して松平容保(かたもり)を任命した。その他，西洋式軍制の採用，参勤交代制の緩和など，幕政を改めた。

❷薩摩は薩英戦争により，また長州は四国艦隊下関砲撃事件により攘夷の不可能を知り，政策の転換をはかった。

❸倒幕派の攻勢をそらすため将軍から朝廷にいったん政権を返上し，そのあと朝廷のもとで徳川主導の諸藩の合議による連合政権をつくろうとした。

50 明治維新

ポイント
1. 新政府の性格はどのようなものであったか。
2. 士族は特権を失いどのような行動をとったか。
3. 地租改正は農民にどのような影響を与えたか。

●重要用語●

1. 〔　　　　〕新政府軍対旧幕府軍の戦い。1868年1月の鳥羽・伏見の戦いから，1869年5月，五稜郭で旧幕府軍が降伏するまで。

2. 〔　　　　〕戊辰戦争時に東北・越後の諸藩が結成した反政府同盟。会津若松城の落城により崩壊。

3. 〔　　　　〕1868年3月，公議世論の尊重，開国和親など新政府の国策の基本を示したもの。天皇親政を強調。

4. 〔　　　　〕1868年閏4月制定。太政官への権力集中・三権分立・官吏互選制を骨子とする。

5. 〔　　　　〕中央政府の最高官庁。**正院，左院，右院**の3院制をとり，その下に各省をおいて国家権力を集中した。

6. 〔　　　　〕天皇一代の間，元号を一つとした制度。1868年9月に元号を**明治**と改元。

7. 〔　　　　〕**五箇条の誓文**公布の翌日，庶民に向けて掲げられた5つの高札。内容は儒教道徳の遵守，キリスト教禁止など。

8. 〔　　　　〕1869年，木戸孝允・大久保利通らの画策で，薩長土肥4藩主が領地と領民を天皇に返還し，他藩主もならった。

9. 〔　　　　〕1871年，藩を廃止して府・県とし，知藩事を罷免し，新たに**府知事・県令**が中央政府により任命された。

10. 〔　　　　〕薩長土肥の出身者が要職を独占し，実権を握った政府のこと。

11. 〔　　　　〕1873年に始まる明治新政府の土地制度・税制改革。地価を定め，地券を発行して税負担者にわたし，地価の**3％**を地租として金納させた。

12. 〔　　　　〕1873年，国民皆兵をめざして公布。長州藩の大村益次郎が構想し，山県有朋が実現した。

13. 〔　　　　〕1873年設置。殖産興業・地方行政を担当し，また全国の警察組織も統轄した官庁。

14. 〔　　　　〕それまでの身分秩序を華族，士族，平民に改め，平民は苗字，華・士族との通婚も許された。

15. 〔　　　　〕1876年，金禄公債証書を与えて，士族と華族の禄制を廃止したことをいう。

●**戊辰戦争の経過**
1868年1月鳥羽・伏見の戦い
1868年4月江戸城無血開城
1869年5月五稜郭の戦い（5月18日鎮圧）

●**徴兵告諭**
1872年11月に発布。そのなかに血税の文字があったため，徴兵制度によって負担が重くなった農民が血税反対一揆をおこした。

●**廃刀令**
1876年，刀剣着用を禁止した法令。武士は特権を剝奪された。

●**地租改正反対一揆**
地租改正によっても負担が軽減しない農民がおこした一揆。1876年におきた一揆により，政府は翌年地租を3％から2.5％に引き下げた。

太政官制の変遷

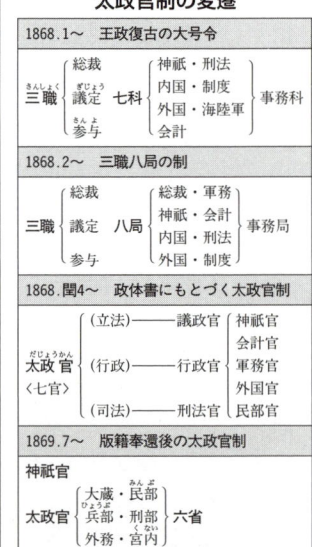

1868.1～	王政復古の大号令
三職	総裁／議定／参与　七科（神祇・刑法／内国・制度／外国・海陸軍／会計）事務科

1868.2～	三職八局の制
三職	総裁／議定／参与　八局（総裁・軍務／神祇・会計／内国・刑法／外国・制度）事務局

1868.閏4～	政体書にもとづく太政官制
太政官〈七官〉	（立法）議政官／神祇官／会計官／（行政）行政官／軍務官／外国官／（司法）刑法官／民部官

1869.7～	版籍奉還後の太政官制
神祇官／太政官	大蔵・民部／兵部・刑部／外務・宮内　六省

1871.7～85.12	廃藩置県後の太政官制
太政官	正院（太政大臣／左大臣／右大臣／参議）／左院（立法）／右院（省務協議）　八省（神祇・文部／大蔵・工部／兵部・司法／外務・宮内）

重要演習

❶ 次の文章を読み，あとの問い（問1〜5）に答えなさい。

　1868年1月，京都郊外の鳥羽・伏見で旧幕府軍と新政府軍との戦端が開かれると，全国を巻き込む内乱に発展した。(a)その後，内戦は1年半近くにわたったが，国内は新政府によりほぼ統一された。

　農民のなかには，みずから(b)義勇軍（草莽隊）を組織して旧幕府軍とたたかう者もおり，関東・北陸・東北では戦争反対や年貢半減を要求する一揆がしばしばおこった。一揆や打ちこわしが多発し，各地で世直しを期待する機運が高まる中で，新政府は1868年3月に，(c)五榜の掲示を出した。

　1868年閏4月，新政府は政体書を出し，7月に江戸を東京と改め，9月に年号を明治とした。(d)王政復古の立場をとる新政府は，神道を国教とする方針を打ち出した。

　1871年新政府は，薩長土3藩から兵を提供させ，これを御親兵として軍事力を固めたうえで，7月廃藩置県をいっきょに断行した。また(e)中央官制改革もおこなった。中央政府の人事では，公卿や大名の大部分は退けられ，士族が中枢を占めた。官僚となった士族では薩長土肥4藩の出身者が中心を占めて，藩閥官僚と呼ばれ，以後政府の実権を握り続けた。

問1　下線部(a)の内容として正しいものを，次の①〜④の中から一つ選びなさい。
① 生麦事件で新政府軍が勝利し，江戸城は無血開城となった。
② 新政府は東征軍を朝敵として武力対決を決心し，箱館の五稜郭に立てこもる軍に進撃した。
③ 新政府軍は，奥羽越列藩同盟を結成した東北諸藩の抵抗を打ち破り，9月に会津若松城を攻め落とした。
④ この1年半に及ぶ内戦を戊辰戦争といい，戦争で活躍した中下士層の発言力が高まったことで藩内身分秩序が強固になった。

問2　下線部(b)のうち，「赤報隊」を組織した人物名として正しいものを，次の①〜⑤の中から一つ選びなさい。
① 榎本武揚　② 由利公正　③ 相楽総三　④ 塙保己一　⑤ 渋沢栄一

問3　下線部(c)に関する説明として**誤っているもの**を，次の①〜④の中から一つ選びなさい。
① 旧幕府の民衆支配を引き継ぐものであった。
② 公議世論の尊重や開国和親など新政府の国策の基本方針を示すものであった。
③ 五箇条の誓文の翌日に，幕府の高札にかわってたてられた5枚の制札のことである。
④ 君臣・父子・夫婦間の儒教的道徳を説くとともに，徒党・強訴・逃散やキリスト教を禁じるものであった。

問4　下線部(d)の説明として正しいものを，次の①〜④の中から一つ選びなさい。
① 1868年に，祭政一致と神祇官再興を布告するとともに，神仏分離令を出し，古代以来の神仏習合を禁止した。
② 1869年に，神道布教のために宣教使を設け，神祇省を設置した。
③ 1871年に，全国の神社を組織化し，出雲大社を頂点とする神社制度や皇室行事を中心とする国家の祝祭日を定めた。
④ 1872年に，神道を広めるための大教宣布の詔を出し，国民教化をめざした。

問5　下線部(e)に関する説明として正しいものを，次の①〜④の中から一つ選びなさい。
① 太政官を，総裁・議定・参与の三職制とした。
② 太政官を，正院・左院・右院の三院制とした。
③ 太政官を，議政官・行政官・刑法官の三官制とした。
④ 太政官を，上皇・院司・後院の院丁とした。

（金城学院大）

ポイント解説

❶ 藩閥政府とよばれるように三条実美，岩倉具視ら少数の公家以外は薩長土肥の出身者が実権をにぎり，革新的な政治をすすめる一方で，旧幕府の教学政策をそのまま受け継いでいた。

❷ 金禄公債証書を与えられた士族たちは，「士族の商法」といわれるように慣れない商売に手を出したりして没落し，政府の士族授産も十分ではなく，貧困に窮し，不平士族反乱の一因となった。

❸ 貨幣で一律に徴収される地租により租税の負担が増し，また農民が共同で利用した入会地のうち，所有権を立証できないものは官有地となったため一揆が続発した。

51 富国強兵と文明開化

ポイント
1. 政府は殖産興業をどのように行なったか。
2. 文明開化とはどのようなものであったか。
3. 明治初期の国際関係はどのようなものであったか。

重要用語

1 〔　　　　　〕 政府直営工場。工部省が富国強兵・殖産興業推進のために設立。特に軍事工業に重点をおいた。

2 〔　　　　　〕 1869年，未開地域の北海道の開拓を目的に，太政官直属の役所として1882年まで設置された。

3 〔　　　　　〕 1871年発布，金本位制の確立と貨幣の整理が目的。円・銭・厘を単位とする新硬貨を造り，翌年には不換紙幣の新紙幣も発行。

4 〔　　　　　〕 渋沢栄一らが中心となり，1872年に公布。兌換銀行券の発行権を持つ民間金融機関の設立を促した。

5 〔　　　　　〕 三井，岩崎弥太郎（三菱）など，政府から特権を与えられた商人。金融・貿易・海運業などで利益をあげた。

6 〔　　　　　〕 1872年に公布。国民皆学，教育の機会均等が目的。学区分は現実にあわず，1879年の教育令で改正。

7 〔　　　　　〕 1868年の神仏分離令により廃仏運動が極端化し，全国的に寺院・仏像が破壊，放火された事件。

8 〔　　　　　〕 森有礼・福沢諭吉・西周・加藤弘之らにより1873（明治6）年創設。『明六雑誌』を発行し啓蒙活動を行なった。

9 〔　　　　　〕 1871年，清国との間に締結。相互に開港して，領事裁判権を認めるというもの。対等条約だが日本側は不満。

10 〔　　　　　〕 1879年，琉球藩（尚泰が藩王）および琉球王国を廃止して沖縄県の設置を強行した一連の政策。

11 〔　　　　　〕 朝鮮の鎖国政策を武力で開国に転換させようと西郷隆盛・板垣退助らが主張。帰国した大久保利通・木戸孝允らの内治優先論と対立。

12 〔　　　　　〕 1876年，江華島事件を機に日本が朝鮮に迫り，釜山ほか2港の開港と，日本の領事裁判権・関税免除を認めさせた不平等条約。

13 〔　　　　　〕 征韓論が否定されたことによって西郷隆盛・板垣退助・江藤新平・副島種臣らが辞職した政治事件。

14 〔　　　　　〕 1874年，下野した板垣退助・後藤象二郎ら征韓派が士族の不満を背景に国会開設を求め左院に提出した意見書。自由民権運動の出発点となる。

15 〔　　　　　〕 1877年，西郷隆盛を首領とした最後の士族反乱。政府は約半年かけて鎮圧。

●文明開化
明治初期，旧習を打破し西洋文物を移植する風潮。文明開化の象徴として洋服やざんぎり頭などがあり，思想の面では天賦人権の思想などが唱えられた。また福沢諭吉の『学問のすゝめ』や中村正直訳のミルの『自由之理』などが広く読まれた。

●お雇い外国人
札幌農学校教頭クラーク・内科医ベルツ・大森貝塚を発見したモースら，政府が雇い入れた外国人指導者。

●屯田兵制度
北海道に農兵を移住させ，開拓・警備にあたらせた制度。

●第一国立銀行
国立銀行条例公布の翌年，東京に設立。

●大教宣布の詔
1870年，神道国教化政策を推進するために出された詔書。大教（神道）による国民教化のため国学者・神道家を動員した。

●樺太・千島交換条約
1875年，日本が樺太のいっさいの権利をロシアに譲り，かわりに千島を領有することを取り決めた。

●士族の反乱
1874年　佐賀の乱（江藤新平）
1876年　敬神党（神風連）の乱，秋月の乱，萩の乱

おもな官営模範工場・官営軍事工場

富岡製糸場	1872年設立
	1893年三井に払下げ
新町紡績所	1877年設立
	1887年三井に払下げ
愛知紡績所	1878年設立
	1886年篠田直方に払下げ
広島紡績所	1879年設立
	1882年広島綿糸紡績会社に払下げ
大阪砲兵工廠	1879年設立
	1870年設立した大砲製造所を改称
長崎造船所	旧幕府より受け継ぐ
	1887年三菱に払下げ

重要演習

❶ 次の文章と史料を読み，下記の問いに答えよ。

　政府は1872年に土地永代売買を解禁し，地券を発行して，従来の年貢負担者の土地所有権を認めることにした。その上で，　a　年に国家財政の6割を占める貢租収入の安定化と，徴収方法の統一化のために地租改正条例を公布した。それは，課税規準を年毎に変化する収穫高から法定地価に変更し，地租を地価の　b　%とし，納入方法を物納から金納に切り替えるものであった。また，同年には(c)徴兵令も発布された。

　さらに政府は殖産興業によって近代産業の急速な成長をめざして，封建的な関所や，宿駅の百姓らに人馬の提供を負担させた　d　を撤廃し，株仲間などの独占の廃止につとめる一方で，新たな産業の保護，奨励策をとった。幕府の関口大砲製作所を受け継いだ東京砲兵工廠などの官営軍事工場や，幕府の長崎製鉄所を受け継いだ長崎造船所を始めとする造船所を設立するとともに，最大の輸出産業である製糸業の機械化を進めるため，官営の富岡製糸場では　e　人技師ブリューナの指導の下，　e　製機械の導入による熟練工の養成がめざされた。

　また，こうした殖産興業を推進する行政機関として，政府は1870年に　f　を設け，そこには工業，鉱山業，　g　，電信などの部門があり，西洋の近代的技術の導入に中心的な役割を果たした。官，民の大学校の設立もあいつぎ，多数の御雇外国人が外国人教師や技師として招かれた。彼らの中には　h　で講義し，『ベルツの日記』の著者として有名なベルツや，地質学者で全国地質図を作成した　i　，大蔵省紙幣寮で印刷術の指導をした　j　などがいた。また，西洋思想の移入も盛んに行われ，アダム・スミス，ベンサム，(k)ミルやモンテスキュー，ルソーたちの学説が次々と紹介された。

問1　空欄　a　に入る数字として適切なものを答えなさい。
問2　空欄　b　に入る数字として適切なものを答えなさい。
問3　下線部(c)の「徴兵令」について，この国民皆兵を原則とする常備軍の制度をはじめて構想した人物名を，次のうちから一つ選べ。
　① 由利公正　② 大村益次郎　③ 大木喬任　④ 佐々木高行　⑤ 山県有朋
問4　空欄　d　に入る語句として適切なものを，次のうちから一つ選べ。
　① 国役　② 棟別銭　③ 助郷役　④ 雑徭　⑤ 村請制
問5　空欄　e　に入る国名として適切なものを，次のうちから一つ選べ。
　① アメリカ　② ドイツ　③ スイス　④ イギリス　⑤ フランス
問6　空欄　f　に入る語句として適切なものを，次のうちから一つ選べ。
　① 大蔵省　② 外務省　③ 工部省　④ 民部省　⑤ 宮内省
問7　空欄　g　に入る語句として適切なものを，次のうちから一つ選べ。
　① 製糸　② 電気　③ 造幣　④ 鉄道　⑤ 印刷
問8　空欄　h　は，旧幕府の開成所，医学所などを統合して設立された大学である。この大学の現在の名称として適切なものを，次のうちから一つ選べ。
　① 東京大学　② 早稲田大学　③ 京都大学　④ 慶応義塾大学　⑤ 東北大学
問9　空欄　i　・　j　に入る人物名の組み合わせとして適切なものを，次のうちから一つ選べ。
　① i：クラーク・j：コンドル　② i：クラーク・j：キヨソネ
　③ i：ワグネル・j：ナウマン　④ i：ナウマン・j：キヨソネ
　⑤ i：ナウマン・j：コンドル
問10　下線部(k)のミルの『自由論』（『自由之理』1871年刊）の翻訳者を答えなさい。
　　　　　　　　　　　　　　　　　　　　　　　　　　　　　　　　　　　　　　　（東洋大）

ポイント解説

❶政府は富国強兵をめざし，お雇い外国人の指導のもとに近代産業の育成をはかり，1870年に工部省を設立し，さらに1873年内務省を設立し官営模範工場を通じて民間の機械生産をうながした。

❷政府が率先して西洋の近代思想や生活様式を取り入れ，国民生活の近代化をはかろうとした。民間においてもジャーナリズムなどにより啓蒙運動が盛んになった。

❸欧米諸国に対しては不平等条約の改正が課題であったが，他方，近隣の清国とは不服ながら対等条約の日清修好条規を結び，朝鮮に対しては不平等条約である日朝修好条規を押しつけた。

52 立憲国家の成立と日清戦争① ── 自由民権運動と憲法制定

ポイント
1. 自由民権運動はどのように展開したか。
2. 大日本帝国憲法の特徴は何か。
3. 初期議会における政府と政党の関係はどのようなものであったか。

● 重 要 用 語 ●

1 〔　　　　　　〕 1875年4月発布。**立志社**，**愛国社**の設立により自由民権論が広がる中，漸進的な立憲国家設立の方針を打ち出した。

2 〔　　　　　　〕 1875年，左院を廃止して設置した立法諮問機関。これとともに最高裁判所にあたる大審院，府知事・県令からなる**地方官会議**も設置された。

3 〔　　　　　　〕 1880年3月，愛国社の第3回大会の決議にもとづき結成。国会開設の請願書を提出するが受理されず。

4 〔　　　　　　〕 1881年10月，**開拓使官有物払下げ事件**による政府批判に**大隈重信**が関係あるとして罷免された事件。

5 〔　　　　　　〕 1881年大蔵卿に就任し，増税と歳出の緊縮により正貨を蓄積する財政政策を実施。1882年に日本銀行を設立し，1885年に銀兌換の銀行券を発行して**銀本位**の貨幣制度を整えた。

6 〔　　　　　　〕 1882年，**県令三島通庸**の圧政に対する農民の抵抗事件。その後，三島が**河野広中**ら福島自由党員を検挙。

7 〔　　　　　　〕 1885年，旧自由党員の**大井憲太郎**らが朝鮮の保守的政権を打倒し，日本の民権運動を再興しようと計画したが，事前に検挙された事件。

8 〔　　　　　　〕 1887年，**地租軽減**，**言論集会の自由**，**外交失策の回復**を求めた民権運動。星亨が提唱，後藤象二郎が受け継ぐ。

9 〔　　　　　　〕 三大事件建白運動鎮圧の手段として1887年に公布。在京民権運動家を東京から追放した。

10 〔　　　　　　〕 1885年に太政官制を廃止し，制定。**伊藤博文**が初代総理大臣となる。

11 〔　　　　　　〕 1889年2月11日発布。伊藤博文を中心に，ドイツ人顧問ロエスレルらの助言を得て，井上毅，伊東巳代治，金子堅太郎らが起草。**枢密院**で審議され欽定憲法として発布。

12 〔　　　　　　〕 大日本帝国憲法下における最高立法機関。**貴族院**と**衆議院**の二院制。衆議院の権限は弱く，皇族・華族からなる貴族院によって制限された。

13 〔　　　　　　〕 1891年，穂積八束がフランス法学者ボアソナードの民法を批判したことから始まる論争。

14 〔　　　　　　〕 憲法発布直後に首相**黒田清隆**が主張。政府の意向は政党によって左右されないとした。

● **自由民権論**
天賦人権論を思想的基盤として，藩閥専制打破・国会開設などを要求。民権論者には**植木枝盛**・**中江兆民**らがいる。

● **讒謗律・新聞紙条例**
1875年6月，民権論者の政府批判を取り締まるために制定。

● **国会開設の勅諭**
開拓使官有物払下げ事件による政府批判を鎮めるために公布。10年後の国会開設を約束した。

● **市制・町村制，府県制・郡制**
従来の**地方三新法**(郡区町村編制法・府県会規則・地方税規則)を廃止し，**山県有朋**が中心となって確立した地方行政制度。

● **政党の成立**
1881年　自由党(板垣退助)
1882年　立憲改進党(大隈重信)
1882年　立憲帝政党(福地源一郎)

● **衆議院議員選挙法**
1889年2月11日公布。選挙人は満25歳以上の男性で直接国税15円以上納入者。被選挙人は満30歳以上の男性で納税資格は選挙人と同じ。

● **第1回帝国議会**
1890年の第1回衆議院議員総選挙で民党が圧勝し，過半数を占めたため，予算問題で民党と政府が衝突。山県有朋首相は自由党を切り崩し予算成立。

おもな私擬憲法草案

名　称	(条数)	起草者	起草・発表年
嚶鳴社草案	(87条)	嚶鳴社	1879
私擬憲法意見	(83条)	共存同衆	〃
大日本国憲法大略見込書	(134条)	筑前共愛会	1880
国憲意見	(8章)	福地源一郎	1881
私擬憲法案	(79条)	交詢社	〃
東洋大日本国国憲按	(220条)	植木枝盛	〃
日本憲法見込案	(192条)	立志社	〃
日本帝国憲法(五日市憲法)	(204条)	千葉卓三郎	〃
憲法草案	(71条)	山田顕義	〃
憲法草案	(101条)	井上毅	1882
憲法草案	(173条)	西周	〃
憲法私案	(13条)	小野梓	1883

52 立憲国家の成立と日清戦争①——自由民権運動と憲法制定

重要演習

❶ 次の文章を読み，空欄に適語を入れ，下記の設問に答えなさい。

1874年，　1　専制を批判した①民撰議院設立建白書が提出されると，大きな反響をよんだ。民権運動が活発化すると，大阪会議がひらかれ，　2　ならびに　3　の復職と立憲政体をめざすことが決まった。これを受けて，漸次立憲政体樹立の詔が出された。他方で，政府は讒謗律・新聞紙条例等を制定して言論統制を強めた結果，民権運動は一時衰退した。しかし，1877年，②立志社が国会開設を求める立志社建白書を提出したのをきっかけに民権運動は再びもりあがりをみせ，1878年には愛国社も再興された。政府は漸進的な近代化につとめて，同年，地方制度の大改革である③地方三新法が制定された。

明治十四年の政変で国会開設が政府の方針となると，在野でも憲法私案がつくられるようになった。これらの憲法私案を　4　という。

1884年，伊藤博文は　5　に制度取調局を設けた。1888年には，憲法と　6　の草案審議のために枢密院が設けられた。1889年の紀元節に大日本帝国憲法が発布された。

問1　下線部①に関連する説明文として正しいものにはイ，誤っているものにはロを記しなさい。
　a　民撰議院設立建白書の主張は，「上流の民権」論とよばれた。
　b　民撰議院設立建白書は，行政上の諮問機関である右院に提出された。
　c　民撰議院設立建白書の提出が，自由民権運動の始まりとされている。

問2　下線部②に関連する説明文として正しいものにはイ，誤っているものにはロを記しなさい。
　a　片岡健吉らは，立志社設立後，大阪で愛国社を設立した。
　b　愛国社は，国会期成同盟に改称された。
　c　立志社建白書は，自由民権運動の三大要求，すなわち国会開設，地租軽減，条約改正を含んでいた。

問3　下線部③に関して，地方三新法の名称を漢字で答えなさい。
（中央大）

❷ 大日本帝国憲法および諸法典の成立過程に関する次の文章を読んで，下の問いに答えよ。

1881(明治14)年7月，右大臣　A　は天皇に上奏した『大綱領』の中で憲法の構想を記した。それは，　B　の急進的な議院内閣制早期導入の主張に対して漸進的な内容であった。

1882(明治15)年，政府は　C　らをヨーロッパに派遣して憲法調査にあたらせた。その後，1886(明治19)年末ころから　C　を中心に，のちに教育勅語の原案起草にもたずさわることになる　D　のほか，伊東巳代治・金子堅太郎らが，ドイツ人顧問　E　の助言を得て憲法起草にあたった。

1889(明治22)年に発布された大日本帝国憲法は，議会制を定めたこと，(1)制限付ではあるが言論・集会などの自由を国民に保障したことなど，近代国家としての体制を整備するものであった。一方，大日本帝国憲法は天皇を元首とし，国民を臣民とよぶ主権在君制をとり，強大な天皇大権が存在した。

憲法を含む六法は，1890(明治23)年までに公布され，法治国家としての体制が整えられたが，論争となって施行が延期され，大はばに修正されたものもあった。

問1　空欄(A〜E)に入る人物を答えよ。
問2　下線部(1)に関して，大日本帝国憲法制定以前に言論・集会の自由を制限した法規(ア〜エ)のうち，1875(明治8)年に公布されたものはどれか。下の①〜⑥から選べ。
　ア　讒謗律　　イ　集会条例　　ウ　新聞紙条例　　エ　保安条例
　①　アとイ　　②　アとウ　　③　アとエ　　④　イとウ　　⑤　イとエ　　⑥　ウとエ
（武庫川女子大）

ポイント解説

❶民撰議院設立建白の提出以降，民権運動は士族のほか上層農民・商工業者・府県会議員などにも広がり，その一部は政党を結成し国会開設を要求するが，運動が急進化すると弾圧され衰退していった。

❷欽定憲法であり，天皇大権，統帥権の独立が定められ，国民には法律の範囲内での言論・著作の自由，安寧秩序を妨げない限りで信教の自由が認められた。

❸黒田清隆首相は超然主義を主張し，政党の政府攻撃を抑え，第1次松方正義内閣は第2回総選挙で激しい選挙干渉を行なうなど対立関係にあった。

53 立憲国家の成立と日清戦争② ── 条約改正と日清戦争

ポイント
❶ イギリスが条約改正に応じるようになった原因は何か。
❷ 日清戦争が国際社会にどのような影響を与えたか。
❸ 朝鮮では日本の進出に対してどのように抵抗したか。

●重要用語●

1 〔　　　　　〕1835～1915　第1次伊藤内閣の外相として条約改正交渉にあたる。鹿鳴館に象徴される極端な欧化主義をとるが、批判をうけ交渉を中止し、外相を辞任した。

2 〔　　　　　〕1891年、ロシア皇太子が滋賀県の大津市で警備の巡査津田三蔵に襲われた事件。この事件のため、外相青木周蔵は辞任した。

3 〔　　　　　〕1844～97　第2次伊藤内閣の外相。1894年、日英通商航海条約の調印に成功。

4 〔　　　　　〕1855～1911　1911年、外相として関税自主権の回復に成功。開国以来半世紀をへて条約上列国と対等の地位を得た。

5 〔　　　　　〕1882年、親日派の閔氏一族に対し大院君が軍の支持を得てクーデタをおこした事件。民衆が日本公使館を包囲した。

6 〔　　　　　〕1884年、日本に接近し朝鮮の改革をはかる金玉均らが日本公使館の援助でおこしたクーデタ。清国の援軍で鎮圧された。

7 〔　　　　　〕1885年、伊藤博文と李鴻章により締結。朝鮮からの両国の撤兵と朝鮮への出兵の際の相互事前通告が定められた。

8 〔　　　　　〕1882年発布。井上毅らが起草。「大元帥」である天皇への軍人の忠節などを強調し、軍人の政治関与の禁止を明示した。

9 〔　　　　　〕1894年、朝鮮で東学の信徒を中心に減税と排日を要求した農民の反乱。東学の乱ともいう。

10 〔　　　　　〕1894～95年、朝鮮の支配権をめぐる日清両国の戦争。

11 〔　　　　　〕1895年4月、伊藤博文と李鴻章の間で結ばれた日清戦争の講和条約。(1)清国は朝鮮の独立を承認、(2)遼東半島・台湾・澎湖諸島の譲渡、(3)賠償金2億両を日本に支払うなどの内容。

12 〔　　　　　〕ロシア・フランス・ドイツの遼東半島の返還要求。国民の反露感情が強まり、日本政府は軍備拡張につとめた。

13 〔　　　　　〕1895年、台北に設置。初代総督に海軍軍令部長樺山資紀を任命。島民の反対を武力で鎮圧し、統治した。

●**内地雑居**
外国人に日本国内を開放するというもの。井上馨が列強に提案した条約改正交渉のための条件。

●**児島惟謙**
大審院長。大津事件の被告津田三蔵に対し、ロシアとの関係を苦慮する政府の死刑要求を拒否。無期徒刑を主張し、司法の独立を守った。

●**日英通商航海条約**
領事裁判権の撤廃、関税率の引上げ、相互対等の最恵国待遇という内容。

●**脱亜論**
福沢諭吉らによって唱えられた、日本は欧米諸国の仲間入りをし、東アジア分割に加わるべきであるという主張。

●**賠償金2億両**
当時の邦貨にして約3億1000万円で、これに遼東半島還付の代償金を加えると3億5600万円相当になる。

●**臥薪嘗胆**
まだ露・仏・独の3カ国に対抗するには力不足と判断した政府が掲げた標語。

日清戦争償金使途
日清戦争償金　2億両(約3億1000万円)
遼東返還代償　3000万両(約5000万円)

賠償総額	364,599,656円
臨時軍事費特別会計へ繰り入れ	78,957,165円
陸軍拡張費	56,798,638円
海軍拡張費	139,259,388円
製鉄所創立費	579,762円
その他	85,214,485円
小計金	360,809,438円
差引金	3,700,218円

重要演習

❶ 次の文を読み，問1〜問4に対する答えを選択肢より一つずつ選びなさい。

　明治政府の重要な外交課題は(ア)不平等条約の改正であった。1871年に日本を出発した岩倉使節団は最初の訪問国アメリカで予備交渉を開始しようとしたが，具体的成果を上げられず，1879年から1887年まで外交責任者であった井上馨がまとめた条約改正案も，国内からの強い反発に直面し，成果はなかった。

　条約改正問題は，陸奥宗光が外務大臣に就任して転機を迎えることになった。陸奥は，それまでに相当進んでいた(イ)国内体制の整備を背景とし，(ウ)内外の政治情勢の変化を活用して，日英通商航海条約の締結に成功した。この成功は，直後に始まった(エ)日清戦争に大きな影響を与えた。

問1　1858年に締結された日米修好通商条約は下線部(ア)の不平等条約の一つである。この条約についての以下の文のうち正しいものを選べ。
① 老中首座であった阿部正弘とアメリカ総領事パークスとの間で締結交渉がおこなわれた。
② 貿易は自由貿易とされ，日本の輸入関税率はゼロとされた。
③ 条約に基づき貿易が開始された直後に，日本は大幅な輸入超過となり国内物価が上昇した。
④ 外国人は開港場の居留地に居住することとし，一般外国人の国内旅行は禁止された。

問2　下線部(イ)の「国内体制の整備」の時間的順序の正しいものはどれか。
① 内務省の創設→大阪会議→国会開設の勅諭→大日本帝国憲法の施行
② 大阪会議→国会開設の勅諭→内務省の創設→大日本帝国憲法の施行
③ 内務省の創設→大日本帝国憲法の施行→大阪会議→国会開設の勅諭
④ 内務省の創設→大阪会議→大日本帝国憲法の施行→国会開設の勅諭

問3　下線部(ウ)につき，陸奥外相が英国との条約改正交渉に際して活用することが可能だったのは，内外の政治情勢のどのような変化か。可能だったものを選べ。
① ロシアの遼東半島租借権獲得に対する英国の懸念
② 義和団の乱（北清事変）
③ 隈板内閣の成立と議会主義的政治体制への変化
④ 三国干渉に対する国民世論の反発
⑤ 政府への自由党の歩み寄り

問4　日清戦争（下線部(エ)）は朝鮮半島をめぐる日本と清国との対立に端を発している。次の各文①〜⑤は日清両国と朝鮮との関係を年代順に並べたものであるが，内容上の誤りが含まれているものが一つある。それはどれか。
① 李朝の王妃であった閔妃の一族が樹立した閔氏政権は軍隊の近代化を進めたが，旧軍の兵士はこれに対する不満を高めた。
② 壬午軍乱により国王の父である大院君が一時政権を握ったが，清国は閔氏政権を復活させ，同政権は清国への依存を深めた。
③ 金玉均らは日本の支援を頼んでクーデタにより閔氏政権を倒そうとしたが，清国軍が来援し鎮圧された。
④ 甲午農民戦争が起こると，日本，清国はいずれも朝鮮に出兵し，まもなく日本と清国は交戦状態に入った。
⑤ 日清戦争後の朝鮮は，国号を大韓帝国と改め，日本と連携する政策をとった。

（成蹊大）

ポイント解説

❶ イギリスはロシアのシベリア鉄道起工による東アジア進出を警戒し，日本と手を結ぶことによってロシアに対抗しようとした。

❷ 列強の中国分割をひきおこし，ドイツは膠州湾，ロシアは旅順・大連港，イギリスは九龍半島・威海衛，フランスは広州湾を租借した。

❸ 1882年の壬午軍乱以後，朝鮮は清国との関係強化をはかり，親日勢力による甲申事変で清国への依存度を高め，日本の経済進出には防穀令や甲午農民戦争などをおこし，対抗した。

54 日露戦争と国際関係

> ポイント
> ❶ 憲政党・立憲政友会はどのように結成されたか。
> ❷ 日本は朝鮮をどのように植民地化したか。
> ❸ 日本は満州経営に対するアメリカ・清国の批判をどのように退けたか。

● 重 要 用 語 ●

1 〔　　　　　〕憲政党を与党とした初めての政党内閣。**大隈重信が首相**，内相に**板垣退助**が就任するが，わずか4カ月で退陣。

2 〔　　　　　〕1900年，第2次山県内閣が制定。政党の力が軍部におよぶのを抑えるために現役の大将・中将以外は陸・海軍大臣になれないとした。

3 〔　　　　　〕1900年，第2次山県有朋内閣により成立。労働・農民運動を弾圧。

4 〔　　　　　〕1900年，清国が「**扶清滅洋**」を掲げる義和団勢力におされ列国に宣戦布告，日本を含む列国に鎮圧された事件。

5 〔　　　　　〕1902年締結。日露協商論もあったが，日本はイギリスと同盟してロシアから韓国の権益を守ろうとした。

6 〔　　　　　〕1905年9月，アメリカ大統領ローズヴェルトの斡旋により，日本全権小村寿太郎とロシア全権ウィッテの間で調印された**日露戦争**の講和条約。

7 〔　　　　　〕日露講和条約で賠償金がなかったことに憤慨した民衆がおこした抗議行動。

8 〔　　　　　〕1905年調印。韓国から外交権を奪い，漢城に**統監府**をおき，初代統監に伊藤博文が就任した。

9 〔　　　　　〕1907年，**ハーグ密使事件**をきっかけに調印をせまり，韓国の内政権を掌握し，ついで軍隊を解散した。

10 〔　　　　　〕1910年調印。韓国を植民地とし，**朝鮮総督府**を設置。寺内正毅が初代総督となる。

11 〔　　　　　〕1906年，旅順に設置。関東州(遼東半島南端の租借地)の管轄と**満鉄**の監督にあたる機関。

12 〔　　　　　〕1911年，清国を打倒した民主主義革命。翌年には革命指導者の**孫文**を臨時大総統とする**中華民国**が成立した。

13 〔　　　　　〕1908年，日露戦争後の個人主義的風潮を是正するため発布。勤勉倹約と天皇崇拝などを求める内容で，これを機に**地方改良運動**が推進された。

● **憲政党**
第3次伊藤内閣に対抗するため，自由・進歩両党が合同して結成。隈板内閣の与党となる。尾崎行雄が共和演説事件で文相を辞任すると後任をめぐって内部対立がおこり分裂。

● **立憲政友会**
1900年，伊藤博文が総裁となり，憲政党を中心として結成。伊藤博文は立憲政友会をひきいて第4次伊藤内閣を組織した。

● **非戦論・反戦論**
内村鑑三はキリスト教徒として非戦を説き，幸徳秋水・堺利彦らは社会主義の立場から平民社によって反戦を主張した。

● **桂園時代**
1901〜12年，陸軍の桂太郎と立憲政友会の西園寺公望が交互に政権を担った時代をいう。

● **社会民主党**
1901年，安部磯雄・片山潜・幸徳秋水・木下尚江らによって最初の社会主義政党が結成。治安警察法により，結成直後に解散を命じられた。

● **大逆事件**
1906年，日本社会党が結成されたが，翌年禁止され，社会主義者への弾圧が強まった。その中で，1910年天皇暗殺を企てたとして幸徳秋水ら26名が逮捕され，全員有罪，12名が死刑となった。

日露戦争の軍事力と損害

軍備		日本	ロシア(うち極東軍)	
陸軍	歩兵	156大隊	1740大隊	106大隊
	騎兵	54中隊	85中隊	66中隊
	砲兵	106中隊	100中隊	30中隊
	工兵	38中隊	220中隊	8中隊
	参戦人員	100万人	100万人	
海軍	戦艦	6隻	13隻	7隻
	巡洋艦	21隻	54隻	14隻
	総トン数	26万トン	30万トン	

損害		日本	ロシア
人		12万人 うち捕虜 2000人	11.5万人 捕虜 7.9万人
馬		38350頭	捕獲馬 3983頭
艦船	軍艦	12隻	撃沈 98隻
	水雷艇・砲艦等	25隻	抑留 }軍艦7隻
	運送船等	54隻	武装解除
戦費		計15億2321万4100円 内{陸12億8328万1900円 海 2億3993万2200円	21億8000万円以上 (邦貨換算)

重要演習

❶ 次の文章を読んで，下記の設問（A～D）に答えよ。

　現在の日本における政党と内閣ないし政府との関係を見ると，基本的には，衆議院において最大多数を占める政党の党首が内閣を組織するという関係がみとめられる。しかし，大日本帝国憲法の発布後に行われた(イ)わが国最初の衆議院議員選挙から日清戦争直前の第六議会までの間は，政府と衆議院との対立がくり返された。

　こうした政府と政党との関係は，(ロ)日清戦争の勝利と三国干渉により大きく変化した。日清戦争中は政府と政党が挙国一致で戦争遂行にあたったこともあってか，戦後は，政府すなわち第2次伊藤内閣と衆議院の第一党とが戦後経営をめぐって共同歩調をとるに至った。また，同内閣の後を受けた第2次松方内閣は，特定の政党と連携するところとなった。これに続く(ハ)第3次伊藤内閣は，再び超然主義の立場に戻った。しかし，同内閣は，衆議院における絶対多数を持つ特定の政党と対立したことで議会運営の見通しを失い，退陣に追い込まれた。その後を継いだ第1次大隈内閣は，政党内閣として成立したが，基盤となった政党の内部対立もあり，組閣後わずか4ヶ月程度で退陣した。

　こうした事情を教訓としたのか，その後の(ニ)第2次山県内閣は，特定の政党の支持を得ながらも，政党の影響力の排除を狙った施策を講じた。そのため，同内閣は，支持政党からの批判を受けるようになった。その政党は，伊藤博文に接近し，解党して立憲政友会を結成した。この政党を率いる伊藤博文は，第4次伊藤内閣を組織したが，貴族院の反対を受けて退陣した。その後，第1次桂内閣が成立し，10年以上にわたって，いわゆる桂園時代を迎えることとなった。

問A　下線部(イ)に関連する記述として誤っているものを2つ答えよ。
1．衆議院議員の選挙人は，直接国税15円以上を納入する満25歳以上の男性に限られていた。
2．第1次山県内閣は，主権線のみならず利益線の防衛のため陸海軍の増強の必要性を主張した。
3．第一議会で，第1次山県内閣は，予算を成立させることができなかった。
4．第二議会において，第1次松方内閣は民党と衝突したため，総辞職に追い込まれた。
5．第2回総選挙では，松方内閣が選挙干渉を行ったが，民党の優勢を覆せなかった。

問B　下線部(ロ)に関連する記述として誤っているものを2つ答えよ。
1．朝鮮政府の要請を受けて出兵した清国は，日本への事前通告を行わなかった。
2．政府に批判的だった政党が態度を変え，戦争関係の予算案と法律案はすべて議会で承認された。
3．日本が清国から獲得した賠償金は，その一部が軍備拡張費に充てられた。
4．日本政府は，三国干渉により，遼東半島を清国に返還した。
5．日本政府は，初代台湾総督として後藤新平を任命した。

問C　下線部(ハ)に関連する記述として誤っているものを2つ答えよ。
1．第3次伊藤内閣は，進歩党との提携をあきらめ，超然主義にもどった。
2．第1次大隈内閣は，内相に板垣退助を据えた。
3．第1次大隈内閣は，陸海軍大臣を除く閣僚の全員を憲政党出身者で占める人事を行った。
4．共和演説事件で金権政治を批判した尾崎行雄は，第1次大隈内閣の文部大臣であった。
5．憲政党が分裂してできた旧自由党系の憲政党は，大隈重信がその党首となった。

問D　下線部(ニ)に関連する記述として誤っているものを2つ答えよ。
1．第2次山県内閣は，政党の影響力が官僚に及ぶのを防止するために，文官任用令を改正した。
2．文官懲戒令および文官分限令が制定され，国務大臣以外の行政官の身分保障が強化された。
3．軍部大臣現役武官制は，陸軍大臣と海軍大臣を現役の大将のみから任用するものとしていた。
4．第2次山県内閣では，治安維持法が公布され，政治運動や労働運動に対する規制強化も行われた。

（早稲田大）

ポイント解説

❶第3次伊藤博文内閣の地租増税案に反対する自由・進歩両党は合同して憲政党を組織したが，内部対立からついに解党へすすみ，伊藤博文と立憲政友会を結成した。

❷第1次・第2次・第3次日韓協約で韓国の外交権と内政権を掌握し，伊藤博文が暗殺されたのち，警察権も奪い，1910年に韓国併合を行なった。

❸第2次日英同盟と日露協約などによる日英・日露協調を背景に，満州権益を国際社会で承認させた。

55 近代産業の発展

> ポイント
> ❶ 近代日本の資本主義はどのように成立したか。
> ❷ 財閥はどのように成長したか。
> ❸ 産業発展の一方でどのような社会問題が生まれたか。

● 重 要 用 語 ●

1 〔　　　　　　〕 欧米同様，金を本位貨幣とする制度。1897年に貨幣法を制定し，日清戦争の賠償金を準備金として確立。

2 〔　　　　　　〕 産業革命によって確立した経済体制。日清戦争の**戦後経営**により鉄道や紡績などで**企業勃興**が生じ，繊維産業を中心に本格化した。

3 〔　　　　　　〕 特殊銀行の一つで，貿易金融を目的として1880年に設立された。のち為替統制の中心機関となる。

4 〔　　　　　　〕 1883年開業。イギリスから輸入の最新式紡績機械を用い，大規模経営に成功した。

5 〔　　　　　　〕 1881年，華族団体が設立。政府の保護をうけて利益をあげるが，1906年の鉄道国有法により政府が買収。

6 〔　　　　　　〕 1884年以降，軍事工業と鉄道を除く工場施設を民間に売却した一連の動きをいう。おもに三井・三菱などの**政商**に売却された。

7 〔　　　　　　〕 三井・三菱・住友などのコンツェルンの形態をとる独占資本。政府と結びつき，大きく発展。

8 〔　　　　　　〕 官営の製鉄所。鉄鉱の国産化をめざし，1901年に操業を開始。日露戦争後，大冶鉄山の鉄鉱石を安価で入手し，発展した。

9 〔　　　　　　〕 1907年，室蘭に設立された日本最大の民間兵器製鋼会社。三井とイギリスの資本が提携，設立。

10 〔　　　　　　〕 耕地を小作人に貸し，小作料を米納させ，その収入で生活する地主。

11 〔　　　　　　〕 1909年から内務省が中心に推進した運動。地方自治体の財政再建や産業を振興する一方，二宮尊徳の報徳精神が称揚され，また青年会・在郷軍人会などの設立も奨励。

12 〔　　　　　　〕 1897年，**高野房太郎・片山潜**らにより結成。労働組合結成の推進に大きな役割を果した。

13 〔　　　　　　〕 1891年，栃木県足尾銅山からの鉱毒が渡良瀬川流域を汚染した公害事件。衆議院議員**田中正造**が議会で追及するが政府は処置をとらず，農民の抗議運動も政府に弾圧された。

● **特殊銀行**
特定の目的のために特別法に基づいて設立された銀行。日本勧業銀行・日本興業銀行・台湾銀行・各府県の農工銀行など。

● **紡績の発達**
1890年綿糸の生産量が輸入量を上回る。
1897年綿糸の輸出量が輸入量を上回る。

● **東海道線**
1889年，東京・神戸間に開通した官営鉄道。

● **工場法**
1911年制定，1916年実施。最初の労働者保護立法。少年・女性の就業時間の限度を12時間とし，深夜業禁止。その適用範囲を15人以上の工場に限り，製糸業には14時間労働を認めるなど不徹底なものであった。

● **横山源之助**
『日本之下層社会』で貧民社会の実態を著した。

主要な払下げ工場・鉱山

事業所	年代	払下げ先	払下げ価格
高島炭鉱	1874	後藤, のち三菱	円 550,000
院内銀山	1884	古河	108,977
阿仁銅山	1885	〃	337,766
三池炭鉱	1888	佐々木, のち三井	4,590,439
佐渡金山	1896	三菱	2,560,926 (大阪製錬所とも)
生野銀山	〃	〃	
長崎造船所	1887	三菱	459,000
兵庫造船所	〃	川崎	188,029
深川セメント製造所	1884	浅野	61,741
新町紡績所	1887	三井	141,000
富岡製糸場	1893	〃	121,460

小林正彬『日本の工業化と官業払下げ』より。
(注)年代は払下げ許可年。

重要演習

❶ 次の文章を読み，文中の空欄 A ～ E に当てはまる語句を記入せよ。文中の（ 1 ）～（ 5 ）に当てはまる語句を下記の〔語群〕から選び，かつ下記の〔設問〕に答えよ。

1880年代後半に最初の企業勃興がおこり，日本の産業革命が始まった。その中心は，綿糸を生産する紡績業であった。幕末の欧州視察に参加した実業家である A が中心となって大阪紡績会社が設立された。この会社は(1)紡績機械を導入し，電灯の設備による昼夜2交代制で操業したことで，大規模工場の経営に成功した。これに刺激されて紡績会社がつぎつぎと設立され，(2)ガラ紡などによる綿糸生産を圧迫しながら，機械制生産が急増した。一方，主に手織機によって問屋制家内工業生産が行われていた農村の綿織物業では， B らが1897年に考案した小型の国産力織機を導入し，小工場に転換する動きが進んだ。

生糸は幕末以来，最大の輸出品であり，欧米向けの輸出産業として(3)製糸業が急速に発達した。当初の製糸技術は，簡単な手動装置による（ 1 ）が普及していた。しかし，輸入機械に学んで改良した技術を導入した小工場が建つようになり，そこでの生産が増えていった。日露戦争後には，アメリカ向けを中心に生糸輸出が伸び，1909年には C を追い越して世界最大の生糸輸出国となった。

産業の発達とともに海運業も成長した。1885年には（ 2 ）と半官半民の共同運輸会社との合併によって日本郵船会社が設立された。1896年に D が公布され，外国航路への就航に奨励金が交付されるようになると，日本郵船会社などは次々と遠洋航路を拓いていった。貿易品の取扱いでは商社が活躍し，貿易金融を専門にした特殊銀行である E が重要な役割を果たした。

重工業部門では，民間にみるべきものが少なく，材料となる鉄鋼も輸入に頼っていた。軍備拡張を急ぐ政府は，官営軍事工場の拡充を進めるとともに，鉄鋼の国産化を目指して，北九州に官営八幡製鉄所を設立し，1901年に操業を開始した。また工作機械の分野では，（ 3 ）がアメリカ式旋盤の国産化に成功した。

鉄道業では，1881年に設立された日本鉄道会社が成功したことから，会社設立ブームがおこった。日露戦争直後の1906年，第一次（ 4 ）内閣は，軍事的な配慮もあって全国鉄道網の統一的管理をめざす鉄道国有法を公布し，主要幹線の民営鉄道17社を買収して国有化した。

このように諸産業が発達するなか，財閥は，金融・貿易・運輸・鉱山業などを中心に多角的経営をくり広げ，株式所有を通じて複数産業の企業を支配する（ 5 ）形態を整え始めた。その一方で，低賃金の労働者などが(4)社会問題となっていった。

〔語群〕　あ．西園寺公望　い．桂太郎　う．日本製鋼所　え．コングロマリット　お．器械製糸
　　　　か．芝浦製作所　き．トラスト　く．松方正義　け．郵便汽船三菱会社
　　　　こ．東洋汽船会社　さ．山県有朋　し．手挽　す．手紡　せ．日立製作所
　　　　そ．コンツェルン　た．池貝鉄工所　ち．大阪汽船会社　つ．カルテル　て．座繰製糸

〔設問〕　1．文中の下線部(1)について，大阪紡績会社はどこの国の紡績機械を用いて操業されたか。
　　　　あ．ドイツ　い．アメリカ　う．フランス　え．イギリス
2．文中の下線部(2)について，ガラ紡を発明した人物を答えよ。
　　　　あ．田中久重　い．御木本幸吉　う．臥雲辰致　え．浅野総一郎
3．文中の下線部(3)について，製糸の官営模範工場として開設された富岡製糸場があった県を答えよ。
　　　　あ．茨城県　い．栃木県　う．群馬県　え．埼玉県
4．文中の下線部(4)について，1899年に労働者や都市貧民の実態を記した『日本之下層社会』を著した人物を答えよ。
　　　　あ．横山源之助　い．高野房太郎　う．片山潜　え．幸徳秋水

（甲南大）

ポイント解説

❶ 1886～89年に企業勃興がおこり，産業革命が始まったが，1890年の恐慌により挫折。日清戦争後，鉄道・紡績で企業勃興が再燃し，その結果，繊維産業を中心に資本主義が成立した。

❷ 1901年，三井財閥が三井合名会社を設立，1920年代初めまでに安田・三菱・住友も金融・貿易・運輸・鉱山業などを中心に多角的経営を行ない，コンツェルン形態を整え始めた。

❸ 低賃金，重労働を課せられる出稼ぎ女子労働者の待遇問題，地租や間接税の増税による農業生産の停滞，農村の困窮，足尾銅山鉱毒事件など。

56 近代文化の発達

> **ポイント**
> ❶ 教育に関する国家統制にはどのようなものがあったか。
> ❷ 1880年代から1890年代の思想界はどのような傾向にあったか。
> ❸ 人文科学・社会科学はどのような傾向にあったか。

●重要用語●

1〔　　　　　　〕1863〜1957　平民的欧化主義を唱える。日清戦争により国家主義に転向。民友社を設立し，『**国民之友**』を発刊。

2〔　　　　　　〕1871〜1902　日本主義を唱える。雑誌『**太陽**』の主幹となり，日本の大陸進出を肯定。

3〔　　　　　　〕1879年公布。学制を廃し，全国画一の学区制を改め，町村を小学校の設置単位とし，管理も地方に移管。

4〔　　　　　　〕1886年公布。文部大臣**森有礼**のもとで制定。帝国大学令・師範学校令・小学校令・中学校令の総称。

5〔　　　　　　〕1890年，井上毅・元田永孚らが起草。忠君愛国が教育の基本とされ，天皇への絶対的服従や忠孝道徳などを説く。

6〔　　　　　　〕1903年，小学校の教科書を従来の検定教科書制度にかわり，文部省の著作に限定した制度。教育の国家統制を強化。

7〔　　　　　　〕1859〜1935　『**小説神髄**』で写実主義を主張。

8〔　　　　　　〕1864〜1909　『**浮雲**』は言文一致体で書かれ，写実主義を実践した。

9〔　　　　　　〕北村透谷の『**文学界**』を中心に展開された主張。人間の感情を重視する立場。

10〔　　　　　　〕人間社会をありのままに描こうとする立場。国木田独歩・田山花袋・島崎藤村らがいる。

11〔　　　　　　〕自然主義とは異なるロマン的余裕派。著書に『**吾輩は猫である**』『**坊っちゃん**』『**こころ**』などがある。

12〔　　　　　　〕1887年，**伊沢修二**らの尽力で設立された国立の音楽教育学校。滝廉太郎らを輩出した。

13〔　　　　　　〕1887年，**岡倉天心**，フェノロサの尽力で設立された国立の美術教育学校。伝統美術の育成を目的とした。

14〔　　　　　　〕1896年，黒田清輝らが結成した洋画団体。その他，日本最初の洋画団体として浅井忠らの**明治美術会**がある。

●**近代的民族主義**
三宅雪嶺・志賀重昂・陸羯南らが主張。雪嶺は政教社をつくり，雑誌『日本人』を発行して，国粋保存主義を主張。羯南は新聞『日本』を発刊し，国民主義を説いた。

●**内村鑑三不敬事件**
第一高等学校嘱託教員であった内村が，1891年1月の教育勅語奉戴式の際，勅語に拝礼しなかったとして非難され，辞職に追い込まれた事件。

●**硯友社**
1885年，尾崎紅葉・山田美妙らを中心に結成され，回覧雑誌『我楽多文庫』を発刊した。

●**詩歌**
与謝野晶子…明星派『みだれ髪』
島崎藤村…新体詩『若菜集』

●**俳句**
正岡子規…俳句雑誌『ホトトギス』刊行

おもな文学作品（1800年代末から1900年代初め）＊は詩歌，○は評論，●は翻訳

仮名垣魯文	安愚楽鍋(71)	泉　鏡花	高野聖(00)
矢野龍溪	経国美談(83)	徳富蘆花	不如帰(98)
東海散士	佳人之奇遇(85)		自然と人生(00)
末広鉄腸	雪中梅(86)	国木田独歩	牛肉と馬鈴薯(01)
坪内逍遙	小説神髄○(85)		武蔵野(01)
二葉亭四迷	浮雲(87)	田山花袋	蒲団(07)，田舎教師(09)
	あひびき●(88)	正宗白鳥	何処へ(08)
山田美妙	夏木立(88)	徳田秋声	黴(11)，あらくれ(15)
尾崎紅葉	金色夜叉(97)	石川啄木	一握の砂＊(10)
幸田露伴	五重塔(91)		時代閉塞の現状(10)
樋口一葉	にごりえ(95)		悲しき玩具＊(12)
	たけくらべ(95)	夏目漱石	吾輩は猫である(05)
森　鷗外	舞姫(90)		坊っちゃん(06)
	即興詩人●(92)		草枕(06)
島崎藤村	破戒(06)	長塚　節	土(10)
高山樗牛	滝口入道(94)	正岡子規	病牀六尺(02)
土井晩翠	天地有情＊(99)	上田　敏	海潮音＊(05)

重要演習

❶ 次の文を読み，下記の問A～Cに答えよ。

　明治維新の勝者は薩摩・長州などの西南雄藩であった。しかし，維新後の明治社会において旧幕臣や佐幕派出身者がはたした役割は，決して小さくなかった。その影響力は，政治よりも社会や文化の面において顕著である。彼らはいずれも，江戸の社会・文化や，幕末に派遣されて経験した西欧社会についての見聞などにもとづいて，日本に近代社会を形成することに貢献した。そうした例として，山路愛山が「総ての(1)精神的革命は，多くは時代の陰影より出ず」とのべているように，（　(イ)　）ら(2)明治キリスト教の創始者たちが挙げられる。ジャーナリズムにおいても，明治初期においては旧幕臣たちが，新政府批判の論陣を張って主流をなした。（　(ロ)　）は，その代表的人物である。近代日本のジャーナリズムが権力にたいして批判的な姿勢をとる伝統は，彼らによってその基礎が築かれた。教育者として，とくに（　(ハ)　）や（　(ニ)　）のように，私学の伝統を築いた人物もいた。また，幕府の新知識の中心であった〔　(あ)　〕に所属していた旧幕臣が中心となって，明治初年の代表的な思想結社である〔　(い)　〕が組織された。（　(ホ)　）は，幕末に西洋画に魅せられ，〔　(う)　〕や〔　(え)　〕の東洋美術や日本画重視の傾向に対抗しながら，『鮭』などの西洋画をのこした。（　(ヘ)　）や（　(ト)　）のように，西洋の新知識を買われて新政府に迎えられ，多くの業績を残した人々もいた。（　(チ)　）は官僚からさらに転身して実業家となり，近代日本の経済界をリードした。

A．文中の空所(イ)～(チ)にあてはまる適当な人名を答えよ。
B．文中の空所(あ)～(え)それぞれにあてはまる適当な語句をしるせ。ただし，(う)・(え)は順序を問わない。
C．文中の下線部(1)・(2)に，それぞれ対応する次の問(1)・(2)に答えよ。
　(1) 1873(明治6)年に発せられ，キリスト教の布教にとって大きな契機となった政府の方針をしるせ。
　(2) のちに明治キリスト教が最も大きな影響をおよぼした，明治後期の思想運動の名を，1つ選べ。
　　a．初期社会主義　　b．日本主義　　c．国粋主義　　d．民本主義　　　　　　　（立教大）

❷ 次の(A)～(E)の各文の（　1　）～（　10　）に入れるのに最も適当な語句を答えなさい。

(A) 教育制度の整備に力を注いだ明治政府は，1871年に文部省を設置し，翌年には（　1　）の制度にならって近代的学校制度の基本を定めた学制を公布した。これは，全国を（　2　）大学区に分けて，その下に中学区・小学区を設置するものであった。

(B) 学制による画一的な学校制度のいきづまりを打開するため，1879年に（　3　）の制度を取り入れた自由主義的な教育方針を採用した教育令が公布された。しかし，翌年には改正教育令にかえられ，学校の設置・管理に対する政府の統制が強化された。

(C) 第1次伊藤博文内閣の文部大臣（　4　）のもとで，いわゆる学校令が公布され，小学校は，（　5　）小学校と高等小学校の2段階とし，（　5　）小学校を義務教育とした。

(D) 明治政府は，西洋の学問や技術を導入するために，多くの外国人を雇い入れた。札幌農学校の教頭として来日したクラークは，キリスト教精神にもとづく教育を行った。その影響を受けた人物として，のちに国際連盟事務局次長をつとめ，『武士道』を著した（　6　）などがいる。熊本洋学校の教員となったジェーンズは，のちに雑誌『国民之友』を創刊する（　7　）らに影響を与えた。
　　幕末に渡米して宣教師として帰国した（　8　）は，1875年に同志社英学校を創立した。

(E) 1890年に，教育勅語が公布され，忠君愛国が学校教育の基本であることが強調された。教育勅語の原案は，（　9　）や井上毅らによって起草された。翌1891年，キリスト教徒の（　10　）が天皇の署名のある教育勅語への拝礼を拒否したため，第一高等中学校の教壇を追われるという事件が起こった。

（関西大）

ポイント解説

❶ 1890年の教育に関する勅語(教育勅語)によって忠君愛国が教育の基本であるとされ，1903年には小学校の教科書を国定とすることが定められた。

❷ 平民主義と国家主義が論争を繰り広げていたが，日清戦争後，次第に国家主義が主流となり，一部の社会主義者・キリスト教信者だけがそれに反する状況となった。

❸ はじめは主として米英系の自由主義的傾向のものが中心であったが，明治憲法制定をきっかけにドイツ系の国家主義的な学問が主流となった。

57 第一次世界大戦と日本

ポイント
1. 日本が第一次世界大戦へ参戦したのはなぜか。
2. 政党内閣成立の背景はどのようなものか。
3. 第一次世界大戦は日本経済にどのような影響を与えたか。

重要用語

1 〔　　　　　〕1873～1948　東京帝国大学教授で憲法学者。『憲法講話』(1912年刊)で天皇機関説や政党内閣論を唱えた。

2 〔　　　　　〕1855～1932　立憲国民党などの政党政治家。護憲運動で活躍し、1931年、最後の政党内閣を組閣。五・一五事件で暗殺された。

3 〔　　　　　〕立憲国民党の**犬養毅**、立憲政友会の**尾崎行雄**を中心に、「**閥族打破・憲政擁護**」を掲げて行なった倒閣運動。

4 〔　　　　　〕1913年、第3次桂太郎内閣が護憲運動などにより、わずか50日で退陣に追い込まれたことをいう。

5 〔　　　　　〕1914～18　三国同盟と三国協商との対立。第2次大隈内閣は日英同盟にもとづきドイツに宣戦布告した。

6 〔　　　　　〕1915年、中国における日本の利権拡張を目的として袁世凱政府につきつけた要求。山東省のドイツ権益の継承などを内容とする。

7 〔　　　　　〕1917年、アメリカとの交換協定。中国の領土保全・門戸開放と日本の中国における特殊権益の承認を確認しあった。

8 〔　　　　　〕1918年、第一次世界大戦中におこったロシア革命で成立した**ソヴィエト社会主義政権**へ圧力を加えるため、諸外国とともに共同出兵。大戦終了後も駐屯し、国際的非難をあびた。

9 〔　　　　　〕第一次世界大戦による好景気。海運・造船業などが大きく発展し、**船成金**とよばれる者も出た。

10 〔　　　　　〕**吉野作造**が提唱。デモクラシーの訳語であるが、天皇主権を認めている点で民主主義とは一線を画す。

11 〔　　　　　〕1916年、立憲同志会などの合同で成立。寺内正毅の超然内閣に対抗した。

12 〔　　　　　〕1918年、米価暴騰に対し富山県の漁村の女性が米屋を襲撃、これが全国に波及した。政府は軍隊を派遣して鎮圧。

13 〔　　　　　〕1856～1921　立憲政友会総裁。1918年に成立した最初の本格的政党内閣の首相で、**平民宰相**とよばれたが普通選挙には反対した。1921年、政党政治の腐敗に憤慨した一青年に刺殺された。

14 〔　　　　　〕1919年、原内閣のもとで導入された選挙区制度。選挙権の納税資格も引き下げられたが、普通選挙制は導入されなかった。

●**尾崎行雄**
立憲改進党・立憲政友会などの政党政治家として活躍。1898年隈板内閣の文相となるが、共和演説事件で辞任。第一次護憲運動・普選実現に尽力。第二次世界大戦ではファシズムに反対し、敗戦後も活躍し「憲政の神様」と称された。

●**ジーメンス事件**
1914年、ドイツのジーメンス会社からの軍艦購入に関する汚職が発覚し、山本権兵衛内閣が退陣した事件。

●**第4次日露協約**
1916年、ロシアと極東における特殊権益擁護の再確認のため締結。

●**西原借款**
寺内内閣が日本の権益確保のために、西原亀三を派遣し北方軍閥の段祺瑞政権に巨額の経済借款を与えた。

二十一カ条の要求

第一号　……第一条　支那国政府ハ独逸国カ山東省ニ関シ条約其他ニ依リ支那国ニ対シテ有スル一切ノ権利利益譲与等ノ処分ニ付日本国政府カ独逸国政府ト協定スヘキ一切ノ事項ヲ承認スヘキコトヲ約ス（中略）
第二号　日本国政府及支那国政府ハ支那国政府カ南満州及東部内蒙古ニ於ケル日本国ノ優越ナル地位ヲ承認スルニヨリ茲ニ左ノ条款ヲ締約セリ
第一条　両締約国ハ旅順大連租借期限①並南満州及安奉両鉄道各期限ヲ何レモ更ニ九十九ケ年ツツ延長スヘキコトヲ約ス（中略）
第五号　一、中央政府ニ政治財政及軍事顧問トシテ有力ナル日本人ヲ傭聘セシムルコト②（『日本外交年表竝主要文書』）①日露戦争後のロシアおよび清国との条約により、旅順・大連の租借期限は1923(大正12)年に満了することになっていた。②中国側の反発により、この要求は撤回された。

重要演習

❶ 次の文章を読んで，下記の設問(問1〜問4)に答えなさい。

1912(大正元)年末，2個師団増設問題で上原勇作陸相が単独で辞表を提出し，陸軍が(A)軍部大臣現役武官制をたてにその後任を推薦しなかったため，西園寺内閣は総辞職に追い込まれた。かわって長州閥の長老で陸軍の長老でもある桂太郎が組閣すると，藩閥勢力に対する批判が高まった。立憲国民党の［ 1 ］と立憲政友会の［ 2 ］を先頭とする野党勢力やジャーナリストに商工業者や都市民衆も加わり，「閥族打破・憲政擁護」を掲げる第一次護憲運動が全国に広まった。この結果，桂内閣は倒れ，山本権兵衛内閣が成立した。第1次山本内閣は行政整理や官制改革などを行ったが［ 3 ］のため退陣した。

山本内閣のあと成立した第2次大隈重信内閣の時に，ヨーロッパで第一次世界大戦が勃発した。日本は(B)ドイツに宣戦布告し，中国進出を図って，北京に本拠を置く［ 4 ］政府に対し二十一カ条の要求を突き付けた。戦争終結後の1919(大正8)年に二十一カ条の要求にもとづいた取り決めの撤回を求める運動が起こった。この反日国民運動を［ 5 ］という。

第2次大隈内閣が総辞職すると寺内正毅が内閣を組織した。この内閣が［ 6 ］の責任を取って倒れ，1918(大正7)年9月(C)原敬内閣が成立した。

問1 文中の空欄［ 1 ］〜［ 6 ］に入る適語を答えなさい。
問2 下線部(A)について，正しいものを次の①〜④の中から一つ選びなさい。
① 第3次伊藤内閣の時に，政党の力が軍部に及ぶのを防ぐために定められた。
② 現役の陸海軍大将と中将のみが陸海軍大臣になれた。
③ 原敬内閣で廃止し，予備役の軍人も陸海軍大臣になれるようになった。
④ 昭和になって田中義一内閣の時に復活し，その後軍部の政治的影響が大きくなった。
問3 下線部(B)について，日本が占領したドイツの根拠地を答えなさい。
問4 下線部(C)について，原敬内閣の時に行われたものを次の①〜④の中から一つ選びなさい。
① 小選挙区制の導入　② 普通選挙の実現
③ 治安維持法の成立　④ ワシントン海軍軍縮条約締結

(駿河台大)

❷ 次の文の(1)〜(10)に入れるのに最も適当な語句を答えなさい。

1914年に勃発した第一次世界大戦に，日本は(1)の一員として参戦した。大戦では主にヨーロッパが戦場となったため，ヨーロッパから遠く離れた東アジアに位置する日本は，戦争に伴うさまざまな経済的利益を享受することになり，(2)とよばれる好況がもたらされた。

この好況で，日本の(3)は飛躍的に増加した。その主な要因は，大戦のためヨーロッパ諸国が撤退した(4)市場から，繊維製品などの需要が増加したことや，好況となっていたアメリカから生糸の需要が増加したことなどであった。大戦前，財政が危機的な状況にあり，(5)国であった日本は，こうしためざましい(3)の増加により，一転して(6)国となった。

一方，大戦に伴って生じた世界的な船舶の不足は，船賃と船舶価格の上昇を通じて，日本の海運業と造船業に好況をもたらした。造船業の発展は，造船業に素材や機械を提供する鉄鋼業と機械工業にも好影響を及ぼし，造船，鉄鋼，および機械工業の発展は，(7)の発達につながった。また，大戦で敵対するドイツから，(8)の製品を入手できなくなったことは，日本で(8)が発展する契機となった。このように(7)と(8)が発達し，産業の構造が転換した結果，日本は，大戦前の(9)国から(10)国へと変容を遂げた。

元老井上馨は，大戦について，「日本国運ノ発展ニ対スル大正新時代ノ天祐」と表現した。日本経済に好影響を与え，(10)を躍進させた大戦は，経済的な意味でも「天祐」だったといえるだろう。

(関西大)

ポイント解説

❶日英同盟を理由に参戦し，第一次世界大戦によりヨーロッパ諸国の関心がヨーロッパに集中し，中国に向いていないのを利用し，中国侵略をすすめる目的があった。

❷1916年，吉野作造が民本主義を唱えるなど，政治の民主化を求める声が強まっていった。超然主義をとる寺内正毅内閣が辞職すると元老も政党内閣を認めるに至った。

❸ヨーロッパ列国の後退によりアジア市場への綿花輸出量が増加し，アメリカへは生糸輸出が激増して輸出超過となった。また世界的船舶不足で海運・造船業が好況となり，船成金が生まれるなど大戦景気となった。

58 ワシントン体制

ポイント
1. 協調外交はどのように展開したか。
2. 政党政治はどのように進展したか。
3. 普通選挙法と同時に治安維持法が成立したのはなぜか。

重要用語

1. 〔　　　〕パリ講和会議でアメリカ大統領**ウィルソン**の提唱にもとづき設立。1920年発足。日本は常任理事国となった。

2. 〔　　　〕1919年5〜6月、山東半島の返還などを求めて中国の学生・労働者がおこした反日国民運動。

3. 〔　　　〕1919年にソウルでおきた独立運動。平和的・非暴力的な運動であったが、日本憲兵・軍隊などに弾圧された。

4. 〔　　　〕1922年、**米・英・仏・伊・日**の5大国で海軍の主力艦保有率(米・英5：日3：伊・仏1.67)が定められた。

5. 〔　　　〕1860〜1926　憲政会総裁。1924年に組閣(護憲三派連立内閣)、協調外交をすすめ、普通選挙法を成立させた。

6. 〔　　　〕1872〜1951　歴代内閣の外相として、ワシントン体制を受け入れた**協調外交**を推進した。

7. 〔　　　〕1912年、**鈴木文治**が労働者階級の地位向上と労働組合結成を目的として組織。1921年に**日本労働総同盟**と改称。

8. 〔　　　〕**平塚らいてう**の創刊した雑誌。婦人解放、女性の権利拡張を主張した。

9. 〔　　　〕1922年、**西光万吉**らが結成。被差別部落民の社会的差別を自主的に撤廃することをめざす部落解放運動の結社。

10. 〔　　　〕1924年、**清浦奎吾**内閣誕生を機に、**憲政会・立憲政友会・革新倶楽部**が行なった護憲運動。これにより護憲三派内閣が成立。

11. 〔　　　〕1925年成立。「**国体**」の変革や私有財産制度の否認を目的とする結社の組織者と参加者を取り締まる法律。

12. 〔　　　〕大正から昭和初期にかけ、新聞・雑誌などのマス・メディアが急速に発達し、一般労働者を担い手とした文化。

13. 〔　　　〕社会主義・労働運動の高揚をうけ、**小林多喜二**や**徳永直**らによって労働者の生活に根づいた作品が生まれた。

●パリ講和会議
1918年、第一次世界大戦後の講和会議。翌年、ヴェルサイユ条約が結ばれた。日本は山東半島におけるドイツ権益の継承と赤道以北のドイツ領南洋諸島の委任統治権を得た。

●四カ国条約・九カ国条約
1921年、英・米・日・仏が締結した太平洋の平和に関する条約。これにより、日英同盟が廃棄された。(四カ国条約)

1922年、英・米・日・仏・伊・ベルギー・ポルトガル・オランダ・中国間で締結した中国問題に関する条約。さらに日本は、山東半島における旧ドイツ権益を返還した。(九カ国条約)

●日ソ基本条約
1925年締結。北樺太からの撤兵と引き換えに、北樺太における油田の半分の開発権を獲得した。

●普通選挙法
1925年成立。満25歳以上の男性に衆議院議員の選挙権が与えられた。

●憲政の常道
加藤内閣から1932年の犬養毅内閣まで、衆議院で多数を占める政党(立憲政友会・立憲民政党)が政局を担うことになった慣例をいう。

国際協調時代の諸会議

年次	会議開催地	日本全権	(内閣)	参加国	条約内容または推移
1919	パリ	西園寺公望 牧野伸顕	(原)	27カ国	ヴェルサイユ条約、国際連盟の設立
1921〜22	ワシントン	加藤友三郎 徳川家達	(高橋)	日英米仏伊蘭白葡中	四カ国条約、九カ国条約、海軍軍縮条約
1927	ジュネーヴ	斎藤実 石井菊次郎	(田中)	日英米	補助艦制限で米英会談不調、決裂
1928	パリ	内田康哉	(田中)	15カ国	不戦条約
1930	ロンドン	若槻礼次郎 財部彪	(浜口)	日英米仏伊	海軍軍縮条約(日英米)
1932〜34	ジュネーヴ	松平恒雄	(斎藤〜岡田)	61カ国	仏・独対立し、独脱退、解散、決裂
1935〜36	ロンドン	永野修身	(岡田)	日英米仏伊	日本、既定率廃棄を主張、決裂

重要演習

❶ 次の文章を読み，空欄に適語を入れ以下の設問に答えよ。

　第1次世界大戦終了後，戦勝国側では建艦競争が再燃し，国家財政を圧迫したため軍縮が求められるようになり，また，アジア・太平洋地域における大国間の利害調整が必要になった。そのため，⎣　(1)　⎦会議が1921〜1922（大正10〜11）年に開催され，主力艦・航空母艦の保有制限を定めた⎣　(1)　⎦海軍軍縮条約，太平洋の現状維持のための四か国条約，中国の主権の尊重と門戸開放・機会均等を定めた九か国条約などが調印された。四か国条約によって日英同盟が廃棄され，(ア)九か国条約により石井・ランシング協定が廃棄されるとともに，山東半島の旧ドイツ権益が中国に返還されることになった。⎣　(1)　⎦会議で定められた諸条約に基づく，軍縮と列国の強調を基礎にしたアジア・太平洋地域における国際秩序を⎣　(1)　⎦体制という。

　1918（大正7）年9月，米騒動で寺内正毅内閣が倒れると，元老の山県有朋らは，民意を反映した内閣としての政党内閣を認めざるをえなくなり，後継首相に立憲政友会の総裁⎣　(2)　⎦を推した。⎣　(2)　⎦内閣は，外務・陸軍・海軍の3大臣を除いた閣僚が，政友会に所属する衆議院議員で構成された本格的な政党内閣であった。このころ，普通選挙運動が高まるなか，1920（大正9）年2月，野党の憲政会が普通選挙法案を議会に提出したが，同内閣は時期尚早であるとして法案に反対し，議会を解散して，党勢拡大を図るために自ら導入した小選挙区制に基づく選挙を実施し，勝利した。しかし，大規模な軍拡と1920年恐慌（戦後恐慌）により積極財政政策は挫折し，汚職事件も重なって国民の不満が高まり，1921（大正10）年11月に⎣　(2)　⎦が暗殺されるに至った。

　⎣　(2)　⎦内閣をついだ高橋是清内閣は政友会の内紛で半年ほどで倒れ，以後，官僚主体の非政党内閣が続いた。つづいて1924（大正13）年1月に枢密院議長であった清浦奎吾が貴族院議員を中心とした内閣を組織した。政友会は内閣支持派の政友本党と反対派の政友会に分裂し，政友会と野党の憲政会・革新倶楽部は，護憲三派を構成して第2次護憲運動をおこし，清浦内閣と厳しく対立した。同年5月の総選挙の結果，普通選挙実現と貴族院改革をとなえた護憲三派が勝利し，憲政会総裁加藤高明を首相とする護憲三派内閣が成立した。以降，1932（昭和7）年の⎣　(3)　⎦事件まで，元老である西園寺公望も政党の力を尊重し，原則として衆議院の多数党の党首を後継首相に推薦し，(イ)政党内閣が政権を担当することが慣例となった。この時期は二大政党である憲政会（のち立憲民政党）と政友会が交互に政権を担当した。

問1　下線部(ア)の条約の参加国として**誤っているもの**を下記から一つ選べ
　　A　イタリア　　B　オランダ　　C　中国　　D　スペイン　　E　ポルトガル　　F　ベルギー
問2　下線部(イ)の慣例は，当時何と呼ばれていたか。その語句を答えよ。　　　　　　　　　　　　　　（明治大）

❷ 次の文を読み，下線部（a〜e）に関する問いに答えなさい。

　a)大逆事件以後，火が消えたようになっていた社会運動も，大正期に入ってふたたび活発になった。1912年に結成された友愛会は，1919年に大日本労働総同盟友愛会，1921年に b)⎣　ア　⎦と改称されるが，その過程で階級闘争の組織に成長し，戦前の労働運動の主流になった。農村では各地に小作人組合が結成され，小作争議が頻発していたが，1922年，それらの小作人組合の全国的組織として日本農民組合が誕生した。同年，被差別部落の人びとは c)全国水平社を創立して，自力で社会的差別を撤廃し，真の解放を勝ち取ろうと宣言し，差別に対する解放闘争に立ち上がった。また，明治の末から活発になった婦人解放運動は，この時期に d)婦人参政権獲得運動として展開された。

問a　下線部a)について，大逆事件に衝撃を受け，「時代閉塞の現状」を著わした作家は誰か。
問b　下線部b)について，1921年に改称された友愛会の後身⎣　ア　⎦の名称は何か。
問c　下線部c)について，全国水平社の創立に努力し，水平社宣言を起草したのは誰か。
問d　下線部d)について，参政権の要求など女性の地位を高めようとする運動のために，1920年に平塚らいてうと市川房枝らが設立した団体は何か。　　　　　　　　　　　　　　　　　　　　　　　　　　（西南学院大）

ポイント解説

❶ワシントン体制による国際協調を立憲政友会の高橋是清が積極的に受け入れ，その後，加藤内閣，山本内閣に引き継がれ，1924年の加藤高明内閣では幣原喜重郎外相によりすすめられた。

❷憲政会の加藤高明の死後，若槻礼次郎が組閣するが台湾銀行救済問題で退陣，立憲政友会の田中義一内閣が成立した。野党となった憲政会は政友本党と立憲民政党を組織し，以後，二大政党時代が続いた。

❸日ソ国交樹立，日本共産党の再建などもあり，普通選挙によりさらに共産主義勢力が台頭してくると予測されたため，政府はそれの取り締まりを強化しようとした。

59 恐慌の時代

> ポイント
> ❶ 1920年代の日本経済の状態はどのようなものであったか。
> ❷ 強硬外交はどのように行なわれたか。
> ❸ 張作霖爆殺事件はどのような結果を生んだか。

● 重 要 用 語 ●

1 〔　　　　　〕 1920年，株式市場の暴落を契機におこった恐慌。綿糸・生糸の商品価格は半値以下に暴落。

2 〔　　　　　〕 1923年の関東大震災で経済は大きな打撃をうけ，その後も不況が続き，1927年，震災手形を処理する際に銀行の不良な経営状況があばかれ，取り付け騒ぎがおこって銀行の休業が続出した。

3 〔　　　　　〕 支払猶予令。銀行の支払い一時停止。田中義一内閣が全国的に広がった金融恐慌をしずめるために発した。

4 〔　　　　　〕 1926年，合法的な無産政党として組織。共産党系の勢力が強まり，社会民衆党と日本労農党とが分裂した。

5 〔　　　　　〕 1928年3月15日，普選第1回総選挙後の無産政党勢力に危機感を抱いた田中内閣が行なった共産党員の大検挙。

6 〔　　　　　〕 1927～28年にかけて中国国民革命軍から親日的満州軍閥の張作霖を守ろうとして，日本人居留民の保護もかねて3次にわたり出兵した。

7 〔　　　　　〕 1919年に満州の陸軍部が独立したもの。旅順に司令部をおく。関東州と南満州鉄道の警備を担当。

8 〔　　　　　〕 1928年，北伐軍におされて満州に帰還する張作霖を関東軍が爆殺した事件。事件の真相は国民には知らされなかった。

9 〔　　　　　〕 1930年，浜口雄幸内閣が外国為替相場の安定と貿易拡大をはかって実施。世界恐慌の影響で景気はかえって悪化した。

10 〔　　　　　〕 1929年，ニューヨークのウォール街の株価暴落を契機におこった恐慌。日本経済も金輸出解禁による不況と重なり，昭和恐慌として深刻化した。

11 〔　　　　　〕 1931年，浜口内閣が制定。指定産業における不況カルテルの結成を容認。統制経済の先駆けとなる。

12 〔　　　　　〕 昭和恐慌の最中，生糸・繭価の下落と豊作による米価の下落とによりおこった恐慌。特に東北地方は大凶作も重なり農家の困窮が著しかった。

13 〔　　　　　〕 1930年調印。補助艦制限を定めた条約。日本の要求のうち総トン数の対英・米7割は認められたが，大型巡洋艦の対米7割は受け入れられないまま調印。

● 若槻礼次郎内閣
鈴木商店に対する巨額の不良債権を抱えた台湾銀行を緊急勅令で救済しようとするが枢密院の承認を得られず総辞職した。

● 治安維持法改定
1928年，田中内閣が改定・強化。死刑を追加した。

● 四・一六事件
三・一五事件の翌年，再び日本共産党員を大検挙した事件。

● 済南事件
1928年の第2次山東出兵では国民革命軍と武力衝突がおこり，日本は済南城を占領した。

● 不戦条約
1928年パリで調印。この条約は「各自ノ人民ノ名ニ於テ」宣言したもので，政府は批准に際して，この部分は天皇主権の憲法を持つ日本には適用されないものと了解すると宣言した。

● 昭和恐慌
1930年，金輸出解禁と世界恐慌の影響で深刻な恐慌となった。

● 統帥権干犯問題
海軍軍令部や右翼・政友会などはロンドン海軍軍縮条約に浜口内閣が軍の反対をおしきって調印したことは統帥権の干犯であると激しく非難した。

世界恐慌前後の物価の動向

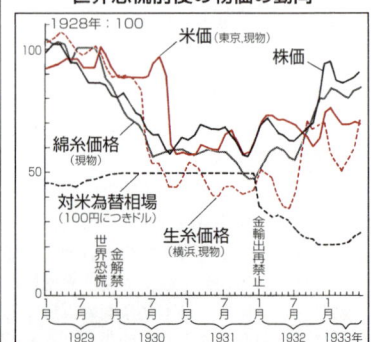

重要演習

❶ 次の文章を読んで，空欄に適語を入れなさい。

　第一次世界大戦が終結してヨーロッパ諸国の復興が進むと，日本経済は苦境に立たされることになった。さらに，1920年代の一連の大規模な恐慌により日本経済は翻弄されていくのである。

　まず，1920年には，株式市場の暴落に伴い恐慌が発生した。その後，[1]年に起った関東大震災は日本経済に大きな打撃を与えた。政府は銀行資本救済のため，震災手形割引損失補償令を公布して，決済不能となった震災手形に対して日本銀行に特別融資をさせるなどの対策を打ったが，不況のために救済ははかどらなかった。1927年には，この震災手形の処理を巡る[2]蔵相の議会での発言から銀行への取付け騒ぎが起った。いわゆる[3]である。これにより，銀行の休業が続出したが，その一方で中小銀行の整理・合併が進んだ結果，預金は大銀行に集中し，5大銀行が支配的な地位を占めるようになった。

　苦境に陥っていた日本経済にさらに追い打ちをかける出来事が生じた。1929年に[4]での株価暴落に端を発する世界恐慌である。時の立憲民政党内閣は緊縮財政の方針をとり，産業の合理化を奨励し，さらに国際競争力を強化するために1930年には金輸出解禁を行った。しかし，これによる実質的な円の切り上げに加え，世界恐慌による海外の需要減少があいまって，貿易は行き詰まった。国内では物価が下落して，農民や中小企業者は大きな打撃を受け，失業者が増加した。その反面，政府は1931年に[5]を制定して指定産業での不況カルテルの結成を容認したために，財閥による独占の傾向が強くなった。その結果，労働争議や小作争議といった紛争が激化すると同時に，政党や財閥を攻撃する声が高まっていった。こうした流れが，やがては軍部の台頭につながってゆくのである。
　　（獨協大）

❷ 次の文章を読み，空欄に適語を入れなさい。

　1920年の戦後恐慌，1923年の震災恐慌と不景気にあえいでいた日本経済は，1927年さらに大きな恐慌にみまわれた。若槻憲政会内閣が提出した震災手形処理法案の審議中，（　1　）蔵相の失言から銀行への取り付け騒ぎが続出し，金融恐慌に発展した。その中で，大戦中に貿易商として急成長した鈴木商店に対し多額の融資をしていた（　2　）銀行が行き詰まった。若槻内閣は，緊急勅令によって同銀行を救済しようとしたが，緊急勅令を審議する（　3　）がこれを否決したため，総辞職を余儀なくされた。その結果，金融恐慌は一気に全国に拡大した。

　若槻内閣の後成立したのが，田中義一政友会内閣である。同内閣の蔵相に（　4　）が就任し，モラトリアム（支払猶予令）を発し，また，日本銀行から巨額の救済融資をおこなって金融恐慌を収束させた。この金融恐慌の結果，銀行の吸収・合併が進み，三井・三菱・住友・第一・（　5　）の5大銀行に資本金と預金が集中し，金融寡頭支配が成立した。田中内閣は中国に対し，強硬な武力方針で臨み，日本人居留民保護を名目に1927年〜28年に3回にわたって（　6　）出兵を実施した。28年の第2次出兵では国民革命軍と武力衝突を起こし，（　7　）事件を引き起こした。また，田中内閣時，関東軍の一部は北京から満州に戻る（　8　）を奉天郊外で殺害する事件を引き起こした。この事件処理をめぐって，田中首相は天皇の不興をかい，総辞職した。

　田中内閣の後成立したのが，1929年7月誕生した浜口雄幸民政党内閣である。浜口内閣は蔵相に前日銀総裁の（　9　）を起用し，財政緊縮，産業合理化政策を採り，翌1930年1月には旧平価での（　10　）を実施した。だが，1929年10月，ニューヨークのウォール街で始まった株価の暴落が世界恐慌に発展し，日本にも波及し，日本経済は政策不況と世界恐慌の2重の打撃を受け，深刻な恐慌状態に陥った。この恐慌は（　11　）と名づけられている。浜口は外交面で協調外交の方針を採り，外相に（　12　）を起用し，対中国関係を改善するために，1930年には日中関税協定を結び，また，ロンドンで開かれた海軍軍縮会議に参加し，軍縮を推進した。しかし，軍部や野党の政友会，右翼から激しい非難を受けた。
　　（松山大）

ポイント解説
❶電気機械・電気化学など電気関係の重化学工業の発展が見られたが，好況がなく恐慌・不況の続く中，企業の集中・カルテル結成・資本輸出の動きが活発になった。
❷国民革命軍から満州軍閥の張作霖を守るために行なった山東出兵に始まり，1927年には中国関係の外交官・軍人をあつめて東方会議を開き，中国の日本権益を実力で守ることを決めた。
❸関東軍は張作霖を奉天郊外で爆殺して満州占領を試みたので中国国民の反日感情は高まった。日本国内では田中義一内閣がこの問題をめぐって昭和天皇の不信をかい，1929年退陣した。

60 軍部の台頭

ポイント
1. 政党内閣はどのように崩壊したか。
2. 新興財閥はどのように台頭したか。
3. 二・二六事件の結果、政治はどのように変化したか。

重要用語

1. 〔　　　　　〕 1931年9月18日、関東軍参謀石原莞爾らが奉天郊外の柳条湖で南満州鉄道を爆破した事件。これを中国軍のしわざとして軍事行動を開始。

2. 〔　　　　　〕 1931～33 満州に対する関東軍を中心とした一連の侵略行動。1932年には第1次上海事変がおこる。

3. 〔　　　　　〕 1932年、満州の主要地域を占領した関東軍が清朝最後の皇帝溥儀を執政として建国を宣言させた。

4. 〔　　　　　〕 満州事変などを契機に展開された軍人や右翼による革新運動。元老・財閥・政党内閣などを打倒し、軍部独裁の政治体制をめざした。

5. 〔　　　　　〕 1932年5月15日、海軍青年将校の一団が首相犬養毅を射殺した事件。これにより政党内閣は崩壊した。

6. 〔　　　　　〕 1932年9月、日本が満州国ととり交わした条約。日本の満州国における権益、日本軍の無条件駐屯などが規定された。

7. 〔　　　　　〕 1932年、中国からの訴えをうけて国際連盟が派遣した調査団。満州事変は日本の侵略であるとの報告書を提出。

8. 〔　　　　　〕 犬養毅内閣の下で金輸出再禁止、銀行券の金兌換停止後に導入された制度。政府が最高発行額を管理。

9. 〔　　　　　〕 1933年、京都帝国大学教授の滝川幸辰の『刑法読本』が自由主義的であるとして免職に追い込まれた事件。

10. 〔　　　　　〕 1935年、東京帝国大学教授美濃部達吉の主張が反国体的であると貴族院の菊池武夫が非難したことをきっかけとして、軍・右翼が美濃部や政府を攻撃した一連の事件。

11. 〔　　　　　〕 岡田啓介内閣が天皇機関説を否認するために出した声明。これにより思想統制がすすんだ。

12. 〔　　　　　〕 陸軍や参謀本部の中堅幕僚を中心に総力戦体制の樹立をめざした陸軍派閥。直接行動による国家改造や天皇親政をめざす皇道派と対立。

13. 〔　　　　　〕 1936年2月26日、北一輝の思想的影響をうけた皇道派の一部陸軍青年将校がおこしたクーデタ未遂事件。

14. 〔　　　　　〕 1891～1945 1937年7月組閣。盧溝橋事件に対し不拡大方針をとるが軍部に無視され、1939年に退陣。

● **第一次上海事変**
1932年、中国の排日運動が高まる中、上海でも中国軍と日本軍が衝突した。

● **血盟団事件**
1932年、井上日召ひきいる右翼の血盟団員が井上準之助前蔵相、団琢磨三井財閥幹部を暗殺した。

● **国際連盟脱退**
リットン報告書にもとづく撤兵勧告が1933年2月の国際連盟臨時総会で採択されると、日本全権松岡洋右らは退場し、3月に国際連盟脱退を通告した。

● **天皇機関説**
統治権は国家にあり、天皇は総攬者として国家の最高機関であり、憲法にしたがって統治権を行使するという憲法学説。

● **皇道派**
荒木貞夫・真崎甚三郎を中心とする直接行動により国家改造をめざす精神主義的傾向の強い一派。統制派と対立。

● **二・二六事件の顛末**
皇道派の陸軍青年将校らは首相官邸、警視庁などを襲撃、高橋是清蔵相、斎藤実内大臣・渡辺錠太郎陸軍教育総監らを殺害、岡田首相は無事であった。北一輝・青年将校の首謀者は死刑となった。

軍事費の増大

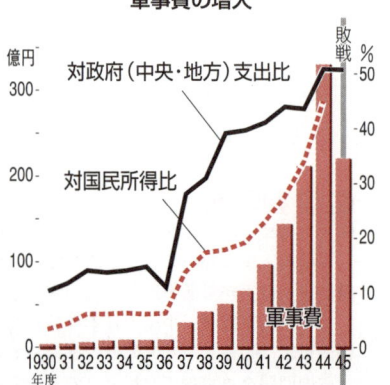

重要演習

❶ 次の文章を読み，下線部 a～j に関する設問に答えよ。

　a ロンドン海軍軍縮会議，昭和恐慌による経済的困窮，b 満州事変などをきっかけに軍部や右翼勢力の中で国家改造運動が台頭していた。陸海軍の青年将校や右翼活動家は，政党政治を打倒して，強力な内閣の下で内外政策の転換を図ろうとし，c クーデタ未遂事件やテロを引き起こしていた。1932年には，五・一五事件により，d 犬養毅内閣が崩壊し，かわって e 斎藤実内閣が成立する。五・一五事件以降，影響力を強めた軍部，とりわけ陸軍では，次の岡田啓介内閣の時期になると，f 統制派と皇道派の対立が深刻化していた。しかし，政権基盤が弱体な岡田啓介内閣は，g 天皇機関説問題で陸軍，右翼などに屈服し，さらに h 軍の華北進出を容認する。そうした中，野党である立憲政友会が提出した内閣不信任案が可決され，1936年に衆議院議員総選挙が行われる。選挙結果は，立憲民政党が第一党というものであったが，その直後に陸軍皇道派の一部青年将校たちが二・二六事件を引き起こした。

　二・二六事件以後に成立した i 広田弘毅内閣は，閣僚の人選，財政改革などで軍部の要求を受け入れてかろうじて成立した。しかし，この内閣は，軍と政党の対立により，1937年に総辞職し，組閣の大命は，宇垣一成に下った。しかし，陸軍が陸相を推挙しなかったため，この内閣は成立しなかった。結局，陸軍の林銑十郎が組閣を行った。林銑十郎内閣は，軍部と財界の調整を図ろうとしたものの，短命に終わった。結局，同年に軍部，政党などから期待を集めていた近衛文麿が j 第1次近衛文麿内閣を組織した。

〔設問〕　a．ロンドン海軍軍縮会議に出席した日本側全権代表の人物名を選べ。
　　1．井上準之助　　2．幣原喜重郎　　3．加藤友三郎　　4．若槻礼次郎
b．下記の1～3は，満州事変の経過の一部である。時期の早い順に並べなおしなさい。
　　1．日本と中国の間で塘沽（タンクー）停戦協定が締結される。
　　2．溥儀が執政に就任し，満州国の建国が宣言される。
　　3．日満議定書が締結される。
c．1931年には，陸軍青年将校による2度のクーデタ未遂事件が発生する。これらの事件を引き起こした陸軍内の秘密結社の名称を漢字で記せ。
d．この内閣の時に起きたことを下記より1つ選べ。
　　1．柳条湖事件が起きる。　　2．国際連盟から脱退する。　　3．金輸出を再禁止する。
　　4．時局匡救事業が開始される。
e．この内閣は，政党のみならず官僚などさまざまな勢力から，閣僚が任用されたことを特徴としている。その特徴からこの内閣は，別に何とよばれたか漢字で記せ。
f．この派閥の中心人物で，いわゆる相沢事件で斬殺される人物名を下記より選べ。
　　1．東条英機　　2．永田鉄山　　3．真崎甚三郎　　4．荒木貞夫
g．天皇機関説問題で陸軍，右翼に屈服した結果，この内閣が出した声明を漢字で記せ。
h．軍のこの行動は，華北分離工作といわれるものである。その結果，華北に成立した傀儡政権の名を下記より選べ。
　　1．冀東地区防共自治政府（自治委員会）　　2．冀察政務委員会　　3．新国民政府　　4．重慶政府
i．この内閣の政策でないものを下記より選べ。
　　1．帝国国防方針の改定　　2．日独防共協定の締結　　3．軍部大臣現役武官制の復活
　　4．農山漁村経済更生運動の着手
j．この内閣の時に戦争遂行を目的として，節約・貯蓄など国民の戦争協力をうながす教化運動を展開した。その運動の名称を漢字で記せ。

（同志社大）

ポイント解説

❶ 軍部の中堅将校や右翼による1931年の三月事件・十月事件，翌年の血盟団事件，五・一五事件などがおきると，元老西園寺公望の推薦により斎藤実海軍大将が組閣して政党内閣は崩壊した。

❷ 軍需と保護政策により重化学工業が発達する中，自動車工業や化学工業で鮎川義介の日産コンツェルン，野口遵（にっちつ）の日窒コンツェルンなどの新興財閥が台頭し，満州・朝鮮へ進出した。

❸ 戒厳令下で成立した広田弘毅内閣は，閣僚の人選・軍需拡張・国内政治改革などの軍の要求をうけ入れたため，以後の内閣に対する軍の政治介入が強まった。

61 第二次世界大戦——日中戦争から太平洋戦争

ポイント
1. 日中戦争で中国側はどのように抵抗したか。
2. 太平洋戦争突入前の日米関係はどのようなものであったか。
3. 戦時中，国民生活はどのように圧迫されたか。

● 重 要 用 語 ●

1〔　　　　〕 1937年，前年の日独防共協定にイタリアが加わり締結。英・米・仏の自由主義陣営，共産主義のソ連と対立。

2〔　　　　〕 1937年7月，北京郊外で発砲事件をめぐっておこった日中両軍の衝突事件。日中戦争の発端となった。

3〔　　　　〕 1937年末に国民政府の首都・南京を占領した際，日本軍が非戦闘員を含む多数の中国人を虐殺した事件。

4〔　　　　〕 1938年制定。政府は議会の承諾なしに経済や国民生活を統制する権限を得た。

5〔　　　　〕 1939年，国家総動員法にもとづき発布。一般国民を強制的に徴発し，軍需工業に動員。同年，**価格等統制令**も発布し，公定価格制を導入。

6〔　　　　〕 1940年，ぜいたく品の製造・販売を禁止した法令。砂糖・マッチなどはその消費を制限するため**切符制**となり，翌年には米が**配給制**となった。

7〔　　　　〕 日中戦争を契機に第1次近衛内閣が国民の戦争協力を促すために展開した運動。節約・貯蓄を奨励し，国家主義・軍国主義を鼓吹した。

8〔　　　　〕 1940年締結。相互の指導的地位を承認し，第三国からの攻撃に対して相互に政治的・軍事的援助を約束した。

9〔　　　　〕 1940年，**第2次近衛内閣**が新体制運動の一環として結成した全国組織。国民統制に大きな役割をはたした。

10〔　　　　〕1884～1948 陸軍大将。1941年組閣。翼賛選挙により独裁体制を強化。敗戦後，A級戦犯として刑死。

11〔　　　　〕 日本のアジア侵略を正当化するためのスローガン。欧米支配を排し，日本を中心とするアジアの共存共栄を説いた。

12〔　　　　〕 1945年2月に行なわれた米・英・ソ連の首脳会談。**ローズヴェルト・チャーチル・スターリン**が出席。ドイツの戦後処理問題やソ連の対日参戦などを密約。

13〔　　　　〕 1945年7月，**米・英・中**の名で日本の戦後処理と無条件降伏を勧告。広島・長崎への原子爆弾投下後の8月14日に鈴木貫太郎内閣が受諾した。

● **西安事件**
1936年，張学良が蔣介石を監禁し，共産党との内戦の停止を要求した事件。これをきっかけに国民政府は抗日の意志を示した。

● **戦時下の思想弾圧**
1937年　矢内原事件
1938年　人民戦線事件
1938年　河合栄治郎の著書発禁，休職
1940年　津田左右吉の著書発禁

● **大日本産業報国会**
労働者統制組織。1938年の労資協調をめざす産業報国会に始まり，1940年に全国組織となる。ストライキを禁止し，労働組合を解散させた。

● **新体制運動**
1940年，近衛文麿が枢密院議長の職を辞して強力な政党を中心として新しい政治体制の樹立をめざした「革新」運動。

● **「皇民化」政策**
朝鮮や台湾で日本語教育の徹底，氏名を日本風に改めさせる創氏改名の強制，神社参拝の強要などを行なった。

戦時体制の強化略年表

1938	1 軍需工業動員法　4 電力国家管理法　5 国家総動員法。ガソリン切符制　6 綿糸配給切符制　8 鉄鋼配給統制規則
1939	2 金製品強制買上げ　3 賃金統制令　5 米穀配給統制法。価格統制法　7 国民徴用令　9.1 興亜奉公日制定
1940	7 奢侈品等製造販売制限　8 小麦粉等の配給統制　10 大政翼賛会　11 国民服制定。大日本産業報国会　12 隣組制度
1941	1 大日本青少年団　2 農地価格等管理令　4 生活必需物資統制令。米穀配給通帳制（2合3勺）。国民学校令　10 国民勤労手帳法　12 アメリカ映画上映禁止
1942	1 大詔奉戴日（毎月8日）　2 衣料品切符制。食糧管理法　9 中央食糧営団　10 重要物資強制買上げ
1943	6 学徒勤労動員　10 学徒出陣壮行大会　12 電力動員緊急措置令。徴兵年齢1年繰下げ（19歳）
1944	2 国民登録。高級娯楽禁止。防空壕強制施行　3 貴金属強制買上げ　8 学徒勤労令。女子挺身勤労令
1945	6 国民義勇戦闘隊　7 主食配給1割減（2合1勺）

重要演習

❶ 次の文章を読み，下記の問に答えなさい。なお，下線部の番号と問の番号は対応している。

　1937年7月7日，北京郊外において駐屯日本軍部隊と中国軍との①衝突事件が発生する。事件は局地紛争として処理されるかに見えたが，日本政府は軍部の圧力に屈して当初の不拡大方針を変更し，兵力を増派して戦線を拡大する。②戦争の長期化に伴う中国の共産化を危惧して和平工作を試みた国もあったが，1937年末に日本軍が③首都を占領すると，国民政府は中国の内陸部に退き，あくまでも抗戦を続けたので，日中間の戦争は長期化していった。1938年1月，日本政府は，④「爾後国民政府を対手(あいて)とせず」という，交渉の相手を事態解決の当事者と認めないような声明を発表し，国民政府との交渉の道を自ら閉ざした。さらに，日本は，対日宥和的な国民党幹部であった汪兆銘を誘い出し，⑤1940年3月に汪を首班とする新国民政府を樹立したが，実質は日本の傀儡(かいらい)政権にすぎなかった。この政権の成立は和平を実現するどころか，かえって国民政府との交渉を一層困難にさせてしまう。

　このように中国との戦争が長期化するなか，1938年11月に日本政府が，⑥日本・満州国・中国からなる独自の地域秩序の建設を戦争目的に掲げたことは，アメリカ・イギリス両国との対立を深刻化させた。さらに，1940年秋に，日本が北部仏印進駐と日独伊三国軍事同盟の調印に踏み切ったことで，アメリカは⑦日本に対する経済制裁を本格化した。

　1941年4月，日本は⑧ソ連と中立条約を結び，北守南進策の遂行に利用した。日本国内では，⑨アメリカなどによる国際的な対日包囲網をはね返すには開戦もやむなしとの意見が高まる一方，同年4月から11月まで，⑩日本政府はアメリカと戦争を回避するための外交交渉を行った。しかし，最終的に交渉が決裂して，12月に太平洋戦争開戦へといたるのである。

問1　この衝突事件の名称を答えなさい。
問2　この和平工作を試みた国はどこか。下から選び記号で答えなさい。
　ア．イギリス　イ．フランス　ウ．ドイツ　エ．アメリカ　オ．スウェーデン
問3　この都市名を答えなさい。
問4　この声明を発した首相名を答えなさい。
問5　この新国民政府を樹立した時の日本の首相はだれか。下から選び，記号で答えなさい。
　ア．米内光政　イ．阿部信行　ウ．小磯国昭　エ．林銑十郎　オ．平沼騏一郎
問6　この地域秩序の名称を答えなさい。
問7　1940～41年にかけてアメリカが行なった対日禁輸措置に関係のないものを下から選び，記号で答えなさい。
　ア．石油　イ．石炭　ウ．鉄鋼　エ．屑鉄　オ．航空用ガソリン
問8　この日ソ中立条約の有効期限を下から選び，記号で答えなさい。
　ア．1年　イ．3年　ウ．5年　エ．7年　オ．10年
問9　この包囲網の一角を形成し，現在のインドネシアを植民地にしていた国の名を答えなさい。
問10　この時に渡米して，アメリカ側との交渉にあたった人物はだれか。下から選び，記号で答えなさい。
　ア．宇垣一成　イ．重光葵　ウ．東郷茂徳　エ．有田八郎　オ．野村吉三郎　（北海学園大）

ポイント解説

❶ 西安事件をきっかけに国民政府は抗日の意を表し，盧溝橋事件がおきると国民政府は共産党と第2次国共合作を行ない抗日民族統一戦線が成立した。

❷ 第3次近衛内閣が成立すると，南部仏印進駐が実行に移されたため，アメリカは対日石油禁輸の措置をとり経済制裁により日本の対外進出を抑えようとしたが，関係は悪化し戦争に突入した。

❸ 1939年の国民徴用令により一般国民は軍需産業に動員される一方，民需品生産は厳しく制限され，40年に砂糖・マッチなどが切符制になり，41年には米が配給制になり食料事情は悪化の一途をたどった。

62 占領と改革

> **ポイント**
> ❶ GHQ の民主化政策はどのようなものであったか。
> ❷ 日本国憲法はどのように制定されたか。
> ❸ アメリカの占領政策は1950年を境にどう転換したか。

●重要用語●

1 〔　　　　　〕 1945年10月, 連合国51カ国で発足した国際機構。米・英・仏・ソ・中を常任理事国とする**安全保障理事会**を設置。

2 〔　　　　　〕 連合国軍最高司令官総司令部。**マッカーサー元帥**を最高司令官とし, 東京に設置。間接統治を行なう。

3 〔　　　　　〕 GHQ の**婦人解放・労働組合の結成・教育の自由主義化・圧政的諸制度の撤廃・経済の民主化**の5つの改革指令。

4 〔　　　　　〕 戦犯容疑者に対する連合国軍の裁判。1946〜48年にかけて東京に設置された極東国際軍事裁判所で行なわれた。

5 〔　　　　　〕 1945年11月, GHQ が経済の民主化を目的として三井・三菱などの15財閥の解散を指令。またこの一環として**独占禁止法・過度経済力集中排除法**(1947年)も制定された。

6 〔　　　　　〕 1945年12月制定。労働者の団結権・団体交渉権・争議権を保障。また**労働関係調整法**(1946年)・**労働基準法**(1947年)も制定された。

7 〔　　　　　〕 1945年12月制定。GHQ の婦人解放令にもとづき, 女性の参政権が認められた。

8 〔　　　　　〕 1946年11月3日公布, 5月3日施行。**主権在民・平和主義・基本的人権の尊重**の3原則を示し, 第9条で**戦争放棄**を掲げている。

9 〔　　　　　〕 経済の混乱の中で, 官公庁労働者を中心に計画された労働闘争。前日に GHQ の中止命令が出て実現されなかった。

10 〔　　　　　〕 **米ソ二大陣営**の対立状態をいう。1949年, アメリカと西欧諸国が**北大西洋条約機構**を結成し, これに対しソ連と東欧7カ国が1955年に**ワルシャワ条約機構**を結成した。

11 〔　　　　　〕 1950年, 北緯38度線の侵犯を機に朝鮮民主主義人民共和国と大韓民国との間でおこった戦争。アメリカ中心の国連軍が韓国側に, 中国人民義勇軍やソ連が北朝鮮を支持した。

12 〔　　　　　〕 朝鮮戦争勃発にともない, 在日米軍の朝鮮動員による軍事的空白をうめる目的で GHQ の指令により設置。

13 〔　　　　　〕 1951年9月, 日本・アメリカを中心に48カ国の間で締結。翌年4月, 連合国軍の日本占領が終了。

14 〔　　　　　〕 サンフランシスコ平和条約と同じ日に調印。日本はアメリカ軍の駐屯を認めた。

●**公職追放令**
1946年1月, 占領軍の民主化政策の一つ。軍国主義者・国家主義者を公職から追放した。

●**農地改革**
1946年, GHQ の指令により寄生地主制の解体と, 自作農の創設を目的に第1次・第2次と実施。

●**ドッジ＝ライン**
第3次吉田内閣のもとに GHQ が招聘したドッジが立案した赤字を許さない超均衡予算・単一為替レートなど一連の施策をいう。

●**レッド＝パージ**
朝鮮戦争直前に日本共産党幹部が公職追放され, 多くの共産党員が官庁その他の職場から追放された一連の出来事。

●**特需**
朝鮮戦争によるアメリカ軍の特別需要。特需景気がおこり鉱工業生産は戦前の水準に回復。

戦後のおもな改革

1945	8.28	連合国軍最高司令官総司令部を横浜に設置(9.15東京に移転)
	9.2	ミズーリ号上で降伏文書に調印, 日本軍の武装解除を指令 軍需工業の停止を指令
	9	マッカーサー日本管理方針発表
	11	戦争犯罪容疑者の逮捕を指令
	10.4	治安維持法・特高警察の廃止と政治犯の釈放を指令
	11	五大改革を指令(婦人の解放・労働組合の結成・教育の自由主義化・圧政的諸制度の撤廃・経済の民主化)
	11.6	財閥資産の凍結・解体を指令
	12.9	農地改革を指令
	12.17	新選挙法公布
	22	労働組合法公布
1946	1.1	いわゆる天皇の人間宣言
	4	軍国主義者の公職追放を指令
	2.1	〜第1次農地改革の実施
	4.10	新選挙法による初の総選挙
	5.1	メーデー復活(第17回)
	3	極東国際軍事裁判所開廷
	10.21	第2次農地改革諸法令公布
	11.3	日本国憲法公布
1947	3.31	教育基本法公布 学校教育法公布(六・三・三・四制)
	4.14	独占禁止法公布
	5.3	日本国憲法施行

重要演習

❶ 次の各文の空欄に，もっとも適当な語句を記入せよ。

A 連合国軍最高司令官総司令部（GHQ）は，日本経済を支配してきた三井，三菱などの[1]が軍国主義の基盤の一つとなっていたとみて，その解体を経済民主化の中心課題とした。

B 戦争により根底から破壊された国民生活は困窮を極めた。とりわけ都市部の食糧不足は深刻で，都市部の人々は農村への食糧買い出しや[2]によってかろうじて飢えをしのいだ。敗戦の混乱のなか，焼け跡などに生まれた[2]では，公定価格や配給機構を無視した取引が公然と行われていた。

C 物資不足に加え，終戦処理などで通貨が増発されたため，インフレーションが猛烈な勢いで進行し，国民生活を圧迫した。1946（昭和21）年2月，幣原喜重郎内閣は[3]を発して，新円切り換えと預金封鎖を行い，インフレーションの進行を阻止しようとしたが，その効果は一時的であった。

D 1946（昭和21）年8月，第1次吉田茂内閣は，経済安定本部を設置し，復興計画の遂行を図った。基幹産業へ融資を行なう復興金融金庫が設立され，資金・資材を石炭・鉄鋼などの産業部門に重点的に投入する[4]方式が採用された。[4]方式は続く片山哲内閣，芦田均内閣においても継承された。

E 1948（昭和23）年12月，連合国軍最高司令官総司令部（GHQ）は，日本経済の復興のための[5]の実施を第2次吉田茂内閣に指令した。[5]を実現させるため，1949（昭和24）年2月，銀行家ジョセフ・ドッジがアメリカ政府の特別公使として来日し，赤字を全く許さない超緊縮予算，固定為替レートの設定などの一連の施策（ドッジ＝ライン）を指示した。

F ジョセフ・ドッジについでアメリカの財政学者が来日し，所得税中心主義への移行，法人税軽減，地方税の独立などを柱とする税制度の改革を勧告した。この勧告は財政学者の名をとって「[6]勧告」と呼ばれた。勧告内容は，1950（昭和25）年の税制改革でその大部分が実現された。
（成城大）

❷ 次の文を読み，設問に答えなさい。

第二次世界大戦後の諸改革のもとで(a)治安維持法が廃止され，戦時期には抑圧・弾圧されていた言論の自由が保障されるようになると，学問の世界には大きな可能性と成果がもたらされた。たとえば政治学では，[1]が1946年に雑誌『世界』に発表した「超国家主義の論理と心理」などの一連の論文で天皇制を中心とする近代日本の特殊性を批判し，ひろく反響をよんだ。考古学では，同じ年に群馬県で[2]遺跡が発見された。1949年に(b)本格的な発掘調査が行われると，考古学界の定説が覆された。またこの年には，あらゆる分野の科学者の代表機関として[3]が発足した。

この時期の文学では，しばしば戦争体験が主題としてとりあげられた。代表的な作品として[4]の『俘虜記』や『野火』などがある。原爆を主題とする代表的な作品としては，被爆者の当時の経験をもとにのちに執筆された，井伏鱒二の『[5]』がある。また，『人間失格』で知られる太宰治や，『堕落論』を書いた[6]らは，古い秩序や価値観が崩壊した敗戦後の人間のありかたを描き出した。

科学や芸術の分野では，国際的に評価される成果や作品も生まれた。自然科学では，1949年に理論物理学者の[7]が日本人で初めてのノーベル賞を受賞した。代表的な大衆娯楽であった映画では，[8]監督の「羅生門」がヨーロッパの映画祭で受賞した。しかし，大衆娯楽としての映画の地位は，1953年に開始される[9]によって次第に失われていくことになる。

問1 空欄[1]～[9]にもっとも適当な語を入れなさい。
問2 下線部(a)について，制定時の内容を簡単に説明しなさい。
問3 下線部(b)の発掘調査の成果について簡単に説明しなさい。
（津田塾大）

ポイント解説

❶経済の民主化は財閥と寄生地主の解体を課題としてすすめられ，労働政策では労働三法で労働者の権利が拡大し，教育政策では教育基本法により義務教育期間が延長され，教育をうける機会が増えた。

❷総司令部の指示で幣原内閣が改正案を作成するが，それでは民主化が不徹底と見た総司令部が改正案を政府に示し，それに幣原内閣が手を加えたものを政府原案とし，帝国議会で可決され公布された。

❸日本は朝鮮戦争におけるアメリカ軍を主力とする国連軍の補給基地となり，共産主義陣営の進出に対抗する自由主義陣営の拠点としての役割を求められるようになった。

63 高度成長の時代

> ポイント
> ❶ 朝鮮戦争後，国際関係はどのようにすすんでいったか。
> ❷ 新安保条約は国内のどのような過程を経て成立したか。
> ❸ 高度経済成長による国民生活の変化と問題点は何か。

重要用語

1 〔　　　　　〕 1963年，米・英・ソが調印。地下核実験を除く大気圏内外と水中核実験を停止することを約束。

2 〔　　　　　〕 1954年，第5次吉田内閣が締結。日本はアメリカから兵器や農産物などの援助をうけるかわりに，自衛力の増強を義務づけられた。

3 〔　　　　　〕 1950年の警察予備隊設置後，52年保安隊となり，54年海上警備隊と航空部隊を加えて発足。同時に防衛庁を新設。

4 〔　　　　　〕 原爆・水爆の禁止を求める平和運動。アメリカ軍基地反対闘争・第五福竜丸事件を契機に全国で展開された。

5 〔　　　　　〕 1955年，日本民主党と自由党の**保守合同**により成立した政党。初代総裁は鳩山一郎。

6 〔　　　　　〕 1955年以来の自民党政権の政治体制をいう。1993年8月，日本新党の**細川護熙**内閣成立で終焉。

7 〔　　　　　〕 1956年，**鳩山一郎**首相がモスクワへおもむき成立した，ソ連との戦争終結宣言。

8 〔　　　　　〕 新安保条約。1960年，**岸信介**内閣が調印。アメリカの日本防衛義務を明文化。これに対し，安保闘争がおこり岸内閣は条約成立後，総辞職。

9 〔　　　　　〕 池田勇人内閣が推進した1961〜70年間に1人あたりの国民所得を倍にしようとする高度経済成長政策のスローガン。

10 〔　　　　　〕 1965年6月，佐藤栄作内閣が調印。大韓民国との国交を樹立。

11 〔　　　　　〕 1965年のアメリカによる**北爆**を契機におこった戦争。アメリカが南ベトナムを支援し，ソ連と中国が北ベトナム・南ベトナム解放民族戦線を支援して激しく交戦。

12 〔　　　　　〕 1971年，第3次佐藤内閣が調印。翌年に沖縄の日本復帰が実現したが，アメリカの軍事基地は存続。

13 〔　　　　　〕 米の供給過剰と食糧管理特別会計の赤字が問題となり，米の供給を抑制する政策がとられた。

14 〔　　　　　〕 1967年，高度経済成長によって生じた公害問題に対処するために制定された。71年には**環境庁**が発足。

15 〔　　　　　〕 新潟水俣病・四日市ぜんそく・イタイイタイ病・水俣病の公害訴訟裁判の総称。いずれも原告の勝訴。

● **米ソ2大陣営の動揺**
1958年に発足したヨーロッパ経済共同体（EEC）の経済力と，中ソ対立（1962〜）により，両陣営の地位が動揺しはじめた。

● **第1回原水爆禁止世界大会**
1954年，第五福竜丸がアメリカの核実験で被爆したのをきっかけに，翌年開催。

● **イスラーム革命**
1979年，イランで王政が崩壊し，イスラーム教指導者のホメイニが権力を掌握した。

● **サミット（西側先進国首脳会議）**
米・英・仏・西独・伊・日本・カナダの首脳会議。世界経済の安定的発展と自由世界の結束をはかる。

● **高度成長**
1955年の「神武景気」以来70年代初めまでの高い経済成長をいう。

● **開放経済体制への動き**
1960年貿易の自由化，1964年国際通貨基金（IMF）8条国，同年経済協力開発機構（OECD）に加入，資本の自由化を義務づけられた。

● **変動為替相場制**
1945年以来の固定相場制から，71年に円を切り上げ，73年に移行。

● **沖縄の日本復帰**
1972年5月に実現。

四大公害訴訟と結果

裁判名・地域	被告	経過
新潟水俣病裁判 （阿賀野川流域）	昭和電工	67年提訴 71年判決 原告勝訴
四日市公害裁判 （三重県四日市市）	三菱化成・三菱油化 昭和四日市石油 三菱モンサント化成 中部電力・石原産業	67年提訴 72年判決 原告勝訴
富山イタイイタイ病裁判 （神通川流域）	三井金属鉱業	68年提訴 71年判決 原告勝訴
熊本水俣病裁判 （熊本県水俣市）	チッソ	69年提訴 73年判決 原告勝訴

重 要 演 習

❶ 次の文章を読み，空欄に適語を入れ，後の問い（問1～4）に答えなさい。

　日本が，1955年頃から第1次石油ショックが起こる1973年頃にかけて達成した急速な経済拡大のことを高度経済成長とよぶ。

　1951年以降，鉄鋼・造船・電力などの重点産業分野では，政府からの資金や税制面での優遇措置を受けて，活発な大型の設備投資がなされ，その後も継続された。1950年代後半から1960年代後半にかけて，民間部門でも欧米の高度な技術革新をとり入れた大型設備投資があいついでなされた。それは，電気・機械，石油化学，合成繊維，家庭電器や自動車といった産業分野にも波及した。その結果，低コスト・高品質の工業製品が大量生産される体制が整った。同時に，産業構造の高度化や⑴エネルギー源の転換が急速に進んだ。

　その間，1960年には，高度経済成長政策が，時の内閣による国家的規模の経済計画として策定された。〈1〉をスローガンにして登場してきた〈2〉内閣の〈3〉がそれである。こうした経済成長政策によって，さらなる⑵雇用労働者の賃金の上昇がみられ，農業における近代化政策もあいまって，農家所得の上昇も促された。続く内閣も高度経済成長政策を維持し，1955年頃から1973年頃までの日本経済は，⑶好景気がほぼ続いたのである。

　高度経済成長は，国民の生活様式や意識を大きく変化させたが，それは光の部分だけではなかった。過疎・過密の問題，都市の通勤ラッシュ・交通渋滞，住宅・学校・病院等の不足の問題をともなっていた。特に1960年代後半から顕著になってきた⑷公害問題という大きな影の部分をともなっていたことを忘れてはならない。

問1　下線部⑴に関連する記述として，不適切なものを次のなかから1つ選びなさい。
　① 第一次石油ショックが起こるまでは，エネルギー源として石炭や水力などよりも石油が経済的であった。
　② 石炭産業の斜陽化が深刻になるなかで，三池争議のような大規模の労働争議が起こった。
　③ 高度経済成長期を通じて水力のエネルギー供給率は，減少していった。
　④ 1970年には石炭によるエネルギー供給がほとんどなくなった。

問2　下線部⑵に関連する記述として，不適切なものを次のなかから1つ選びなさい。
　① 全日本産業別労働組合会議（産別会議）の指導の下に，いわゆる「春闘」方式が始まった。
　② 日本労働組合総評議会（総評）が，賃金上昇に与えた影響は大きかった。
　③ 賃金上昇の一因として，若年層を中心とした労働者不足があった。
　④ 一般的に，大企業は，終身雇用制と年功序列賃金制を定着させて，労働者の企業への帰属意識を育成しようとした。

問3　下線部⑶に関して，高度経済成長期における好景気の呼称（a～d）を年代順に古いものから並べるとどうなりますか。適切なものを次のなかから1つ選びなさい。
　a　岩戸景気　　b　いざなぎ景気　　c　神武景気　　d　オリンピック景気
　①　a→d→c→b　　②　d→b→c→a　　③　c→a→d→b
　④　b→c→d→a　　⑤　a→c→b→d　　⑥　c→b→a→d

問4　下線部⑷に関する記述として，不適切なものを次のなかから1つ選びなさい。
　① 四日市ぜんそくは，石油化学コンビナートによる大気汚染によって引き起こされた。
　② 1967年に，公害対策基本法が制定され，事業者・国・地方公共団体の責務が明らかにされた。
　③ 1971年に，環境保全行政の総合的推進のために，環境省が設置された。

（龍谷大）

ポイント解説
❶ヨーロッパではNATO，ワルシャワ条約機構に二分され，米ソ両陣営の全面戦争は避けられたが，アジアではベトナムの対立が激化していった。
❷安保闘争がおこる中，1960年5月，衆議院で強行採決，抗議運動がもりあがるが，6月に参議院での議決を得ないまま自然成立。岸内閣は成立後，総辞職した。
❸電化製品やマイカーの普及，超高層建築の増加，米食の減少など生活が変化する一方，大気汚染・水質汚染・騒音・地盤沈下などの公害問題が深刻化した。

64 激動する世界と日本

ポイント
1. 1980年代後半以降の世界の動きはどのようにすすんでいったか。
2. 現代の日本経済はどのような状況にあるか。
3. 現代の社会問題にはどのようなものがあるか。

● 重 要 用 語 ●

1 〔　　　　　　〕 1973年，**第4次中東戦争**を機に**OPEC**が輸出制限と原油価格の4倍引上げを実施し，世界経済が打撃をこうむる。1979年にも**イスラーム革命**を機に原油価格の3倍増が行なわれた。

2 〔　　　　　　〕 1972年9月，首相**田中角栄**が訪中し，調印。日中の国交正常化の声明。

3 〔　　　　　　〕 1976年，田中角栄元首相と航空会社ロッキード社をめぐる汚職事件。田中元首相が逮捕された。

4 〔　　　　　　〕 1978年，**福田赳夫**内閣の時，北京で調印。相互不可侵，内政不干渉を約束。

5 〔　　　　　　〕 1986〜91年，地価と株価の異常高騰で沸き返った経済をいう。しかし，それが終わると長期の不景気に入った。

6 〔　　　　　　〕 1982年から87年まで3次にわたり組閣。「戦後政治の総決算」を唱え，行政・教育改革を推進。電電・専売・国鉄の民営化を行なう。1985年，靖国神社公式参拝を強行し，内外の批判をあびた。

7 〔　　　　　　〕 1989年に結成された労使協調的な全国組織。全日本民間労働組合連合会と日本労働組合総評議会が合流して結成。

8 〔　　　　　　〕 1989年4月，**竹下登**内閣のもとで実施。税率は3％に定められた。1997年には3％から5％に引き上げられた。

9 〔　　　　　　〕 緊張緩和。1980年代初頭の**レーガン大統領**と**サッチャー英首相**による対ソ強硬政策の「新冷戦」後に急速に進展。

10 〔　　　　　　〕 1989年12月，米大統領ブッシュとソ連大統領ゴルバチョフによる首脳会談。**冷戦の終結**を宣言した。

11 〔　　　　　　〕 1990年8月，イラクのフセイン大統領による**クウェート侵攻**に対し，91年1月，アメリカ軍中心の多国籍軍が開戦。

12 〔　　　　　　〕 「国際連合平和維持活動等に対する協力に関する法律」。1992年6月，宮沢内閣のもとで成立。自衛隊の海外派遣が条件付きで認められた。9月，自衛隊が**カンボジアに派遣**された。

13 〔　　　　　　〕 1991年11月組閣。93年**佐川急便事件**で政治不信が高まり，総選挙で自民党の分裂もあって過半数を割り，敗北。

14 〔　　　　　　〕 1990年株価の急落にはじまり，景気の後退が始まった。地価も下落し，実質経済成長率が落ち込んでいった。これにより複合的要素が増大，金融機関の破綻・倒産が相ついだ。

● **先進国首脳会議(サミット)**
1975年に米・日・独・英・仏・伊6カ国の首脳により，石油ショック後の世界不況を打開するために開かれた。その後，参加国が増え，経済成長・貿易・通貨・政治など多分野にわたる会議が毎年開催されている。

● **プラザ合意**
1985年，IMFの5大国(米・日・独・仏・英)の蔵相会議で，ドル高是正のために各国が介入することに合意した。これにより円高が急速に進行した。

● **ゴルバチョフ**
1985年，共産党書記長となりペレストロイカ(改革)・グラスノスチ(情報公開)を実施。新思考外交を展開するが，90年のソ連崩壊で下野。

● **中距離核戦力(INF)全廃条約**
1987年，ワシントンで調印。米ソ2カ国の中距離核戦力(INF)の全廃を約束。

● **ドイツ統一**
1989年11月「ベルリンの壁」撤去。90年10月統一ドイツが実現。

● **START(戦略兵器削減交渉)**
1991年7月，米ソ両国が調印。93年，第2次に米口両国が調印。

● **アメリカとの貿易・経済摩擦**
貿易赤字に悩むアメリカは，自動車・工作機械の輸出規制，牛肉・米などの輸入自由化を迫り，さまざまな規制緩和を要求している。

● **京都議定書**
1997年，地球温暖化防止京都会議が開かれ，地球温暖化と生態系破壊の防止のために，先進国の温暖化ガス削減目標が定められた。

重要演習

❶ 次の文章を読んで，空欄に適語を入れ以下の問いに答えなさい。

　55年体制と呼ばれる保守長期政権が続くなかで，日本政治の様々な問題が明らかとなった。（　イ　）内閣の金権政治の実態が明らかになるとともに，その派閥を引き継いだ（　ロ　）内閣でもリクルート疑惑が生じ，内閣は退陣した。ついで，（　ハ　）内閣が成立したが，参議院選挙で大敗し，短命内閣で終わった。日本をとりまく国際環境も冷戦終結により構造転換を遂げつつあった。しかし，1991年の湾岸戦争に対して，（　ニ　）内閣は日本政府としての適切な対応策を出すことができなかった。続く（　ホ　）内閣では佐川急便事件やゼネコン汚職が発生し，政官界と大企業の癒着の問題として国民の非難を浴びることとなった。この背景には，1980年代後半の円高不況に始まり，投機的資金が株式市場や不動産市場へ流入して株価や地価の高騰を招いたバブル経済と，1990年に生じたバブル経済の崩壊があった。政治経済の様々な問題に対する政策対応の不適切さは，55年体制のもとで定着した制度の破綻を示していた。このため，選挙制度改革など制度改革を求める動きが強まり，保守一党体制に対して政治改革を訴える政治家が政界再編を目指して新党を形成した。小沢一郎らは，自民党を離党して新生党を結成した。また武村正義らも自民党を離党して新党さきがけを結成した。1993年の総選挙では自民党が過半数を割り，（　ホ　）内閣は退陣した。こうして，自民党と共産党を除く8党派連立政権である(a)（　ヘ　）内閣が成立した。続く（　ト　）内閣は短命に終わった。その後は自社両党が提携し，新党さきがけが加わって（　チ　）内閣が成立した。政権党の一員となった社会党は党の従来の基本路線を変更した。このときの野党の大部分は，合同して新進党を結成した。1996年に成立した（　リ　）内閣は，行財政改革を推進した。この内閣が改革を進めるなかで景気は後退し，日本経済が深刻な不況へと突入したために，自民党は参議院選挙で敗北を喫し，（　リ　）はその責任をとって退陣した。

(1) 下線部(a)の内閣の説明として正しいものを，次から1つ選びなさい。
① 第2次臨調（臨時行政調査会）の設置　　② 電電公社の分割
③ 衆議院に小選挙区比例代表並立制を導入　④ 消費税の導入　⑤ 国旗・国歌法の制定

(上智大)

❷ 次の文を読み，空欄［　1　］〜［　10　］にもっとも適当な語を入れなさい。

　長く続いた高度経済成長が終焉した1970年代には，経済成長のひずみが政治や社会の問題として浮かびあがってきた。

　1972年に首相となった［　1　］党の［　2　］は，外交では日中国交回復を実現させる一方，内政では［　3　］とよばれる全国規模の開発政策を進めた。しかし土地投機の活発化と第一次石油危機にともなう原油価格高騰により激しいインフレが進行し，その様子は［　4　］とよばれた。1974年は戦後初めてマイナス成長となった。同年末には，政治資金をめぐる疑惑から［　2　］内閣は総辞職した。つづいて成立した［　5　］内閣は，「クリーンな政治」を標榜した。しかし，1976年には航空機売り込みをめぐる国際的な収賄容疑で［　2　］が逮捕され，保守長期政権の腐敗が問題となった。この汚職事件は［　6　］事件とよばれる。

　また，高度経済成長は人びとの暮らしに身近な領域でも新たな問題を引き起こした。都市部への人口移動にともない農村では［　7　］化が進み，旧来の共同体のありかたが機能しなくなった。都市部では交通渋滞や交通事故，大気汚染や水質汚濁などが社会問題となった。すでに1960年代から深刻になっていた公害問題では，1967年に［　8　］法が制定され，1971年には公害行政を一本化する［　9　］庁が発足した。四大公害訴訟では，いずれも被害者原告が勝訴した。地域社会の住民運動の高まりを背景に，1970年前後の大都市では社会党・共産党系の首長が次々と生まれ，［　10　］自治体とよばれた。これらの自治体はとくに公害対策や福祉政策を重視した。

(津田塾大)

ポイント解説

❶米ソ間の緊張が緩和し，2極構造に変化が生じると，ソ連の崩壊やドイツの統一など新たな動きが現れた。また東アジアではNIES（新興工業経済地域）を先頭に経済成長が続いている。

❷第2次石油危機ものりこえた日本経済は1980年代も成長を続けたが，90年代に入るとバブル経済の崩壊，超円高などにより戦後最長の不況に陥り，景気回復が政治課題となっている。

❸高度・安定成長により生活が豊かになった反面，環境破壊・人口の都市集中・地価の高騰・高齢社会の出現・社会福祉の立ち遅れ・受験戦争の激化・いじめなどの問題が生じている。

65 近代・現代のまとめ①

1 次の〔1〕～〔15〕の文章を読み，下線部に誤りがあれば訂正せよ。訂正の必要がない場合には○印をつけよ。なお，誤りがある場合は各文章につき1カ所である。

〔1〕 王政復古後，明治政府は神道国教化政策をすすめ，1868年に大教宣布の詔を発し，さらに1871年には全国の神社の社格と神職の職制を定め，神社制度を整備した。また，大教宣布の教化のため1872年には教部省を設置した。

〔2〕 1872年に全国徴兵の詔と徴兵告諭がだされ，徴兵制の採用が宣言された。1873年の徴兵令では，満20歳の男子に徴兵検査を実施し，選抜された者を2年間の常備兵役に服させた。ただし，この徴兵令では代人料270円を納入した者を免役とする代人制度が認められていた。

〔3〕 江戸時代にも太陽暦は知られており，蘭学者たちが祝う太陽暦の新年会はオランダ正月と呼ばれていた。明治政府は太陽暦の採用を決め，太陰太陽暦の明治5年11月9日をもって太陽暦の明治6年1月1日とした。

〔4〕 殖産興業政策のひとつに内国勧業博覧会の開催があげられる。これは内務卿大隈重信の建議にもとづくもので，第1回は1877年に東京上野公園で開催され，以降1903年まで5回にわたって開かれた。

〔5〕 1869年，政府は蝦夷地を北海道と改称するとともに開拓使をおき，その開発にあたらせた。1874年に屯田兵制度が定められ，1876年には札幌農学校がつくられた。しかし，開拓使は1881年に廃止となり，その後北海道庁が設置されるまでの間，県制が敷かれた。

〔6〕 1888年に市制・町村制，1890年に府県制・郡制が制定され，その施行により，1878年以来のいわゆる三新法体制は廃止され，戦前の地方自治制度の骨格が定まった。

〔7〕 1872年に琉球藩が設置され，1879年の廃藩置県で琉球県が生まれた。明治憲法制定後も長い間，衆議院議員選挙法は適用されず，県選出の衆議院議員の誕生は1912年の総選挙までまたねばならなかった。

〔8〕 1891年，訪日中のロシア皇太子ニコライが巡査津田三蔵により負傷させられる大津事件がおこった。松方内閣は日本の皇室にたいする罪刑を適用して津田の死刑を要求したが，最高裁判所長官児島惟謙はこれに反対し，通常の謀殺未遂事件とするよう主張，法廷は無期徒刑の判決を下した。

〔9〕 1900年に伊藤博文を総裁に立憲政友会が創立され，旧自由党の流れをくむ憲政党は解党してこれに参加した。これをみた中江兆民は「自由党を祭る文」を『万朝報』に発表し，「嗚呼自由党死す矣，而して其光栄ある歴史は全く抹殺されぬ」と，藩閥との妥協を批判した。

〔10〕 1924年，貴族院勢力を背景に加藤友三郎が組閣すると，憲政会・政友会・革新倶楽部の三党はこれに反対して提携し，憲政擁護運動をおこした。政府は政友本党を与党にして，議会解散，総選挙にのぞんだが，結果は護憲三派の圧勝におわった。

〔11〕 1927年，若槻内閣は巨額の不良債権をかかえた台湾銀行救済のため，日本銀行の特別融資をみとめる緊急勅令を出そうとしたが，貴族院がこれを否決したため総辞職した。

〔12〕 ロンドン海軍軍縮問題，満州事変などを契機に，軍の青年将校や右翼の急進的な国家改造運動が急速にひろがった。1932年には大川周明を盟主とする血盟団の団員による暗殺事件があいつぎ，井上準之助前蔵相や団琢磨三井合名会社理事長が犠牲となった。

〔13〕 ナチス・ドイツの西部戦線での圧勝をみた近衛文麿は新体制運動にのりだした。軍部はもとより，政友会，民政党，社会大衆党などの各政党もこれに同調し，1940年10月には主要政治勢力を網羅した翼賛政治会が結成された。

〔14〕 1945年2月のカイロ会談でソ連のスターリンは，アメリカのルーズベルト，イギリスのチャーチルに対し対日参戦を約束し，アメリカ・イギリスはソ連の千島・南樺太領有などを了承した。

〔15〕 敗戦後，GHQの指令にもとづく労働改革が進められ，1945年には労働組合法の制定をみ，労働者の団結権，団体交渉権，争議権が保障された。さらに，1946年には労働関係調整法，1947年には労働基準法がつくられ，芦田内閣の時には労働省が設置された。

（立命館大）

❷ 次の文章(1)～(5)は，大正および昭和初期の内閣に関連する記述である。これらについて下記の設問AおよびBに答えよ。
(1) 政友会を中心とする本格的な政党内閣を組織したが，一青年によって首相が暗殺された。
(2) 日露戦争後の軍備拡張計画をめぐって，軍部と対立して退陣した内閣のあとを受けて登場した。
(3) この内閣は憲政会によって組織されていたが，1927年の恐慌の処理に失敗し退陣した。
(4) 「満州某重大事件」に関連して，信任を失って退陣した内閣に代って登場した。
(5) 政府高官の外国企業との汚職の疑いの責任をとって辞職した内閣のあとを受けて内閣を組織した。

問A 上記の文章(1)～(5)の内閣のおのおのと直接に関連する史実を，下記の文章a～gの中からそれぞれ1つずつ選び，記号で答えよ。
　a．普通選挙法案が衆議院に提出されたが，否決された。
　b．枢密院会議で台湾銀行救済緊急勅令案が否決された。
　c．「閥族打破・憲政擁護」の国民運動が全国にひろがった。
　d．金輸出の禁止を実施した。
　e．金輸出の解禁を実施した。
　f．日英同盟を理由にドイツに宣戦を布告した。
　g．日英同盟を廃棄した。

問B 上記の文章(1)～(5)の内閣のおのおのと直接に関連する史実を，下記の文章イ～トの中からそれぞれ1つずつ選び，記号で答えよ。
　イ．衆議院議員の選挙法が改正され，選挙権が拡大された。
　ロ．産業合理化審議会が設置された。
　ハ．尾崎行雄が議会で政府弾劾の演説を行った。
　ニ．労働農民党が結成されたが，のちに分裂した。
　ホ．緊急勅令でモラトリアムが実施された。
　ヘ．日ソ基本条約が調印された。
　ト．1911年に公布された工場法が施行された。
（早稲田大）

❸ 次の文章（1～3）を読み，空欄(1)～(9)に最も適当と思われる語句を下記の語群(あ)～(け)から1つ選び，記号で答えよ。なお，設問（A～C）の答えは，西暦年を算用数字で記入せよ。

1 （(1)）年に軍人勅諭がくだされ，軍人の政治への関与が禁じられ，軍隊は天皇の軍隊であると説かれた。そこで，憲法を厳密に解釈すれば，統帥権は天皇に直属して（(2)）の権限が及ばないものとされた。これよりさき陸軍は鎮台制度を（(3)）制に改め，騎兵隊の新設を行なった。
〔語群〕 (あ) 1880　(い) 1882　(う) 1885　(え) 陸軍参謀本部　(お) 海軍軍令部　(か) 内閣
　　　 (き) 陸海空三軍　(く) 旅団　(け) 師団

2 1887年，自由民権論者らは外交の挽回，言論の自由などを要求して（(4)）運動をおこした。政府は（(5)）を制定してこれをおさえ，他方では外務大臣を大隈重信にかえた。しかし大隈の改正案の中にも（(6)）に外国人裁判官を任用する条項があったので，再び反対運動がはげしくなった。
〔語群〕 (あ) 条約改正　(い) 三大事件建白　(う) 民撰議院設立の建白　(え) 保安条例
　　　 (お) 集会条例　(か) 治安警察法　(き) 控訴院　(く) 最高裁判所　(け) 大審院

3 第1次世界大戦後，日本経済は慢性的な不況状態が続き，（(7)）が不安定で国際競争力が弱かった。とくに重要な輸出市場であった（(8)）では，日貨排斥運動がひろがり，貿易不振が大きな問題となった。その影響が昭和の初期まで続き，銀行の経営が悪化して，金融恐慌に陥った。（(9)）の第1次若槻内閣は有効な政策が出せず，総辞職した。
〔語群〕 (あ) 金利政策　(い) 株式相場　(う) 土地価格　(え) アメリカ　(お) 中国
　　　 (か) 東南アジア　(き) 政友会　(く) 民政党　(け) 憲政会

設問A アメリカのウォール街は金融が逼迫し，経済が行き詰まり，それが引きがねとなって世界恐慌がおこった。それは何年か。
設問B 日本は恐慌から脱出するため，金解禁を断行した。それは何年か。
設問C 日本は国内問題の低迷を，大陸侵略によって解決しようとして満州事変や第1次上海事変をおこした。第1次上海事変は何年におこされたか。
（福岡大）

66 近代・現代のまとめ②

❶ 次の史料を読んで，空欄㋐～㋖に最もふさわしい語句を（　　）内の1～4から1つ選び，その番号を答えよ。また，後の設問に対して，〈　　〉内の表示に従い，適切な用語を記入せよ。なお，史料の用字・表現は，読みやすくするため，原文に少し手を加えたところもある。

A．全魯西亜国皇帝陛下は……㋐（1．朝鮮半島　2．樺太島　3．千島列島　4．北海道）の権理を受けし代りとして，その後胤に至るまで，現今の所領「クリル」群島，即ち……計十八島の権理及び君主に属する一切の権理を，大日本国皇帝陛下に譲り……東察加（カムチャツカ）地方「ラパッカ岬」と「シュムシュ」の島の間なる海峡を以って両国の境界とす。

B．明治十五年(1882)に至りて，外務卿井上伯（伯爵）は……我が国権回復の緒を開き，以って大いに改正談判の歩を進め……一個の生面を開けり。…㋑（1．勝海舟　2．青木周蔵　3．榎本武揚　4．小村寿太郎），大隈伯の後を承け談判を続くるに至りて，遂に能く殆んど対等条約に近き立案を提出し，英政府をして……その重要の部分を承諾せしむるに至りたるは，意想外の結果と謂はざるべからず。……

C．露国皇帝陛下の政府は，日本国により清国に向けて求めたる講和条約を査閲するに，その要求に係る㋒（1．台湾　2．満州　3．澎湖列島　4．遼東半島）を日本にて領有することは，常に清国の都を危くするのみならず，これと同時に朝鮮国の独立を有名無実となすものにして……日本国政府に勧告するに，㋒を確然領有することを放棄すべきことを以つてす。

D．第一回日英同盟
　第一条……大不列顚国（ブリテン）に取りては，主として㋓（1．印度　2．清国　3．満州　4．台湾）に関し，また日本国に取りては，その㋓に於て有する利益に加ふるに，韓国に於て政治上並びに商業上及び工業上格段に利益を有するを以って……両締約国いづれも該利益を擁護するため，必要欠くべからざる措置を執り得べきことを承認す。

E．対華二十一箇条要求
　第一条　支那国(中華民国)政府は，㋔（1．独逸　2．仏蘭西　3．露西亜　4．和蘭陀）国が山東省に関し，条約その他に依り支那国に対して有する一切の権利利益譲与等の処分に付き，日本国政府が㋔国政府と協定すべき一切の事項を承認すべきことを約す。

F．日満議定書
　二，日本国及び満州国は，締約国の一方の領土及び治安に対する一切の脅威は，同時に締約国の他方の安寧及び存立に対する脅威たるの事実を確認し，両国共同して国家の防衛に当ることを約す。これがため，所要の日本国㋕（1．視察団　2．調査団　3．軍人　4．警官）は満州国内に駐屯するものとす。

G．吾等，合衆国大統領，㋖（1．フランス　2．ソ連　3．中華民国　4．印度）政府主席，及びグレート・ブリテン国総理大臣は，吾等の数億の国民を代表し，協議の上，日本国に対し今次の戦争を終結するの機会を与えることに，意見一致せり。

〔設問〕
（ⅰ）Cのような「勧告」を露国（ロシア）と一緒にしてきたのは，どの国か。〈国名カタカナ，複数〉
（ⅱ）Eの当時「支那国（中華民国）政府」を代表していた人（大総統）は，誰か。〈人名漢字〉
（ⅲ）Gの会談に加わりながら，対日宣言に名を連ねていない国の代表者は，誰か。〈人名カタカナ，姓のみ〉

（京都産業大）

❷ 次の史料を読み，問1～4に答えよ。
　私ノ著書ニ於テ述ベテ居リマスル見解ハ，第一ニハ，天皇ノ統治ノ大権ハ，法律上ノ観念トシテハ権利ト見ルベキモノデハナクテ，権能デアルトナスモノデアリマスルシ，又第二ニ，ソレハ万能無制限ノ権力デハナク，憲法ノ条規ニ依ッテ行ハセラレル権能デアルトナスモノデアリマス。……所謂（いわゆる）機関説ト申シマスルモノハ，国家ソレ自身ヲ一ツノ生命アリ，ソレ自身ニ目的ヲ有スル恒久的ノ国体，即チ法律学上ノ言葉ヲ以テセバ一ツノ□□□ト観念イタシマシテ，天皇ハ此（この）□□□タル国家ノ元首タル地位ニ在（ま）

マシ，国家ヲ代表シテ国家ノ一切ノ権利ヲ総攬シ給ヒ，天皇ガ憲法ニ従ッテ行ハセラレマスル行為ガ，即チ国家ノ行為タル効力ヲ生ズルト云フコトヲ言ヒ現ハスモノデアリマス。

問1　空欄□□□□□には同じことばが入る。適語を記入せよ。
問2　史料の発言者は誰か。
問3　この発言は，次のうちのどのような場でおこなわれたか。
　ア．衆議院　　イ．貴族院　　ウ．大審院　　エ．軍法会議　　オ．国家学会
問4　史料の発言に関連して，同じ年に起きたできごとでないものをすべて選べ。
　ア．当時の内閣は二度の声明を発して，機関説を否認した。
　イ．史料の発言者の著書は発禁処分に付された。
　ウ．史料の発言者と，天皇主権説を唱える上杉慎吉との間に論争がおこなわれた。
　エ．衆議院は満場一致で国体明徴を決議した。
　オ．文部省は，国体に関する公式見解を示す「国体の本義」を刊行した。
　　　　　　　　　　　　　　　　　　　　　　　　　　　　　　　　　　　（早稲田大）

❸　歴史上の出来事も，我々の日常生活と同様に政治，経済，文化等の諸活動の総体のなかで理解しなければならない。次のA～Cの近現代史に関する史料を読み，設問に答えよ。設問(ア)～(ウ)の解答は，語群のなかから1つを選び，その番号を記入せよ。

A．「富山県中新川郡西水橋町町民の大部分は出稼業者なるが，本年度は出稼先なる樺太は不漁にて帰路の路銀に差支ふる有様にて生活頗る窮迫し，加ふるに昨今の米価暴騰にて困窮愈其極に達し居れるが，三日午後七時漁師町一帯の女房連二百名は海岸に集合して三隊に分れ，一は浜方有志，一は町有志，一は浜地の米屋及び米所有者を襲ひ，所有米は他に売らざること及び此際義侠的に米の廉売を嘆願し，之を聞かざれば家を焼払ひ一家を鏖殺すべしと脅迫し事態頗る穏かならず……」

〔設問〕
(1) この事件の全国報道をきっかけに騒動は広域化した。そのため約二か月後内閣は総辞職したが，代わって成立した内閣の首相の姓名を記入せよ。
(ア) 非常事態に際しては，日本でも戒厳令が布告された。戒厳令の出された事項を次の語群から選べ。
　1．足尾銅山争議　　2．五・一五事件　　3．三・一五事件　　4．関東大震災　　5．大逆事件
　6．尼港事件　　7．人民戦線事件　　8．五・三〇事件

B．「私の信ずるところでは日本は目下厳しい経済を余儀なくされている。しかし現在とられている国内的な方針政策は，合理的でもなく現実的でもない。すなわち日本の経済は両足を地につけていず，竹馬に乗っているようなものだ。竹馬の片足は，米国の援助，他方は国内的な補助金の機構である。」

〔設問〕
(2) これは日本経済自立化のため，日本に派遣されたアメリカ財界人の声明文である。下線部分の一環として1947年1月に設立された政府金融機関の名称を記入せよ。
(イ) 日本経済の自立化を求める方向へアメリカの対日占領政策を転換させた，この時期のアジア情勢の変化と関係の深い事項を次の語群から選べ。
　1．マーシャル＝プラン　　2．ベトナム戦争　　3．西安事件　　4．ビキニ水爆実験
　5．中国内戦　　6．スエズ動乱　　7．東方会議　　8．文化大革命

C．「戦後日本経済の回復の速かさには誠に万人の意表外にでるものがあった。それは日本国民の勤勉な努力によって培われ，世界情勢の好都合な発展によって育くまれた。……もはや『戦後』ではない。われわれはいまや異った事態に当面しようとしている。回復を通じての成長は終った。今後の成長は近代化によって支えられる。」

〔設問〕
(3) これはある年度の日本経済の現状と政策に関する年次報告書である。この年次報告書の名称と，発行年度を西暦の算用数字で答えよ。
(ウ) この年次報告書の発行年度と同じ年に日本で生じた事項を次の語群から選べ。
　1．OECD加盟　　2．IMF八条国移行　　3．メーデー事件　　4．小笠原諸島返還
　5．第一回原水爆禁止世界大会　　6．テレビ放送開始　　7．世界銀行加盟　　8．国際連合加盟
　　　　　　　　　　　　　　　　　　　　　　　　　　　　　　　　　　　（同志社大）

67 近代・現代のまとめ③

❶ 次の文を読み，後の問に答えなさい。

　明治政府成立後の1870年代，最初の日刊新聞である『　A　新聞』をはじめ，近代的新聞が次々に発行された。そして1874（明治7）年，「民撰議院設立建白書」が新聞で報道されると，新聞を主な舞台に民撰議院論争が起こり，新聞は国民の関心を集めるようになった。また，政府を激しく攻撃する新聞も発行され始めた。このような国民の動きを抑えるために公布されたのが讒謗律・a新聞紙条例である。これは最初の公然たる体系的な言論取締り法といわれ，同法により風刺を含む一切の政治批判が禁じられた。しかし，自由民権運動の発展とともにb主要な新聞は政治的党派性を強め，政党は自らの主義や主張を広報・宣伝する機関紙を持つなど，1880年代は政論新聞の全盛時代を迎えた。

　明治憲法体制が成立し，日清戦争が勃発した1890年代になると，国民の主要な関心は政論よりもニュース報道へと向かい，新聞も報道取材に力を入れるようになった。そして日露戦争が起こった1900年代，この動向は一層顕著になった。政論紙から報道紙・商業紙への変化である。この時期に大衆紙として急速に成長した代表的新聞に，c『万朝報』・『二六新報』・『　B　』などがあるが，日露戦争に対する各紙の姿勢に違いがあるのは興味深い。たとえば，『万朝報』は当初非戦論を展開していたが，やがて主戦論に転じた。このため，社会主義の立場より反戦平和を説いていた幸徳秋水は『万朝報』を退社し，新たに一社を創設して『　C　』を発行し，反戦を説き続けた。『二六新報』は政府の強制的軍事公債募集を非難したことなどから発禁処分を受けた。これに対して，政府の意を忠実に代弁し「御用紙」の役割を果たした『　B　』は，講和条約締結に際し民衆の反感を買い，焼き打ちを受けた。

　大正デモクラシー期，民主主義的思潮に大きな影響を与え，大新聞としての地位を築きあげたのが『大阪朝日新聞』である。同新聞は，d閥族打破憲政擁護運動，シーメンス事件，シベリア出兵などで痛烈な政府批判の論説を展開した。しかし，折から起こった未曾有の民衆運動である　D　をめぐって書かれた政府弾劾記事が右翼の激しい攻撃を受けた。eこの結果，社長・編集局長が辞任に追い込まれた。この事件を契機に同新聞の性格は大きく変わったが，この時退社した大山郁夫は，早稲田大学に復帰し，教壇に立つ一方で，吉野作造らと黎明会を創立し，翌年には長谷川如是閑らとf雑誌を創刊して民主主義思想の普及に尽力した。

〔問〕

1　空欄Aに入る語句を漢字で答えなさい。

2　下線aについて。新聞紙条例の第4条には，「持主若クハ社主及編輯人若クハ仮ノ編輯人タル者ハ内国人ニ限ルヘシ」とあるが，これは文中に述べられていることと深い関係がある。何新聞を意識して入れられたものか。下記から1つ選び，記号で答えなさい。
　あ　『中外新聞』　　い　『官板バタビア新聞』　　う　『江湖新聞』　　え　『日新真事誌』
　お　『時事新報』

3　下線bについて。次の中には民権派政党の機関紙ないし民権派系の新聞でない新聞が1つある。どの新聞か。記号で答えなさい。
　あ　『郵便報知新聞』　　い　『東京日日新聞』　　う　『日本立憲政党新聞』　　え　『朝野新聞』
　お　『自由新聞』

4　下線cについて。この新聞の主宰者は誰か。下記から1つ選び，記号で答えなさい。
　あ　秋山定輔　　い　陸羯南　　う　内村鑑三　　え　黒岩涙香　　お　徳富蘇峰

5　空欄Bに入る語句を漢字で答えなさい。

6　空欄Cに入る語句を漢字で答えなさい。

7　下線dについて。これらの出来事によって批判の対象となった首相は誰か。各出来事に正しく対応しているものを下記から1つ選び，記号で答えなさい。
　あ　桂太郎・原敬・高橋是清　　　　い　桂太郎・山本権兵衛・寺内正毅
　う　西園寺公望・桂太郎・加藤高明　え　西園寺公望・寺内正毅・原敬
　お　山県有朋・加藤友三郎・清浦奎吾

8 　空欄Dに入る語句を漢字で答えなさい。
9 　下線eについて。これは大阪朝日筆禍事件と一般に呼ばれている。この事件は何年に起こったか。下記から1つ選び，記号で答えなさい。
　　あ　1914年　　い　1916年　　う　1918年　　え　1920年　　お　1922年
10　下線fについて。この雑誌名を下記から1つ選び，記号で答えなさい。
　　あ　『改造』　　い　『我等』　　う　『キング』　　え　『中央公論』　　お　『世界文化』　　（早稲田大）

❷　次の文章を読み，文中の空欄（　1　）～（　10　）に当てはまる語句を下記の〔語群〕から選びなさい。
　大正から昭和初期にかけて，都市は流行の原動力となり，芸術・文学・娯楽・住宅など多方面で，文化の大衆化が進んだ。都市での生活趣味が，都会風な文化として全国を風靡していった背景には，義務教育の徹底や資本主義経済の成熟にともなうジャーナリズムの活性化などがあげられる。
　たとえば，新聞や雑誌では，発行部数の大幅な拡大がもたらされ，文学全集などを低価で大量に提供する円本や文庫本が流行した。学生野球をはじめとする各種スポーツがさかんとなり，休日には行楽地や繁華街に繰り出す都市生活者の暮らしぶりも定着する。また，（　1　）年にはじまったラジオ放送は，その拡大にともなって大衆文化の浸透に大きな影響をあたえた。
　他方，この時期は思想や学問分野での自由な研究が進められた。人文科学では，『善の研究』を著し，近代日本独自の哲学を樹立した（　2　），『西域史研究』を著し，東洋史を開拓した（　3　），民間伝承の研究によって民俗学を確立した柳田国男など，独創的な研究がみられた。教育面では，農村青年らによる自由大学，雑誌『（　4　）』を主宰した鈴木三重吉による綴り方運動など，さまざまな実践的活動が生まれた。大正デモクラシーのなかで開花した大衆文化は，昭和初期にもなお続いたが，日中戦争の勃発からはいよいよ軍事色が強まり，厳しい統制をうけるようになる。
　第二次世界大戦後の日本は，敗戦による荒廃からの復興にはじまり，民主化による文化の大衆化と多様化が急速に進んだ。戦時中に発表が禁止されていた谷崎潤一郎の『（　5　）』が刊行され，溝口健二や黒沢明らによって国際的に評価の高い映画がつくられた。また奄美群島が返還された（　6　）年にはテレビの本放送がはじまっており，テレビは各家庭の情報・娯楽の中心となって普及していく一方，活字離れや映画・演劇の観客減少をまねいた。
　さらに高度経済成長期には，大量生産・大量消費，使い捨ての習慣が市民生活に浸透し，人々の生活様式は著しく変化していく。
　このような社会変化のなか，伝統文化への見直しも進められてきた。1949年，（　7　）が焼損したことをきっかけとして，翌1950年には文化財の保存と活用をはかり，国民の文化的向上と世界文化の進歩への貢献を目的とした法律である（　8　）が制定される。さらに1968年には，文化財の保護・活用と文化の振興・普及などをはかるため，新しく（　9　）が設置された。現在，保護の対象となる文化財は，有形文化財・無形文化財・民俗文化財・記念物などに大別されている。
　考古学の分野では数多くの歴史的発見があいついだ。戦後まもない発掘調査で，弥生後期の水田遺構などが確認された遺跡である（　10　）をはじめとして，高松塚古墳の壁画，稲荷山古墳出土の鉄剣，中世の集落遺跡である草戸千軒町遺跡などがある。遺跡のなかには，史跡公園として歴史環境の保全が進められ，開発と調和をはかる取り組みも各地で見いだせる。

〔語群〕　あ．津田左右吉　　い．鈴木大拙　　う．法隆寺金堂壁画　　え．雪国　　お．和辻哲郎
　　　　か．文化勲章　　き．文化財保護法　　く．ユネスコの世界遺産　　け．1925　　こ．1958
　　　　さ．登呂遺跡　　し．金閣　　す．郷土研究　　せ．1930　　そ．西田幾多郎
　　　　た．吉野ヶ里遺跡　　ち．白鳥庫吉　　つ．文化財保護委員会　　て．白樺　　と．文化庁
　　　　な．赤い鳥　　に．三内丸山遺跡　　ぬ．国宝保存法　　ね．細雪　　の．1953　　（甲南大）

68 近代・現代のまとめ④

1 開国と幕末の動乱に関する次の文章1～2を読み，問1～問7に答えよ。

1　次の図は，ある国の使節が上陸するありさまを描いた石版画である。

問1　この図に関連する説明として**誤っているもの**はどれか。次の①～⑤の中から一つ選べ。
① この図は，1853年6月ペリーが横浜に上陸した様子を描いたものである。
② この図は，ペリーが軍艦7隻をひきいて来航した様子を描いたものである。
③ この図に描かれた上陸後，下田・箱館の開港などを内容とする和親条約が結ばれた。
④ この図に描かれた上陸と同じ年に，ロシアの使節プチャーチンが来航し，下田で和親条約を結んだ。
⑤ この図に描かれた上陸後に，初代アメリカ総領事としてハリスが，下田に駐在した。

2　安政の五カ国条約が結ばれた後，貿易は1859年から　A　の3港ではじまった。輸出入品の取引は，居留地において外国商人と日本商人との間で，銀貨を用いておこなわれた。輸出入額が圧倒的に多かった港は　B　で，アメリカが南北戦争中であったため，取引の相手国では，　C　が一番多かった。
　1865年の輸出入品としては，　D　が最も多く輸出され，輸入では　E　が最も多く，　F　がこれに次いだ。また，幕府は，物価抑制を理由に貿易の統制をはかり，1860年に(a)五品江戸廻送令を命じた。

問2　　A　に入る港として**誤っているもの**はどれか。次の①～④の中から一つ選べ。
① 下田　② 箱館　③ 長崎　④ 横浜

問3　　B　に入る港はどれか。次の①～④の中から一つ選べ。
① 下田　② 箱館　③ 長崎　④ 横浜

問4　　C　に入る国はどこか。次の①～④の中から一つ選べ。
① オランダ　② イギリス　③ フランス　④ ロシア

問5　　D　～　F　に入る語句は何か。次の①～⑩の中からそれぞれ一つずつ選べ。
① 茶　② 生糸　③ 綿糸　④ 海産物　⑤ 砂糖　⑥ 毛織物　⑦ 綿織物
⑧ 石炭　⑨ 石油　⑩ 機械類

問6　下線部(a)として**誤っているもの**はどれか。次の①～⑥の中から一つ選べ。
① 海産物　② 水油　③ 蠟　④ 呉服　⑤ 生糸　⑥ 雑穀

問7　開港の結果，日本の国内産業には大きな変化があらわれた。その説明として正しいものはどれか。次の①～④の中から一つ選べ。
① 貿易が輸入超過となり　D　の生産は減少したが，安価な　F　の大量輸入により農村の　F　業は発展した。
② 貿易が輸入超過となり　D　の生産は減少したが，高価な　F　の大量輸入により農村の　F　業は発展した。
③ 貿易が輸出超過となり　D　の生産は拡大したが，安価な　F　の大量輸入により農村の　F　業は圧迫された。
④ 貿易が輸出超過となり　D　の生産は拡大したが，高価な　F　の大量輸入により農村の　F　業は圧迫された。

(東京農業大)

2 明治期以降の鉄鋼業の発展に関連した次の文章を読んで，以下の問1～問5に答えなさい。
　A明治期には，政府は産業政策を推し進め，そのなかでB鉄鋼の国産化もめざした。戦前期の鉄鋼業にとって日本の大陸進出は重要な役割をはたしたが，昭和期に入っても日本の鉄鋼業の生産能力には限界があった。
　第二次世界大戦後，連合国軍最高司令官総司令部(GHQ)の占領政策のもとでC日本の鉄鋼業を含む産

業界は大きく変貌した。一方、日本政府も経済復興のためのさまざまな政策を実施した。その後、鉄鋼業など国際競争力をつけた日本の製造業が欧米諸国への輸出を急増させたために、欧米諸国との間で貿易摩擦がたびたび発生している。現在、中国をはじめとするアジア諸国の鉄鋼業が急速に発展するなか、鉄鋼業の世界的再編が進んでいる。

問1　下線部Aに関連して、次の2つの図は、銑鉄および綿糸の生産と輸入の推移を表したものである。図中の空欄（　a　）〜（　f　）に入る語の組み合わせとしてもっとも適切なものを以下の表の1〜8のなかから選びなさい。

	1	2	3	4	5	6	7	8
（ a ）	銑鉄	銑鉄	銑鉄	銑鉄	綿糸	綿糸	綿糸	綿糸
（ b ）	綿糸	綿糸	綿糸	綿糸	銑鉄	銑鉄	銑鉄	銑鉄
（ c ）	生産	生産	輸入	輸入	生産	生産	輸入	輸入
（ d ）	輸入	輸入	生産	生産	輸入	輸入	生産	生産
（ e ）	生産	輸入	生産	輸入	生産	輸入	生産	輸入
（ f ）	輸入	生産	輸入	生産	輸入	生産	輸入	生産

問2　下線部Bに関連して、明治・大正期の鉄鋼業とそれに関連する産業について述べた次の1〜4の文章のなかから誤りを含む文章を一つ選びなさい。
1．日清戦争後、政府は鉄鋼の国産化をめざして官営八幡製鉄所を設立した。官営八幡製鉄所は日露戦争前に、ドイツの技術を導入して操業を開始した。
2．官営八幡製鉄所は、生産に必要となる石炭の多くを筑豊炭田から、また、原料である鉄鉱石の多くを大冶鉄山から入手した。
3．官営長崎造船所は、日清戦争前に三菱長崎造船所となった。日清戦争後に制定された造船奨励法は、近代的な鉄鋼船建造業の発展を促した。
4．第一次世界大戦後、日本製鋼所など民間の製鉄会社の設立が進んだ。その後の造船ブームの影響もあり、民間の製鉄所のなかには銑鉄の生産量で官営八幡製鉄所を上回るものもあった。

問3　下線部Cに関連して、戦後改革期の産業界の再編について述べた次の1〜4の文章のなかから、誤りを含む文章を一つ選びなさい。
1．GHQは財閥を軍国主義の経済的基盤の一つであるとみなし、日本の敗戦の年に、15財閥の資産凍結・解体を命じた。
2．敗戦の翌年に発足した持株会社整理委員会は、財閥持株会社や財閥家族が保有する持株の譲渡を受け、民間に売却した。
3．過度経済力集中排除法によって300社以上が分割の対象とされたが、実際に分割されたのは約10社であった。
4．独占禁止法にもとづく財閥系銀行の分割により混乱が生じたため、金融緊急措置令による預金封鎖が行われた。

（慶應義塾大）

69 近代・現代──補充演習

❶ 次の文章を読んで，それぞれの設問に答えなさい。

　1854(安政元)年の開国による物価の上昇や，aその後の政局をめぐる争いは，社会の混乱を招き，民衆たちに大きな不安を与えた。尊王思想が農村にも広まり，農民の一揆などでは世直しが叫ばれ，米価の騰貴に苦しむ人々は米屋や質屋などを襲撃した。こうした行き詰まる世相から逃れたい民衆の中には，新たな宗教に救済を求める者も現れた。b天理教・金光教などは，後に明治政府によって　c　と位置づけられるが，このころ急速に広まった。また，以前から周期的に流行した　d　への御蔭参りも盛んになり，この影響を受け，　e　年の夏から翌年にかけて，　d　のお札が降るという噂が各地に広まり，「ええじゃないか」の集団乱舞が発生した。

問1　下線部aに「その後の政局をめぐる争い」とあるが，開国以降の事件が年代順に正しくならべられているものを，次の①〜⑤のうちから一つ選びなさい。
　① 桜田門外の変→坂下門外の変→八月十八日の政変→禁門の変
　② 桜田門外の変→坂下門外の変→禁門の変→八月十八日の政変
　③ 桜田門外の変→八月十八日の政変→坂下門外の変→禁門の変
　④ 坂下門外の変→桜田門外の変→八月十八日の政変→禁門の変
　⑤ 坂下門外の変→桜田門外の変→禁門の変→八月十八日の政変

問2　下線部bに「天理教」とあるが，この宗教の創始者として最も適切な人物を，次の①〜⑤のうちから一人選びなさい。
　① 島地黙雷　② 川手文治郎　③ 黒住宗忠　④ 井上正鉄　⑤ 中山みき

問3　　c　に入れるのに最も適切なものを，次の①〜⑤のうちから一つ選びなさい。
　① 復古神道　② 国家神道　③ 教派神道　④ 神社神道　⑤ 唯一神道

問4　　d　に入れるのに最も適切なものを，次の①〜⑤のうちから一つ選びなさい。
　① 伊勢神宮　② 熱田神宮　③ 善光寺　④ 比叡山　⑤ 高野山

問5　　e　に入れるのに最も適切な年号を，次の①〜⑤のうちから一つ選びなさい。
　① 1859　② 1861　③ 1863　④ 1865　⑤ 1867
（立正大）

❷ 明治政府の政策に関する以下の文章(1)〜(2)を読み，各問に答えよ。

(1) 明治政府は，1869(明治2)年1月，(a)版籍奉還にともない，旧藩主と公家を(b)華族，藩士や旧幕臣を士族とした。政府は彼らに，減額しながらもいぜんとして，秩禄と呼ばれる家禄や賞典禄をあたえ続けたため，(c)その支出は，政府の大きな負担となった。そこで政府は，1873年秩禄奉還の法を定め，続いて1876年には，全受給者に(d)年間支給額の　ア　年分の額の金禄公債証書をあたえることとして，秩禄をすべて廃止した。

　また政府は，御親兵をつのって軍事力の基盤を固め，1871年7月に(e)廃藩置県を断行して，すべての藩が廃止されて府県となり，国内の政治的統一が完成した。それと同時に，中央政府の組織整備も進められ，版籍奉還の際，　イ　を太政官の上におき，大宝令の形式を復活させた。さらに廃藩置県後には，(f)太政官を正院・右院・左院の三院制とした。

問1　下線部(a)について，最初に朝廷に版籍奉還を出願した4藩主とは，どこの藩の藩主だったか。その4藩の組合せとして最も適切なものを，次のA〜Dの中から1つ選べ。
　A　薩摩・長州・宇和島・桑名　　B　薩摩・長州・土佐・宇和島
　C　薩摩・長州・越前・肥前　　　D　薩摩・長州・土佐・肥前

問2　下線部(b)について，1873年の人口約3330万人のうち，華族はどのくらいいたか。華族の人口数として最も適切なものを，次のA〜Dの中から1つ選べ。
　A　約1000人　B　約3000人　C　約5000人　D　約7000人

問3　下線部(c)について，秩禄は，1876年の明治政府の総支出額のうち，どれくらいの割合を占めたか。支出割合として最も適切なものを，次のA〜Dの中から1つ選べ。
　A　約10％　B　約30％　C　約50％　D　約70％

問4 　ア　に入る支給年数として最も適切なものを，次のA～Dの中から1つ選べ。
　　A　5～14　　　B　15～24　　　C　25～34　　　D　35～44
問5　下線部(d)について，1876(明治9)年に華族と士族が受け取った公債の額は，1人平均でそれぞれいくらであったか。1人あたりの平均受取額の組合せとして最も適切なものを，次のA～Dの中から1つ選べ。
　　A　華族1人あたり約1万円―士族1人あたり約2000円
　　B　華族1人あたり約2万円―士族1人あたり約1500円
　　C　華族1人あたり約4万円―士族1人あたり約1000円
　　D　華族1人あたり約6万円―士族1人あたり約500円
問6　　イ　に入る語句として最も適切なものを，次のA～Dの中から1つ選べ。
　　A　弾正台　　　B　右弁官　　　C　左弁官　　　D　神祇官
問7　下線部(e)について，廃藩置県が実施された時の3府とは，どこのことか。3府の組合せとして最も適切なものを，次のA～Dの中から1つ選べ。
　　A　東京・神奈川・長崎　　　B　東京・京都・大阪
　　C　東京・山口・鹿児島　　　D　東京・愛知・大阪
問8　下線部(e)について，廃藩置県のとき県はいくつ置かれ，その後いくつに変わったか。廃藩置県実施時，1871年末，1888年の県の数の組合せとして最も適切なものを，次のA～Dの中から1つ選べ。
　　A　(廃藩置県実施時)303県→(1871年末)72県→(1888年)46県
　　B　(廃藩置県実施時)303県→(1871年末)74県→(1888年)43県
　　C　(廃藩置県実施時)302県→(1871年末)72県→(1888年)43県
　　D　(廃藩置県実施時)302県→(1871年末)70県→(1888年)45県
問9　下線部(f)について，三院(正院・右院・左院)に関する次の文章Ⅰ～Ⅲの正誤の組合せとして最も適切なものを，下のA～Dの中から1つ選べ。
　　Ⅰ　正院は政治の最高機関で，太政大臣と参議のみで構成された。
　　Ⅱ　左院は立法機関で，正院の諮問に答えた。
　　Ⅲ　右院は各省の長官(卿)・次官(大輔)を集め省務を協議した。
　　　A　Ⅰ―正　Ⅱ―正　Ⅲ―正　　　B　Ⅰ―誤　Ⅱ―正　Ⅲ―正
　　　C　Ⅰ―正　Ⅱ―誤　Ⅲ―正　　　D　Ⅰ―正　Ⅱ―正　Ⅲ―誤
(2)　明治政府は，安定的な財源の確保をめざして，土地制度や税制の改革を実施した。まず，(g)1871年と1872年に，土地制度の改革を実施した。そして，原則として地主や自作農ら従来の年貢負担者に地券を発行して　ウ　をはっきり認めた。さらに，(h)1873年7月に地租改正条例を公布して地租改正に着手した。その後，各地で地租改正反対一揆がおこり，(i)1877年に税率が改められた。
問10　下線部(g)について，政府はこのとき，どのような土地制度改革を実施し，地券の発行によってどのような権利を認めたか。それぞれの年に実施した土地制度の改革と，　ウ　に入る用語の組合せとして最も適切なものを，次のA～Dの中から1つ選べ。
　　A　(1871年)田畑勝手作りの許可―(1872年)地主手作りの禁の解除―　ウ　不輸の特権
　　B　(1871年)地主手作りの禁の解除―(1872年)田畑勝手作りの許可―　ウ　土地の所有権
　　C　(1871年)田畑永代売買の禁の解除―(1872年)田畑勝手作りの許可―　ウ　不輸の特権
　　D　(1871年)田畑勝手作りの許可―(1872年)田畑永代売買の禁の解除―　ウ　土地の所有権
問11　下線部(h)について，地租改正の内容の説明として**不適切なもの**を，次のA～Dの中から1つ選べ。
　　A　課税基準を収穫高から地価に変更した。
　　B　地券の所有者に納税の義務を負わせた。
　　C　小作人も地租を納税する義務があった。
　　D　物納を金納に改め税率は地価の3％とした。
問12　下線部(h)について，地租改正時における入会地に関する次の文章Ⅰ～Ⅲの正誤の組合せとして最も適切なものを，下のA～Dの中から1つ選べ。
　　Ⅰ　入会地とは，農民が共同で利用していた山林・原野などのことを指す。
　　Ⅱ　入会地のうち，その所有権が立証できないものは名主(庄屋・肝煎)の私有地とされた。

Ⅲ 入会地のうち，その所有権が立証できないものは官有地に編入された。
　　A　Ⅰ―誤　Ⅱ―誤　Ⅲ―正　　B　Ⅰ―正　Ⅱ―誤　Ⅲ―正
　　C　Ⅰ―正　Ⅱ―正　Ⅲ―誤　　D　Ⅰ―誤　Ⅱ―正　Ⅲ―誤

問13　下線部(i)について，改定後の税率として最も適切なものを，次のA〜Dの中から1つ選べ。
　　A　1.0％　　B　1.5％　　C　2.0％　　D　2.5％
　　　　　　　　　　　　　　　　　　　　　　　　　　　　　　　　　（神戸学院大）

❸　各問の選択肢の中から正解と思うものを選びなさい。

問1　次の文章の空欄（　a　）〜（　f　）に当てはまる語句を，以下の語群から1つずつ選びなさい。同じものを何回選んでもよい。

　明治維新後，新政府は，欧米諸国および周辺諸国・地域とのあいだでそれぞれ外交上の問題をかかえた。
　欧米諸国とのあいだでは，徳川幕府時代に締結された不平等条約を改正する問題があった。（　a　）年の11月に右大臣の（　b　）を大使とする使節団が欧米諸国に派遣され，まず（　c　）と交渉したものの，予備交渉にまでもいたらず，その後は各国の制度や文物などの視察をして，（　d　）年に帰国した。その後，（　e　）年には外務卿の（　f　）が関税自主権回復の条約改正交渉で一部成功しようとしていたものの，複数の国の反対があったため，失敗に終わってしまった。

〔語群〕　(1) 1872　(2) フランス　(3) 1878　(4) イギリス　(5) 副島種臣　(6) 1871
　　　　(7) 井上馨　(8) 1876　(9) アメリカ　(10) 1879　(11) 1870　(12) 岩倉具視
　　　　(13) 1877　(14) 寺島宗則　(15) 1875　(16) 1874　(17) ドイツ　(18) 三条実美
　　　　(19) 1873　(20) 大久保利通

問2　次の文章の空欄（　a　）〜（　k　）に当てはまる語句を，以下の語群から1つずつ選びなさい。同じものを何回選んでもよい。

　同時期，近隣諸国とのあいだでは，まず（　a　）年，清国とのあいだで修好条規を結んで，相互に領事裁判権を認めることなどを定めた。
　そして，江戸時代初期の薩摩藩の侵攻以来，その支配下にあった一方で，清国を宗主国ともし続けるという両属関係にあった琉球王国に対して，明治政府は，それを日本領とするという方針を立てた。廃藩置県後の（　b　）年に琉球藩をおいて政府の直属として，琉球国王（　c　）を藩王とした。それに対して，清国は強く抗議して，この措置を認めなかったものの，明治政府は（　d　）年，琉球王国・藩の廃止と沖縄県の設置を断行した。
　明治政府は発足後，すぐに朝鮮に修交を求めたが，当時は鎖国政策をとっていた朝鮮は，日本の姿勢に不満をいだき，正式の交渉には応じなかった。そのため，そのことに不満をいだいた政府内の人たちは（　e　）年，特使として（　f　）を朝鮮に派遣しようとしたが，彼と同郷かつ「竹馬の友」でもあった（　g　）ほかの反対もあって，特使の朝鮮への派遣は，実現しなかった。それでも，明治政府は（　h　）年に起こった（　i　）事件を機に朝鮮に開国を迫り，翌年には日本にとって有利な内容の日朝修好条規を結び，朝鮮を開国させた。
　さらに，日露両国人の雑居状態のバランスがロシア人の増加で崩れていたため，幕末以来ロシアとのあいだで懸案になっていた（　j　）の帰属については結局，（　k　）年にロシアとのあいだで交換条約を結んで，この地域はロシア領，幕末期の日露和親条約では両国間で境界を定めていた地域はすべてが日本領となった。

〔語群〕　(1) 1879　(2) 木戸孝允　(3) 1871　(4) 江藤新平　(5) 済州島　(6) 1874
　　　　(7) 尚寧　(8) 1873　(9) 西郷隆盛　(10) 1880　(11) 大久保利通　(12) 巨文島
　　　　(13) 1872　(14) 尚泰　(15) 1878　(16) 板垣退助　(17) 千島　(18) 1875
　　　　(19) 伊藤博文　(20) 尚真　(21) 1876　(22) 樺太　(23) 1870　(24) 江華島
　　　　(25) 北海道　(26) 1877　(27) 対馬　(28) 後藤象二郎
　　　　　　　　　　　　　　　　　　　　　　　　　　　　　　　　　（上智大）

❹　次の文章の空欄1〜5に，もっとも適当な語句を記入し，下線部A〜Eについての下記の設問に答えよ。

　日清戦争の直接の引き金となったのは，1894年2月に朝鮮半島で発生した　1　である。朝鮮政府の圧政に抵抗した農民たちが蜂起すると，民族宗教の教団組織を通じて，反乱は排日運動を伴い朝鮮半島南部に瞬く間に広がった。事態を重く見た朝鮮政府は清国に救援を要請し，これを受けて清国軍が朝鮮に出兵した。このとき清国政府は　2　に基づき日本にも出兵を通告してきた。

当時，議会運営に苦慮していた第2次伊藤博文内閣は，これを奇貨として朝鮮半島への出兵を速やかに決断した。在留邦人保護を名目とし日本軍が上陸したものの，既に反乱は鎮圧されていた。しかし，議会との板挟みに遭い外交上の成果を必要としていた日本政府は，朝鮮政府からの撤退要求に応じることなく朝鮮半島に軍を駐留し続けた。この間に日本政府は並行してイギリス政府と交渉を続け，A1894年7月16日に日英通商航海条約を締結すると共に，朝鮮半島問題におけるイギリスの政治的中立を引き出した。

1894年7月25日に豊島沖の海戦により事実上，日清戦争は開戦していたが，朝鮮政府改革要求が清国政府から拒否されたことを理由に，1894年8月1日を以て日本政府は清国への宣戦布告を行った。日清戦争が始まると議会はそれまでの態度を一転し，国論をまとめるべく伊藤内閣を支持する側へと回った。日本国内においても戦争を支持する者が多く，議会の行動は世論を敏感に反映したものと言える。戦局は緒戦から日本軍優位に進み，海軍は黄海において清国の北洋艦隊を破り，B陸軍は清国軍を朝鮮半島から一掃した。清国政府はイギリスを通じて休戦を模索していたが，戦局有利な日本政府はこれをよしとせず，結局不調に終わった。

1895年3月下関において漸く講和会議が開かれ，日本側は伊藤博文・ 3 を全権として，清国側は李鴻章を全権として，同年4月に両国の間に講和条約が結ばれた。講和条約では清国が朝鮮の独立を承認すること，C遼東半島，台湾・澎湖諸島の割譲，賠償金2億両（テール）の支払，日清通商航海条約を結び日本に最恵国待遇を与えること，D新たに4つの港を開港することが約束された。しかし，遼東半島の割譲は南進政策をとるロシアを刺激し，ドイツ・フランスと結んだ 4 を招いてしまう。国力に劣る日本政府はこれを受け容れ，清国からの賠償金3,000万両（テール）と引き換えに遼東半島を返還した。

日清戦争後，国内外でそれぞれ大きな変化が生じた。当時の日本の国家予算の3倍にも匹敵する巨額の賠償金と新市場の出現は，E日本の産業革命を大きく推し進めることへ繋がった。また，金融面では1897年に 5 を制定し，賠償金の一部を準備金として金本位制への移行を果たした。また，国内世論としてはロシアに対する敵愾心（てきがいしん）が生じ，「臥薪嘗胆」というスローガンが広まった。日本政府は「戦後経営」として対ロシア戦を意識し，軍備拡張・重工業化を推し進めていくこととなる。

問1　下線部Aについて，大津事件で外務大臣を引責辞任した後，駐英公使として日英通商航海条約の締結に尽力したのは誰か。その人物名を答えよ。

問2　下線部Bについて，このとき日本陸軍を率いた人物で後の内閣において，文官任用令の改正や軍部大臣現役武官制を制度化したのは誰か。その人物名を答えよ。

問3　下線部Cについて，台湾には台湾総督府が設置されたが，この初代総督を務め，以前に海軍大臣として蛮勇演説を行ったのは誰か。その人物名を答えよ。

問4　下線部Dについて，下関条約で新たに開港した港として，沙市・蘇州・杭州の他にもう1つあるが，それはどこか。その地名を答えよ。

問5　下線部Eについて，このときの賠償金の一部を充てて操業した官営製鉄所はどこか。その製鉄所名を答えよ。

(成城大)

❺　次の文章を読んで設問に答えなさい。

日本は， a を起こし，これを機に，朝鮮を開国させて日本の勢力を拡大する政策を進めた。その結果，日本は，朝鮮をめぐって，その宗主国である清との対立を深めることとなった。朝鮮で b に率いられた農民の反乱が起こると，日清両国は出兵し，やがてc戦争が勃発した。日本はこの戦争に勝利したが，ロシアなどの干渉を受け，朝鮮ではロシアの影響力が強まって，日本の影響力は低下した。さらにロシアは， d で派遣した軍隊の駐留を続けて，勢力を拡大した。こうしたロシアの動きに伴い，日本国内では，ロシアとの開戦論が強まった。e非戦論・反戦論も唱えられたが，結局，日本はfロシアとの戦争に突入した。

〔設問〕　1．空欄a・dに該当する語句の組み合わせとして，正しいものを下記より選びなさい。
　ア．a：閔妃殺害事件　　d：北清事変　　イ．a：閔妃殺害事件　　d：甲申事変
　ウ．a：江華島事件　　d：甲申事変　　エ．a：江華島事件　　d：北清事変

2．空欄bに該当する人物名として，正しいものを下記より選びなさい。
　ア．金玉均　　イ．李舜臣　　ウ．全琫準　　エ．李鴻章

3．下線部cに関する記述として，誤っているものを下記より選びなさい。
　ア．この戦争のきっかけのひとつは，朝鮮の内政改革に関する日清両国の対立であった。

イ．この戦争では，開戦前に大本営が設置されるなど周到な準備が行なわれていた。
ウ．この戦争の講和条約により，台湾や澎湖諸島は日本の領土となった。
エ．この戦争の講和条約の際の日本全権は，伊藤博文と小村寿太郎である。

4．下線部 e の論者に該当しない人物を下記より選びなさい。
　ア．堺利彦　　イ．戸水寛人　　ウ．幸徳秋水　　エ．内村鑑三

5．下線部 f に関する記述として，誤っているものを下記より選びなさい。
　ア．この戦争中に，日本政府が推薦する財政・外交顧問を韓国政府内に置くことなどを内容とする第1次日韓協約が結ばれた。
　イ．この戦争の講和は，アメリカ大統領の斡旋により行なわれ，講和会議もアメリカで行なわれた。
　ウ．この戦争の講和条約により，日本は，沿海州・カムチャッカ半島沿岸の漁業権を得た。
　エ．この戦争の間，政権を担当していたのは，西園寺公望であった。
　　　　　　　　　　　　　　　　　　　　　　　　　　　　　　　　　　（関西学院大）

❻　次の文を読んで，空欄に適語を入れ，以下の問いに答えなさい。

　大正から昭和初期にかけてのわが国における学問の進展状況には，いくつかの特徴がみられる。まず，科学の諸分野において，欧米の理論の翻訳・紹介という段階を脱して，日本人による独自の研究が発達するようになった。自然科学の分野では，野口英世による黄熱病の研究，　a　による KS 磁石鋼の発明，　b　による超短波用アンテナの発明など，すぐれた業績が数多く生まれた。こうした進展の背景には，1917（大正6）年に政府の補助を受けて設立された　c　に代表される研究機関の充実によって科学者が養成され，組織的研究が可能になったという事実がある。さらに人文科学の分野では，西田幾多郎が1911年に著書『　d　』において仏教とヨーロッパ哲学とを統一する独自の哲学を発表し，柳田国男が e ）民間伝承を通じて民衆文化を明らかにしようとする学問を確立した。『日本古典の研究』を著した歴史学者の　f　は，『古事記』『日本書紀』の文献学的批判を行い，古代史の解明に貢献した。

　また，この時期には，マルクス主義が学問の進展に強い影響を与えた。人道主義的立場から『貧乏物語』を著していた　g　が，『社会問題研究』を発刊してマルクス主義経済学へと進み，高畠素之が1924年に『　h　』をわが国で初めて完訳した。もとより，当時の社会主義研究には制約があった。i ）それを示す1つの出来事が，1920（大正9）年に発生した。そこでは，東京帝国大学の助教授が，無政府主義者のクロポトキンに関する論文を公表したことを理由として休職処分となり，掲載誌の責任者である　j　と共に起訴されて有罪となった。

問1．下線部 e ）に関連して，この学問は一般に何と呼ばれているか，答えなさい。
問2．下線部 i ）に関連して，この出来事は一般に何と呼ばれているか，答えなさい。　（明治学院大）

❼　昭和期の政治・経済・社会・文化に関する下の各問いに答えなさい。

問1　次の㈦・㈵の文章を読み，それぞれの正誤を判断し，下の①～④から正しいものを一つずつ選べ。
　①　㈦，㈵ともに正しい。　　②　㈦は正しくて，㈵は誤りである。
　③　㈦は誤りで，㈵は正しい。　　④　㈦，㈵ともに誤りである。
(1)　㈦　満州事変は1931年に柳条湖事件を機に始まった。
　　㈵　満州とは中国南西部にある奉天・吉林・黒龍江の3省を言う。
(2)　㈦　1932年，溥儀を執政とする満州国の建国が宣言された。
　　㈵　満州事変に際し，若槻礼次郎内閣は不拡大方針を声明した。
(3)　㈦　五・一五事件では加藤高明首相が射殺された。
　　㈵　血盟団事件では井上準之助前蔵相が暗殺された。
(4)　㈦　斎藤実内閣は日満議定書を取り交わして満州国を承認した。
　　㈵　1933年，日本は国際連盟からの脱退を正式に通告した。
(5)　㈦　1934年，ヴェルサイユ軍縮条約が成立した。
　　㈵　1936年，南京条約が成立した。

問2　次の文章に当てはまる人物名として正しいものを下の①～④から一つ選べ。
(1)：『蟹工船』を代表作とするプロレタリア作家
　①　徳永直　　②　小林多喜二　　③　鈴木三重吉　　④　泉鏡花
(2)：天皇機関説を唱え，東大教授・貴族院議員などを務めた
　①　美濃部達吉　　②　西田幾多郎　　③　河上肇　　④　石橋湛山

(3)：出世作『刺青』のほか，大阪船場の4姉妹を描いた『細雪』などの作品がある
　　① 川端康成　　② 菊池寛　　③ 山本有三　　④ 谷崎潤一郎　　　　　　　（流通科学大）

❽　次の文章を読んで，空欄　A　～　H　にもっとも適当な語句・数字などを記入しなさい。
　　A　年に勃発した満州事変以降，しだいに日本の国内経済は軍事色を強めていった。犬養毅内閣の大蔵大臣であった　B　が推進した積極財政政策は時局匡救費とならんで軍事費の増額を盛り込んでいた点で，戦時経済への接近を示すものとされている。
　日中戦争開始以後は，さらに戦争の遂行に即応した体制が構築されていった。1938年4月に公布され，議会の審議を経ずに勅令で労働力や物資の統制・運用を行うことを定めた　C　法は，そうした体制の中核となる法律であった。
　それは戦時下における国民の労働の条件や形態にも大きな影響を及ぼした。　C　法にもとづいて1939年3月に公布された　D　令が，物価抑制のため軍需工業をはじめとする諸工業の初任給を公定し，以後の賃金の公定化を推し進める契機となったほか，同39年7月に公布された　E　令にもとづいて国民が強制的に徴発され，重要産業に就労させられたことは，その影響の大きさを示すものといえよう。
　このように国民に戦争への協力を強いる体制は，労働運動の領域にも及んだ。1938年には各工場・職場に　F　会が結成され，既存の労働組合を吸収していった。そして1940年に至ると，　F　会はその全国連合体である大日本　F　会に統合され，最大の労働組合組織であった全日本　G　も解散することとなった。国民を戦争に向けて動員するためのこうした労働運動の再編は，当時盛んになったいわゆる新体制運動の一翼を構成した。
　このような労働力動員の他に，男子の労働力不足を補うために，1943年9月に至って14～25歳の未婚の女子を強制的に加入させたうえで，工場などに派遣するための　H　隊が組織化されるなど，国民をより広汎に巻き込む勤労動員が強行されていった。　　　　　　　　　　　　　　　　　　　　　　　　（立命館大）

❾　次の文を読み，設問に答えなさい。
　1955年から1957年の好況局面は［　ア　］景気と呼ばれた。こうしたなか，1956年の経済白書が「［　イ　］」と表現したことで話題を集めた。また，1958年から1961年の好景気は岩戸景気と名づけられた。経済成長は著しく，成長率は年平均で10％を超えた。
　安保闘争後，池田内閣は「所得倍増」をスローガンに高度成長政策を打ち出した。同内閣はまた，開放経済体制への移行を進め，1964年に日本は［　ウ　］の8条国に移行し，(1)OECDに加盟した。1964年には東京オリンピックが開催され，オリンピック景気に沸いた。(2)1965年に一時的な景気後退に見舞われたが，翌年から1970年にかけて［　エ　］景気と呼ばれる好景気が続いた。
　高度経済成長にともない産業構造は著しく変化し，重化学工業化が進んだ。また，この時期，石炭から(3)石油へのエネルギーの転換が進み，太平洋岸を中心に巨大なコンビナートが建設された。活発な設備投資の資金を供給するため，系列融資といわれる企業金融方式が定着し，これを通じて六大［　オ　］が形成されていった。
　経済の高度成長とともに大量生産体制が定着し，(4)電化製品や自動車の急速な普及に象徴されるような消費革命といわれる変化も生まれた。
　高度成長期には，また，日本労働組合総評議会の主導による(5)賃上げを求める共同行動が定着した。そうして，1960年代末には日本はアメリカに次ぐ世界第二の経済大国へと成長した。
問1　空欄［　ア　］～［　オ　］にもっとも適当な語を入れなさい。
問2　下線部(1)～(5)に関する次の問いに答えなさい。
　(1)　OECDは何の略ですか。日本語で答えなさい。
　(2)　このときの総理大臣は誰ですか。
　(3)　石油に依存した日本経済はやがて石油危機によって大打撃を受ける。第一次石油危機がおこったのは何年ですか。
　(4)　白黒テレビ，洗濯機，冷蔵庫の3つの家庭電化製品を当時何と呼びましたか。
　(5)　これを何と呼びますか。　　　　　　　　　　　　　　　　　　　　　　　　　　　　　　（津田塾大）

編集協力

井之上大輔

日本史B
新版　日本史重要用語&演習　　　　　　　　　　　　　　（解答別冊）

2015年2月20日　第1版1刷発行　2019年12月31日　第1版5刷発行

編　者　磯村寛治
　　　　（いそむらかんじ）

発行者　野澤伸平

発行所　株式会社　山川出版社　東京都千代田区内神田1-13-13　〒101-0047
　　　　振替　00120-9-43993　　TEL　03(3293)8131(営業)
　　　　　　　　　　　　　　　　　　　03(3293)8135(編集)
　　　　　　　　　　https://www.yamakawa.co.jp/

印刷所　明和印刷株式会社

製本所　有限会社穴口製本所

装幀　磯村理子

© 2015 Printed in Japan　　　　　　　　ISBN978-4-634-01048-2
●造本には十分注意しておりますが，万一，落丁・乱丁などがございましたら，小社営業部宛にお送りください。送料小社負担にてお取り替えいたします。
●定価はカバーに表示してあります。

新版　日本史
重要用語&演習

解答編

山川出版社

1. 文化の始まり
【重要用語】 ①　更新世　②　旧石器時代　③　岩宿遺跡　④　細石器　⑤　磨製石器　⑥　貝塚　⑦　大森貝塚　⑧　骨角器　⑨　弓矢　⑩　竪穴住居　⑪　黒曜石　⑫　アニミズム　⑬　土偶　⑭　抜歯　⑮　屈葬

〔重要演習〕　❶　問1―3　問2―4　問3―2　問4―3　問5―1　問6―2　問7―2　問8―4　問9―1
❷　問1　1―三内丸山　2―高床　3―丸木舟　4―黒曜石　5―硬玉[ひすい]

【解説】❶　日本列島形成からの動向を地質学的・人類学的成果を踏まえ，旧石器時代の文化の特質を確認することが求められる。先史時代に関する基本的な問題。
❷　縄文文化は，自然環境の変化にともない新たな社会が営まれ，弓矢・縄文土器・磨製石器の出現から竪穴住居の形成へと進み，定住型社会を構成する。生活の変化は，信仰・儀礼などを生み，縄文社会の特質を形成する。また，原始農耕についても把握しておくこと。青森県三内丸山遺跡に注意。

2. 農耕社会の成立
【重要用語】 ①　水稲農耕　②　金属器　③　高床倉庫　④　乾田　⑤　環濠集落　⑥　方形周溝墓　⑦　銅矛・銅戈　⑧　銅鐸　⑨　『漢書』地理志　⑩　楽浪郡　⑪　『後漢書』東夷伝　⑫　金印　⑬　『魏志』倭人伝　⑭　邪馬台国　⑮　卑弥呼

〔重要演習〕　❶　問1―①　問2―⑤　問3　B―①　C―⑤　問4―②　問5　D―板付遺跡　E―唐古・鍵遺跡　F―紫雲出山遺跡　G―吉野ヶ里遺跡
❷　1―楽浪　2―志賀島　3―奴　4―安帝　5―239　6―晋

【解説】❶　弥生文化の特質の整理，水稲農耕・弥生土器・金属器の使用，それらが中国・朝鮮半島から伝来した文化として，さらに縄文文化の継承面も整理する。問2の大森貝塚は東京都の品川区と大田区の境界にまたがる地域。弥生土器の発見場所は東京の本郷弥生町（現文京区弥生2丁目）の向ヶ丘貝塚をさす。問4の前期の水田は，川に近い低湿地につくられた湿潤なものであった。
❷　弥生時代の社会の成長（クニの成長）とあわせて，対外関係（中国の史書）の成立をとおして詳細に見ていくことが不可欠。

3. 古墳とヤマト政権
【重要用語】 ①　前方後円墳　②　ヤマト政権　③　埴輪　④　横穴式石室　⑤　百済　⑥　好太王碑の碑文　⑦　倭の五王　⑧　仏教　⑨　須恵器　⑩　大王　⑪　氏姓制度　⑫　姓　⑬　磐井の乱

〔重要演習〕　❶　1―勾玉　2―5　3―大王　4―鉄剣　5―雄略　6―江田船山　7―横穴　8―九州
❷　問1―③　問2―②　問3―屯倉

【解説】❶　古墳の出現から前期・中期・後期にかけて，各時期の特徴をおさえるとともに分布状況を確認することが求められる。
❷　ヤマト政権の成立とその政治制度・支配組織をまとめ，あわせて東アジア世界（朝鮮半島・中国）との関係を整理する。問2―イの高松塚古墳は奈良県高市郡明日香村の円墳。

4. 律令国家の形成①―飛鳥の朝廷
【重要用語】 ①　大伴金村　②　隋　③　蘇我馬子　④　推古天皇　⑤　冠位十二階の制　⑥　憲法十七条　⑦　遣隋使　⑧　小野妹子　⑨　飛鳥　⑩　法隆寺　⑪　曇徴　⑫　鞍作鳥

〔重要演習〕　❶　(1)―ト　(2)―チ　(3)―オ　(4)―ワ　(5)―ノ　(6)―ク　(7)―イ　(8)―レ　(9)―ヲ　(10)―キ　(11)―ホ　(12)―ム　(13)―ヨ　(14)―ニ　(15)―ウ　(16)―ナ　(17)・(18)―ソ，リ（順不同）
❷　問1．607年　問2．小野妹子　問3．煬帝　問4．裴世清　問5．隋に臣属しない形式をとった。（14字）　問6．法隆寺創建　問7．高向玄理・旻

【解説】❶　ヤマト政権は，大王の権力を支える職能集団とそれを統率する世襲職制を整備して氏姓制度を確立し，各地に屯倉を設置して地方支配を強化した。この屯倉の設置・経営を推進したのが蘇我氏で，朝廷の財政権を握り勢力を拡大した。こうした蘇我氏の権力強大化という国内問題と，当時の東アジアにおける国際情勢の緊迫化を背景に，隋・唐の律令制度を採用して，公地公民制と官僚制に基づく中央集権体制の実現をめざしたのが，大化改新に始まる政治改革である。この一連の流れの中で厩戸王（聖徳太子）の内政・外交を位置づけて考えることが必要である。
❷　『隋書』大業三年の遣隋使の記事は，教科書にも必ず掲載される基本史料である。問1．大業三年の遣隋使派遣については『日本書紀』にも記される。また『隋書』は600年にも日本から使いが来たことを記すが，『日本書紀』には記されていない。問3．煬帝が国書を見て不快感をあらわにしたにもかかわらず，裴世清を答礼使として派遣してきたのは，隋が当時高句麗を攻める準備をすすめていたため，日本との関係悪化を望まなかったからである。

5. 律令国家の形成②―大化改新と白鳳文化
【重要用語】 ①　蘇我入鹿　②　乙巳の変　③　中臣鎌足　④　改新の詔　⑤　白村江の戦い　⑥　天智天皇　⑦　庚午年籍　⑧　壬申の乱　⑨　天武天皇　⑩　八色の姓　⑪　持統天皇　⑫　庚寅年籍　⑬　藤原京　⑭　白鳳文化　⑮　薬師寺

〔重要演習〕　❶　問1―②　問2―④　問3―②　問4―③　問5―②　問6―④　問7―③　問8―①　問9―③　問10―④

【解説】❶　7世紀半ばの乙巳の変（大化改新）前後の政治状況を整理し，中央集権国家樹立への動きを確認する。政治改革の内容は，信義の部分を踏まえ十分に注意して扱うことが求められる。問7の八色の姓は，天武天皇が684年に制定した8つの官人の位階を定め，新しい身分秩序を形成したもの。問8の蘇我倉山田石川麻呂は，馬子の孫で蝦夷のおい，入鹿とは従兄弟。問9の藤原不比等は鎌足の子。聖武天皇の外祖父。問

10の④の史料は「憲法十七条」の一文である。

6. 律令国家の形成③─律令制度の整備
【重要用語】　① 大宝律令　② 二官八省　③ 畿内・七道　④ 国・郡・里　⑤ 大宰府　⑥ 官位相当の制　⑦ 蔭位の制　⑧ 班田収授法　⑨ 租　⑩ 調　⑪ 庸　⑫ 雑徭　⑬ 出挙　⑭ 防人　⑮ 五色の賤
〔重要演習〕　❶　1─文武　2─太政　3─兵部　4─弾正台　5─西海　6─郡衙[郡家]　7─徒　8─八虐　9─計帳　10─公出挙
❷　1─エ　2─木簡　3─軍団　4─イ　5─オ
解説　❶　大宝律令の制定によって整備された行政組織・地方組織・司法制度等を整理し、集権国家体制の特徴をおさえる。
❷　律令国家による民衆支配(身分制)・民衆への負担を軸に確認していくことが求められる。問1の戸籍は、670年に天智天皇の時代につくられた庚午年籍が最初のものである。問5の防人は九州の防備のために、おもに東国の兵士をあて、3年交代とした。防人司が防人を統括し、大宰府に属した。

7. 平城京の時代
【重要用語】　① 平城京　② 渤海　③ 和同開珎　④ 藤原不比等　⑤ 聖武天皇　⑥ 光明子　⑦ 長屋王　⑧ 橘諸兄　⑨ 藤原広嗣の乱　⑩ 国分寺建立の詔　⑪ 大仏造立の詔　⑫ 藤原仲麻呂　⑬ 道鏡　⑭ 三世一身法　⑮ 墾田永年私財法
〔重要演習〕　❶　設問1─文武天皇　設問2─長屋王　設問3─宇合　設問4─恭仁京　設問5─紫微中台　設問6─和気清麻呂　(ア)─17　(イ)─3　(ウ)─6　(エ)─13　(オ)─7　(カ)─11
解説　❶　710年の平城京遷都から始まる奈良時代の政治動向を、藤原氏の政界進出と政界の動揺を軸に、流れに沿ってまとめる。あわせて、仏教の影響についても確認する。設問4について、聖武天皇は藤原広嗣の乱などの政治不安の中で740年、恭仁京へ遷都する。その後、難波宮・紫香楽宮へと遷都し、745年に、平城京へ還都した。その間、741年に国分寺建立の詔、743年に大仏造立の詔を出した。設問6では、道鏡によって進められた仏教政治に終止符がうたれた点と、天皇が天武系から天智系(光仁天皇)となり、律令再建がめざされた点もおさえておく。

8. 天平文化
【重要用語】　① 天平文化　② 『古事記』　③ 『日本書紀』　④ 風土記　⑤ 懐風藻　⑥ 万葉集　⑦ 山上憶良　⑧ 大学　⑨ 鎮護国家　⑩ 南都六宗　⑪ 行基　⑫ 鑑真　⑬ 塑像　⑭ 乾漆像
〔重要演習〕　❶　設問1─鑑真　設問2─聖武　設問3─唐招提寺　設問4─日本　設問5─6世紀　設問6─律宗　設問7─橘奈良麻呂の変　設問8─盧舎那仏　設問9─孝謙天皇　設問10─光明子
❷　問1─⑤　問2─③　問3─②　問4─①　問5─③　問6─②
解説　❶　聖武天皇の招請で、戒律を伝えるため来日した鑑真についての史料は、『続日本紀』のほかに淡海三船が著した『唐大和上東征伝』がある。来日後の鑑真は東大寺に戒壇を設け、さらに唐招提寺を創建した。設問5．仏教の公伝の年は『上宮聖徳法王帝説』『元興寺縁起』によれば538年、『日本書紀』によれば552年になるが、何世紀のことかという問いであるので6世紀になる。設問7．大伴古麻呂は、橘奈良麻呂を中心に藤原仲麻呂の打倒を謀ったが失敗し、殺された。設問9．聖武天皇と誤りやすいので気をつけること。設問10．聖武天皇の妻は有名であるが、「皇太后」とあるので、「光明皇后」と答えると誤りになる。
❷　奈良時代の仏教は国家の保護のもと大きく発展する。鎮護国家の仏教として詳細におさえていくこと。造寺造仏だけでなく、仏教理論の研究が活発に進められ(南都六宗)、行基をはじめとした多くの僧侶も活躍し、また中国から鑑真のように戒律を伝えた僧もでた。

9. 平安王朝の形成
【重要用語】　① 桓武天皇　② 平安京　③ 坂上田村麻呂　④ 勘解由使　⑤ 健児　⑥ 蔵人頭　⑦ 検非違使　⑧ 令外官　⑨ 弘仁格式　⑩ 弘仁・貞観文化　⑪ 綜芸種智院　⑫ 最澄　⑬ 空海　⑭ 一木造　⑮ 曼荼羅
〔重要演習〕　❶　問1　A─アテルイ　B─勘解由使　C─公出挙　D─班田　E─公営田　問2─③　問3─①
解説　❶　平安遷都前後の東北経営の視点と、律令制の動揺に伴う政治改革を整理していくことが求められる。問2の兵制改革は、一般民衆からなる兵士の質が低下したことを受けて、792年に東北や九州などの地域を除いて軍団を廃止し、それにかわり郡司の子弟や有力農民からなる健児を採用した。問3のアは902年、イは743年、ウは879年、エは723年にあたる。

10. 摂関政治
【重要用語】　① 藤原冬嗣　② 藤原良房　③ 承和の変　④ 応天門の変　⑤ 摂政　⑥ 関白　⑦ 藤原基経　⑧ 菅原道真　⑨ 延喜・天暦の治　⑩ 安和の変　⑪ 藤原道長　⑫ 藤原頼通　⑬ 外戚　⑭ 小右記
〔重要演習〕　❶　問1　1─紀　2─阿衡　3─文章　4─勧学院　5─兼家　問2─b　問3　a─イ　b─イ　c─イ　問4　a─ロ　b─イ　c─ロ　問5　a─イ　b─イ　c─ロ
解説　❶　藤原氏が天皇家との外戚関係を背景に勢力を伸ばし、さらに他氏排斥を進めることにより、摂関政治を確立していく流れを整理すること。その間の延喜・天暦の治の内容もふまえること。問3は承和の変と呼ばれるもので、恒貞親王・伴健岑・橘逸勢らが藤原良房の陰謀で排斥されたといわれる事件。問4のaの『凌雲集』は嵯峨天皇の勅命で編纂された漢詩文集。cの『文鏡秘府論』は、空海が六朝および唐の文学評論を選び、論評を加えたもの。問5のc班田の期間が12年(1紀)1班に改められたのは桓武天皇の時代。醍醐天皇の時代は、延喜の荘園整理令が出された。

11. 国風文化
【重要用語】　①『古今和歌集』　②『竹取物語』　③紫式部　④清少納言　⑤『土佐日記』　⑥本地垂迹説　⑦浄土教　⑧空也　⑨源信　⑩末法思想　⑪往生伝　⑫平等院鳳凰堂　⑬定朝　⑭来迎図　⑮年中行事

〔重要演習〕　❶　い―⑿　ろ―⑹　は―⒁　に―⒀　ほ―⑴　へ―⑻　と―⑵　ち―⑽　り―⑷　ぬ―⑾
❷　問1―イ　問2―イ　問3　c―キ　d―ア　e―ケ　問4　f―ク　g―エ　h―コ

【解説】　❶　国文学の発達についての基本的問題である。国風文化の部分で出題頻度が高いのが，かな文字の発達とそれにともなう国文学の隆盛についてである。具体的な著作物・作者が問われることが多い。また八代集と総称される『古今和歌集』から『新古今和歌集』までの勅撰和歌集も確認しておこう。
❷　文化の国風化は，かな文字に象徴され，平がなや片かなが11世紀初めには広く使用されるようになった。それらを数々の文学作品が生み出された事をふまえまとめること。また，加持祈禱などをとおして現世利益を求める動きも強まり，様々な信仰形態が生まれてくる。末法思想の流行，浄土信仰の高まりなどをおさえ，関連事項を再確認すること。

12. 地方政治の展開と武士
【重要用語】　①延喜の荘園整理令　②受領　③田堵　④名　⑤遥任　⑥尾張国郡司百姓等解　⑦成功　⑧寄進地系荘園　⑨不輸・不入の権　⑩承平・天慶の乱　⑪滝口の武者　⑫藤原隆家　⑬棟梁　⑭源義家　⑮前九年合戦

〔重要演習〕　❶　(a)―田堵(負名)　(b)―㋐　(c)―㋒　(d)―平高望
❷　1―下総　2―平貞盛　3―藤原秀郷　4―伊予　5―源経基(または小野好古)　6―上総　7―平忠常　8―源頼信　9―源義家　10―藤原清衡

【解説】　❶　頻出のテーマ。律令制が変質する中での新たな課税方法や土地支配関係の移り変わり，新たな担い手の台頭なども整理する。国司の位置づけ，有力農民(田堵)との関係。荘園の発達にともなう土地支配関係の推移。武士の成長など確認する要素が多い。
❷　10世紀～11世紀にかけての武士の出現・武士団の形成を整理し，その中で承平・天慶の乱の動きを確認する。また，東国の争乱(平忠常の乱・前九年合戦・後三年合戦)をとおして武士の成長をおさえる。地方の反乱と武士の成長，源氏の進出に関する基本問題。

13. 原始・古代のまとめ①
❶　設問A　問(1)―ウ　問(2)―オ　問(3)―イ　問(4)―ウ　問(5)―エ　問(6)―ア　問(7)―オ
設問B　1―南淵請安　2―唐招提寺
❷　〔1〕完新世［沖積世］　〔2〕抜歯　〔3〕大足　〔4〕方形周溝墓　〔5〕石釧　〔6〕ろくろ　〔7〕うぶすながみ　〔8〕くかたち［くがたち］　〔9〕贄　〔10〕仕丁　〔11〕『日本霊異記』(日本国現報善悪霊異記)　〔12〕長講堂領　〔13〕太政官符・民部省符　〔14〕大輪田泊
❸　[A群・B群の順に]　ア―3・16　イ―8・25　ウ―11・18　エ―12・23　オ―5・27

【解説】　❶　問(1)ウ　犬上御田鍬は最後の遣隋使であるとともに，最初の遣唐使でもある。厩戸王(聖徳太子)の没年は622年で，第1回遣唐使は630年に派遣された。問(2)オ　玄昉が流されたのは筑紫観世音寺で，下野薬師寺に追放されたのは道鏡である。問(3)イ　吉備真備は藤原仲麻呂政権下では左遷されており，恵美押勝の乱で孝謙上皇・道鏡側の軍指導者として活躍した。問(4)ウ　最澄は空海のもとで密教を学ぼうとするが，あくまでも密教を天台教学の補助的なものと考えた。真言密教が隆盛をきわめる中，天台系においても真言宗への対抗上，密教化の必要が痛感され，円仁・円珍によって密教化がはかられ，台密とよばれるようになる。問(5)エ　『顕戒論』を著して南都仏教と対立したのは最澄である。空海は終始南都仏教と友好的関係にあった。問(6)ア　嵯峨天皇の時，蝦夷を討ったのは文室綿麻呂である。問(7)オ　894年の遣唐使中止以降，政府は貿易を制限し，日本人の海外渡航も禁止した。
❷　基本的問題から難問までバラエティーに富んでいる。〔4〕「近畿地方に出現」がヒントになる。〔5〕釧とは腕飾りのこと。〔6〕古墳時代後半から平安時代にかけて盛んにつくられた須恵器は，ろくろで整形され，山の傾斜地などを利用して穴を掘った登窯で焼かれた。〔9〕生け贄の贄で，調の一部となっていた。〔12〕他の荘園群としては，鳥羽法皇が皇女八条女院に伝えた八条(女)院領である。〔13〕国司が税の免除を認めた荘園を国免荘という。
❸　B群は基本的事項ばかりなので容易。ただ，23の墾田永年私財法が，紫香楽宮で出された大仏造立の詔と同じ743年に制定されたものなので迷ったかもしれない。743年当時の紫香楽宮は離宮で，都は恭仁京であった。

14. 原始・古代のまとめ②
❶　設問1．a―三善清行　b―藤原種継　c―勘解由使　d―伴善男　e―藤原基経　①―キ　②―セ　③―イ　④―ケ　⑤―ス
設問2　[解答例]　藤原氏の他氏排斥が進行し，政権を独占して本格的な摂関政治を展開するに至った。(38字)
❷　設問1．①―空也　②―市聖　設問2―行基　設問3―菅原道真　設問4―阿倍仲麻呂　設問5―稗田阿礼　設問6―6世紀　設問7―健児　設問8―桓武天皇
❸　A―⑦　B―⑨　C―①　D―⑲　E―⑥
❹　1―紫香楽宮　2―聖武天皇　3―(2)　4―(3)　5―(2)　6―盧舎那仏　7―行基　8―東大寺　9―『続日本紀』

【解説】　❶　史料問題であるが，設問を読めば解答できるはずである。三善清行が醍醐天皇に提出した「意見封事十二箇条」には，中央政府の改革，経費節減，地方政治改革などが述べられており，当時の実情を知ることができる。⑷③の朝堂院は宮の中枢となる建物のこと。設問2の論述は，応天門の変で藤原良房が正

式に摂政となり，また変の結果，伴・紀という名族が没落したことで，藤原政権の地歩が固ったことをおさえる。

❷ Aは慶滋保胤の『日本往生極楽記』空也伝，Bは遣唐使中止の建議，Cは太安万侶の『古事記』序文，Dは健児制，E・Fは令の規定である。設問1．②空也は阿弥陀聖・市聖と称された。設問2．社会事業を行なった僧としては，奈良時代の行基，平安時代の空也，鎌倉時代の叡尊・忍性らがいる。特に忍性は要注意。設問3．菅原道真の漢詩文集『菅家文草』に収録。設問8．軍団の兵役が過重な負担となって農民が疲弊したため，桓武天皇は，奥羽・佐渡・大宰府管内を除く諸国の軍団を廃止し，郡司の子弟などを採用し，健児とした。

❸ (a)憲法十七条の十二条。二君・両主とは天皇と豪族をさしている。(b)大仏造立の詔。743年は天平15年にあたる。(c)『小右記』は藤原実資の日記。「一の家」とは藤原摂関家を指し，「領」とは藤原氏に寄進が集中する荘園のこと。(d)『愚管抄』は天台座主の慈円が，道理に基づく歴史の解釈をこころみた歴史書。

❹ 『続日本紀』に所収。「国分寺建立の詔」とともに重要史料である「大仏造立の詔」である。仏教が鎮護国家の思想によって国家の安定をはかるものとして位置づけられ，時の聖武天皇にあつく信仰された。史料を通して奈良時代の政局をおさえることも必要。国家鎮護の役割を担わされた仏教は国家の厳しい統制に置かれるが，一方，民間でも布教活動を展開する行基に代表されるような僧侶も存在したことを視野に入れておくこと。

15．原始・古代のまとめ③

❶ 問1―エ 問2―ウ 問3―オ 問4―ウ 問5―ウ 問6―ア 問7―イ 問8―ウ 問9―ウ
❷ 問1―南都六宗 問2―a 問3―最澄 問4―a 問5―e 問6―e 問7―a 問8―『往生要集』 問9―法然 問10―d 問11―e 問12―c 問13―a 問14―慈円 問15―『愚管抄』

解説 ❶ A・B 近年の傾向として，アジアの中での日本に視点をおいた設問が増えてきている。国際関係の中での中国王朝との関係，さらには朝鮮半島・中国東北部・西アジアとの関係に注意を払う必要がある。C 奈良時代から平安時代にかけての東北経営の進展を確認するとともにその動きに対応した東北地方（蝦夷）の動向も把握しておく。あわせて南方への拡大も視野に入れること。

❷ 奈良時代から平安・鎌倉時代にかけての仏教の動向を各時期ごとに整理しておくことが必要。奈良時代の南都六宗に始まり，平安初期の最澄・空海の密教とその発展形態，平安後期の浄土信仰の成立と展開などを，その担い手の僧侶とあわせて特質を詳細に確認する。また，その延長線上に鎌倉仏教の活動をまとめる。人物名だけでなく，教義上の特徴も確認する必要がある。

16．原始・古代のまとめ④

❶ 問1―イ 問2―草創 問3―漢委奴 問4―ウ 問5―前方後円
❷ 1 問1―③ 問2―⑤ 問3―① 問4―⑤ 問5―② 2 問6―② 問7―④ 3 問8―② 問9―④ 4 問10―①
❸ 問1 a―12 b―1 c―3 d―5 e―8 f―11 問2 1―ツ 2―ニ 3―イ 4―セ 5―オ 6―サ 7―カ 8―ナ

解説 ❶ 縄文時代から弥生時代，古墳時代にかけての問題である。遺跡の場所と土器の変遷に注意する。地図のa―三内丸山遺跡（青森県）b―亀ヶ岡遺跡（青森県）c―岩宿遺跡（群馬県）d―大森貝塚（東京都）e―登呂遺跡（静岡県）f―唐古・鍵遺跡（奈良県）g―五色塚古墳（兵庫県）h―神庭荒神谷遺跡（島根県）i―上黒岩岩陰遺跡（愛媛県）j―板付遺跡（福岡県）k―吉野ヶ里遺跡（佐賀県），土器の写真について，L―北海道函館出土（縄文早期）M―青森県出土（縄文晩期）N―新潟県出土（縄文中期）O―山梨県出土（縄文前期）P―千葉県出土（縄文後期）Q―長野県出土（縄文草創期）R―大阪府出土（弥生中期）。

❷ 7世紀から8世紀かけて律令国家が形成されていくが，畿内を中心に進められていくことから，地図でもその場所を確認し，関連事項をおさえる。問3は壬申の乱に関するもので，大海人皇子は東国の美濃から軍事動員をはかり大友皇子を倒し，飛鳥浄御原宮で天智天皇として即位した。問6の塔は薬師寺の東塔である。三重塔で各層に裳階がついている。白鳳様式を伝えるとされる。問8は中央行政組織の二官八省制についての問いであるが，式部省は文官の人事などをあつかった役所。詔書作成などは中務省があつかう。問9は地方行政組織に関するもので，畿内は大和・山城・摂津・河内・和泉の五カ国をさす（五畿ともいう）。

❸ 律令国家による東北経営の進行を，地図をとおして詳細に確認していく。大化改新直後から始まり，渟足・磐舟（現在の新潟）から，現在の秋田・能代方面へと広がっていく。奈良時代になると出羽国・多賀城を築き蝦夷対策の拠点とした。蝦夷の抵抗を受けながらも9世紀初頭には律令国家の支配権が東国に及ぶようになった。

17．原始・古代―補充演習

❶ 1―エ 2―ア 3―イ，オ 4―ウ 5―環濠 6―イ，エ
❷ 問1 1―イ 2―ウ 3―イ 4―ア 問2 a―ア b―イ c ①―イ ②―イ d―ア e ①―ウ ②―イ
❸ ①―藤原京 ②―蓄銭叙位令 ③―『古事記』 ④―浮浪 ⑤―国分寺建立の詔 ⑥―大仏造立の詔 ⑦ A―三世 B―一身 ⑧―墾田永年私財法 ⑨―『万葉集』
❹ 問1―嵯峨 問2―弘仁格式 問3―『令義解』 問4―公営田 問5―イ 問6―最澄 問7―エ 問8―橘逸勢 問9―ウ 問10―御霊会
❺ 問1―ウ 問2―ウ 問3―ア 問4―エ 問5―イ 問6―イ

解説 ❶ 縄文時代から弥生時代にかけての社会の変化，人々の生活の変化を追っていく。採取経済から

生産経済へ，その展開を詳細に追っていくことが求められる。その中で技術の発展だけでなく，精神面での移り変わりもおさえていくこと。問2は三内丸山遺跡(青森県)は縄文中期，吉野ヶ里遺跡(佐賀県)は弥生前期・中期，加曽利貝塚(千葉県)は縄文中期・後期，曽畑貝塚(熊本県)は縄文前期。問3の人物埴輪は古墳時代，銅鼓は東南アジアから中国にかけて生まれた太鼓。

❷ 7世紀半ばの東アジアの情勢をふまえ，律令国家への本格的な取り組みが進められる。これらの動きを関連づけて整理していくこと，国内の政治動向・文化にも注意を払う。問2の下線部aについて，衛士は宮城の警備にあたる兵士，異国警固番役は鎌倉時代に元軍の襲来に備えてもうけられたもの，検非違使は平安京内の警察の役割を担う。下線部bの格と式は平安時代，律令制定後の社会の変化に応じて出された法令をさす。格は律令の規定を補足・改正する。式は施行細目をいう。嵯峨天皇の時，最初の格式が編纂された(弘仁格式)。下線部cについて，古代最大の内乱である壬申の乱をさす。これは天智天皇の死後の皇位継承争いで，天智の子・大友皇子と天智の弟・大海人皇子の間でおこった。大海人皇子が勝利して天武天皇として即位し，中央集権国家体制の形成へと進んだ。

❸ 奈良時代の史料を扱った問題であることから，奈良時代の状況を念頭に史料を読み込むこと。①平城京に都が置かれる前は，藤原京に都が置かれていた。③聖武天皇が紫香楽宮で出したもの(大仏造立の詔)。大仏開眼は平城京でなされる。

❹ 9世紀前半の動揺を経た後，律令の再建が進み一応の安定を迎えるが，一方，地方では律令の制度が実態と合わなくなっていく。この時代状況の中で文化的営みがどのように進められていったのか確認する。とくに仏教，唐文化の影響等を軸にまとめること。問5の『風信帖』は空海が最澄に送った書状3通をさす。問7について『凌雲集』は814年，嵯峨天皇の命で，『文華秀麗集』は818年に嵯峨天皇の命で，『経国集』は827年に淳和天皇の命でそれぞれ編纂された。

❺ 9世紀末から10世紀にかけての国際関係(東アジア)の変化を見る。中国(唐王朝滅亡後の中国王朝に変遷と中国東北地方の動きに注意)との関係を順を追ってまとめていくことが必要。問6の女真は，のちに金を建国する。

18．院政と平氏の台頭
【重要用語】 ①後三条天皇 ②延久の荘園整理令 ③院政 ④北面の武士 ⑤院近臣 ⑥知行国 ⑦僧兵 ⑧奥州藤原氏 ⑨平清盛 ⑩保元の乱 ⑪平治の乱 ⑫大輪田泊 ⑬鹿ヶ谷の陰謀 ⑭今様 ⑮絵巻物
〔重要演習〕 ❶ A—藤原頼通 B—後三条天皇 C—記録荘園券契所 D—白河天皇 E—院宣 F—院庁 G—院司 H—受領 I—院近臣 J—売官 K—知行国 L—不輸・不入 M—僧兵 N—北面の武士 O—滝口の武者
❷ 問1 1—北面の武士 2—崇徳 3—源頼政 4—梁塵秘抄 問2—④ 問3—② 問4—④ 問5—1185年

解説 ❶ 院政と院政期の社会についての標準的問題である。迷うところはEぐらいであろう。院宣は上皇の意を呈した院司が発給する文書で，院庁下文は院庁より発給された文書であるので，「上皇の命令を伝える」ということになると院宣になる。後三条天皇から院政にかけては出題頻度の高いテーマであるが，あわせて延久の荘園整理令をはじめとする荘園整理令についても整理しておこう。

❷ 11世紀から12世紀にかけての院政期から平氏滅亡までの流れを，人物を中心に整理するとともに時代背景をおさえること。問4の平氏の都落ちは1183年，北陸で源義仲に敗れ，平氏は安徳天皇を奉じて西国に逃げ落ちたこと。

19．鎌倉幕府の成立
【重要用語】 ①源頼朝 ②治承・寿永の乱(源平争乱) ③鎌倉 ④守護 ⑤地頭 ⑥侍所 ⑦政所 ⑧問注所 ⑨御家人 ⑩御恩 ⑪奉公 ⑫封建制度 ⑬関東知行国 ⑭関東御領
〔重要演習〕 ❶ 問1 A—⑤ B—② C—⑨ D—⑦ 問2—⑤ 問3—③ 問4—③ 問5—② 問6—④ 問7 E—主従 F—所領 G—御恩 H—奉公

解説 ❶ 源平の争乱から鎌倉幕府の成立への動向をふまえ，幕府組織のあり方にも注意していくこと。問3について，1183年10月，後白河法皇は平氏の都落ちのあと，東海・東山道の東国の支配権を頼朝に与えた。問4の③の1国単位に配置したのは守護である。問6の問注所の長官(執事)は公家出身の三善康信である。

20．武士の社会—執権政治の展開
【重要用語】 ①北条時政 ②北条義時 ③承久の乱 ④六波羅探題 ⑤北条泰時 ⑥評定衆 ⑦御成敗式目(貞永式目) ⑧式目追加 ⑨北条時頼 ⑩引付衆 ⑪館 ⑫分割相続 ⑬惣領制 ⑭地頭請所 ⑮下地中分
〔重要演習〕 ❶ 1—キ 2—カ 3—ウ 4—サ 5—コ A—比企 B—平賀 C—承久 D—時房 E—三浦
❷ 問1—湯浅 問2—地頭請 問3—下地中分 問4—和与

解説 ❶ 源頼朝の死後，北条氏による有力御家人の排除などをとおして，幕府権力を掌握する過程を整理する。承久の乱後の二元支配の後退，幕府優位の中で北条氏による執権政治が確立していく。さらに御成敗式目の制定や，摂家将軍から皇族将軍への流れも確認する。

❷ 承久の乱後，朝幕関係の変化の中で，地頭による荘園の侵略が活発化していく(地頭請・下地中分・和与等)。この動きの中で荘園領主の対応を整理し，荘園等の在地支配の変化を見る。この荘園は円満院を本家とし，寂楽寺を領家とする荘園で，紀州阿氐河荘民訴状(阿氐河百姓等言上状)は，1275年に地頭・湯浅宗親の非道を13カ条にわたって訴えたもの。

21. 蒙古襲来と幕府の衰退
【重要用語】 ①　フビライ＝ハーン　②　北条時宗　③　異国警固番役　④　蒙古襲来(元寇)　⑤　鎮西探題　⑥　得宗　⑦　霜月騒動　⑧　二毛作　⑨　三度の市(三斎市)　⑩　問(問丸)　⑪　宋銭　⑫　借上　⑬　紀伊国阿氐河荘民訴状　⑭　永仁の徳政令　⑮　悪党

〔重要演習〕　❶　問1―③　問2―①　問3―異国警固番役の強化　問4―竹崎季長　問5―②　問6―①　問7―③

解説　❶　13世紀前後の東アジア情勢の中で，蒙古襲来と幕府の対応を確認する。また，この時期，農業生産の上昇，商工業の発展が見られ，中世社会が大きな変化を示していく。問2の　あ　は8代執権の北条時宗が入る。②の得宗の私的会議は寄合。引付・寄合とも，5代執権北条時頼が設けた。③は3代執権北条泰時，④は14代執権北条高時をさす。問6の綿は15世紀に朝鮮から伝えられた。問7の③の借上は高利貸しであり，商品の中継・委託販売・運送をするものは問丸(問)とよんだ。

22. 鎌倉文化
【重要用語】 ①　法然　②　親鸞　③　一遍　④　日蓮　⑤　栄西　⑥　道元　⑦　度会家行　⑧　鴨長明　⑨　慈円　⑩　『新古今和歌集』　⑪　『金槐和歌集』　⑫　『平家物語』　⑬　重源　⑭　運慶　⑮　似絵

〔重要演習〕　❶　1―エ　5―ケ　8―ウ　11―イ　12―オ　15―カ　2―コ　3―キ　4―ウ　9―ク　10―オ　14―カ　6―ウ　7―ウ　13―イ

解説　❶　鎌倉時代は公家文化を継承しながら，武士や庶民の成長によって新しい文化が生み出されていった。仏教では奈良・平安時代の仏教に変わって，武士や庶民などの広い階層を対象とする，心の救済を目指すものへと変化が見られた。法然の浄土宗，親鸞の浄土真宗，時宗の一遍，日蓮宗の日蓮，臨済宗の栄西，曹洞宗の道元があらわれた。それに刺激されるかたちで，旧仏教側にも貞慶・明恵・叡尊・忍性らがあらわれ，仏教の新しい時代を生み出した。これらの動きを詳細に確認していくこと。

23. 武家社会の成長①―建武の新政と南北朝の動乱
【重要用語】 ①　持明院統　②　大覚寺統　③　後醍醐天皇　④　楠木正成　⑤　足利高氏(のち尊氏)　⑥　新田義貞　⑦　二条河原落書　⑧　雑訴決断所　⑨　光明天皇　⑩　建武式目　⑪　南朝　⑫　北畠親房　⑬　観応の擾乱　⑭　半済令　⑮　国人

〔重要演習〕　❶　a―長崎高資　b―護良親王　c―綸旨　問1―梅松論　問2―高師直　問3―今川了俊(貞世)　問4―1392年
❷　1　A―守護　B―光明天皇　C―吉野　2―エ　3―ア

解説　❶　b．護良親王は建武新政府で征夷大将軍となるが，足利尊氏と対立し，その排斥に失敗して鎌倉に幽閉され，中先代の乱の時，足利直義に殺された。C．綸旨は天皇の意志を伝える文書で，建武の新政では綸旨が絶対的なものとされた。問1．『梅松論』は『太平記』とともに南北朝の動乱を描いた軍記物であるが，『梅松論』は尊氏の側から，『太平記』は南朝の側から描いている。問3．九州では菊池氏を中心に南朝側の勢力は強かったが，義満が派遣した九州探題今川了俊(貞世)の手によって平定された。了俊は尊氏挙兵以来の今川氏の功績を述べ，『太平記』の誤りを訂正した『難太平記』を著した。

❷　後醍醐天皇による政策と組織を確認するとともに，新政に反対する勢力の動きにも注意する。設問2．後深草天皇の流れをくむ持明院統と亀山天皇の流れをくむ大覚寺統が，それぞれ交代で皇位を継承する(両統迭立)方式がとられていた。1392年に持明院統の後小松天皇に，大覚寺統の後亀山天皇が譲位することによって，南北朝の合一がはかられた。

24. 武家社会の成長②―室町幕府の政治
【重要用語】 ①　足利義満　②　南北朝の合体　③　三管領　④　四職　⑤　奉公衆　⑥　御料所　⑦　鎌倉府　⑧　鎌倉公方　⑨　関東管領　⑩　倭寇　⑪　勘合貿易　⑫　応永の外寇　⑬　琉球王国　⑭　コシャマイン

〔重要演習〕　❶　あ―奉行人　い―足利基氏　〔設問a〕―四職　〔設問b〕―上杉禅秀
❷　a―天龍寺　b―高麗　c―堺　d―博多　問1　ア―[6]　イ―[3]　ウ―[5]　エ―[1]　問2　(1)―夢窓疎石　(2)―癸亥約条　(3)―寧波

解説　❶　足利義満は南北朝の合体や有力守護大名の粛正をすすめ，支配体制の安定化をはかった。さらに幕府の職制の整備や財政的基盤をかためていく。これらの動きを整理することが必要。(あ)の適語には奉行人がいるが，奉行人は事務を分掌する将軍の直臣で，一方，奉公衆は幕府の直轄軍で，御所の警護や将軍の護衛にあたった。

❷　14世紀の東アジアの変動と対外関係(日明貿易)を整理し，とくに明との冊封体制・朝貢貿易の構図を確認する。問1に関連して，アは足利尊氏，イは足利義満，ウは足利義持，エは足利義教をさす。問2の(2)は1443年に結ばれた。

25. 武家社会の成長③―幕府の衰退と庶民の台頭
【重要用語】 ①　惣村　②　地下請　③　足利義持　④　足利義教　⑤　嘉吉の変(乱)　⑥　正長の徳政一揆(土一揆)　⑦　足利義政　⑧　応仁の乱　⑨　山城の国一揆　⑩　下剋上　⑪　加賀の一向一揆　⑫　蓮如(兼寿)　⑬　六斎市　⑭　座　⑮　永楽通宝　⑯　馬借・車借

〔重要演習〕　❶　問1　ア―赤松満祐　イ―細川勝元　ウ―畠山義就　エ―足利義尚　オ―徳政　カ―山城　問2―嘉吉の変　問3―慈照寺の銀閣　問4―加賀の一向一揆　問5―応仁の乱
❷　1―二毛作　2―六斎市　3―馬借　4―問屋　5―桂女　6―足利義満　7―勘合貿易

解説　❶　足利義満以降の幕府政治の変遷の中での，有力守護勢力の対立・抗争を整理し，その中で将軍の権威の後退をおさえる。あわせて土一揆の発生に見られる民衆の成長を見る。

❷ 室町時代の農業は集約的・多角化がすすめられ，農業生産の上昇が見られ各地に特産品も生まれた。それにともない手工業や流通・商業・貨幣経済が発展していくが，この動向を詳細におさえる。

26. 室町文化
【重要用語】 ①『神皇正統記』 ②『太平記』 ③夢窓疎石 ④五山・十刹の制 ⑤世阿弥 ⑥東求堂同仁斎 ⑦雪舟 ⑧狩野派 ⑨侘茶 ⑩御伽草子 ⑪二条良基 ⑫足利学校 ⑬日親 ⑭法華一揆
〔重要演習〕 ❶ 問1―オ 問2 2―ア 3―ク 問3―ウ 問4―イ 問5―オ 問6―イ 問7―エ 問8―ウ
[解説] ❶ 室町文化は南北朝の動乱期に南北朝文化，足利義満の時代に北山文化，足利義政の時代に東山文化がそれぞれ形成された。この時代，武家文化と公家文化，さらに大陸文化と伝統文化等が融合して幅の広い文化を形成している。南北朝文化は時代の転換期を背景とした動きが見られ，北山文化は義満の時代の安定を軸に伝統文化と禅宗様を折衷したものとして現れている。東山文化は禅精神にもとづく簡素さと伝統文化の幽玄・侘の精神を基調としている。これらのポイントをふまえ詳細に確認していく。問4の京都五山は南禅寺を別格上位とし，天龍寺・相国寺・建仁寺・東福寺・万寿寺をいう。あわせて鎌倉五山は建長寺・円覚寺・寿福寺・浄智寺・浄妙寺をいう。

27. 戦国大名の登場
【重要用語】 ①領国 ②北条早雲 ③守護代 ④貫高制 ⑤寄親・寄子制 ⑥分国法(家法) ⑦指出検地 ⑧城下町 ⑨門前町 ⑩寺内町 ⑪市座 ⑫楽市令 ⑬堺 ⑭博多 ⑮町衆
〔重要演習〕 ❶ 問1―② 問2 (1)―③ (2)―④ 問3―② 問4―① 問5―③ 問6―① 問7―①
[解説] ❶ 応仁の乱以降の戦国時代，戦国大名による家臣団の統制・領国支配の形態を整理すること。あわせて戦国大名の経済政策による商工業・都市の発展に視点を置く。問1の加賀の一向一揆は1488年，嘉吉の土一揆は1441年，正長の徳政一揆は1428年，山城の国一揆は1485年。問3の塵芥集は伊達氏の武家法，今川氏は今川仮名目録。問5の桑名は港町。問7の門前町は，延暦寺―坂本，善光寺―長野(信濃)，石山本願寺―大坂(摂津)。

28. 中世のまとめ①
❶ (1)―2 (2)―2 (3)―1 (4)―2 (5)―2 (6)―1 (7)―2 (8)―1 (9)―1 (10)―2
❷ 問1. (a)―(4) (b)―× (c)―(6) (d)―(9) (e)―(5) 問2. ①―(3) ②―(10) ③―(2) ④―(5) ⑤―(9)
❸ (1).下地中分 (2).宋銭 (3).問(問丸) (4).天龍寺船 (5).勘合(符) (6).寧波 (7).永楽通宝 (8).撰銭 (9).製紙業 (10).銀
[解説] ❶ (1)初代政所別当の大江広元も執権とよばれたが，ふつう1203年に実朝が3代将軍となった際，政所別当に就いた北条時政が初代執権とされる。(2)義

時は2代執権である。また幼ない藤原頼経にかわって，後見役として将軍の役割を果したのが北条政子で，尼将軍とよばれた。(8)得宗の名は義時が徳宗(得宗)を号したことに由来するといわれ，時政から始まる執権16人のうち，得宗の地位は義時から泰時・経時・時頼・時宗・貞時・高時と受け継がれた。(10)得宗政治は，得宗の絶対的な勢威のもとで内管領をはじめとする御内人が幕政を主導し，評定衆が形骸化した。
❷ 難問である。上段と下段をいっしょに考えないと解けない。南北朝の合体が1392年，室町幕府滅亡が1573年なので，それより前と後の出来事である問1(1)(8)，問2(1)(8)は消える。残り15の出来事のうち，問1(2)は「この地域での五山禅院の勢力が退潮」とあるが，加賀国では南北朝時代から真宗が浸透していたので誤っているから消えるので，残り14の出来事を1493年の明応の政変を境に前後に分ける。明応の政変は，細川勝元の子政元が将軍に背き，足利政知の子義澄を擁して挙兵した事件。それぞれの出来事の年を考えると，後半はすぐに解ける。前半の(b)は1466年の(3)になるが，②が1467年の(10)が入るので，年数が前後する。したがって(b)は該当するものがなく×ということになる。
❸ 中世の経済についての基本的問題である。鎌倉・室町期は，輸入銭の流通で貨幣経済が発達する。そのため外交とあわせて整理しておくこと。特に日明関係には注意。

29. 中世のまとめ②
❶ 設問1―源頼朝 設問2―ウ 設問3―源行家 設問4―九条兼実 設問5―エ 設問6―足利義満 設問7―鹿苑寺 設問8―後小松天皇 設問9―ア 設問10―足利義満 設問11―土倉 設問12―足利義教 設問13―足利義政 設問14―イ
❷ 問1―惣掟(地下掟) 問2―(1)惣(惣村) (2)おとな(沙汰人) 問3―寄合 問4―地下検断(自検断) 問5―(ウ)
❸ 問1―正長 問2―徳政 問3―嘉吉 問4―あ 問5―い 問6―(1)所司 (2)・(3)赤松・山名 (4)四職 問7―足利義教 問8―徳政一揆
[解説] ❶ 史料〔A〕は平治の乱後，伊豆国へ流罪となっていた源頼朝が平氏打倒の兵を挙げ，伊豆国の目代山木兼隆を襲撃した報に接した九条兼実の日記『玉葉』の記述である。兼実はのちには親幕府的立場に立つが，この時点では頼朝を平将門にたとえて謀叛人と見なしている。設問5．消去法ですぐに選べる。設問6．後のところに「准后はきた山に山荘をたてられる」とあるからわかる。設問7．金閣寺は現在の通称であるからダメ。設問8．当時の天皇は，南北朝合体の時の北朝側の天皇を考えればよい。設問9．消去法で選べる。設問10．北山山荘が義満死後，寺として鹿苑寺とよばれたのは，義満の法号鹿苑院殿からつけられたからである。設問14．消去法で選べる。
❷ 惣村についての基本的問題である。問5．宮座は村の神社の祭礼を行なった上層農民たちの祭祀集団で，これが惣村の結合の中心となった。
❸ 問5．正長の徳政一揆(土一揆)は1428年におこっているから，当時の管領は消去法で選ぶことができ

る。問7．正長の徳政一揆は「代始めの徳政」として義教が6代将軍になることが決まった時におこった。普広院殿は義教の法号である。

30．中世のまとめ③

❶ 問1．あ―専修念仏　い―悪人正機　う―踊念仏　え―無学祖元　お―公案　か―戒律　き―度会家行　問2―ホ　問3．イ―b　ロ―b　ハ―b　問4―イ　問5．イ―a　ロ―a　ハ―a　問6―ニ　問7．イ―a　ロ―b　ハ―b　問8．イ―a　ロ―a　ハ―b　問9．イ―b　ロ―a　ハ―b

❷ 問1―エ　問2―ウ　問3―オ　問4―イ　問5―イ　問6―オ　問7―ア　問8―ウ

[解説]　❶　鎌倉時代の宗教関連の問題は頻出される。新仏教だけでなく旧仏教にも注意をはらい細部までまとめることが必要。法然・親鸞・栄西・道元・日蓮・貞慶・明恵・叡尊・忍性らの主要著書や活動内容を確認する。また南宋から蘭溪道隆・無学祖元ら多くの禅僧が来日し，武士社会の中での禅宗の成長にも着目する。

❷　A　鎌倉時代には時代状況を反映して新たな建築様式として大仏様，禅宗様(唐様)，さらには折衷様が生まれた。また彫刻の分野でも運慶・湛慶の親子や快慶らが新しい作風を生み出した。それらの作品をまとめておく。B　室町時代には北山・東山文化のそれぞれの特徴と禅宗文化の影響を確認する。この問題は足利義満時代の北山文化に焦点をあてており，庭園や茶の湯に関する問いで基本事項の確認が求められる。

31．中世のまとめ④

❶ 問1―②　問2―④　問3―①　問4―③　問5―③　問6―④　問7―③

❷ 問1　(A)―5　(B)―2　(C)―8　問2―3　問3―2　問4―1　問5―2　問6　オ―11　カ―8　キ―4

❸ 問1―⑤　問2―①　問3―①　問4―②　問5―①　問6―④　問7―③　問8―③　問9―①　問10―④

❹ (1)―(ト)　(2)―(サ)　(3)―(コ)　(4)―(エ)　(5)―(チ)　(6)―(ス)　(7)―(オ)　(8)―(ケ)　(9)―(ソ)　(10)―(ク)

[解説]　❶　Aは『石山寺縁起絵巻』，Bは『石山寺縁起絵巻』，Cは『春日権現験記』，Dは『一遍上人絵伝』，Eは『慕帰絵詞』，Fは『一遍上人絵伝』の部分を使った設問。それぞれの図を見ながら社会の状況を考える。Aは物資の運搬の姿。Bは物売りの姿。Cは火事で残った土蔵。Dは備前福岡の市の様子。Eは琵琶法師の姿。Fは踊り念仏の様子。

❷　平氏政権の時代から鎌倉幕府の初期にかけての基本問題。問4の藤原秀衡は，頼朝と対抗し義経を保護した。藤原純友は伊予掾となり，その後海賊の棟梁となり反乱を起こした(939年)。藤原通憲(信西)は，後白河法皇の側近平清盛と結び権勢を誇るが，平治の乱で殺害される。問5の源義家は陸奥の守・鎮守府将軍となる。

❸　Aは慈照寺銀閣，Bは慈照寺東求堂同仁斎，Cは大徳寺大仙院庭園，それぞれの図版に関連する設問。

問2に関して，足利義政が1489年東山山荘を建てたことに始まる。その前後，蓮如は御文を通じて教化活動を吉崎・山科・石山を処点に展開していった。問3の①について，半済令は当初1年限りのものであったが，やがて永続的におこなわれるようになり，年貢だけでなく，土地も分割するようになった。問6について，五山は官寺として保護を受け，叢林と呼んだのに対し，叢林下の意味で林下がある。自由な活動を求めて民間への布教活動を進めた禅宗諸派をいう。曹洞宗では永平寺・総持寺，臨済宗では大徳寺・妙心寺などが有力寺院である。問9に関連して，この事件は後鳥羽上皇だけでなく土御門上皇を土佐(のちに阿波へ)，順徳上皇を佐渡へ配流し，仲恭天皇を廃して後堀河天皇に譲位させた。

❹　おもな戦国大名の出自と，制定した分国法は整理しておくこと。(5)中国地方の守護大名大内氏の家法。1439年～95年の間に出された法令を集録したもので，家中の儀礼的規定や軍役関係等が主な内容。

32．中世―補充演習

❶ 問a―右近衛大将　問b―和田義盛　問c―大江広元　問d―三善康信　問e―大犯三カ条　問f―在庁官人

❷ 問1―②　問2―③　問3―②　問4―③　問5―②　問6―④　問7―①　問8―④　問9―①　問10―③

❸ A　問a―2　問b―1　問c―3　B　問d―4　問e―2　問f―2　問g―4

[解説]　❶　鎌倉幕府成立期の基本事項の確認。鎌倉幕府の支配機構は侍所・公文所(のち政所)・問注所を軸に，地方には守護・地頭を設置した。その関連の人名・内容をおさえておくこと。

❷　鎌倉文化についての設問。問1の錦絵は，江戸時代18世紀後半にあらわれた浮世絵の色刷版画をいう。問3の西行の歌集は『山家集』。『明月記』は藤原定家の準漢文体日記。問4の雪舟は室町時代の人物で，水墨画様式を創造。大和絵は応仁の乱後，土佐光信が出て土佐派の基礎を固めた。また狩野正信・元信父子は新しく狩野派をおこした。問6の陽明学や古学派が出てくるのは江戸時代。問7の『庭訓往来』は南北朝から室町初期の書簡形式(往来物)の教科書として用いられた。

❸　南北朝から室町時代にかけての，公家文化と武家文化の融合して生まれる文化をまとめていくこと。一方，民衆の成長が文化にも反映し，庶民文化をうむ。さらに地方にも波及した点をおさえる。問cについて，土佐光起が土佐派を復興し，新しい土佐派の画風をおこした。住吉派は住吉如慶によって大和絵の一派として復興される。

33．織豊政権

【重要用語】　[1] 天正遣欧使節　[2] 足利義昭　[3] 長篠合戦　[4] 楽市令　[5] 本能寺の変　[6] 惣無事令　[7] 五奉行　[8] 太閤検地　[9] 一地一作人　[10] 刀狩令　[11] 人掃令　[12] バテレン追放令　[13] 文禄・慶長の役　[14] 狩野永徳　[15] 千利休

〔重要演習〕　❶　問1―③　問2―①　問3―④　問4―②　問5―②　問6―④　問7―④　問8―①　問9―②

解説　❶　ポルトガル人の漂着にはじまる南蛮貿易の内容と，キリスト教の伝来・布教活動の動向を整理するとともに，戦国大名の対応もあわせてみる。また，織田信長・豊臣秀吉の統一事業を確認する。問4について，イエズス会宣教師ヴァリニャーニの勧めを受けた大友義鎮・有馬晴信・大村純忠の3大名が使節（天正遣欧使節）を派遣した。問7の天領は江戸幕府直轄領，御分国（関東御分国）は鎌倉時代将軍に与えられた知行国，御料所は室町幕府の直轄地をさす。

34. 幕藩体制の成立①―江戸幕府の成立と幕藩体制
【重要用語】　①　関ケ原の戦い　②　幕藩体制　③　武家諸法度　④　徳川家光　⑤　参勤交代　⑥　旗本・御家人　⑦　老中　⑧　三奉行　⑨　京都所司代　⑩　禁中並公家諸法度　⑪　禁教令　⑫　島原の乱　⑬　寺請制度　⑭　本末制度　⑮　諸社禰宜神主法度

〔重要演習〕　❶　（1）―駿府　（2）―若年寄　問1―②　問2―②　問3―①　問4―②　問5―⑤　問6―武家伝奏

解説　❶　徳川幕府は家康・秀忠・家光の三代で幕府の基礎（幕藩体制）をかためた。幕府の統治は，大名・朝廷・寺社への法令の整備と，幕府の職制を軸につくりあげられた。これらの内容を詳細に確認する。問1について，福島正則の改易は1619年，大坂冬の陣は1614年，武家諸法度の制定は1615年，大名に対する領地確認文書の発行は1617年。問2について，旗本・御家人は将軍直属の家臣団（直参）を形成する。1万石未満のもので将軍に謁見（お目見え）が許されるものが旗本，許されないものが御家人である。問5について，遠国奉行は幕府の重要直轄地に置かれた奉行の総称で，日光・堺・山田・奈良以外に長崎・佐渡・伏見・兵庫・箱館・下田などがあげられる。

35. 幕藩体制の成立②―初期外交と鎖国
【重要用語】　①　ウィリアム＝アダムズ　②　田中勝介　③　慶長遣欧使節　④　糸割符制度　⑤　朱印船　⑥　奉書船　⑦　出島　⑧　唐人屋敷　⑨　朝鮮通信使　⑩　慶賀使　⑪　シャクシャインの戦い　⑫　林羅山　⑬　数寄屋造　⑭　俵屋宗達　⑮　酒井田柿右衛門

〔重要演習〕　❶　問1―ハ　問2　B―ロ　C―ホ　問3―ホ　問4―支倉常長（六右衛門長経）　問5―1604　問6―堺　問7―1641　問8―山田長政　問9―マカオ（澳門）　問10―明　問11―島津家久

解説　❶　東南アジアへの海外進出に代表される外への動きをおさえ，さらにポルトガル・スペインとの関係にも視点をおく。幕府による貿易統制の歩みと，鎖国政策をあわせてとらえていくこと。また長崎貿易だけでなく，朝鮮・琉球・蝦夷地との関係にも視野を広げる（四つの窓口―長崎・対馬・薩摩・松前）。

36. 幕藩体制の成立③―幕藩社会の構造
【重要用語】　①　士農工商　②　村方三役　③　村請制　④　五人組　⑤　本百姓　⑥　水呑　⑦　年貢　⑧　小物成　⑨　国役　⑩　伝馬役　⑪　田畑永代売買の禁令　⑫　分地制限令　⑬　慶安の触書　⑭　家持　⑮　借家・店借

〔重要演習〕　❶　1―非人　2―1万石　3―御家人　4―改易　5―検地帳　6―年貢　7―本百姓　8―水呑百姓　9―名子　10―町人　11―地主　12―借家　13―運上　14―地子銭　15―職人

❷　問1―8　問2―庄屋　問3―村請制　問4―検見法　問5―結　問6―葬式　問7―縁切寺

解説　❶　幕藩体制下の社会は士農工商を軸に構成されていた身分制社会である。その支配・被支配関係の中には，さらに細かい階層分化が形成されている。これらの点を詳細に理解すること。

❷　幕府や藩の支配の基本は村と百姓への統治である。村・百姓をどのように支配しているのか，村の生活形態への視点も含めて見ることが必要。問4について，検見法はその年の作柄を調べて税率を定める方法。幕府領では享保の改革で定免法が採用された。これは豊凶に関係なく税率を一定にする方法。問5は，「もやい」とも呼ばれる。

37. 幕政の安定
【重要用語】　①　徳川家綱　②　慶安の変　③　明暦の大火　④　殉死の禁止　⑤　徳川光圀　⑥　前田綱紀　⑦　徳川綱吉　⑧　柳沢吉保　⑨　湯島聖堂　⑩　生類憐みの令　⑪　荻原重秀　⑫　正徳の政治　⑬　閑院宮家　⑭　正徳小判　⑮　海舶互市新例

〔重要演習〕　❶　問1　A―ハ　B―ニ　C―イ　D―ニ　問2　(1)―ロ　(2)―ニ　(3)―ヘ　(4)―ハ　問3　(1)―ロ　(2)―イ　問4　(1)―イ　(2)―ヘ　(3)―ハ

解説　❶　家光までの武断政治にかわって進められる4代家綱の治世について。その政策を整理し，幕政安定化への流れがつくられること，また諸藩においても刷新がおこなわれた点に留意する。問3について，大名統制のため大名の領地を没収し，その家を断絶させることをいうが，大名への処罰はこれ以外にも，減封・転封（国替）などがあった。

38. 経済の発展
【重要用語】　①　備中鍬　②　金肥　③　農書　④　入浜塩田　⑤　五街道　⑥　本陣・脇本陣　⑦　角倉了以　⑧　菱垣廻船　⑨　河村瑞賢　⑩　計数貨幣　⑪　秤量貨幣　⑫　両替商　⑬　三都　⑭　蔵屋敷　⑮　二十四組問屋

〔重要演習〕　❶　問1―(d)　問2―(e)　問3―(a)　問4―(e)　問5―(a)　問6　(ア)―(i)　(イ)―(f)　(ウ)―(a)　(エ)―(e)　(オ)―(c)　問7　(ア)―(h)　(イ)―(n)　(ウ)・(エ)―(d),(f)(順不同)　(オ)―(c)　(カ)―(e)　(キ)―(g)　(ク)・(ケ)―(k),(m)(順不同)　(コ)・(サ)―(j),(l)(順不同)　(シ)―(a)

解説　❶　17世紀以降，新田開発や農業技術の進歩により農業生産は飛躍的な発展をとげ，それに伴い商品作物も増大していった。商品の流通も活発化し，陸上・水上・海上交通網も発達し，商業・貨幣経済の進展を見せるようになった。貨幣の扱いについても確認すること。問7に関連して，「金遣い」「銀遣い」のこ

とばは，取引に江戸では主に金貨が使用され，大坂では主に銀貨が使われたことから生まれた（金建て・銀建て）。秤量貨幣とは重さを計って価値を決め，使用する貨幣のこと。銀貨に使われる。計数貨幣とは目方でなく，個数や額面で使用する貨幣をいう。小判や一分銀，寛永通宝などがそれである。

39．元禄文化
【重要用語】 ① 井原西鶴 ② 松尾芭蕉 ③ 近松門左衛門 ④ 山崎闇斎 ⑤ 中江藤樹 ⑥ 山鹿素行 ⑦ 伊藤仁斎 ⑧ 荻生徂徠 ⑨ 新井白石 ⑩ 本草学 ⑪ 宮崎安貞 ⑫ 貞享暦 ⑬ 契沖 ⑭ 尾形光琳 ⑮ 菱川師宣
〔重要演習〕 ❶ 1―談林 2―正風［蕉風］ 3―浮世草子 4―近松門左衛門 5―義太夫 6―市川団十郎 7―菱川師宣 8―浮世絵 9―尾形光琳 10―京焼
❷ a―熊沢蕃山 b―山鹿素行 c―新井白石 d―荻生徂徠 e―宮崎安貞 f―⑤ g―④ h―③ i―④ j―②

解説 ❶ 元禄時代になると，社会の安定を背景に，武士だけでなく一般の町人や農民にまで多彩な担い手が生まれた。また，鎖国政策によって日本独自の文化が成熟した時代でもあった。文学・演劇・美術工芸など，様々な分野で発展が見られ，上方の町人文芸では，井原西鶴・松尾芭蕉・近松門左衛門・竹本義太夫などが出て，活況を見せる。美術でも大和絵の流れが発展していったり，浮世絵の版画も生まれた。工芸分野でも京焼・友禅染などが生まれていった。あわせて儒学だけでなく，諸学の発展も見られた点を忘れないこと。これらの作品，作者名を整理し，確認すること。
❷ a～gは著書と著者の符号問題。h～jは著書でないものなので注意。ちなみにhの『梨本集』は戸田茂睡著。iの『春色梅暦』は為永春水著。jの『国意考』は賀茂真淵著。

40．幕政の改革
【重要用語】 ① 徳川吉宗 ② 享保の改革 ③ 相対済し令 ④ 上げ米 ⑤ 公事方御定書 ⑥ 惣百姓一揆 ⑦ 天明の飢饉 ⑧ 田沼意次 ⑨ 工藤平助 ⑩ 解体新書 ⑪ 本居宣長 ⑫ 水戸学 ⑬ 明和事件 ⑭ 安藤昌益 ⑮ 山東京伝
〔重要演習〕 ❶ 1―大岡忠相 2―荻生徂徠（または室鳩巣） 3―100 4―定免法 5―実学 6―公事方御定書 7―小石川養生所 8―評定所 9―打ちこわし 10―浅間山
❷ 問1 (1)―石田梅岩 (2)―山片蟠桃 (3)―安藤昌益 問2 A―(石門)心学 B―懐徳堂 問3―②

解説 ❶ 18世紀に入ると幕府財政の悪化が進行し，その対策が求められる。8代吉宗による幕政改革（享保の改革）がそれである。そこでおこなわれた改革の諸政策を整理すること。また，都市政策の面と，自然災害（三大飢饉）についてもあわせて整理すること。
❷ 18世紀以降，洋学・国学などの諸学が発達し，さらに生活から生まれた思想も成長し，生活倫理を説いたり，封建社会を批判する動きも見られるようになった。(1)の彼とは石田梅岩で，庶民の生活倫理を説き，社会の中での町人・百姓の役割を説いた。手島堵庵・中沢道二らによって全国に広がった。(2)の彼は山片蟠桃で，「懐徳堂」で朱子学を学び，さらに天文学を学んだ。『夢の代』を著し，儒仏国学を批判し，地動説を唱え，経済では自由経済政策を説く。(3)の彼は安藤昌益で，『自然真営道』を著し，万人が直耕して生活する「自然の世」を理想とし，封建身分社会を批判した。

41．幕府の衰退と近代への道
【重要用語】 ① 寛政の改革 ② 棄捐令 ③ 寛政異学の禁 ④ ラクスマン ⑤ 間宮林蔵 ⑥ フェートン号事件 ⑦ 異国船打払令 ⑧ 大御所時代 ⑨ 関東取締出役 ⑩ 大塩の乱 ⑪ モリソン号事件 ⑫ 渡辺崋山 ⑬ 天保の改革 ⑭ 上知令 ⑮ 雄藩
〔重要演習〕 ❶ 問1―② 問2―① 問3―① 問4―③

解説 ❶ 18世紀後半の田沼時代から19世紀前半の水野忠邦の天保の改革までの動向を整理すること。町人資本の台頭，朝廷問題，天保の改革など，様々な出来事が展開されるが，それらを時代ごとにまとめること。問1の②は松平定信による寛政の改革の一つ，「七分積金」をさしている。問2の尊号一件は，松平定信によって幕府権威を高めるなかで生じた出来事。しかし，この件をきっかけに将軍徳川家斉との対立が生まれ，定信の失脚につながっていく。問3の為永春水は，『春色梅児誉美』を著した人情本作家。

42．化政文化
【重要用語】 ① 海保青陵 ② 佐藤信淵 ③ 平田篤胤 ④ 伊能忠敬 ⑤ 蛮書和解御用 ⑥ 志筑忠雄 ⑦ 緒方洪庵 ⑧ シーボルト ⑨ 滑稽本 ⑩ 曲亭馬琴 ⑪ 小林一茶 ⑫ 錦絵 ⑬ 歌川広重 ⑭ 鶴屋南北 ⑮ 庚申講
〔重要演習〕 ❶ ア―伊能忠敬 イ―緒方洪庵 ウ―志筑忠雄 エ―桂川甫周 オ―司馬江漢 問1―シーボルト事件 問2―適塾（適々斎塾） 問3―鎖国論 問4―2 問5―不忍池図
❷ ア―黄表紙 イ―滑稽本 ウ―人情本 エ―読本 オ―狂歌 カ―歌舞伎 キ―錦絵 ク―文人画 ケ―銅版画 (1) a―『浮世風呂』 b―『東海道中膝栗毛』 c―『南総里見八犬伝』 d―『おらが春』 e―『仮名手本忠臣蔵』

解説 ❶ 問1 シーボルト事件でシーボルトが高橋景保から贈られたのが国外持出し禁止の伊能忠敬の地図であったことに注意。(C)のウ，(D)のエはやや難。ウの志筑忠雄は『暦象新書』で地動説を紹介した。エの桂川甫周の『北槎聞略』は大黒屋光太夫の供述によって作成された。
❷ 化政文化は，都市の繁栄に支えられて発展した。町人文化の最盛期を迎え，多種多様なものが生まれた。文学・演劇・美術の分野だけでなく，学問思想・教育など様々な分野で成長が見られた。また民衆文化も成熟期を迎える。これらの動きは，幕藩体制の動揺の中

から新しい息吹を生み出そうとする活力の中から成長していった。ここではこの時代の活躍した人物，その作品などを整理し確認すること。設問aの式亭三馬は『浮世風呂』以外にも『浮世床』を著している。bの十返舎一九は『東海道中膝栗毛』のほか『金比羅参詣』，『宮島参詣』を著す。cの滝沢馬琴は『南総里見八犬伝』のほか，『椿説弓張月』を著す。dの小林一茶は『おらが春』を著す。eの竹田出雲は『仮名手本忠臣蔵』のほか，『菅原伝授手習鑑』，『義経千本桜』などの浄瑠璃を著している。

43．近世のまとめ①

❶ (1)—夏の陣（役） (2)—公家 (3)—○ (4)—徳川家治 (5)—相対済し令 (6)—七分金積立（七分積立） (7)—○ (8)—細川重賢 (9)—陽明学

❷ (1)—公事方御定書 (2)—定免法 (3)—国訴 (4)—上知令 (5)—関東取締出役 (6)—二宮尊徳（金次郎） (7)—青木昆陽 (8)—貝原益軒 (9)—河村瑞賢（瑞軒） (10)—大原幽学

❸ 1）1—徳川家光 2—徳川綱吉 3—正徳 4—徳川吉宗 5—田沼意次 6—水野忠邦 7—井伊直弼 2）—豊臣秀頼 3）—武家諸法度 4）—益田（天草）四郎時貞 5）—上げ米 6）—公事方御定書 7）—囲米 8）—人足寄場 9）—朱子学 10）—(ア) 11）—大塩平八郎 12）—渡辺崋山 13）—人返しの法 14）—新潟 15）—禁門の変

解説 ❶ (2)武家伝奏に関しては，松平定信に尊号の宣下を求めた武家伝奏が処罰され，それが定信退陣のきっかけとなった「尊号一件」を知っておきたい。(4)吉宗も朝鮮人参の栽培などの実学を奨励したが，座を設けて専売したのは田沼意次の時。

❷ (j)大原幽学は幕末の農民指導者。勤倹・知足安分を説いた。

❸ 江戸時代の通史の基本事項をおさえておけばよい。基本問題。

44．近世のまとめ②

❶ 問1—相対済し令 問2—足高 問3—寺社奉行・勘定奉行・町奉行 問4—ウ 問5—徳川家光 問6—徳川吉宗 問7—エ 問8—イ

❷ 問1—② 問2—④ 問3—④ 問4—陽明学派 問5—① 問6—② 問7—喜多川歌麿 問8—① 問9—宇下人言 問10—④

解説 ❶ 享保の改革に関する史料問題。出典は『御触書寛保集成』。Aは相対済し令，Bは足高の制，Cは上げ米についての史料。問4の上げ米は大名に石高1万石につき100石を献上させたので，100分の1となる。問7の林述斎は寛政期の人物。

❷ 史料Aの出典は『憲法類集』。寛政異学の禁についての史料問題。問3の田畑永代売買の禁令は1643年の寛永期。史料Bは寛政の改革への批判である。問6の為永春水の処罰は天保期である。

45．近世のまとめ③

❶ 1—K 2—F 3—J 4—G 5—L 6—I 7—P 8—G 9—E 10—L

❷ (1)—道中奉行 (2)—脇街道（脇往還） (3)—助郷 (4)—問屋場 (5)—本陣 (6)—菱垣廻船 (7)—樽廻船 (8)—河村瑞賢（瑞軒） (9)—北前 (10)—千石船 問1—馬の提供と労役への従事 問2—家光 問3—東海道中膝栗毛 問4—蔵物 問5—ハ

❸ 問1—(b) 問2—(b) 問3—(a) 問4—(c) 問5—(d) 問6—(a)

解説 ❶ (ア)徳川幕府の貨幣・金融政策の項目で江戸時代の通貨制度が計数貨幣（小判・一分金）から始まり，秤量貨幣（丁銀・豆板銀）に拡大され，銭貨（銅銭・鉄銭）の鋳造が行なわれた。17世紀中ごろまでに金・銀・銭の三貨は全国に普及し，商品流通の飛躍的な発展を支えた。(イ)幕末の開国の状況に関する基本事項の確認。(ウ) 19世紀前後から幕藩体制のゆきづまりは顕著になり，人口の減少にともなう農村の荒廃はすすんでいく一方，問屋制家内工業の発展が見られ商品生産をうながした。絹・綿織物業に見られる成長はその代表的な事例である。その発達はマニュファクチュア（工場制手工業）へと成長し，近代化へのながれを形づくった。このような社会経済の変化は，幕府同様に本百姓体制に支えられている諸藩にも変化をもたらし，専売制の導入や藩営工場の設立をうながしていった。

❷ 江戸時代の交通網は東海道をはじめとした五街道や脇街道（脇往還）とよばれる主要道路が全国をおおっていた。街道には宿駅や一里塚などがもうけられ，陸上交通の整備が行なわれた。海上交通は内陸部の河川舟運も物資流通の中心をになり，沿岸海運では菱垣廻船・樽廻船が定期的に運行された。また，17世紀後半には河村瑞賢によって東廻り海運・西廻り海運が整備され，全国的な海上交通網が完成した。

❸ 幕府・諸藩の財政的基盤である貢租の拡大のために，新田開発を積極的にすすめることにより，全国の耕地は飛躍的に拡大した。17世紀末からは有力商人によって町人請負新田が各地に見られるようになった（田畑面積は江戸初期の164万町歩から18世紀初めには297万町歩へと激増した）。農業技術の進歩もめざましく備中鍬・千歯扱・唐箕・千石簁・踏車が開発された。栽培技術や農業知識を説く農書なども数多く著された（宮崎安貞『農業全書』，大蔵永常『農具便利論』など）。

46．近世のまとめ④

❶ (A) 1—(b) 2—(c) 位置—キ
(B) 3—(b) 4—(a) 位置—セ
(C) 5—(d) 6—(d) 位置—エ
(D) 7—(b) 8—(a) 位置—サ

❷ 問1—(c) 問2—(a) 問3—かぶき者[傾き者] 問4—(a) 問5—(a) 問6—(b) 問7—尚巴志 問8—(d) 問9—(b) 問10—(a) 問11—隆達節[隆達小歌]

解説 ❶ 江戸時代の総合問題。関ヶ原の戦いから幕末までの主要な部分の設問で構成され，基本事項をおさえれば対応できる基本問題。(A)は関ヶ原の戦いを経て，徳川家康が実権を掌握する展開。(B)はキリスト教禁令をふまえて進められる，徳川幕府の初期の対外政策関係。(C)幕府の安定期に入る中で，儒学（朱子学）

の役割が強められていく。その中で教育機関の設立もされるが，それに関連した問い。(D)は幕末期，長州藩の高杉晋作によってつくられた奇兵隊に始まる軍制の推移に関連した設問。(A)のこの地は岐阜・関ヶ原―キ。(B)のこの地は長崎・出島―セ。(C)のこの地は福島・会津―エ。(D)のこの地は山口・長府(下関)―サ。

❷ この図は『彦根屏風』といわれるもので，17世紀前半に描かれたとされる。彦根藩主井伊家に伝わるもの。当時の風俗・生活が描かれており，風俗資料として貴重なものである。この屏風絵をとおして，描かれた時代・社会の状況を確認すること。問5について，土佐光信は大和絵から土佐派の基礎を固めた。

47．近世―補充演習

❶ 問1 (1)―天守閣 (2)―濃絵 (3)―大和絵 (4)―水墨画 (5)―琉球 (6)―三味線 (7)―瓦 (8)―南蛮屏風 問2 (9)―書院造 (10)―欄間 問3 [1]―③ [2]―⑨ 問4 [3]―⑧ [4]―⑤ 問5―③ 問6―⑤

❷ 問(1) 1―禁教令 2―寺請制度 3―絵踏 4―後水尾 5―禁中並公家諸法度 6―京都所司代 7―武家伝奏 8―沢庵 問(2)―高山右近 問(3)―元和の大殉教 問(4)―不受不施派 問(5)―禁裏御料(天皇領) 問(6)―紫衣事件 問(7)―後桜町

❸ 問1 ア―④ イ―③ ウ―① エ―⑤ 問2 a―⑦ b―① c―⑯ d―⑤ e―⑮ f―⑥ g―⑨ h―⑬ i―⑭ j―② k―⑰

❹ 問1―3 問2―2 問3―1 問4―4 問5―2 問6―3 問7―2 問8―4 問9―3 問10―1

❺ 問1―②，④(順不同) 問2―⑤ 問3―② 問4―④ 問5―③ 問6―② 問7―⑤ 問8―④ 問9―② 問10―③ 問11―① 問12―②，⑤(順不同) 問13―③

❻ 問1 ア―浅間山 イ―棄捐令 問2―② 問3―④ 問4―① 問5―④ 問6 (1)―② (2)―③ 問7―①

解説 ❶ 安土桃山時代の文化は戦国の乱世が終わり，あらたな時代の始まりを形作る風潮の中で生み出されてくる。豪華壮大な文化は富と権力に支えられ，それまでの文化を継承しながら，現実的で力強いものを生み出した。建築・彫刻・絵画等にその姿を見せる。また経済活動で富を蓄えた町衆も文化の担い手として様々な分野で活躍する。これらの動きを確認すること。さらに，南蛮貿易によってもたらされたヨーロッパの文物や宣教師を通じて新しい文化が生まれた点についても注意する。

❷ 徳川幕府は様々な統制策を打ち出していくが，ここでは宗教政策，とくにキリスト教への対応についてと朝廷・公家に関するものを軸にまとめる。禁教令にともなう様々な方策(寺請制度・踏絵等)をおさえていく。また，禁中並公家諸法度の法令を軸に進められた統制強化の動きを追っていくこと。

❸ 鎖国政策の展開を確認していくと同時に，鎖国状況の中にあって長崎でのオランダ・清国との貿易，対馬の宗氏を介した朝鮮との関係，薩摩の島津氏と琉球王国との関係，松前氏(蠣崎氏)と蝦夷ヶ島のアイヌとの関係など四つの窓口も詳細に整理すること。

❹ 徳川家光死後の幕政の推移を，4代家綱・5代綱吉・6代家宣の治世を通してみていく。文治政治の内容について，それぞれの時代でどのようなことがおこなわれたのか。そこでの事項と関連する人物を確認していく。問8について，4の「公事方御定書」は8代吉宗の享保の改革の一つである。

❺ 江戸時代の交通の整備と発達がどのようになされたのかを確認していく事と，農業生産の進展と，それに関連した産業の発展を整理する。問7の⑥について，栗橋は奥州道中に関所が置かれた。中山道は碓氷と木曽福島の2カ所に関所が置かれた。問9の②菱垣廻船は大坂・江戸間の廻漕船。問13の③について，この頃の工場制手工業は醸造業(酒・醤油)で発展した。

❻ 田沼時代から松平定信の寛政の改革までの社会の動向。10代家治・11代家斉にあたる。幕府財政の行き詰まりへの再建が取り組まれ，田沼時代は年貢の増徴だけに頼らず積極的な経済活動によって乗り切ろうと，様々な政策をとっていった。株仲間の公認や新田開発などをおこなったが，幕府財政の再建には至らず，天明の飢饉等による自然災害に直面して取り組みは失敗に終わる。これを受けて松平定信の寛政の改革が進められるが，復古主義的性格を強く持ち，失敗に終わる。この動きを詳細に把握する。問5の④について，田沼意次の貨幣改革は金を中心とする貨幣制度への一本化を試みた。その為に大量に鋳造されたのが南鐐二朱銀である。問7の①について，『花月草紙』は，松平定信が失脚後に著した随筆で和漢混交で書かれている。

48．開国と幕末の動乱①―開国とその影響

【重要用語】 ① 薪水給与令 ② ペリー ③ プチャーチン ④ 日米和親条約 ⑤ 阿部正弘 ⑥ 安政の改革 ⑦ ハリス ⑧ 堀田正睦 ⑨ 日米修好通商条約 ⑩ 安政の五カ国条約

〔重要演習〕 ❶ 問1―③ 問2―① 問3―① 問4―① 問5―④

❷ 問 A―⑦ B―① C―⑥

解説 ❶ 欧米のアジア進出と，幕末期における対応をまとめ，内容を具体的に確認する。問3について，当時の老中首座は阿部正弘で安政の改革と呼ばれる諸改革を実施した。公武協調をはかり，諸大名・幕臣にも意見を求め挙国一致策をとる。人材登用を進め，徳川斉昭(前水戸藩主)を幕政に参加させ，国防の充実の必要から江戸湾に台場を築き，海軍伝習所・洋学所の設立などを進めた。

❷ 幕末の略年表である。基本的な事項を正確におさえていく。

49．開国と幕末の動乱②―江戸幕府の滅亡

【重要用語】 ① 徳川慶喜 ② 安政の大獄 ③ 桜田門外の変 ④ 安藤信正 ⑤ 島津久光 ⑥ 尊王攘夷論 ⑦ 八月十八日の政変 ⑧ 禁門の変 ⑨ 雄藩連合政権 ⑩ 長州征討 ⑪ 薩長連合 ⑫ 大政奉還 ⑬ 王政復古の大号令 ⑭ 小御所会議 ⑮

蕃所調所
〔重要演習〕❶ 問1―長崎 問2―ハリス 問3―井伊直弼 問4―坂下門外の変 問5―生麦事件 問6―八月十八日の政変 問7―新選組 問8―オランダ 問9―徳川慶喜

解説 ❶ ペリー来航から王政復古の大号令までの出来事を，時系列で確認するとともに，主な出来事を関連事項も含めて具体的に把握する。問9について，王政復古の大号令が出される前に，徳川慶喜が大政奉還の上表を朝廷に出し，政権を返上した。それに対し，朝廷内の岩倉具視らと薩長両藩が討幕の密勅を手に入れ，朝廷内のクーデタを決行し，王政復古の大号令を発し，徳川氏排除の新政権を樹立した。

50. 明治維新
【重要用語】 ① 戊辰戦争 ② 奥羽越列藩同盟 ③ 五箇条の誓文 ④ 政体書 ⑤ 太政官 ⑥ 一世一元の制 ⑦ 五榜の掲示 ⑧ 版籍奉還 ⑨ 廃藩置県 ⑩ 藩閥政府 ⑪ 地租改正 ⑫ 徴兵令 ⑬ 内務省 ⑭ 四民平等 ⑮ 秩禄処分
〔重要演習〕❶ 問1―③ 問2―③ 問3―② 問4―① 問5―②

解説 ❶ 戊辰戦争の展開と，それに平行して進められた新政権の諸政策とあわせて，近代的な中央集権体制樹立に向けた取り組みを軸にまとめること。問3について，②は「五箇条の誓文」の内容で，新政権の基本方針を示している。問4について，神道国教化の方針は神仏分離令で打ち出され，さらに，1870年に大教宣布の詔を発し，神道を中心に国民教化をめざした。問5について，明治初年からの太政官制の変遷を確認する。

51. 富国強兵と文明開化
【重要用語】 ① 官営模範工場 ② 開拓使 ③ 新貨条例 ④ 国立銀行条例 ⑤ 政商 ⑥ 学制 ⑦ 廃仏毀釈 ⑧ 明六社 ⑨ 日清修好条規 ⑩ 琉球処分 ⑪ 征韓論 ⑫ 日朝修好条規 ⑬ 明治六年の政変 ⑭ 民撰議院設立の建白書 ⑮ 西南戦争
〔重要演習〕❶ 問1―1873 問2―3 問3―② 問4―③ 問5―⑤ 問6―③ 問7―④ 問8―① 問9―④ 問10―中村正直

解説 ❶ 新政権による近代国家形成に向けての諸政策をまとめる。安定財源の確保，近代的な軍事制度の導入，近代産業の形成（殖産興業の振興）などに加え，思想や生活全般にわたる文明開化の展開を整理する。

52. 立憲国家の成立と日清戦争①―自由民権運動と憲法制定
【重要用語】 ① 立憲政体樹立の詔 ② 元老院 ③ 国会期成同盟 ④ 明治十四年の政変 ⑤ 松方正義 ⑥ 福島事件 ⑦ 大阪事件 ⑧ 三大事件建白運動 ⑨ 保安条例 ⑩ 内閣制度 ⑪ 大日本帝国憲法 ⑫ 帝国議会 ⑬ 民法典論争 ⑭ 超然主義
〔重要演習〕❶ 1―有司 2，3―板垣退助，木戸孝允（順不同） 4―私擬法 5―宮中 6―皇室典範 問1 a―イ b―ロ c―イ 問2 a―イ b―イ c―イ 問3―郡区町村編制法，府県会規則，地方税規則
❷ 問1 A―岩倉具視 B―大隈重信 C―伊藤博文 D―井上毅 E―ロエスレル 問2―②

解説 ❶ 民撰議院設立の建白書にはじまる自由民権運動の動きを，憲法制定の取り組みと関連づけて確認していく。あわせて政府の対応がどのようになされていったのか，憲法発布に至るまで確認する。問1について，bの建白書などは立法の諮問機関である左院に提出される。よって「民撰議院設立の建白書」も左院に提出された。問3の地方三法の制定によって，府会・県会を通して，ある程度の民意を組み入れることができる地方制度となった。

❷ 明治十四年の政変をうけ，政府による憲法制定作業が進められることになるが，立憲制への準備がどのようにおこなわれ，帝国憲法発布に至るのか，諸法典（六法）の編纂の動き，とくに民法典の動きを注意してまとめる。

53. 立憲国家の成立と日清戦争②―条約改正と日清戦争
【重要用語】 ① 井上馨 ② 大津事件 ③ 陸奥宗光 ④ 小村寿太郎 ⑤ 壬午軍乱 ⑥ 甲申事変 ⑦ 天津条約 ⑧ 軍人勅諭 ⑨ 甲午農民戦争 ⑩ 日清戦争 ⑪ 下関条約 ⑫ 三国干渉 ⑬ 台湾総督府
〔重要演習〕❶ 問1―④ 問2―① 問3―⑤ 問4―⑤

解説 ❶ 不平等条約改正への取り組みを日清戦争まで見る。岩倉具視，寺島宗則，井上馨，大隈重信，青木周蔵，陸奥宗光らの担当者の取り組みを整理し，その経緯をまとめるとともに関連事項にも注意すること。問1は，幕末に結ばれた日米修好通商条約の内容を確認する。問3について，自由党の支持によって国内の反対の声を抑え，1894年，法権の回復と税権の一部回復をはかった。問4について，日清戦争後の朝鮮は清国の影響から逃れ，ロシアの支援をうけた親露政権が成立し，日本に対抗する意味からも1897年，国号を「大韓帝国」と改め，朝鮮国王も皇帝を名乗った。

54. 日露戦争と国際関係
【重要用語】 ① 隈板内閣（第1次大隈重信内閣） ② 軍部大臣現役武官制 ③ 治安警察法 ④ 北清事変 ⑤ 日英同盟協約 ⑥ ポーツマス条約 ⑦ 日比谷焼打ち事件 ⑧ 第2次日韓協約 ⑨ 第3次日韓協約 ⑩ 韓国併合条約 ⑪ 関東都督府 ⑫ 辛亥革命 ⑬ 戊申詔書
〔重要演習〕❶ 問A―3，4 問B―1，5 問C―1，5 問D―3，4

解説 ❶ 帝国議会開設後，政府と民党との対立構図が見られるが，日清戦争を機に共同歩調がとられるようになった。それ以降，政府と政党との関係は変動を繰り返しながら進行していく。これらの動きをまとめていくこと。あわせて節目である第1次大隈内閣，第2次山県内閣，伊藤博文による立憲政友会の結成，さらに第1次桂内閣以降の桂園時代の動きを軸に，日露戦争へ至る国内の動きを関連づけていく。問Aにつ

いて，3の予算は自由党の一部を切り崩して成立させた。4の松方正義内閣は衆議院を解散した。問Bについて，1は天津条約に従って清国は日本に通知した。5の初代台湾総督は樺山資紀で，後藤新平は1898年から台湾民政局長として民政を担当した。問Cについて，1は進歩党ではなく自由党との提携。5は旧自由党系の憲政党ではなく，旧進歩党系の憲政本党である。問Dについて，3は現役の大将でなく，現役の大将・中将以外は陸・海軍大臣になれないことを明記した。4は治安維持法でなく，治安警察法を公布して政治・労働運動の規制を強化した。

55. 近代産業の発展

【重要用語】　① 金本位制　② 資本主義　③ 横浜正金銀行　④ 大阪紡績会社　⑤ 日本鉄道会社　⑥ 官営払下げ　⑦ 財閥　⑧ 八幡製鉄所　⑨ 日本製鋼所　⑩ 寄生地主　⑪ 地方改良運動　⑫ 労働組合期成会　⑬ 足尾銅山鉱毒事件

【重要演習】　❶ A―渋沢栄一　B―豊田佐吉　C―清国　D―航海奨励法　E―横浜正金銀行　1―て　2―け　3―あ　4―あ　5―そ　〔設問〕1―え　2―う　3―う　4―あ

解説　❶ 1880年代後半の企業勃興以降，近代産業の発展が本格化し，繊維産業をはじめ他の部門（海運・鉄道等）にも波及していく。日清・日露戦争がこの動きに拍車をかけていく点も見逃せない。軽工業部門から重工業部門への発達などを，詳細におさえていくこと。あわせて労働問題が，社会問題となっていくことも把握する。

56. 近代文化の発達

【重要用語】　① 徳富蘇峰　② 高山樗牛　③ 教育令　④ 学校令　⑤ 教育に関する勅語（教育勅語）　⑥ 国定教科書制度　⑦ 坪内逍遙　⑧ 二葉亭四迷　⑨ ロマン主義文学　⑩ 自然主義文学　⑪ 夏目漱石　⑫ 東京音楽学校　⑬ 東京美術学校　⑭ 白馬会

【重要演習】　❶ A．(イ)―植村正久　(ロ)―中江兆民　(ハ)―福沢諭吉　(ニ)―新島襄　(ホ)―高橋由一　(ヘ)―勝海舟　(ト)―津田真道　(チ)―渋沢栄一　B．(あ)―開成所　(い)―明六社　(う)・(え)―フェノロサ・岡倉天心（順不同）　C．(1)―切支丹禁制の高札撤廃　(2)―a
❷ 1―フランス　2―8　3―アメリカ　4―森有礼　5―尋常　6―新渡戸稲造　7―徳富蘇峰　8―新島襄　9―元田永孚　10―内村鑑三

解説　❶ A(ロ)中江兆民は『東洋自由新聞』で自由民権を説いた。(ハ)福沢諭吉は慶応義塾，(ニ)新島襄は同志社。(ト)津田真道はオランダに留学，法学を学ぶ。C(1)明治政府は諸外国との関係を考慮し，キリスト教禁令の高札を撤去，以後は黙認した。(2)初期社会主義はキリスト教社会主義者が担い手であった。片山潜・安部磯雄・木下尚江ら。
❷ 学制公布以降の教育の普及の歩みを，学校体系の整備と義務教育へ関連づけておさえていく。さらに教育政策が国家主義重視の方向で強まり，教科書の国定化や国家統制が強化されていく動きを詳細に把握する。教育に関連して，明治初期に来日したクラークやジェーンズなどの外国人教師の動きも確認すること。

57. 第一次世界大戦と日本

【重要用語】　① 美濃部達吉　② 犬養毅　③ 第一次護憲運動　④ 大正政変　⑤ 第一次世界大戦　⑥ 二十一カ条の要求　⑦ 石井・ランシング協定　⑧ シベリア出兵　⑨ 大戦景気　⑩ 民本主義　⑪ 憲政会　⑫ 米騒動　⑬ 原敬　⑭ 小選挙区制

【重要演習】　❶ 問1　1―犬養毅　2―尾崎行雄　3―ジーメンス事件　4―袁世凱　5―五・四運動　6―米騒動　問2―②　問3―青島　問4―①
❷ 1―連合国　2―大戦景気　3―輸出　4―アジア　5―債務　6―債権　7―重工業　8―化学工業　9―農業　10―工業

解説　❶ 大正政変から第一次世界大戦を経て，政党内閣成立までの動きを追っていく。大正政変では第一次護憲運動に関連する政党・人物をおさえる。第一次世界大戦に関しては中国への侵略の動きに注意する。政党内閣の成立は，成立の経過とその取り組み内容に迫る。
❷ 第一次世界大戦が，明治時代末からの不況と財政悪化を乗り越える大きな役割を果たす。大戦景気とよばれるものがどのような分野で現れ，成長を見せたかを詳細におさえる。

58. ワシントン体制

【重要用語】　① 国際連盟　② 五・四運動　③ 三・一独立運動　④ 海軍軍縮条約　⑤ 加藤高明　⑥ 幣原喜重郎　⑦ 友愛会　⑧ 青鞜　⑨ 全国水平社　⑩ 第二次護憲運動　⑪ 治安維持法　⑫ 大衆文化　⑬ プロレタリア文学

【重要演習】　❶ (1)―ワシントン　(2)―原敬　(3)―五・一五　問1―D　問2―憲政の常道
❷ 問a―石川啄木　問b―日本労働総同盟　問c―西光万吉　問d―新婦人協会

解説　❶ 第一次世界大戦後の国際社会の動向と国内情勢に視点をおく。アジア・太平洋地域の利害を調整するためにワシントンで会議がもたれ，四カ国条約（米・英・日・仏）を締結し，さらに中国に関するあらたな取り決めを結んだ（九カ国条約―米・英・日・仏・ベルギー・ポルトガル・オランダ・中国）。これによって，アジア・太平洋地域のあらたな国際秩序が成立した（ワシントン体制）。これに関連する日本に関わる事項を整理すること。このような協調外交への取り組みが，国内の政治の動向に大きく影響を与える。戦後の社会の安定が労働運動・普選運動の高揚の流れを確認し，政党内閣の成立まで視野に入れてまとめていく。
❷ 大正期の社会運動を整理する。労働運動・農民運動・社会主義運動・被差別部落解放運動・婦人参政権運動などの動きを確認していく。

59. 恐慌の時代

【重要用語】　① 戦後恐慌　② 金融恐慌　③ モラトリアム　④ 労働農民党　⑤ 三・一五事件　⑥

山東出兵　⑦　関東軍　⑧　満州某重大事件　⑨　金輸出解禁　⑩　世界恐慌　⑪　重要産業統制法　⑫　農業恐慌　⑬　ロンドン海軍軍縮条約
〔重要演習〕　❶　1—1923　2—片岡直温　3—金融恐慌　4—ニューヨーク　5—重要産業統制法
❷　1—片岡直温　2—台湾　3—枢密院　4—高橋是清　5—安田　6—山東　7—済南　8—張作霖　9—井上準之助　10—金解禁　11—昭和恐慌　12—幣原喜重郎
解説　❶　1923年におこった関東大震災後の経済混乱が，1927年の金融恐慌，さらに1929年の世界恐慌の余波をうけた昭和恐慌へとつづき，経済の失速とその状況下での軍部の台頭の動きまで視野に入れて確認していく。
❷　❶と同様の問題。1920年の戦後恐慌から1930年のロンドン海軍軍縮条約の締結までの国内外の動向を確認していく。戦後恐慌以降の経済の行き詰まり，それへの様々な対応をおさえるとともに，協調外交の流れが挫折していくところまでおさえる。

60. 軍部の台頭
【重要用語】　①　柳条湖事件　②　満州事変　③　満州国　④　国家改造運動　⑤　五・一五事件　⑥　日満議定書　⑦　リットン調査団　⑧　管理通貨制度　⑨　滝川事件　⑩　天皇機関説問題　⑪　国体明徴声明　⑫　統制派　⑬　二・二六事件　⑭　近衛文麿
〔重要演習〕　❶　a—4　b—2→3→1　c—桜会　d—3　e—挙国一致内閣　f—2　g—国体明徴声明　h—1　i—4　j—国民精神総動員運動
解説　❶　1931年の満州事変から1937年の第1次近衛内閣までの動きを見る。この間に軍部による動きが活発化し，政治への発言を増大させ，政党政治が後退していく。天皇機関説問題，クーデタや内閣の交代が相次ぐ。これらの一連の動向を，詳細に確認し整理することが求められる。

61. 第二次世界大戦—日中戦争から太平洋戦争
【重要用語】　①　日独伊三国防共協定　②　盧溝橋事件　③　南京事件　④　国家総動員法　⑤　国民徴用令　⑥　七・七禁令　⑦　国民精神総動員運動　⑧　日独伊三国同盟　⑨　大政翼賛会　⑩　東条英機　⑪　大東亜共栄圏　⑫　ヤルタ会談　⑬　ポツダム宣言
〔重要演習〕　❶　問1—盧溝橋事件　問2—ウ　問3—南京　問4—近衛文麿　問5—ア　問6—東亜新秩序　問7—イ　問8—ウ　問9—オランダ　問10—オ
解説　❶　1937年の盧溝橋事件に始まる日中戦争からの動きを追っていく。この戦争への政府の対応がどのようになされたのか，中国国内の動きとも関連づけて見ていく。戦争の長期化にともなう新たな事態も確認するとともに，アメリカなどとの関係がどのように推移していくのかをおさえる。

62. 占領と改革
【重要用語】　①　国際連合　②　GHQ/SCAP　③　五大改革指令　④　東京裁判　⑤　財閥解体　⑥　労働組合法　⑦　新選挙法　⑧　日本国憲法　⑨　二・一ゼネスト　⑩　冷戦　⑪　朝鮮戦争　⑫　警察予備隊　⑬　サンフランシスコ平和条約　⑭　日米安全保障条約
〔重要演習〕　❶　1—財閥　2—闇市　3—金融緊急措置令　4—傾斜生産　5—経済安定九原則　6—シャウプ
❷　問1　1—丸山真男　2—岩宿　3—日本学術会議　4—大岡昇平　5—黒い雨　6—坂口安吾　7—湯川秀樹　8—黒澤明　9—テレビ放送　問2　国体を変革し私有財産制度を廃止することを目的に結社を組織またはこれに加入した場合は懲役に処す。　問3　日本における旧石器時代の文化の存在が明らかとなった。
解説　❶　敗戦後の占領政策に関連した五大改革を軸に進められた取り組みについて，とくに経済分野の動きを確認する。財閥解体，金融緊急措置令，傾斜生産方式，経済安定九原則，税制改革などを確認していく。
❷　占領改革の中で思想・言論への国家の抑圧が取り除かれることによって，個人の解放・民主化の新しい流れが生まれてくる。人文・社会科学・自然科学などの分野での新しい研究が進んでいく。これらを整理していくこと。

63. 高度成長の時代
【重要用語】　①　部分的核実験停止条約　②　MSA協定(日米相互防衛援助協定)　③　自衛隊　④　原水爆禁止運動　⑤　自由民主党　⑥　55年体制　⑦　日ソ共同宣言　⑧　日米相互協力及び安全保障条約　⑨　所得倍増　⑩　日韓基本条約　⑪　ベトナム戦争　⑫　沖縄返還協定　⑬　減反政策　⑭　公害対策基本法　⑮　四大公害訴訟
〔重要演習〕　❶　〈1〉—寛容と忍耐　〈2〉—池田勇人　〈3〉—所得倍増計画　問1—④　問2—①　問3—③　問4—③
解説　❶　1950年の朝鮮戦争勃発によって生じた特需景気によって日本経済は戦前の水準を回復した。こうした中で，政府は積極的な産業政策を実施していく。1955年からは神武景気とよばれる好況期に入っていく。これ以降，日本は高度経済成長の時代に突入するが，一方，産業の発達が社会にひずみを生み，公害問題を発生させる。この時代の動きを整理し確認していく。問1のエネルギー源の転換は，石炭から石油への転換で，これにより多くの炭鉱が閉山に追い込まれる。問3について，a岩戸景気は1958年～61年，bいざなぎ景気は1966年～70年，c神武景気は1955年～57年，dオリンピック景気は1963年～64年。問4の③は環境庁。

64. 激動する世界と日本
【重要用語】　①　石油危機　②　日中共同声明　③　ロッキード事件　④　日中平和友好条約　⑤　バブル経済　⑥　中曽根康弘内閣　⑦　日本労働組合総連合会(連合)　⑧　消費税　⑨　デタント　⑩　マルタ会談　⑪　湾岸戦争　⑫　PKO協力法　⑬　宮沢喜一内閣　⑭　平成不況

〔重要演習〕 ❶ イ―田中角栄　ロ―竹下登　ハ―宇野宗佑　ニ―海部俊樹　ホ―宮沢喜一　ヘ―細川護熙　ト―羽田孜　チ―村山富市　リ―橋本龍太郎　(1)―③
❷　1―自由民主　2―田中角栄　3―列島改造　4―狂乱物価　5―三木武夫　6―ロッキード　7―過疎　8―公害対策基本　9―環境　10―革新

[解説]　❶　55年体制の崩壊への流れを確認していく。自由民主党政権の長期化によって生じた様々な弊害が，1993年に自民党の分裂に発展し，衆議院議員選挙で大敗を喫した。この結果，非自民8党派の連立政権が発足することになった。
❷　高度経済成長のひずみを確認し，社会問題としての公害問題への取り組みがどのように進められたのか。また，政治面では汚職事件が表面化し，長期保守政権の腐敗が問題となったこと。これらの動きを整理する。

65．近代・現代のまとめ①

❶　〔誤→正の順に〕〔1〕―1868→1870　〔2〕―2→3　〔3〕―11月9日→12月3日　〔4〕―大隈重信→大久保利通　〔5〕―1881→1882　〔6〕―○　〔7〕―琉球→沖縄　〔8〕―最高裁判所長官→大審院長　〔9〕―中江兆民→幸徳秋水　〔10〕―加藤友三郎→清浦奎吾　〔11〕―貴族院→枢密院　〔12〕―大川周明→井上日召　〔13〕―翼賛政治会→大政翼賛会　〔14〕―カイロ→ヤルタ　〔15〕―芦田→片山
❷　問A．(1)―a　(2)―c　(3)―b　(4)―e　(5)―f
問B．(1)―イ　(2)―ハ　(3)―ニ　(4)―ロ　(5)―ト
❸　(1)―い　(2)―か　(3)―け　(4)―い　(5)―え　(6)―け　(7)―い　(8)―お　(9)―け
設問A―1929年　設問B―1930年　設問C―1932年

[解説]　❶　やや難。年号の違いや人名の違いなど，注意深く読むことが必要。
❷　(1)は原敬内閣，(2)は第3次桂太郎内閣，(3)は第1次若槻礼次郎内閣，(4)は浜口雄幸内閣，(5)は第2次大隈重信内閣。問Aについて，a．原内閣は普通選挙には反対であった。問Bについて，ハ．産業合理化は浜口内閣の財政政策の一つ。ニ．労働農民党は1926年結成。ト．工場法の施行は1916年。
❸　2．1887年の三大事件建白運動の要求は外交失策の回復，言論集会の自由，地租の軽減。

66．近代・現代のまとめ②

❶　㋐―2　㋑―2　㋒―4　㋓―2　㋔―1　㋕―3　㋖―3　設問(i)―フランス・ドイツ　(ii)―袁世凱　(iii)―スターリン
❷　問1―法人　問2―美濃部達吉　問3―イ　問4―ウ・オ
❸　設問(1)―原敬　㋐―4　設問(2)―復興金融金庫　㋑―5　設問(3)―(名称)経済白書　(発行年度)―1956　㋒―8

[解説]　❶　A．樺太・千島交換条約，出典は『日本外交文書』。B．榎本外相の意見書，出典は『日本外交文書』。C．三国干渉について，出典は『日本外交文書』。G．ポツダム宣言，出典は『日本外交年表竝主要文書』。
❷　1935年の美濃部達吉の天皇機関説問題，出典は「帝国議会貴族院議事速記録」。問4ウ．天皇機関説論争は1912年。オ．『国体の本義』は1937年刊。
❸　A．米騒動についての『東京朝日新聞』の記事。B．ドッジ声明，出典は『朝日新聞』。C．1956年「昭和31年度経済白書」。

67．近代・現代のまとめ③

❶　問1―横浜毎日　2―え　3―い　4―え　5―国民新聞　6―平民新聞　7―い　8―米騒動　9―う　10―い
❷　(1)―け　(2)―そ　(3)―ち　(4)―な　(5)―ね　(6)―の　(7)―う　(8)―き　(9)―と　(10)―さ

[解説]　❶　幕末から明治初期にかけて活字印刷技術の発達により，日刊新聞紙や雑誌が相次いで発刊されていった（活字印刷の発達は1869〈明治2〉年，本木昌造が鉛製活字の量産に成功してから）。これにより，新しい言論活動が始まり近代化の流れが加速した。「民撰議院設立の建白書」が新聞で公表され，自由民権運動が始まると，新聞は国民の関心を集め，新聞・雑誌の需要が伸び，政治・社会の動向を知る手段として，また主張するものとして発展をとげる。明治期にも『万朝報』『二六新報』『国民新聞』など，様々な新聞が発刊されていった。また日露戦争に際し，非戦論の主張や，社会主義の紹介につとめた『平民新聞』なども忘れることができない。大正期に入ると護憲運動の高まりの中でも，新聞・雑誌は大きな役割を果たすこととなる。
❷　大正から昭和初期にかけて，文化の大衆化が進んだ。義務教育の普及とともに識字率の向上，経済の発展にともなう都市化・社会の大衆化が顕著になった。こうした傾向は，文化の担い手が労働者やサラリーマンなどの一般勤労者（大衆）となったことにより生じた。活字文化に加え，ラジオ・トーキー（有声映画）が生まれ，都市を中心に生活様式も変貌し，洋風化・近代化した。

68．近代・現代のまとめ④

❶　問1―①　問2―①　問3―④　問4―②　問5　D―②　E―⑥　F―⑦　問6―①　問7―③
❷　問1―5　問2―4　問3―4

[解説]　❶　ペリー上陸の様子を描いた石版画である。ここでは開港とその影響について確認していく。この図は1954年2月の出来事で，アメリカ側500名の海兵隊・水兵がならび，日本側は会見所入口で旗・のぼりを持って迎えている。問2の①下田は閉鎖された。問6の①海産物は五品に含まれない。五品とは雑穀・水油・（菜種油）・蝋・呉服・生糸をさす。
❷　鉄鋼業に関する問いである。問2に関して，4の日本製鋼所は日露戦争後の1907年に北海道室蘭で設立された。官営八幡製鉄所は国内生産の80%を占めている。問3について，3の過度経済力集中排除法は，財閥解体の一環として巨大独占企業の分割をすすめた。

対象企業は325社であったが，実際に分割されたのは11社のみであった。

69. 近代・現代―補充演習

❶ 問1―① 問2―⑤ 問3―③ 問4―① 問5―⑤
❷ 問1―D 問2―B 問3―B 問4―A 問5―D 問6―D 問7―B 問8―C 問9―B 問10―D 問11―C 問12―B 問13―D
❸ 問1 a―⑥ b―⑫ c―⑨ d―⑲ e―(3) f―⑭ 問2 a―(3) b―⑬ c―⑭ d―(1) e―⑧ f―(9) g―⑪ h―⑱ i―㉔ j―㉒ k―⑱
❹ 1―甲午農民戦争［東学の乱］ 2―天津条約 3―陸奥宗光 4―三国干渉 5―貨幣法 問1―青木周蔵 問2―山県有朋 問3―樺山資紀 問4―重慶 問5―八幡製鉄所
❺ 1―エ 2―ウ 3―エ 4―イ 5―エ
❻ a―本多光太郎 b―八木秀次 c―理化学研究所 d―善の研究 f―津田左右吉 g―河上肇 h―資本論 j―大内兵衛 問1―民俗学 問2―森戸事件
❼ 問1 (1)―② (2)―① (3)―③ (4)―① (5)―④ 問2 (1)―② (2)―① (3)―④
❽ A―1931年 B―高橋是清 C―国家総動員 D―賃金統制 E―国民徴用 F―産業報国 G―労働総同盟 H―女子挺身
❾ 問1 ア―神武 イ―もはや戦後ではない ウ―IMF［国際通貨基金］ エ―いざなぎ オ―企業集団 問2 (1)―経済協力開発機構 (2)―佐藤栄作 (3)―1973年 (4)―三種の神器 (5)―春闘［春季闘争］

解説 ❶ 幕末の開国にともなう動揺が，幕藩体制に支配されていた民衆に波及し，世直しを求める民衆運動に発展していった。天理教・黒住教・金光教など教派神道とよばれる民衆宗教や，御蔭参り・ええじゃないかの民衆の乱舞などで，行き詰まった世相からの救いを求めた。天理教―中山みき，黒住教―黒住宗忠，金光教―川手文治郎が創始した。問1の桜田門外の変―1860年1月，坂下門外の変―1862年1月，八月十八日の政変―1863年8月，禁門の変―1864年7月。

❷ 明治政府の中央集権国家樹立に向けての取り組みは，版籍奉還に始まり廃藩置県へと進み，統一国家の形態を整えていく。それに伴う様々な問題の処理が進められる。旧幕府時代から引き継いだ秩禄の処理，近代的な軍事力の確立，政府の中央集権的組織の整備等の取り組みを，詳細に確認していくことが求められる。明治初期(1873年)の人口構成は華族2898人，士族1,548,568人，卒(下級武士) 343,881人，平民32,206,514人，その他(僧侶・神職) 298,880人―合計33,300,672人であった。1873年，秩禄奉還法を定め，1876年に年額支給額の5～14年分の額の金禄公債証書を与え，秩禄を処分した。公債額は華族が1人平均6万円余り，士族は1人あたり平均500円ほどであった。問9に関して，太政官の正院は政治の最高機関―太政大臣・左大臣・右大臣と参議で構成，左院は立法機関，右院は各省の長官(卿)・次官(大輔)を集め省議を協議。問11に関して，地租改正は課税率の一定化，物納を金納に(3%)，納税者を地券所有者にする事を定めた。これにより近代的な租税形式が定まり，政府財政は固まった。さらに入会地など，所有権が立証できないものは官有地に編入された。

❸ 周辺諸地域との関係，清国・琉球王国・朝鮮・ロシアとの関係を整理していく。

❹ 清国との関係を朝鮮半島の状況をふまえ，日清戦争にいたる流れを確認する。あわせて戦後処理と日本の国内状況も詳細に確認していくこと。

❺ 日清戦争から日露戦争にかけての流れをおさえる，基本的な問題。設問3の日本の講和会議の全権は伊藤博文・陸奥宗光，清国は李鴻章。1895年に下関条約が結ばれた。設問4の戸水寛人は，日露戦争に向けてつくられた対露同志会のメンバーで，「七博士意見書」を出し，対露強硬論を展開した。設問5について，日露戦争時の首相は山県有朋の後を受けた桂太郎。

❻ 大正デモクラシーの風潮の中で大衆文化が生まれ，学問や芸術も発達した。この展開を詳細に確認すること。人文関係では河上肇・西田幾太郎・和辻哲郎・津田左右吉・柳田国男，自然科学分野では野口英世・本多光太郎等の人々が活躍する。一方，社会科学研究も進むが，政府による森戸事件に代表されるように様々な制限も加えられた。

❼ 昭和前期の様々な動きを整理する。問1について，(1)の満州とは中国東北部をしめる遼寧・吉林・黒竜江の東北3省をさす。(3)の五・一五事件は1931年5月15日，海軍青年将校の一団が首相官邸を襲撃し，犬養毅首相が射殺された。(5)の(ア)1934年，満州帝国成立。ワシントン海軍軍縮条約破棄を通告，1936年失効。同年，ロンドン条約も失効。(イ)1936年の条約は日独防共協定。翌年，イタリアが参加し日独伊三国防共協定を結び，続いて国際連盟を脱退した。

❽ 1931年の満州事変以降，中国への軍事行動を強めていった軍部は中国東北部(満州)の支配強化・拡大を進め，1937年の盧溝橋事件を契機に中国との全面戦争への道を歩み始める。この間様々な動きが国内で見られ，軍事行動への抑止が図られたが軍部の動きを止めることが出来なかった。日中戦争が始まると，近衛内閣は戦時体制へと進み経済統制を進めていく。1938年の国家総動員法，翌年には国民徴用法によって一般国民を軍需産業に動員していった。この様に国を挙げて戦時体制が強化され，1940年には近衛文麿が新体制運動の先頭にたって，戦争への一大運動を推進していく。この流れを整理・確認する。

❾ 1955年から，日本経済は空前の好景気に突入する。高度経済成長の始まりである。神武景気・岩戸景気・オリンピック景気・いざなぎ景気と好況が続いていった。この間，石炭から石油へのエネルギーの転換も図られ，都市化が進み，生活様式が著しい変化を見せ，大衆消費社会を生み出していった(三種の神器―白黒テレビ・電気洗濯機・電気冷蔵庫)。これらの動きを確認するとともに，国際社会との関わりについても視点を広げる。

編集協力

　井之上大輔

日本史B
新版　日本史重要用語＆演習　解答編

2015年2月20日　第1版1刷発行　2019年12月31日　第1版5刷発行

編　者　磯村寛治

発行者　野澤伸平

発行所　株式会社　山川出版社　東京都千代田区内神田1-13-13　〒101-0047
　　　　振替　00120-9-43993　　TEL　03(3293)8131(営業)
　　　　　　　　　　　　　　　　　　　03(3293)8135(編集)
　　　　　　　　　　　　https://www.yamakawa.co.jp/

印刷所　明和印刷株式会社

製本所　有限会社穴口製本所

装幀　磯村理子

© 2015 Printed in Japan　　　　　　　　　　ISBN978-4-634-01048-2
- 造本には十分注意しておりますが，万一，落丁・乱丁などがございましたら，小社営業部宛にお送りください。送料小社負担にてお取り替えいたします。
- 定価はカバーに表示してあります。